Perthes Länderprofile

Geographische Strukturen, Entwicklungen, Probleme
(vormals Klett/Länderprofile)

Wissenschaftliche Beratung:
Prof. Dr. Gerhard Fuchs, Universität Paderborn

Felix Jülg

Österreich

Zentrum und Peripherie im Herzen Europas

120 Karten und Abbildungen sowie 69 Tabellen,
im Anhang ein statistischer Teil mit 21 Tabellen
und ein farbiger Bildteil mit Kommentar

KLETT-PERTHES
Gotha und Stuttgart

Die Deutsche Bibliothek - CIP-Einheitsaufnahme
Jülg, Felix:
Österreich : Zentrum und Peripherie im Herzen Europas / Felix Jülg. - Gotha
; Stuttgart : Klett-Perthes, 2001
   (Perthes Länderprofile)
   ISBN 3-623-00666-1

Der Autor bedankt sich besonders bei Frau Mag. Doris Gruber, Lektorin für Geoinformatik am Institut für Geographie der Universität Wien, für die kritische Durchsicht des Textes und die überaus effiziente Erstellung eines Teiles der Graphiken und Karten.
Das Manuskript wurde am 1. Januar 2000 abgeschlossen.
Einige Ergänzungen bis Dezember 2000.

Anschrift des Autors: Dr. Felix Jülg, Rittsteigstraße 30, A-3031 Rekawinkel, Österreich

Trotz intensiver Recherchen ist es dem Verlag nicht gelungen, für einige Abbildungen dieses Werkes die Rechteinhaber zu ermitteln. Der Verlag bittet um Nachsicht und ggf. um Geltendmachung der Rechte im Nachhinein!

Titelfoto: Europabrücke der Brennerautobahn bei Schönberg vor der Kulisse der Stubaier Alpen, Tirol
Fotos: Titelfoto – der Autor
          Foto 1 – Landesbildstelle, Wien
          Foto 2 – VVF-Prod. St. Pölten. Amt der Niederösterreichischen Landesregierung, St. Pölten
          Foto 3, 4, 5, 6, 13 – GEOSPACE Ges. m. b. H. (Dr. Beckel), Salzburg
          Foto 7 – Großglockner-Hochalpenstraßen Aktiengesellschaft (GROHAG), Salzburg
          Foto 8 – Österreichische Bundesbahnen, Wien
          Foto 9 – Österreich Werbung (Markowitsch), Wien; Foto 10 – Österreich Werbung (Haidinger), Wien
          Foto 11 – Firma consens Gesellschaft für Kommunikaktionswesen Ges. m. b. H., Wien
          Foto 12 – Donaukraftwerke A. G. (Donaukraft), Wien
          Foto 14 – eos – VOEST-Alpine Stahl AG, Linz
          Foto 15 – der Autor
          Foto 16 – Dr. Franz Zwittkovits (Sojuzkarta Moskau), Wiener Neustadt

Vorderes Vorsatz: GEOSPACE Ges. m. b. H. (Dr. Beckel), Salzburg
Hinteres Vorsatz: Justus Perthes Verlag Gotha
Kartographie: Klett Perthes Kartographie, Gotha; Doris Gruber, Wien

ISBN 3-623-00666-1
1. Auflage

© Justus Perthes Verlag Gotha GmbH, Gotha 2001
Alle Rechte vorbehalten.
Fotomechanische Wiedergabe nur mit Genehmigung des Verlages.
Druck und buchbinderische Verarbeitung: Druckhaus „Thomas Müntzer" GmbH, Bad Langensalza
Einbandgestaltung: Kerstin Brüning, Erfurt
Vignetten im Anhang: Katrin Kuhr, Gotha

http://www.klett-verlag.de/klett-perthes

Inhaltsverzeichnis

Zum Geleit		5
Bundeshymne		7
1	Österreich zwischen Zentrum und Peripherie	9
2	**Die naturgeographische Dimension**	**12**
2.1	Fünf Großlandschaften	13
2.1.1	Granit- und Gneishochland	15
2.1.2	Alpen- und Karpatenvorland	16
2.1.3	Wiener Becken	17
2.1.4	Vorland im Osten	20
2.1.5	Ostalpen	21
2.2	An der Klimagrenze	30
3	**Die historische Dimension**	**39**
3.1	Peripherie des Römischen Reiches	39
3.2	Deutsche Ostgrenze im Mittelalter	41
3.3	Zentrum des Habsburgerreiches	44
3.4	Am Eisernen Vorhang	48
4	**Die demographische Dimension – Bevölkerung**	**55**
4.1	Vom Agrarstaat zur postindustriellen Gesellschaft	58
4.1.1	Demographische Transformation	58
4.1.2	Sozialwirtschaftliche Transformation	68
4.2	„Das Boot ist voll"	80
5	**Die administrative und politische Dimension**	**86**
5.1	Zentrale Orte und Kernräume	91
5.2	Städtenetz	97
6	**„Drehscheibe für Südosteuropa" – Verkehr**	**105**
6.1	Verkehrsnetze	106
6.1.1	Binnenschifffahrt	106
6.1.2	Eisenbahnen	110
6.1.3	Straßen	119
6.1.4	Flugverkehr	126
6.1.5	Pipelines	131
6.1.6	Gesamtverkehr (Übersicht)	132
6.2	Transitland Europas	133
6.3	Verkehr im Zentrum und in der Peripherie	141
6.4	Seilbahnen, ein Sonderfall	144
7	**„Dachgarten Europas" – Tourismus**	**149**
7.1	Zyklen im Tourismus	151
7.2	Erste Blüte in der „Belle Epoque"	153

7.3	Vom „Take-off" zur „Reife"	156
7.3.1	Fremdenverkehrsangebot	156
7.3.2	Fremdenverkehrsnachfrage	159
7.4	Wien, ein Sonderfall	168
7.5	Starke Konzentrationstendenz	171
7.6	Sanfter Tourismus	179
7.7	Regionale Auswirkungen – das Beispiel Heiligenblut	182
8	**Vom Industriestaat zur postindustriell-peripheren Wirtschaft**	**187**
8.1	Bergbau mit großer Vergangenheit	188
8.2	Energiewirtschaft	197
8.2.1	Primäre Energie	197
8.2.2	Sekundäre Energie – Elektrizität	199
8.3	Entwicklung der Industrie	208
8.4	Industrie – heute und morgen	213
9	**Überproduktion und Landschaftspflege – Land- und Forstwirtschaft**	**227**
9.1	Betriebsstruktur – Ergebnis einer Entwicklung von Jahrhunderten	233
9.2	Produktion – Vom Mangel zum Überschuss	238
9.3	Agrarmarkt Europa – die große Herausforderung	244
9.4	Über 40 % des Staates sind Wald	254
10	**Zusammenfassung – Versuch einer Bilanz**	**259**
11	**Ausblick – zwischen Zentrum und Peripherie**	**265**
Fakten, Zahlen, Übersichten		**269**
1	Staat und Territorium	269
2	Geschichte (Übersicht)	274
3	Bevölkerung	277
4	Bildung	279
5	Wirtschaft	281
6	Statistische Übersichten	287
Literatur		**291**
Verzeichnis der Abbildungen		**302**
Verzeichnis der Tabellen		**306**
Ortsregister		**309**
Personen- und Sachregister		**311**
Bildanhang		**I–VIII**

Zum Geleit

Als sich der Autor vor nunmehr über zehn Jahren an den Klett-Verlag wandte, um in der Reihe „Länderprofile" einen Band über seinen Heimatstaat Österreich zu schreiben, war alles noch anders.

Damals, vor dem Fall des Eisernen Vorhanges, nahm die Republik Österreich eine Sonderstellung unter den europäischen Staaten ein. Als neutrales Land lag der Staat zwischen zwei Großräumen mit unterschiedlichen Sozial- und Wirtschaftssystemen und hatte eine Brücken- und Trennfunktion zugleich. Aus vielfältigen historischen, geographischen und sozialen Gründen stand auch die österreichische Wirtschaft zwischen diesen beiden Systemen; man denke nur an den damals sehr hohen Anteil von verstaatlichten Betrieben in der Industrie. Dieser Status war von erstaunlicher Stabilität und daher erschien es verlockend, diesen Sachverhalt im Rahmen einer modernen Regionalgeographie genauer zu betrachten.

Heute finden wir eine ganz andere Situation vor: Der Eiserne Vorhang ist 1989 bzw. 1990 eher überraschend aufgehoben worden. Die im Osten angrenzenden Staaten sind zu „Reformländern" geworden, die bestrebt sind, ihre Wirtschaft so schnell wie möglich dem westlichen System anzupassen. Schließlich ist Österreich am 1. Januar 1995 als Vollmitglied der Europäischen Union beigetreten. Vorbereitende Gespräche, die Reformländer in das Vereinigte Europa aufzunehmen und damit die Union nach Osten zu erweitern, sind in ein konkretes Stadium getreten.

Dadurch ist in der nationalen österreichischen Wirtschaft „kein Stein auf dem anderen geblieben". In „der Industrie", dem offiziellen Organ der österreichischen Industriellenkammer wird dieser Umstand mit wenigen Worten prägnant herausgestellt: „In letzter Zeit hat sich die Wettbewerbslandschaft schneller und radikaler verändert als das in den letzten 40 Jahren der Fall war. Viele über Jahrzehnte stabile Märkte und Unternehmen sind in Krisen geschlittert, andere Geschäftsbereiche boomen stärker als je zuvor" (LANTHALER 1998, S. 3). Ein in dieser Form noch nie dagewesener Prozess der Umstrukturierung hat eingesetzt, oft in ganz andere Richtung und mit ganz anderen Ergebnissen, als das kompetente Fachleute prognostiziert haben.

Hauptaufgabe für den Autor war nunmehr, diesen Prozess der Umstrukturierung ständig zu verfolgen, ein Unterfangen, das v.a. angesichts der zahlreichen kurzlebigen Zwischenstadien der Transformation beachtliche Schwierigkeiten mit sich brachte. Dabei erscheinen die Folgen der oft zitierten „Globalisierung" weniger wesentlich. Wichtiger für die derzeit laufende Entwicklung dürfte die vor sich gehende „Europäisierung" sein, die in ihrem konkreten Ausmaß schwer dokumentiert werden kann und wo bisher ein kontinuierlicher Trend oder ein quasistabiler Zustand noch nicht erreicht werden konnte.

Dem Autor ist daher auch bewusst, dass nach dem Ende dieser Umstrukturierungsphase, somit vielleicht in fünf bis zehn Jahren, eine Überarbeitung dieses Buches notwendig werden wird. Es wird vom weiteren Fortschritt der Europäischen Integration abhängen, wieweit dann das heutige Territorium der Republik Österreich räumlicher Rahmen sein kann, oder ob man nicht zu neuen, durch die Regionalisierung Europas entstandenen Raumstrukturen übergehen muss.

Damals, vor über zehn Jahren, herrschte auch ein eklatanter Mangel an einschlägiger aktueller landeskundlicher Literatur über Österreich. So war es u.a. schwierig, Studenten der Wirtschaftswissenschaften eine geeignete Regionalgeographie für die Prüfungsvorbereitung zu empfehlen.

Inzwischen hat ELISABETH LICHTENBERGER 1997 eine „Wissenschaftliche Länderkunde" publiziert (2000 eine „extended Version in English"), die dem dringenden Bedarf nach einer österreichischen Regionalgeographie weitgehend entsprechen kann.

Sucht man nach den Gründen, die zu dem erwähnten Mangel an Literatur geführt haben, so sind diese teilweise durch eine Strömumg in der modernen Humangeographie bedingt, die „Länder- und Landschaftskunden als unwissenschaftlich" abklassifiziert und sogar fordert, dass derlei Publikationen abgeschafft werden sollen (Redaktionsgruppe Geowissenschaften 1970, zit. bei WIRTH 1999, S. 57). Der Autor konnte dieser Argumentation in den vielen Jahren, in denen er als Wirtschaftsgeograph tätig ist, nie folgen. Gerade in unserer Zeit, die uns ein bisher nie gegebenes Höchstmaß an individueller Mobilität bietet, hat der Bedarf an guter regionalgeographischer und länderkundlicher Information ein so großes Ausmaß wie nie zuvor erreicht. Dieser Bedarf wurde und wird jedoch vielfach von Autoren anderer wissenschaftlicher Disziplinen und auch von Autodidakten gedeckt; die Geographen, die dank ihrer Ausbildung und ganzheitlichen Betrachtungsweise am besten zur Herausgabe solcher Werke geeignet erscheinen, halten sich da bescheiden im Hintergrund.

Angesichts dieser Sachlage hat es der Autor als eine interessante Herausforderung empfunden, dieses Buch zu schreiben. Dabei soll es sich um eine neue „praktische" Länderkunde handeln, welche „die komplexe, kulturspezifische Welt menschlicher Handlungssituationen, Alltagserfahrungen, Handlungsstrategien und handlungsleitender Wertsysteme" herausarbeiten und analysieren soll (vgl. WIRTH 1981, S. 148 u. 1999, S. 62). Dass bei einer solchen Zielsetzung in unserer Zeit raumwirtschaftliche Zusammenhänge mit besonderer Priorität zu behandeln sind, erscheint dem Autor selbstverständlich. Die ganzheitliche Erfassung eines Raumes unter möglichst hoher Integration seines komplexen Funktionsgefüges, ungeachtet der dabei angewendeten Systematik, gehört immer noch zu den wichtigsten Aufgaben des Geographen. Denn nur dann kann er – und hier stimmt der Autor mit seinem Freunde MARTIN BOESCH vollkommen überein – das zentrale Ziel einer modernen Geographie erreichen, nämlich die maßgebliche Mitwirkung bei der Gestaltung des Lebensraumes des Menschens, wenn auch nicht als alleinige Aufgabe und sicher nicht als einzige Disziplin. Eine neue „Engagierte Geographie" wäre demnach „eine praxis- und politikorientierte Raumwirtschaft" (BOESCH 1989, S. 230).

Dieses Buch ist im Sinne der angeführten Ziele bewusst praxisnah geschrieben worden. Es soll auch für den interessierten Laien verständlich sein. Daher wurde versucht, die oft sehr komplexen, geographischen und makroökonomischen Zusammenhänge vereinfacht darzustellen. Um dieses Ziel leichter erreichen zu können, wurde bei der Gliederung des Buches funktionalen Zusammenhängen der Vorrang gegeben. Dass bei dieser Vorgangsweise an manchen Stellen Kompromisse eingegangen werden mussten und nicht überall die volle wissenschaftliche Exaktheit erreicht werden konnte, wurde vom Autor bewusst in Kauf genommen. Er bittet seine Leser dafür um Verständnis und wünscht ihnen eine anregende Lektüre.

Wien, 1. Januar 2000

Der Autor:
Dr. Felix Jülg

Bundeshymne

Land der Berge, Land am Strome,
Land der Äcker, Land der Dome,
Land der Hämmer, zukunftsreich!
Heimat bist Du großer Söhne,
Volk begnadet für das Schöne,
viel gerühmtes Österreich.

Heiß umfehdet, wild umstritten,
liegst dem Erdteil Du inmitten
einem starken Herzen gleich.
Hast seit frühen Ahnentagen
hoher Sendung Last getragen,
viel geprüftes Österreich.

Mutig in die neuen Zeiten,
frei und gläubig sie uns schreiten,
arbeitsfroh und hoffnungsreich.
Einig laß in Brüderchören,
Vaterland Dir Treue schwören,
viel geliebtes Österreich.

(Paula von Peradovic 1945)

Die Österreichische Bundeshymne, gesungen zu einem Liedsatz, den Wolfgang Amadeus Mozart ursprünglich den Freimaurern gewidmet hatte, wurde am 9. März 1947 in der Wiener Volksoper der Öffentlichkeit vorgestellt. Durch lange Jahre wurde diese Hymne als Notlösung betrachtet; so sehr hatte man sich an die alte Haydn-Melodie gewöhnt, die bereits Ende des 18. Jahrhunderts in der Habsburger-Monarchie eingeführt worden war. Die Übernahme dieser Melodie durch Hitlerdeutschland machte nach dem Zweiten Weltkrieg ihre Beibehaltung als Nationalhymne aus politischen Gründen unmöglich. Doch plante man nach einigen Jahren wieder zur alten gewohnten Melodie des „Kaiserliedes" zurückzukehren.

Dazu ist es nicht gekommen, die neue Bundeshymne hat in der Folge langsam aber sicher alle ihr zukommenden Funktionen voll ausgefüllt. Sie ist somit auch ein Symptom für das Erstarken eines eigenständigen österreichischen Nationalbewusstseins, wie man es nach dem Zweiten Weltkrieg nicht erwartet hatte (Abb. 0.1). Als am 15. Mai 1955, mit der feierlichen Unterzeichnung des österreichischen Staatsvertrages in Wien, der kleine Alpenstaat seine volle Souveränität zurück erhielt, begann er relativ rasch eine nationale Eigenständigkeit zu entwickeln. Diese Entwicklung wurde maßgeblich durch die Erklärung Österreichs zur immerwährenden Neutralität und einen schnellen wirtschaftlichen Aufstieg unterstützt, beides Tatbestände, die dem Staat erlaubten, seine eigenen Wege zu gehen (vgl. STEINBAUER 1997, S. 111). Das Nationalbewusstsein ist auch nach dem Beitritt zur Europäischen Union erhalten geblieben, wie Umfragen der Österreichischen Gesellschaft für Europapolitik (2000, S. 4) ergeben haben.

Für den Geographen beinhaltet die Bundeshymne vieles, was wesentlicher Inhalt dieses Buches sein muss: Mit wenigen markanten Worten generelle Aussagen über die geographische Lage, die geschichtliche Rolle, die Bevölkerung und die Wirtschaft. Daher sollen im Weiteren auch immer wieder Zitate aus der Hymne das Buch als Motto begleiten.

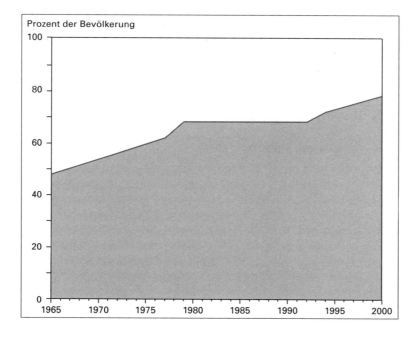

Abb. 0.1:
Nationalbewusstsein der Österreicher 1965–2000
Quelle: Österreichische Gesellschaft für Europapolitik 2000, S. 20

1 Österreich zwischen Zentrum und Peripherie

Aus der modernen Wirtschaftsgeographie sind *Zentrum-Peripherie-Theorien* als Grundlage räumlicher Analysen und Entwicklungen nicht mehr wegzudenken. So mancher Geograph vertritt sogar die Meinung, dass nahezu sämtliche raumrelevanten wirtschaftlichen Disparitäten mit diesen Theorien erklärt werden könnten. Zentrum-Peripherie-Abhängigkeiten kommen in fast allen hierarchischen räumlichen Größenstufen vor und können daher sowohl in weltweiten als auch in kleinregionalen Systemen nachgewiesen werden. Sie erstrecken sich meist auf das räumliche Gefüge der gesamten Wirtschaft, treten aber auch sektoral, somit beispielsweise nur in einigen Branchen in Erscheinung. Ihre Intensität kann stark differieren – je nach sozialem und wirtschaftlichem Entwicklungsstand.

Zentrum und Peripherie bilden ein in sich geschlossenes räumliches System: Ein Zentrum ist ohne Peripherie nicht vorstellbar; ebenso muss ein peripheres Gebiet auf ein oder allenfalls auch auf mehrere Zentren bezogen werden können. Wichtig ist in dieser Hinsicht die Intensität der Zuordnung der betrachteten Regionen zueinander, nicht aber ihre absolute Positionierung im Gesamtsystem: Zentrum-Peripherie-Abhängigkeiten innerhalb von Kleinregionen können sich daher – voneinander unabhängig und teilweise auch unbeeinflusst – sowohl in zentralen als auch in peripheren Räumen eines Staates bilden.

Der Autor möchte sich im folgenden besonders den Überlegungen von J. FRIEDMANN (1966, 1973) anschließen, der „neben ökonomischen auch soziologische, psychologische und politische Kriterien berücksichtigt", somit einen nahezu ganzheitlichen Ansatz verfolgt (SCHÄTZL 1996, S. 184f.).

Da sich die *Positionierung Österreichs im Rahmen des kontinentalen Zentrum-Peripheriesystems* in geschichtlicher Zeit immer wieder geändert hat, in den letzten zweihundert Jahren besonders häufig, wurden die Zentrum-Peripherie-Theorien als eine der methodischen Grundlagen für dieses Buch herangezogen. Auch einzelne Regionen des Staates mussten in ihrer Entwicklung immer wieder sich verändernde Zentrum-Peripheriebeziehungen hinnehmen. Diese bestanden oft nur für kurze Zeiträume, so dass sich entsprechende Entwicklungsprozesse nicht voll entfalten konnten. Regional sind daher auch viele Zwischenstadien der Entwicklung erhalten geblieben, interessante Akzente in der österreichischen Siedlungs- und Wirtschaftslandschaft, die nur aus diesem ständigen Wechsel in den Zentrum-Peripherie-Zuordnungen erklärt werden können.

Im Kapitel 3, welches die historische Dimension Österreichs behandelt, wird auf diesen Sachverhalt noch näher eingegangen. An dieser Stelle soll nur kurz darauf hingewiesen werden, dass die *römischen Provinzen* auf dem Territorium des heutigen Österreichs sich durch eine extrem periphere Lage auszeichneten. Nachdem die Römer aus dem Süden bis zur Donau vorgestoßen waren, bildete der Fluss jahrhundertelang die natürliche Grenze zu den Germanen im Norden.

Die Eroberungs- und Kolonialisierungsbestrebungen des *Mittelalters* wiesen dem heutigen österreichischen Territorium erneut eine periphere Grenzlage zu, diesmal jedoch in West-Ost-Richtung. Das mittelalterliche Deutsche Reich hat sich langsam von Westen nach Osten ausgebreitet. Die „Ostmark" war mehrere Jahrhunderte immer wieder Schutzwall und Grenze nach Osten.

Das Vordringen der Türken am Beginn der *Neuzeit* betont abermals die periphere Lage Österreichs. Erst mit dem Rückzug der türkischen Heere weitet sich das Habsburgerreich nach Osten und Südosten aus, und rund zweihundert Jahre ist der Wiener Raum als *die* bedeutende Zentralregion Europas anzusehen.

Die Zentrum-Peripherie-Theorie von J. FRIEDMANN
JOHN FRIEDMANN versucht die *„räumliche Dimension"* des Entwicklungsprozesses mit Hilfe von Zentrum-Peripherie-Beziehungen zu erklären (FRIEDMANN 1966, 1973). „Entwicklung" ist hier – im Gegensatz zu „Wachstum" ein „diskontinuierlicher, kumulativer Prozess, der in Serien von Innovationen auftritt und sich in ‚clusters' und letztlich in umfassenden Systemen von Innovationen organisiert" (SCHÄTZL 1996, S. 184f.). In großen und dynamisch wachsenden urbanen Systemen sind die Bedingungen für Innovationen besonders günstig. Einerseits wird eine positive Korrelation zwischen Stadtgröße und Dynamik der Verstädterung und andererseits zwischen der Intensität der Innovationsausbreitung erwartet.

FRIEDMANN meint, fast alle räumlichen Bereiche in vier „Hauptgruppen" einordnen zu können:
- Kernbereiche,
- Regionen mit Aufwärtsentwicklung (zu diesen zählt auch die Sonderform eines Entwicklungskorridors),
- Ressourcenneuland und
- Regionen mit Abwärtsentwicklung.

Kernbereiche verfügen über eine „konzentrierte, städtische Wirtschaft mit hohem Potential an Innovation und Wachstum". Sie sind somit ihrer Funktion nach Zentrum oder Zentraler Raum. Demgegenüber handelt es sich bei *Regionen mit Abwärtsentwicklung* um „periphere Gebiete mit alteingesessener Besiedlung, die durch Stagnation und Rückgang ländlich geprägter Wirtschaft mit geringer landwirtschaftlicher Produktivität, durch den Verlust ihrer wichtigsten Ressourcenbasis nach Ausschöpfung der Mineralvorkommen oder durch veraltete Industriekomplexe gekennzeichnet sind. Das gemeinsame Problem dieser Gebiete sind die geringe Innovationsrate, geringe Produktivität und die Unfähigkeit, sich auf neue Umstände einzustellen und die eigenen wirtschaftlichen Verhältnisse zu verbessern" (HAGGETT 1983, S. 652).

Regionen mit Aufwärtsentwicklung bzw. Ressourcenneuland sind als Zwischenstufen des Zentrum-Peripheriesystems anzusehen. Unter der Sonderform eines *Entwicklungskorridors* wird die sich aufwärtsentwickelnde Verbindungsachse zweier Kernbereiche verstanden.

FRIEDMANN stellt sechs *„feedback"-Effekte* vor, welche seiner Ansicht nach das Wachstum des Zentrums fördern und gleichzeitig das Abfallen der Peripherie verursachen:
- Dominationseffekte (das Wachstumspotential wird aus der Peripherie in das Zentrum transferiert),
- Informationseffekte (aufgrund eines höheren Entwicklungsstandes ist das Zentrum besser informiert),
- psychologische Effekte (kreativeres Arbeitsklima im Zentrum),
- Modernisierungseffekte (höhere Aufnahmefähigkeit für Innovationen im Zentrum),
- Kopplungseffekte (ausgelöst durch Folgeinnovationen in anderen Wirtschaftsbereichen) und schließlich
- Produktionseffekte (aufgrund interner und externer Ersparnisse – vgl. auch SCHÄTZL 1996, S. 186, und FRIEDMANN 1973, S. 41–64).

Im Zusammenhang mit dem Inhalt dieses Buches ist auch die *zeitliche Dynamik dieser Entwicklung* interessant. Sie besteht nach FRIEDMANN aus vier Hauptstadien, wobei anfänglich die führende Position des Zentrums installiert bzw. konsolidiert wird. In weiterer Folge müssen Innovationen des Zentrums in der Peripherie eingeführt werden. Dort entstehen dann neue subsidiäre Zentren, und in hoch entwickelten Staaten könnte es allmählich zu einem Interessensausgleich zwischen Zentrum und Peripherie kommen.

FRIEDMANN versucht die Auswirkungen dieses Vorganges auf die Raum- und Siedlungsstruktur anhand von *vier Entwicklungsstufen* zu erklären (Abb. 1.1): Nach einer „präindustriellen" Stufe folgt die „transitionale", in der das Zentrum aufgrund zentripetaler Kräfte die größte Dominanz erhält. In der dritten, der „industriellen" Stufe, bilden sich neue subsidiäre Zentren. Schließlich besteht der Trend in einer vierten „postindustriellen" Stufe, die räumlichen Disparitäten weitgehend abzubauen. Die Siedlungsverteilung nähert sich wieder der homogenen Ausgangslage (FRIEDMANN 1966, S. 36). Die Rückentwicklung zu dieser Ausgangslage, somit ein gänzlicher Ausgleich des Zentrum-Peripherie-Gefälles, wird von einigen Autoren in den Szenarien ihrer Modelle angestrebt. Sie ist in der Praxis bis heute allerdings nie voll erreicht worden (vgl. auch Kapitel 5.2).

Österreich zwischen Zentrum und Peripherie

Das 20. Jahrhundert, das durch eine besonders dynamische Entwicklung gekennzeichnet ist, hat wiederum zahlreiche Veränderungen des räumlichen Zentrum-Peripheriegefälles gebracht. Seit 1995, dem Beitrittsjahr des Staates als Vollmitglied zur Europäischen Union, ist Österreich wieder Grenzgebiet gegen Osten. Seine periphere Lage hat sich erneut verstärkt. Die in Diskussion stehende Osterweiterung der Europäischen Union wird hier neuerlich Veränderungen bringen, über deren Ausmaß Fachleute und Politiker durchaus unterschiedlicher Meinung sind.

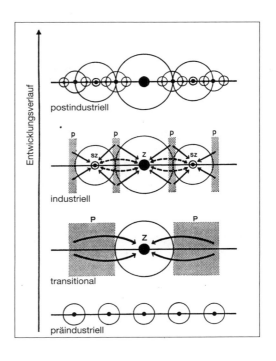

Abb. 1.1:
Modell der Veränderung der Raumstruktur im Entwicklungsverlauf nach J. FRIEDMANN
Quelle: SCHÄTZL 1996, S. 170

"Land der Berge, Land am Strome ..."

2 Die naturgeographische Dimension

Aus der räumlichen Lage des kleinen Staates Österreich ergibt sich fast zwangsweise seine *Doppelfunktion als Grenzland und Mittler innerhalb Europas*. Abbildung 2.1 zeigt deutlich, dass die Gebirgszüge der Alpen und Karpaten Europa in einen nordwestlichen und einen südöstlichen Bereich teilen. Diese langgestreckten Gebirge sind für den Verkehr nur an wenigen Stellen leicht zu überwinden, am günstigsten an der Nahtstelle zwischen Alpen und Karpaten im Wiener Raum.

Dort ist das Gebirge im Tertiär eingebrochen und eine Beckenlandschaft, das Wiener Becken, entstanden. Die ehemals gebirgsbildenden Gesteine finden wir in einer Tiefe von 4000 bis 6000 Metern, wie sich bei Bohrungen nach Erdöl und Erdgas herausgestellt hat. Teile des Gebirges sind als Umgrenzung des Beckens stehen geblieben. Durch diese führen so genannte *„Pforten"*, Durchgänge, die sich im Laufe von Jahrmillionen gebildet haben und die von großer strategischer Bedeutung für ganz Europa waren und auch noch sind. Erwähnt werden sollen im Nordwesten von Wien die Wiener Pforte, wo die Donau durch die letzten Ausläufer der Ostalpen in das Wiener Becken eintritt, sowie im Südosten der Bundeshauptstadt die „Porta hungarica", die Hainburger, Brucker und Wiener Neustädter Pforte, die in die Kleine Pannonische Tiefebene überleiten.

Dieser Bereich war schon immer beides: Grenzraum sowie wichtiger Verbindungs- und Handelsraum. Nicht zufällig hat 1683 die Entscheidungsschlacht gegen die aus Südosten einfallenden Türken bei Wien stattgefunden. Ganz Europa hatte damals die Lage der Stadt als strategisch besonders wichtig erkannt. Aus vielen Staaten kamen Entsatzheere, um das „christliche Abendland" zu retten.

Vor den Türken waren durch diese Pforten aus dem Osten schon Hunnen, Awaren, Slawen und Magyaren eingefallen. Für alle war dieser Durchbruch wesentlich, alle hatten bei der Überwindung dieser Engstellen Schwierigkeiten, auch wenn die entscheidenden Schlachten manchmal mehr im Westen („am Lechfelde") oder Osten geschlagen wurden. Daher ist es sicher kein Zufall, dass aufgrund der morphologischen Gegebenheiten in diesem Grenzraum nach dem Zweiten Weltkrieg auch der Eiserne Vorhang entstanden ist.

Auch die großen *Flüchtlingsbewegungen* unseres Jahrhunderts beweisen die exponierte Lage Österreichs: „Zwischen 1945 und 1950 nahm Österreich mehr als eine Million Volksdeutsche und andere Flüchtlinge aus dem Osten auf. Von ihnen blieb allerdings nur die Hälfte im Land" (FASSMANN/MÜNZ 1995, S. 49). Aber auch die Flucht von über 180 000 Ungarn nach einem missglückten Volksaufstand 1956, von rund 162 000 Tschechen und Slowaken 1968 nach Ende des „Prager Frühlings" bzw. 33 000 Polen 1981 nach Österreich ist auf die besondere räumliche Situation des Staates zurückzuführen.

Fünf Großlandschaften 13

Abb. 2.1: Mitteleuropa

2.1 Fünf Großlandschaften

Besucher Österreichs sind immer wieder von der *großen Vielfältigkeit* der österreichischen Naturlandschaft überrascht (vgl. Foto 3–6). Tatsächlich befinden sich auf engstem Raum fünf zum Teil stark unterschiedliche morphologische Großlandschaften:

– das Granit- und Gneishochland,
– das Alpen- und Karpatenvorland,
– das Wiener Becken,
– das Vorland im Osten und schließlich
– die Ostalpen, die fast zwei Drittel der
– Staatsfläche einnehmen.

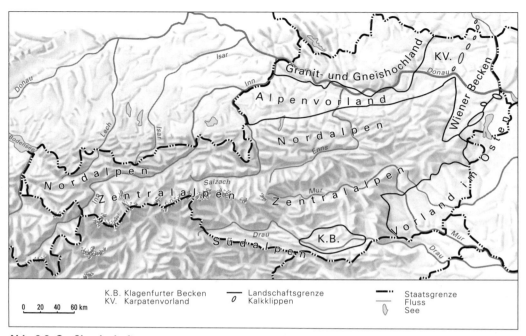

Abb. 2.2: Großlandschaften
Quelle: SCHEIDL/LECHLEITNER 1987, S. 15, modifiziert

Dieses Zusammentreffen von Großlandschaften bringt mit sich, dass auch kleinräumige administrative Einheiten Landschaftsgrenzen überschreiten. Länder, politische Bezirke, ja sogar einzelne Gemeinden haben somit öfters Anteil an mehreren Großlandschaften. Der politische Bezirk Melk beispielsweise, mit einer Größe von unter 1 000 km², erstreckt sich über Teile des Granit- und Gneishochlandes, des Alpenvorlandes und der Voralpen. Die von der Natur vorgegebenen wirtschaftlichen Möglichkeiten sind in allen drei Großlandschaftsteilen recht unterschiedlich; die Darstellung von bezirksweiten durchschnittlichen Wirtschaftsdaten kann dem Potential des einzelnen Standortes daher nur beschränkt gerecht werden.

Das Grundmuster der Großlandschaften auf den Abbildungen 2.2 und 2.3 findet sich

Tab. 2.1: Großlandschaften
Quelle: SCHEIDL/LECHLEITNER 1987, S. 15, modifiziert

Nr.	Großlandschaft	Fläche (km²)	Anteil an der Staatsfläche (%)
1	Österreichisches Granit- und Gneishochland	8 500	10,2
2	Österreichischer Anteil am Alpen- und Karpatenvorland	9 500	11,3
3	Österreichischer Anteil am Wiener Becken	3 700	4,4
4	Vorland im Osten	9 500	11,3
5	Österreichischer Anteil an den Ostalpen	52 600	62,8

Fünf Großlandschaften

auch auf vielen anderen Darstellungen von Naturfaktoren in ähnlicher Weise wieder. Nach den Ortsgesteinen richten sich die Bodentypen. Diese haben wiederum wesentliche Auswirkungen auf die natürliche Vegetation und folglich auch auf das regionale Potential der Land- und Forstwirtschaft. Somit geben die Großlandschaften, die im Folgenden kurz skizziert werden sollen, in vielen Aspekten bereits die Möglichkeiten und Grenzen der Inwertsetzung des Landes durch den Menschen vor.

2.1.1 Granit- und Gneishochland

Das österreichische Granit- und Gneishochland, der Anteil Österreichs an der Böhmischen Masse, gehört zum europäischen Mittelgebirgssystem (vgl. Abb. 2.1). Aus Sicht des Geologen ist dieser Teil des Staates der älteste: Ein Variskisches, aus dem Erdaltertum stammendes Gebirge, das im Laufe der Zeit bis auf die nunmehr bestehenden Reste abgetragen wurde. Die Landschaft ist geprägt von sanft geschwungenen Hochflächen, einförmigen Rücken und Kuppen sowie breiten Mulden. Gesteinsmäßig ist das Gebiet im Westen bis zu einer Linie, die etwa durch die Stadt Zwettl in nordsüdlicher Richtung verläuft, vorwiegend aus Granit aufgebaut, weiter östlich herrscht Gneis vor, teilweise vermengt mit alten Schiefergesteinen. Im Westen erreicht das Hochland im Böhmerwald Höhen von fast 1 400 m (Plöckenstein 1 378 m) und fällt nach Südosten langsam ab.

Da auf der Hochfläche größere Niveauunterschiede fehlen, mangelt es an einer effizienten Entwässerung. Daher konnten sich dort zahlreiche Moore und saure Wiesen bilden. Die Ertragsfähigkeit der Böden ist auf Granit gering, auf Gneisuntergrund hingegen, im östlichen Teil, sind die Böden etwas fruchtbarer. Um die regionale Wertschöpfung zu erhöhen, hat man bereits seit dem späten Mittelalter in hoch gelegenen Mulden der Waldviertler Granitlandschaft Teiche angelegt, welche der Fischproduktion dienen. In der Vergangenheit waren von der Kirche Fische als Fastenspeise sehr geschätzt. Die Teichwirtschaft brachte daher gute Einnahmen. Heute ist mit den Karpfen aus dem Waldviertel kein großes Geschäft mehr zu machen, die internationale Konkurrenz hat die Marktpreise für Fische stark fallen lassen.

Die Natur bietet dem *wirtschaftenden Menschen* im Granit- und Gneishochland *nur geringe Möglichkeiten*. Die Landwirtschaft ist wenig ertragreich. Die steileren Hänge und Kuppen wurden nicht gerodet und tragen meist Nadelwälder. Allerdings sind die Holzzuwachsraten wegen des rauen Klimas mit seinen niedrigen Durchschnittstemperaturen gering. Die wenigen Bodenschätze sind zum großen Teil bereits ausgebeutet: Braunkohle und Graphit werden heute nicht mehr abgebaut, Kaolinvorkommen spielen nur noch eine geringe Rolle. An Bergbauprodukten steht daher fast nur das Grundgestein (Granit, Gneis, Quarzsand) zur Verfügung.

Nach Süden und Osten fällt die Hochfläche in einem markanten Steilabfall von 200–400 m zum Alpenvorland bzw. Karpatenvorland ab. Der Besucher, der diese Steilstufe überwindet, befindet sich binnen kurzem in einem völlig anderen Landschaftstyp. In der Nähe dieser Stufe haben sich die von der Hochfläche kommenden Flüsse tief eingeschnitten und streben durch enge Täler und Schluchten nach Süden der Donau zu. Im Osten markiert der Hügelzug des Manhartsberges deutlich die Grenze zwischen Gneishochland und Karpatenvorland.

Der Gesteinskörper des Granit- und Gneishochlandes setzt sich im Süden unter den tertiären Schichten des Alpenvorlandes noch weiter fort. Die *Donau* bildet daher nicht überall die Grenze zum Alpenvorland. Im Sauwald, Kürnberger Wald, bei der Neustadtler Platte und beim Dunkelsteinerwald reicht die Granit- und Gneislandschaft über die Donau nach Süden (vgl. Abb. 2.2 und 2.3). Das sind zugleich jene Abschnitte des österreichischen Donaulaufes, in denen der Strom durch ein Engtal fließt. In den vergangenen Jahrhunderten waren diese Flussabschnitte von den Schiffern wegen der zahlreichen Stromschnellen gefürchtet. Heute sind es jene Teilstrecken des Donautales, die eine hohe Fremdenverkehrsattraktivität aufweisen. Dort hat der Donau-Radweg die höchsten Frequenzen zu verzeichnen. Über 250 000 Radfahrer begleiten jährlich den Strom auf der österreichischen Flussstrecke von Passau nach Wien.

2.1.2 Alpen- und Karpatenvorland

In dieser Gruppierung werden von den Geographen zwei in ihrer Entstehung sehr ähnliche Landschaftstypen zusammengefasst. Es handelt sich um die aus dem Tertiär stammenden Flach- und Hügelländer nördlich der Gebirgszüge der Alpen und Karpaten. Im Erdmittelalter befand sich hier noch ein Flachmeer; die geologische Grundsubstanz geht somit auf Meeresablagerungen zurück. Zu diesen Ablagerungen kommt Material, welches von Gletschern und Flüssen aus dem Gebirge in die Vorländer transportiert worden ist. Teilweise sind die von den Gletschern während der Eiszeit abgeschürften Sande verweht und an der Oberfläche als Löß abgelagert worden. Dort sind die Böden heute besonders fruchtbar, teilweise auch für Weinbau gut geeignet.

Das Alpenvorland erstreckt sich von Bayern nach Osten bis zum Wienerwald. Als Großlandschaft setzt es sich östlich des Manhartsberges und nördlich der Donau im Karpatenvorland fort.

Die *Teillandschaften* des Alpen- und Karpatenvorlandes lassen sich aus ihrer Entstehungsgeschichte einfach erklären. Die Gletscher der Eiszeit sind vor allem im Westteil des Alpenvorlandes, das ist das Gebiet westlich der Traun, weit in das Tiefland vorgestoßen. Von der Enge des Gebirges befreit, haben sie weit ausladende Zungenbecken gebildet. In den Zwischeneiszeiten und am Ende der Eiszeit sind die von den Eismassen vorgeschobenen Moränen im Flachland abgelagert worden, die Gletscher selbst sind hingegen geschmolzen.

Die ehemaligen *Gletscher-Zungenbecken* wurden von Seen ausgefüllt, von denen jedoch nur wenige erhalten sind. Wenn nur ein geringer Durchfluss durch das Becken zu verzeichnen war, sind die Seen im Laufe der Zeit verlandet. Dort haben sich zum Teil ausgedehnte Moorlandschaften gebildet. Bei starkem Durchfluss wurde der Moränenwall aus der Eiszeit durchbrochen. Die Flüsse haben sich dann in die Ablagerungen stark eingetieft. Wo der Durchfluss jedoch mittelmäßig war, finden wir teilweise heute noch recht große Seen, wesentliche Attraktionen für den Fremdenverkehr unserer Tage und auch Trinkwasserspeicher für mitunter weit entfernte Zentralräume. Zu diesen Seen gehören unter anderem: der Bodensee, die zahlreichen Voralpenseen Bayerns, sowie Atter-, Traun- und Wolfgangsee.

Die oben erwähnten Moorlandschaften dienen teilweise immer noch dem Torfstich, auch wenn dieses Material heute nicht mehr als Brennstoff, sondern für Heilzwecke, für die chemische Industrie und zur Erzeugung von fruchtbarer Gartenerde verwendet wird. In den schlechten Jahren nach dem Zweiten Weltkrieg war Torf noch ein begehrtes Brennmaterial.

In die Seen- und Moorlandschaft sind die Reste der ehemaligen End- und Seitenmoränen eingestreut. Drumlins, Sediment-

Fünf Großlandschaften

körper aus Grundmoränenmaterial, bilden wichtige Akzente in der Landschaft. Dieser Mischung von Gestaltungselementen verdankt der südwestliche Teil des Alpenvorlandes sein anmutiges und recht abwechslungsreiches Erscheinungsbild.

An diese vom Eis der Gletscher geformte Landschaft schließen nach Norden ebene *Flussterrassen* an. Die Flüsse des Alpenvorlandes sind, da es vier landschaftsprägende Eiszeiten gegeben hat, weiträumig von vier Terrassenstufen begleitet. Das im Gebirge abgetragene Geröll wurde zu weiten ebenen Schotterflächen aufgeschüttet. Nördlich der Terrassenlandschaft, zur Donau hin, finden wir dann ein relativ klein gekammertes *Molassehügelland*.

Das Karpatenvorland ist grundsätzlich ähnlich aufgebaut wie das Alpenvorland. Da es im Osten während der Eiszeiten jedoch keine so markante Vergletscherung der Gebirge gegeben hat bzw. die Gletscher nicht in das Tiefland vorgestoßen sind, fehlt hier die südliche seen- und moorreiche Zone. Da das Gebirge teilweise eingebrochen ist, erreichen die Flussablagerungen lange nicht jene Mächtigkeit, die man im Alpenvorland beobachten kann.

Die Großlandschaft des Alpen- und Karpatenvorlandes muss wohl als die wirtschaftlich wertvollste des heutigen Österreich betrachtet werden. Die Landwirtschaft findet dort aufgrund der vorhandenen Braun- und Schwarzerdeböden sehr gute Produktionsbedingungen vor. Im südlichen und westlichen Raum der Großlandschaft, der sich durch höhere Niederschläge auszeichnet (mehr als 800 mm im langjährigen Durchschnitt), herrscht Grünlandwirtschaft, somit Viehzucht vor. Die trockenen Gebiete des Nordostens gehören hingegen zu den fruchtbarsten Ackerbauregionen Österreichs (vgl. Foto 4).

Das im Tertiär entstandene Gebiet verfügt über Vorkommen von Braunkohle und Kohlenwasserstoffen. Während der Braunkohlebergbau, wie im Kapitel 8.1 noch ausgeführt werden wird, in den letzten Jahren hier fast zum Erliegen gekommen ist, werden nach wie vor Erdöl und Erdgas gewonnen. Letzteres wird gemeinsam mit den Vorkommen im anschließenden bayerischen Alpenvorland im Verbund bewirtschaftet. Bei den Bohrungen nach Erdöl und Erdgas ist man auch diesseits und jenseits der Grenze zur Bundesrepublik Deutschland auf zahlreiche warme Quellen gestoßen, die Grundlage für einen jungen und dynamischen Kurtourismus im Alpenvorland sind.

Durch diese Großlandschaft ist seit jeher der wichtigste Verkehrsweg in West-Ost-Richtung nördlich der Alpen gegangen. Mit Ausnahme jener Transporte, die aus technischen Gründen den Wasserweg der Donau benutzen mussten oder müssen, wurde der Verbindung durch das Alpenvorland stets der Vorrang gegeben. Hier verläuft sowohl die Trasse der Westbahn als auch der Westautobahn (A1).

Im Bereich von Melk nähern sich das Granit- und Gneishochland von Norden sowie die Ostalpen von Süden bis auf 10 km. Diese Wespentaille des Alpenvorlandes war, wie die „Pforten" weiter im Osten, stets eine strategisch wichtige Stelle. Auf dem Felsen, auf dem heute die prachtvolle barocke Anlage des Stiftes Melk steht, stand im Mittelalter eine Burg der Babenberger, eine Feste Richtung Osten, welche diesen Durchgang bewachte.

2.1.3 Wiener Becken

Die Großlandschaft des Wiener Beckens mit einer Ausdehnung von rund 8500 km^2 erstreckt sich weiter als gemeinhin angenommen wird. Österreich hat einen großen Anteil daran aber der nördlichste Punkt liegt bereits auf dem Gebiet der

Tschechischen Republik, bei Hodonin (Göding) an der March. Südlichster Punkt ist Gloggnitz, am südlichen Ende der Wiener Neustädter Bucht. Das Becken ist umgeben von Gebirgsresten, Randketten des eingebrochenen Alpen-Karpaten-Bogens. Im Norden ist das eine Zone von Kalkklippen, die sich von den Karpaten bis zum Ostende des Wienerwaldes hinzieht (vgl. Abb. 2.2).

Die Klippen ragen beherrschend aus dem sie umgebenden Hügelland auf. Sie sind fast alle Standorte mittelalterlicher Burgen, die heute allerdings größtenteils zu Ruinen verfallen sind. Auf einigen dieser Klippen hat man vorgeschichtliche Siedlungsreste gefunden, was beweist, dass diese steilen Erhebungen, die einen weiten Ausblick auf die Umgebung bieten, schon immer eine gewisse Schutzfunktion für ihre Bewohner hatten. Den südwestlichen Rand des Wiener Beckens bilden die so genannten „Thermenalpen". Sie haben diesen Namen von den zahlreichen warmen Quellen, die hier am Gebirgsrand entspringen und teilweise schon seit vorrömischer Zeit für Heilzwecke genutzt werden. Manche dieser Quellen sind im Laufe der Jahrhunderte in Vergessenheit geraten bzw. verschüttet worden. Gerade in unseren Tagen, in denen zu den traditionellen Heilbehandlungen Präventiv- und Wellnesskuren kommen, erinnert man sich wieder dieser Quellen und hofft, auf ihrer Grundlage einen nachhaltigen Fremdenverkehr aufbauen zu können. Die Thermen erinnern aber auch daran, dass sich seit dem Tertiär in diesem Raum eine bescheidene tektonische Aktivität erhalten hat.

Auch an der Ostgrenze des Wiener Beckens ist vom ehemaligen Gebirge relativ viel sichtbar. Das Rosalien- und das Leithagebirge bilden einen Wall gegen Osten, der nur durch die „Wiener Neustädter Pforte" durchbrochen ist. Die strategische Bedeutung dieser Pforte war den Herrschern im Spätmittelalter schon bei der Landnahme bewusst. LEOPOLD V., ein Babenbergerherzog, gründete bereits 1194 auf der grünen Wiese die Stadt Wiener Neustadt, die „Allzeit Getreue", welche diese Pforte künftig sichern sollte. Nördlich des Leithagebirges sind im wesentlichen drei Horste als Reste des Gebirges stehen geblieben, welche die Verbindung zu den kleinen Karpaten bei Bratislava (Preßburg) bilden: Schüttenberg, Hundsheimer Berge und der Braunsberg, zwischen denen sich die Pforten von Bruck, Hainburg und die „Porta hungarica", durch welche die Donau Österreich verlässt, befinden.

Die weite Nord-Süd-Erstreckung des Wiener Beckens von ca. 160 km bringt mit sich, dass es in eine Vielzahl von Landschaftseinheiten aufgegliedert werden kann, die dem wirtschaftenden Menschen unterschiedliche Grundbedingungen bieten. Im Norden befindet sich der Anteil am Weinviertler Hügelland, der von seiner morphologischen Formation und von seinen wirtschaftlichen Voraussetzungen dem auf der westlichen Seite der Klippenkette anschließenden Karpatenvorland sehr ähnlich ist.

Dieses Hügelland geht nach Südosten in die *Ebene des Marchfeldes* über, eine Flussebene zwischen Donau und March. Auch dieses Gebiet ist bis auf kleine Teilbereiche äußerst fruchtbar und sehr gut für den Ackerbau geeignet. Durch die Donauregulierung im vorigen Jahrhundert und die zunehmend starke Wasserentnahme, bedingt durch die fortschreitende Besiedlung und die Bewässerung von landwirtschaftlichen Spezialkulturen, ist es hier zu einem dramatischen Sinken des Grundwasserspiegels und somit zu Dürreerscheinungen gekommen.

An das Marchfeld, das durch Schotterterrassen gegliedert ist (u.a. den Wagram), schließen im Bereich der Niederterrasse die Donauauen an, die sich beiderseits des Flusses hinziehen. Da es sich um eine der letzten in Europa erhaltenen großen Auenlandschaften handelt, wurde hier im Jahre 1996, zur 1000-Jahr-Feier Österreichs, ein Nationalpark eröffnet. Es wird sich wohl erst in einigen Jahrzehnten herausstellen, ob diese Unterschutzstellung allein genügt, das wertvolle Ökotop des Auwaldes zu retten. Denn neben der Elektrizitätswirtschaft, die hier einen der letzten möglichen Standorte für ein Fluss-Großkraftwerk nutzen wollte, ist der Naturhaushalt bereits durch die Donauregulierung im vorigen Jahrhundert stark beeinträchtigt worden. Damals wurde – mit den Maschinen, die beim Bau des Suezkanals Verwendung gefunden hatten – zur Beseitigung der Hochwassergefahr im Raum von Wien ein rund 60 km langes „neues" Donaubett gegraben. Somit trat an Stelle vieler Flussarme ein breiter, großer Strom. Dieses Bett wurde nach Nordosten hin durch einen Damm abgesichert, der heute mitten durch das Nationalparkgelände verläuft. Der regulierte Fluss neigt wegen stärkerer Strömung zu einer Eintiefung des Flussbettes. Da überdies durch die Donaukraftwerke oberhalb des Nationalparkes der Geschiebetransport unterbrochen wurde, tieft sich der Strom seit der letzten beiden Jahrzehnte noch stärker ein. Damit aber gehen der Aue die regelmäßigen periodischen Überschwemmungen verloren, die zur Erhaltung des autochthonen Ökotops unbedingt notwendig wären.

Südlich der Donau befindet sich über weite Strecken ein Steilufer, das zu den anschließenden *Schotterplatten* überleitet. Diese bilden eine eher trockene Übergangszone zur so genannten *feuchten Ebene*, gewissermaßen dem Zentralraum des südlichen Wiener Beckens. Die aus den Alpen kommenden Flüsse, die am flachen Beckenboden ihre Kraft schnell verlieren, prägen diesen Beckenteil. Der Boden ist hier äußerst fruchtbar, der Grundwasserspiegel sehr hoch. Das hat den Bau von Wasserschlössern erleichtert. Die ehemalige kaiserliche Sommerresidenz in Laxenburg mit ihrem großen wasserreichen Park ist eines dieser Schlösser. Das im Überfluss verfügbare Wasser hat auch zu früher Industrialisierung (Textilindustrie) geführt. Aus dem Lehmboden des Wiener Beckens sind vor allem in der zweiten Hälfte des vorigen Jahrhunderts die Ziegel für die Gründerzeitbauten in der Großstadt Wien gewonnen worden. Zahlreiche Ziegelteiche, die heute sehr unterschiedliche Funktionen erfüllen, teilweise aber stark verwildert sind, erinnern an diese Zeit.

Im südlichsten Teil des Wiener Beckens haben die Flüsse aus den Alpen Schotter abgelagert. Dieser Teil, die *trockene Ebene*, entspricht morphologisch den Schotterplatten des Alpenvorlandes, ist aber weitaus weniger fruchtbar als letztere. Unter der Kaiserin MARIA THERESIA, der ersten österreichischen Herrscherin, die sich mit ihren tüchtigen Beratern in größerem Ausmaß auch mit regionalplanerischen Überlegungen beschäftigt hatte, wurden weite Gebiete des Steinfeldes mit Föhrenwäldern bepflanzt. Diese Wälder sollten nicht nur das Gebiet fruchtbarer machen und das Retentionsvermögen des Bodens erhöhen. Sie wurden überdies zur Harzgewinnung genutzt und waren schließlich Grundlage für eine chemische Industrie, die sich – modernisiert – bis heute erhalten hat. Die Flüsse aus den Alpen versickern teilweise in den Schottermassen des Steinfeldes. Einige führen im Sommer nur nach Starkregen oder längeren Regenperioden Oberflächenwasser. Dort, wo die Schottermassen aufhören, treten die unter dem Schotter strömenden Gewässer in zahlreichen kleinen Quellen („Fontanili-Zone") an die Oberfläche und die feuchte Ebene beginnt.

Für die *Wirtschaft* ist das Wiener Becken eine *wertvolle Großlandschaft*. Die Landwirtschaft findet im Weinviertler Hügelland, im Marchfeld, auf den Schotterplatten südlich der Donau und in der feuchten Ebene gute Produktionsbedingungen vor. Teilweise werden hier Spitzenerträge erreicht und Spezialkulturen sind weit verbreitet. An Bodenschätzen gibt es Kohle und Kohlenwasserstoffe, wobei nördlich der Donau das Hauptproduktionsgebiet von Erdöl und Erdgas in Österreich gelegen ist (vgl. Kap. 8.1). Die Lage nahe der Stadt Wien und im Zentrum des ehemals großen integrierten Wirtschaftsraumes der österreichisch-ungarischen Monarchie haben Teile des Beckens zum größten Industriegebiet des ehemaligen Vielvölkerstaates gemacht (vgl. Abb. 8.8).

Der politische Wandel nach dem Ersten Weltkrieg hat diesen Standortvorteil wesentlich abgeschwächt, in der Wirtschaftskrise der Zwischenkriegszeit mussten viele Betriebe schließen. Wie weit das Wiener Becken als Wirtschaftsraum weiterhin seine wichtige traditionelle Rolle für Südosteuropa spielen kann, wird sich erst herausstellen, wenn die derzeit laufenden wirtschaftsräumlichen Strukturveränderungen in ihren Auswirkungen voll abschätzbar sein werden. Immerhin ist das Wiener Becken sukzessive vom Zentralraum eines Vielvölkerstaates zu einem peripheren Gebiet der Europäischen Union geworden. Eine Osterweiterung der Union könnte hier wesentliche Veränderungen bringen.

2.1.4 Vorland im Osten

Südöstlich des Alpen- und Karpatenbogens erstrecken sich die Kleine und die Große Pannonische Tiefebene, die Kernlandschaften der heutigen Republik Ungarn. Die Alpen fallen somit zum Pannonischen Tiefland ab. Dieser Abfall gehört teilweise noch zum Staatsgebiet des heutigen Österreich. Zu erwähnen ist vor allem die *Gliederung in drei Buchten*: die Buchten von Neusiedl und Oberpullendorf sowie die Grazer Bucht im Süden. Zwischen diesen Buchten ragen Gebirgssporne der Alpen in das Ungarische Tiefland hinein, so der Ödenburger Sporn, zwischen den Buchten von Neusiedl und Oberpullendorf, sowie das Günser Bergland mit dem Gschriebenstein (884 m), welches die nördliche Abgrenzung zur geräumigen Grazer Bucht bildet.

Die Alpen fächern sich hier weit verzweigend nach Osten auf. Zahlreiche Flüsse haben eine Riedellandschaft geformt, die im Oststeirischen Hügelland besonders ausgeprägt ist. Da das Gefälle der Flüsse, je mehr sie sich dem Tiefland nähern, abnimmt, sind breite Muldentäler entstanden, die teilweise auch zur Versumpfung neigen. Zur Zeit der Schneeschmelze oder bei Starkregen im Gebirge oder am Alpenrand kann es leicht zu Überschwemmungen kommen. In der hügeligen Landschaft bilden einige steil aufragende Felsen auffällige Akzente: Erloschene Vulkane und stehengebliebene Horste eines ehemaligen Grundgebirges sind Standorte von Burgen und Schlössern, die in historischer Zeit das Alpeninnere gegen Osten absicherten.

An *wirtschaftlichen Ressourcen* ist das Vorland im Osten *nicht besonders reich*. In den tertiären Becken gibt es Vorkommen von Braunkohle und man vermutet auch größere Mengen an Kohlenwasserstoffen, ohne bisher bei der Prospektion sehr erfolgreich gewesen zu sein. Man ist auch hier auf Heilquellen gestoßen und hat in den Kurtourismus viel investiert (unter anderem „Steirisches Bäderdreieck"). Für den Bergbau spielen nur die Gesteine des Grundgebirges und Basalt für die Schottererzeugung eine gewisse Rolle.

Die Landwirtschaft wird durch zwei besondere Formen von Übergangsklimaten begünstigt, das Pannonische und das Illyrische Klima (vgl. auch Kap. 2.2). Beiden ist eigen, dass die Sommer trocken und warm sind, sodass im Ackerbau gute Erträge erzielt werden können.

2.1.5 Ostalpen

Österreichs Anteil an den Ostalpen erreicht mit rund 53 000 km² fast 63 % der Staatsfläche. Das Hochgebirge nimmt somit einen größeren Flächenanteil ein als in der benachbarten Schweiz. Daher spielen die ökonomischen und ökologischen Restriktionen des Hochgebirges für die österreichische Bevölkerung und Wirtschaft eine besonders große Rolle. Diese Tatsache wird in unserer Zeit mit steigendem Umweltbewusstsein besonders bemerkbar: Nicht von ungefähr gilt Österreich in Europa als ein Vorbild für die Bewältigung von Umweltproblemen. Die hohe ökologische Sensibilität des Gebirges zwingt die Bewohner dazu, diesen Problemen mehr Augenmerk zuzuwenden als in den umliegenden Flachländern.

Erdgeschichtlich sind die Alpen ein *junges Gebirge*, dessen Hebung erst im Mesozoikum begonnen hat. Am Beginn dieses Zeitalters befand sich hier eine ausgeprägte Geosynklinale, eine Tiefenfurche. Diese war Bestandteil eines großen Meeres, des Thetysmeeres, einem Vorläufer des heutigen Mittelmeeres. Die Geosynklinale wurde langsam mit Sedimenten aus alten Gebirgen aufgefüllt. Ab der Kreidezeit kam es dann durch Schollenbewegungen und eruptive Kräfte zu Hebungen, Gebirgsfaltung und Überschiebungen, die immer wieder mit längeren Zwischenzeiten bis ins Oligozän andauerten. Nach einer Periode längerer Ruhe, welche die Geomorphologen durch die in diesen Zeiten entstandenen „Altflächen" als dokumentiert ansehen, kam es im Pliozän zu einer weiteren Hebung, wobei sich das Hochgebirge in seiner heutigen Form herausgebildet hat. Es entstanden die großen alpinen Längstalfurchen, so der südliche und nördliche Längstalzug, aber auch die Rhein-Rhône-Furche in den Westalpen, die heute Konzentrationsräume von Besiedlung, Wirtschaft und Verkehr in den Alpen sind.

Wesentlich für die Entstehung und heutige Ausformung der Alpen ist noch, dass zur vertikal hebenden Kraft *horizontale Verschiebungen*, vor allem von Südosten nach Nordwesten, gekommen sind. Das hat mit sich gebracht, dass ältere Gebirge, wie das französische Zentralplateau oder der Schwarzwald bei den Verschiebungen des Alpenkörpers eine natürliche Begrenzung gebildet haben. Durch den aus diesem Widerstand resultierenden Druck sind bei der Auffaltung in den Westalpen größere Höhen erreicht worden als im Osten.

Infolge dieser Horizontalbewegungen liegen *mehrere geologische Deckensysteme* verschiedenen Alters teilweise übereinander. Man unterscheidet:
– Die Helvetischen Decken, die in Österreich nur in einem schmalen Streifen am Nordrand der Alpen vertreten sind.
– Die Penninischen Decken, die in so genannten Fenstern in den Zentralalpen an die Oberfläche treten. Sonst sind sie von
– den Ostalpinen Decken überlagert, die im Wesentlichen die Oberfläche des österreichischen Alpenanteils prägen.
– Der Südteil der Alpen wird von den Dinarischen Decken gebildet, die teilweise von Süden noch in das österreichische Staatsgebiet hereinragen.

Durch die Hebung ist in den Ostalpen ein *symmetrischer Aufbau* entstanden, der allerdings teilweise durch die eben beschriebenen horizontalen Kräfte gestört wurde. Dieser Aufbau soll stark vereinfacht dargestellt werden: In der Reihenfolge, wie die einzelnen Materialien ehemals am Meeresgrund horizontal geschichtet waren, sind sie gehoben worden. Somit wurden die oberen sandigen Schichten nach außen geschoben, die darunter liegende Kalkschicht ummantelt heute den inneren kristallinen Kern. Wir haben daher nach Norden und Süden eine ähnliche Abfolge der geologischen Formationen. Nach Sandstein- (Flysch-)zonen, welche den Übergang zu den Vorländern bilden, kommen Nördliche und Südliche Kalkvor- und -hochalpen. Die Zentralalpen bestehen dann aus kristallinen Schichten des ehemaligen Meeresuntergrundes, umgürtet von nur teilweise erhaltenen Schieferzonen. Die Zentralalpen sind von den beiden Kalkzonen, durch zwei geologisch stark ausgeprägte, in west-östlicher Richtung verlaufende Längstalzüge getrennt (vgl. Abb. 2.2 und 2.4).

Eiszeitliche Überformung
Infolge von langfristigen Klimaschwankungen sind die Alpen nach ihrer Hebung zumindest sechs Eiszeiten ausgesetzt gewesen, von denen vier die Landschaft wesentlich mitgestaltet haben. Die erste dieser Kälteperioden ist am Ende des Tertiärs, somit vor rund 2,6 Mill. Jahren nachgewiesen. Die Eiszeiten werden nach Flüssen des Alpenvorlandes, an denen man morphologische Relikte aus ihrer Zeit gefunden hat, benannt: Biber, Donau, Günz, Mindel, Riß und Würm. Zwischen den Eiszeiten hat es immer wieder wärmere Zeiträume gegeben, wo die Gletscher teilweise oder ganz geschmolzen sind. Die Auswirkungen der Mindeleiszeit sind im Osten der österreichischen Alpen besonders deutlich ausgeprägt, die Spuren der letzten, der Würmeiszeit, sind insgesamt am besten erhalten geblieben.

Wesentliche Komponenten der alpinen Landschaft sind durch eiszeitliche Überformung entstanden. Die während der Eiszeit überaus mächtigen Gletscher haben in langsamer Fließbewegung breite U-Täler ausgebildet. Infolge der unterschiedlichen Mächtigkeit sind beim Zusammenfluss zweier Gletscher markante Talstufen entstanden.

Nach Ende der Eiszeit und Rückgang der Gletscher übernimmt wieder das Wasser mit seiner Geschiebefracht die morphologische Ausformung der Täler. Die breite, von den Gletschern geschaffene Talebene wird dann oft ganz vom Fluss beherrscht, der auf der flachen Talsohle immer wieder seinen Lauf verändert. Heute sind diese breiten Talböden die für Besiedlung und Wirtschaft wichtigsten Flächen im Alpenraum. Fast alle Wirtschaftszweige finden hier die günstigsten Standortbedingungen vor.

Die erwähnten markanten Talstufen zeigen sich deutlich im Höhenprofil alpiner Verkehrswege. Dieses verläuft meist nicht in einer langsamen kontinuierlichen Steigung. Die Überwindung der erwähnten Talstufen erfolgt vielmehr durch relativ kurze Steilstrecken. Hat man diese bezwungen, kommt man auf nur wenig ansteigende Straßenstücke, bis sich die nächste Steilstufe in den Weg stellt.

Diese stufenweise übereinander gelagerten Gletschertröge erweisen sich bei der Anlage von Stauseen für Speicherkraftwerke als vorteilhaft. Mit verhältnismäßig geringem Aufwand können hier große Wassermassen aufgestaut werden. Auch die Installation von Pumpspeicherwerken, die bekanntlich zwei übereinander gelagerte Staubecken benötigen, wird dadurch begünstigt.

Flyschzone
Die Flyschzone bildet den nördlichen und südlichen Rand des Gebirges. Sie liegt im Süden zur Gänze auf italienischem Staatsgebiet. Im Norden erstreckt sie sich als schmaler Streifen von wenigen Kilometern Breite am nördlichen Alpenrand, in Bayern auf deutschem Staatsgebiet. Nur im Osten im Wienerwald und im Westen im Hinteren Bregenzerwald ist diese Zone als eigene Landschaftsregion stärker ausgeprägt (Abb. 2.3).

Die Möglichkeiten für die Landwirtschaft sind hier beschränkt. Darum ist im Osten nur relativ wenig gerodet worden und der Wald bis heute großflächig erhalten geblieben. Nach den Türkeneinfällen musste der *Wienerwald* neu besiedelt werden. Man veranlasste Holzfäller aus den dicht bevölkerten westlich gelegenen Alpenländern, sich hier niederzulassen. Diese führten neben ihrer Beschäftigung im Wald eine bescheidene Landwirtschaft, welche die Ernährung

Fünf Großlandschaften 23

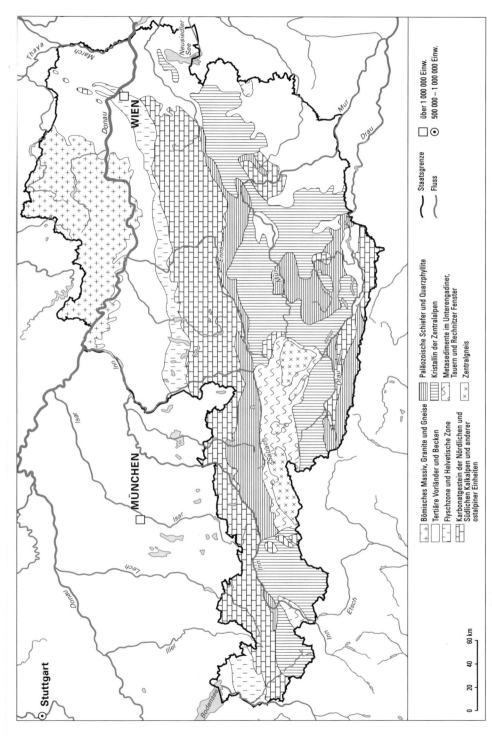

Abb. 2.3: Geologische Übersichtskarte
Quelle: EMBLETON/HAMANN 1997, S. 212, modifiziert

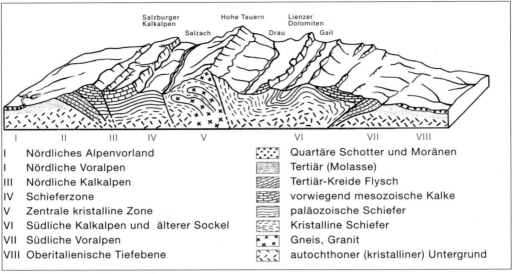

Abb. 2.4: Nord-Süd-Profil durch die Alpen
Quelle: SCHEIDL 1969, S. 104, modifiziert

der eigenen Familie sicherstellte. Heute sind die Beschäftigungsmöglichkeiten im Forst stark zurückgegangen. Die landwirtschaftlichen Flächen werden nur mehr teilweise und fast ausschließlich im Nebenerwerb genutzt. In zahlreichen Fällen wurde die Bewirtschaftung wegen mangelnder Rentabilität gänzlich aufgegeben. Im Zuge der Suburbanisierung haben Bürger Wiens zahlreiche Gründe aufgekauft und Zweitwohnhäuser errichtet. Im Laufe der Jahre wurden viele dieser Zweithäuser in Hauptwohnsitze umgewandelt.

Im *Bregenzerwald*, im westlichen Teil der Flyschzone, wird bereits seit nahezu einem Jahrtausend intensive Viehzucht mit Milchwirtschaft betrieben. Dort ist der Wald nur auf den steileren Hängen erhalten geblieben. Die Böden sind karg; im Vorderen Bregenzerwald, wo sich die Molasse des Alpenvorlandes aufgewölbt hat, jedoch fruchtbarer. Die landwirtschaftlichen Betriebe, durch Erbteilung seit Jahrhunderten ständig verkleinert, produzieren auch hier zu einem hohen Prozentsatz im Nebenerwerb.

Kalkalpen
An die Flyschzone schließt in Richtung Zentralalpen die Zone der Kalkalpen an. Die *südlichen Kalkalpen* liegen allerdings nur mehr zum Teil auf österreichischem Staatsgebiet. Auf dem Hauptkamm der Karawanken verläuft die Staatsgrenze gegen Slowenien und Italien.

Die *nördlichen Kalkalpen* erstrecken sich vom südlichen Wienerwald bis zum Rheintal. Zum Teil sind sie auch Grenzgebirge gegen Bayern. Mit ihren über die Waldgrenze herausragenden Gipfeln stellen sie die Visitenkarte der Alpen für den aus Norden anreisenden Besucher dar. An klaren Tagen sieht man von den Höhen des Granit- und Gneishochlandes über die weiträumige Fläche des Alpenvorlandes deutlich den langgestreckten Gebirgszug der Alpen. Hinter den sanften Hügeln der Flyschzone erkennt man die schroffen, noch waldbedeckten Kalkvoralpen. Dahinter erheben sich kulissenhaft die grauen Gipfel der Kalkhochalpen. Ihr Verlauf ist durch einige herausragende Gipfel, wie den Ötscher im

Fünf Großlandschaften

Mariazellerland, den Traunstein bei Gmunden, den Untersberg bei Salzburg und die Zugspitze bei Garmisch-Partenkirchen besonders gekennzeichnet. Auf diesen Gipfeln hat man eine besonders attraktive Fernsicht über die Tiefländer. Daher haben sie eine Pilotrolle bei der Erschließung der Alpen gespielt. Die ersten Zahnradbahnen und Seilbahnen des heutigen Österreichs wurden vorwiegend auf diese Berge gebaut (Schneebergbahn, Schafbergbahn, Raxbahn, Feuerkogelbahn, Zugspitzbahn, um nur einige zu nennen – vgl. auch Kap. 6.4). Nur ein Gipfel der nördlichen Kalkalpen, nämlich die Passeierspitze erreicht eine Höhe von über 3 000 m, drei weitere, nämlich Dachstein, Hochkönig und die bereits erwähnte Zugspitze kommen nahe an die 3 000-Meter-Grenze heran.

In ihrer geologischen Ausformung haben die südlichen Kalkalpen *Kettencharakter*. Bei den nördlichen Kalkalpen finden wir Ketten nur westlich des Kaisergebirges; im Osten sind *ausgedehnte Hochplateaus* für die Landschaft typisch. Da Kalk ein wasserlösliches Gestein ist und das Wasser durch Klüfte abgeleitet wird, hat sich in der Hochregion der Plateaus meist kein deutlich gegliedertes Entwässerungsnetz bilden können. Somit sind diese Flächen durch zahlreiche Karst-Kleinformen wie Dolinen und Karrenfelder zerteilt. Die Wasserdurchlässigkeit des Gesteins bewirkt auch eine geringe Nutzbarkeit der Böden für die Landwirtschaft. Die dünnen Humusschichten von Rendzinen in den Hochlagen werden leicht übernutzt und dann tritt der nackte Fels zutage. Das Wasser versickert in Bergschlünden und Klüften. Wissenschaftliche Untersuchungen haben ergeben, dass es stark zeitverzögert und oft erst nach vielen Kilometern unterirdischen Weges wieder ans Tageslicht kommt. Die Selbstreinigungskraft im Laufe dieses Durchsickerns wurde allerdings als zum Teil sehr gering analysiert. Die Sickerwässer sammeln sich im Berginneren, sobald sie auf eine wasserundurchlässige Schicht kommen, und verlassen das Gebirge als typische Karstquellen mit reicher Schüttung.

Diesen *Karstquellen* verdankt die Stadt Wien ihre weltweite Sonderstellung in der Wasserversorgung. Wien ist die einzige Millionenstadt der Welt, in der über 90 % des verwendeten Trink- und Nutzwassers Hochgebirgsquellwasser sind. Nur bei sehr starkem Wasserverbrauch müssen Grundwasservorkommen aus dem Bereich des Donaulaufes in Anspruch genommen werden. Eine dritte Wasserleitung vom Grundwasserwerk Mitterndorfer Senke, welche den reichen Grundwasserstrom des Wiener Beckens nutzt, war seit dem Jahre 1981 betriebsbereit. Die Leitung konnte aber erst im Herbst 1998 in Betrieb gehen, da bei Probepumpversuchen die Stabilität des Grundwasserspiegels im Entnahmegebiet in der feuchten Ebene des Wiener Beckens nicht gesichert war. Auch musste infolge zahlreicher Verunreinigungen durch unsachgemäß angelegte Deponien und Einleitungen die Qualität des Grundwasserstromes noch genau untersucht werden. Die Wasserleitung war in den siebziger Jahren errichtet worden, um einen der Großstadt drohenden Wassermangel abwenden zu können. Inzwischen haben allerdings umfangreiche und nachhaltige Kontrollen der Dichtheit des Wiener Wasserversorgungsnetzes so große Einsparungen im Verbrauch der Stadt gebracht, dass ein Zurückgreifen auf die Wasservorkommen des Wiener Beckens durch viele Jahre nicht notwendig war (Abb. 2.5).

An Bodenschätzen aus den Kalkalpen sind vor allem die reichen Salzvorkommen zu erwähnen, die heute noch im Salzkammergut genutzt werden (vgl. Kap. 8.1). Namen mit „Hall", wie Halltal, Hallein, Solbad Hall, weisen darauf hin, dass der Salzbergbau früher wesentlich weiter verbreitet war. Seit dem Spätmittelalter haben die Landesfürsten jedoch versucht, den Bergbau der Konkurrenz zu unterdrücken. Zu dieser Konkurrenz zählten auch einige reiche Stifte, die schließlich die Salzproduktion aufgeben mussten. Da die wichtigsten Vorkommen sukzessive in staatlichen Besitz gekommen waren, konnte schließlich ein Salzmonopol erlassen werden, das bis zum Eintritt Österreichs in die Europäische Union Gültigkeit hatte.

Die Vorkommen von Steinkohle am Rande der Kalkalpen und von Eisen- und Buntmetallen in den unter den Kalkschichten lagernden Schiefern spielen für den Bergbau in den Kalkalpen heute keine große Rolle mehr. Abgebaut wird nur das Grundgestein in den verschiedensten Ausprägungen als Marmor, Gips und Kalkstein, u.a. zur Zementerzeugung.

Der Bereich der Kalkalpen muss als sehr verkehrsfeindlich angesehen werden. Durch einige enge Schluchten, wo Flüsse aus dem Alpeninneren in das Alpenvorland durchbrechen, zwängt sich der Nord-Süd-Verkehr. Als solche „Klausen" sollen die folgenden erwähnt werden: der Durchbruch des Lechs bei Füssen, der Loisach bei Ehrwald, der Isar bei Scharnitz (Porta Claudia), des Inns bei Kufstein, die Talpässe Stein (südlich von Bad Reichenhall) und Lueg (Durchbruch der Salzach – südlich von Salzburg) sowie die romantische Schlucht des Gesäuses, durch welche die Enns fließt. Generell stellen die Kalkhochalpen ein größeres Verkehrshindernis dar als die dahinter liegenden Zentralalpen, obwohl diese weitaus mächtiger sind.

Schieferzone
An die Kalkalpen schließen nach innen, in Richtung des Alpenhauptkammes, Schieferzonen an, die jedoch nicht überall voll ausgeprägt sind bzw. an der Oberfläche zutage treten (Abb. 2.3). Die nördliche Zone erstreckt sich vom Südende des Wiener Beckens bis in den Raum von Innsbruck. Im Süden liegt die Schieferzone im südöstlichen Teil der Nockberge, in den Karnischen Alpen und im angrenzenden Vorland der Dolomiten.

Die Wiener Wasserversorgung
Typhus- und Choleraepidemien durch verunreinigtes Trinkwasser, steigende Bevölkerungszahlen infolge Schleifung der Stadtmauern (1857) und Großbrände führten Mitte des vergangenen Jahrhunderts in Wien zu einer kritischen Lage bei der öffentlichen Versorgung mit Wasser. Die Stadtverwaltung entschied sich 1864 für den Bau einer Wasserleitung aus dem Rax- und Schneeberggebiet (Kaiserbrunnen und Sixtensteiner Quelle). 1873 wurde die erste Hochquellenleitung anlässlich der Weltausstellung in Wien eröffnet. Über Aquädukte und in Stollen fließt das Quellwasser in der 118 km langen Leitung unter Ausnutzung des natürlichen Gefälles in den hochgelegenen Wasserbehälter „Rosenhügel" bei Wien. In den Wintermonaten und während starker Frostperioden zeigte sich aber bald, dass die Quellschüttung nicht ausreiche, um eine kontinuierliche Versorgung der Stadt zu gewährleisten. Es traten hohe jährliche Schwankungen innerhalb eines Jahres auf (220 000 m³/Tag im Frühling, 80 000 m³/Tag im Winter).

Das rasche Ansteigen der Bevölkerung auf rund 1,4 Mill. Menschen im Jahre 1890 verschärfte neuerlich die Wassersituation der Stadt. Man entschied sich schließlich im Jahre 1890 für den Bau einer zweiten Hochquellenleitung aus dem Gebiet der steirischen Salza mit dem Hochgebirgsstock des Hochschwabs, nachdem mehrjährige Beobachtungen dort eine wesentlich bessere Quellschüttung während der Wintermonate erkennen ließen als dies im Quellgebiet der ersten Hochquellenleitung der Fall war. Das natürliche Gefälle der rund 200 km langen Leitung (darunter fast 100 km im Stollen) reicht aus, das Wasser ohne Pumpen nach Wien liefern zu können. Die Leitung wurde 1910 eröffnet. Durch Einleitung zusätzlicher Quellen konnte die Leistung der beiden Hochquellenleitungen weiter gesteigert werden. Ein Speicherraum von über 1,4 Mill. m³ ermöglicht den Ausgleich von Bedarfsspitzen, sodass für über 90 % des in Wien verbrauchten Wassers Quellwasser verwendet werden kann (MAHRINGER 1991, S. 25 sowie 31–36, gekürzt).

Fünf Großlandschaften

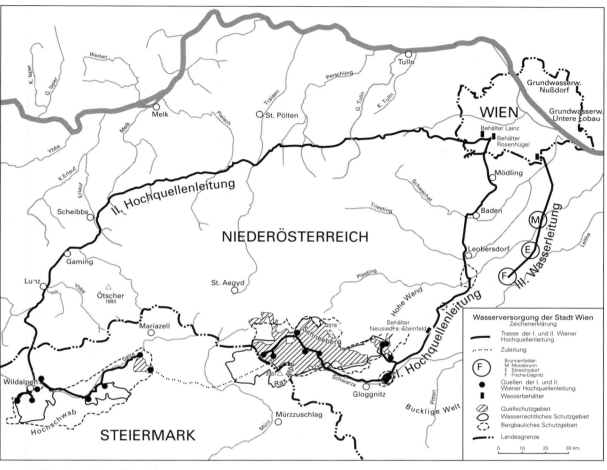

Abb. 2.5: Wiener Fernwasserleitungen
Quelle: Drennig 1988, S. 14, modifiziert

Diese relativ kleinflächigen Zonen haben große wirtschaftliche Bedeutung. Die sanften, weitgehend gerodeten Hänge der „Grasberge" sind Gunsträume der alpinen Landwirtschaft. Die Wiesen der Talgüter gehen teilweise direkt in die Weiden der Almzone über, die auch heute noch intensiv mit Vieh bestoßen werden. Die Sanftheit des Geländes bringt ferner eine hervorragende Eignung für den alpinen Skilauf. Die am besten ausgebauten Skizirkusse und schaukeln finden sich in dieser Zone, wo Skilauf und Pistentrassierung auf fast keine natürlichen Hindernisse stoßen (vgl. Kap. 7). Durch die relativ niedrige Höhe der Schieferalpen ist jedoch nicht überall während der ganzen Wintersaison Schneesicherheit gegeben.

Zusätzlich verfügt diese Zone jedoch noch über jene Bodenschätze, die im Mittelalter Österreichs großen Reichtum begründet haben. Auch heute befinden sich einige wenige, noch genutzte Ressourcen in dieser Zone (vgl. Kap. 8.1).

Kristalline Zone

Das Rückgrat des Gebirgskörpers bildet zweifellos die Kristalline Zone der Zentralalpen. Der Alpenhauptkamm, der sich von der Schweizer Grenze nach Osten bis zur Einbruchszone des Wiener Beckens zieht, wird im Westen durch hochaufragende, gut bekannte Gebirgsgruppen gebildet: Silvretta, Ötztaler Alpen (Wildspitze (3774 m), Stubaier Alpen (Zuckerhütl 3507 m), Zillertaler Alpen (Hochfeiler (3510 m) und die vier Gruppen der Hohen Tauern (vgl. Foto 6) mit dem Großglockner, dem höchsten Berg Österreichs (3797 m). Östlich der Hohen Tauern fächern sich die Zentralalpen in zwei parallel laufende Züge auf, die von den Niederen Tauern und den Gurktaler Alpen gebildet werden. Je weiter wir nach Osten kommen, desto breiter wird der Alpenkörper und desto niedriger die Gipfel. Stuhleck und Hochwechsel (beide über 1700 m) sollen hier als Endpfeiler des Hochgebirges nach Osten angeführt werden.

Die Höhenlage der kristallinen Zone und ihre Überformung durch die Gletscher während der Eiszeit hat für die Wirtschaft des Menschen enge Grenzen gesetzt. Erste landwirtschaftliche Siedlungen sind in mittlerer Höhe auf den Terrassen entstanden. Dadurch hat man die hochwasser- und murengefährdeten Talböden vermieden und ist gleichzeitig in eine klimatisch begünstigte Zone vorgestoßen. Auch die Verkehrswege folgten ursprünglich teilweise diesen Terrassen. Erst in späterer Zeit wurden die Talböden wirtschaftlich erschlossen. Die Siedlungen entstanden dann meistens auf den Schuttkegeln der aus den Seitentälern einmündenden Bäche, um vor den Hochwässern des Talflusses geschützt zu sein. Erst nach der Regulierung der Flüsse im vorigen Jahrhundert wagte man sich auf den Talboden vor, wobei, wie Beispiele von Hochwasser-Überflutungen in den letzten Jahren zeigen, die Erfahrungen früherer Generationen viel zu wenig beachtet wurden.

Somit ist die landwirtschaftliche Nutzfläche in der kristallinen Zone flächenmäßig beschränkt; der Ackerbau, auf den zu Zeiten der Subsistenzwirtschaft nicht verzichtet werden konnte, musste inzwischen fast vollends aufgegeben werden. Wichtigster landwirtschaftlicher Betriebszweig ist die Viehzucht, für die vor allem die Sömmerungsmöglichkeiten in den alpinen Hochlagen von Bedeutung sind, weil dadurch die schmale Futterbasis des Heimathofes erweitert werden kann. Daneben hat die Forstwirtschaft noch eine gewisse Bedeutung.

Der unterschiedlichen Zusammensetzung des kristallinen Grundgesteines verdanken wir eine Vielzahl von Bergbau-Ressourcen. Einige davon, vor allem Gold und Kupfer, haben in vergangenen Jahrhunderten eine bedeutende Rolle gespielt, heute sind sie teilweise erschöpft, teilweise ist die Produktion viel zu teuer, um auf dem Weltmarkt mithalten zu können (vgl. Kap. 8.1).

Die Zentralalpen stellen dem Verkehr weniger Hindernisse entgegen als die schroffen Kalkalpen. Allerdings wird der Nord-Süd-Verkehr auf einige technisch relativ gut ausgebaute Übergänge konzentriert. Diese sind von vielen Verkehrswegen, die in früheren Jahrhunderten, aufgrund eines anderen technologischen und wirtschaftlichen Umfeldes bestanden haben, übrig geblieben. Von Westen nach Osten sind das der Talpass Finstermünz, an der Grenze zwischen dem Schweizer Engadin und dem Oberen Inntal (1020 m), das Reschenpass (1504 m) zwischen dem Inntal und dem Südtiroler Vintschgau und natürlich der Brenner (1371 m), der aus vielen Gründen in den letzten Jahrzehnten einen großen Anteil des transalpinen Nord-Süd-Verkehrs an sich gezogen hat, worauf im Kapitel 6.2 noch ausführlich eingegangen werden wird. Weiter im Osten, nach rund 100 km Luftlinie, kreuzt die Felbertauernstraße in einem 5,2 km langen Tunnel auf rund 1600 m NN den Alpenhauptkamm. Diese Straßenverbindung von Kufstein über Kitzbühel und Mittersill nach Lienz hat allerdings keinen guten Anschluss weiter nach Süden. Wesentlich bedeutender ist daher der Verkehr von Salzburg nach Villach, und zwar mit der Bahn durch einen Tunnel vom Gasteinertal ins Mölltal auf 1250 m Höhe (8,5 km lang) sowie über die Tauern-Autobahn durch zwei Tunnel unter dem Radstätter Tauern und dem Katschberg (7 und 5,4 km lang, auf rund 1300 m Höhe). Weiterhin müssen noch die Liesing-Paltentalfurche mit dem Schoberpass (849 m hoch) und der Semmering (985 m hoch) im Osten als stark befahrene Pässe angeführt werden. Somit wird der alpenquerende Verkehr in den Zentralalpen in Österreich im wesentlichen auf sechs wichtige Übergänge konzentriert. Dies ist bei einer Luftliniendistanz von insgesamt über 500 km für den starken europäischen Nord-Süd-Verkehr sehr wenig. Es ist darum nicht verwunderlich, dass es auf diesen Routen immer wieder zu Verkehrsproblemen und in Spitzenzeiten zu Staus kommt.

Zwei Längstalzüge
Zwischen den Zentralalpen und den Nord- bzw. Südalpen befinden sich zwei geologisch vorgezeichnete Längstalfurchen, durch welche der Gebirgskörper in nahezu drei Teile aufgespalten wird (vgl. Karte im hinteren Vorsatz).

Der *nördliche Längstalzug* beginnt im Alpenrheintal in Feldkirch und zieht durch den Walgau, das Klostertal und das Stanzertal zum Inntal. Dort, wo der Inn bei Kufstein durch die Nördlichen Kalkalpen nach Norden in das Alpenvorland durchbricht, ist dieser Talzug nicht deutlich ausgeprägt. Er findet jedoch seine Fortsetzung im Oberen Salzachtal, dem Pinzgau, setzt sich über das Ennstal, den Schoberpass bis zum Mur- bzw. Mürztal fort und endet am Alpenostrand, am Abstieg vom Semmering in das Wiener Becken. Diese West-Ost-Verbindung führt über mehrere Pässe, deren bekanntester und höchster der Arlberg (1793 m) zwischen Kloster- und Stanzertal ist.

Der *südliche Längstalzug* beginnt im Oberen Etschtal, dem Vintschgau. Er ist erst wieder im Pustertal, östlich von Brixen deutlich ausgeprägt. Dieses Tal wird nach Westen von der Rienz entwässert, nach Osten von der Drau, die am Toblacher Feld (1209 m) entspringt. Der West-Ost-Verkehr folgt dann dem Drautal bis ins Klagenfurter Becken, obwohl die geologisch vorgezeichnete Talfurche weiter südlich durch das Lesach- und Gailtal verläuft. Das Klagenfurter Becken, das größte inneralpine Becken überhaupt, mit einer Länge von 75 km und einer Breite von 30 km, ist integraler Bestandteil dieses Längstalzuges. Er findet im Tal der Drau nach Osten, nach Slowenien, seine Fortsetzung.

Die Längstalzüge sind in der zweiten Hälfte des vorigen Jahrhunderts im Rahmen einer Integralmelioration als Wirtschaftsräume weitgehend erschlossen worden. Die Flüsse mussten in diesen Tälern reguliert werden, weil nur dort die Möglichkeit gegeben war, unter den damals herrschenden technischen Bedingungen Bahnstrecken geradlinig und steigungsarm anzulegen. Die breiten Talböden der Trogtäler wurden auf diese Weise aber nicht nur für den Bahnbau brauchbar, es entstanden auch neue günstige Flächen für Siedlungen und für die Landwirtschaft. Heute sind die wirtschaftlichen Aktivitäten im Alpeninneren auf die Längstalzüge konzentriert. Die Besiedlungsdichte erreicht hier die höchsten Werte in den Alpen (vgl. Abb. 4.1). Das Gros der Verkehrslinien benutzt diese Talzüge, zahlreiche Industriebetriebe haben hier ihren Standort. Die meisten räumlichen Nutzungskonflikte in den Alpen ergeben sich in diesen Bereichen.

2.2 An der Klimagrenze

Die Alpen bilden eine Klimascheide. Witterungsverhältnisse in weiten Teilen Europas werden durch das Hochgebirge beeinflusst. Die freie Zirkulation der Luft ist in der Nord-Süd-Richtung durch das Gebirge behindert. Das bringt zwar in der *gemäßigten Zone der vorwiegenden Westwinde*, die fast parallel zum Alpenkörper streichen, keine so starken Irritationen wie bei den nord-süd-verlaufenden Gebirgen auf dem amerikanischen Kontinent, bedingt aber immerhin, dass nördlich und südlich der Alpen andere Klimate vorherrschen und oft auch das Wetter verschieden ist.

Generell liegt das österreichische Staatsgebiet im Bereich des Überganges vom maritimen zum kontinentalen Klima, somit im *Mitteleuropäischen Übergangsklima*. Das bedeutet, dass die Luftfeuchtigkeit von Westen nach Osten abnimmt. Durchschnittlichen Niederschlagsmengen im westlichen Alpenvorland von über 1000 mm im Jahr stehen solche von nur rund 500 mm im Wiener Becken gegenüber (vgl. Tab. 2.2). Die Temperaturamplituden zwischen Sommer- und Winterdurchschnittswerten steigen auf über 20°C im trockeneren Osten; das Klima im Osten Österreichs ist somit kontinentaler.

Österreich hat Anteil an drei Untergruppierungen des Übergangsklimas: dem Oberdeutschen, dem Pannonischen (bzw. Illyrischen) und schließlich dem Alpinen Klima. Damit sind die klimatischen Grundlagen für Mensch und Wirtschaft regional recht unterschiedlich (vgl. ZWITTKOVITS 1983).

Oberdeutsches Klima

Das Oberdeutsche Klima zeichnet sich durch Niederschläge während des ganzen Jahres aus, die im Sommer ein bescheidenes Maximum erreichen. Die Menge des Niederschlages nimmt von Westen nach Osten ab (vgl. Tab. 2.2, z.B. die Stationen Ried im Innkreis und St. Pölten). Die Juli-Isothermen liegen zwischen 17°C und 19°C, die Januar-Isothermen knapp unter dem Gefrierpunkt. In höheren Lagen, z.B. auf den Höhen des Böhmerwaldes, wird dieser Klimatyp merklich rauer (Station Kollerschlag). Die niederschlagsreichen Zonen im Westen eignen sich gut für die Grünlandwirtschaft. Weiter im Osten, wo bei geringeren Niederschlägen die Gefahr der Auswaschung der Böden nicht mehr so groß ist, begünstigt das Klima den Ackerbau. Es handelt sich hier vorwiegend um Regenfeldbau, besondere Bewässerungsmaßnahmen sind meist nicht notwendig.

Pannonisches und Illyrisches Klima

Im Osten und im Süden des Landes wird das Klima, wie bereits erwähnt, trockener. Das Pannonische Klima verzeichnet maximal 800 mm Jahresniederschlag; in weiten Bereichen liegt dieser aber unter 600 mm. Die Niederschläge fallen vorwiegend im Frühsommer, was für das Wachstum einiger Kulturpflanzen (z.B. Mais, Zuckerrübe, Wein) von besonderer Bedeutung ist. Die mittlere Julitemperatur steigt auf 18°C bis über 20°C, im Winter können im Januar Durchschnitte um −2°C erreicht werden (vgl. Tab. 2.2). Da diese Klimaregion zu den ungarischen Ebenen hin offen ist, kommen zu den vorherrschenden Westwinden im Winter auch stürmische Winde aus dem Osten, die kontinentale Kälte in diesen Bereich tragen und beachtliche Schneeverwehungen verursachen können. Dieses Klima hat für den Ackerbau eine hervorragende Eignung. Im Seewinkel (im Burgenland, östlich des Neusiedler Sees) weisen die Böden allerdings teilweise infolge starker Verdunstung einen höheren Salzgehalt auf. Für gewisse Kulturen muss in diesem Klimabereich eine Bewässerung durchgeführt werden (vgl. Foto 3).

Im Südosten des Bundesgebietes, so in der Grazer Bucht und im Klagenfurter Becken, machen sich bereits gewisse Aus-

An der Klimagrenze

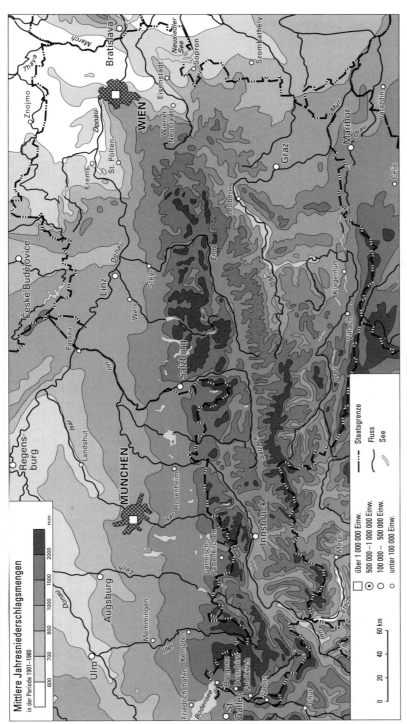

Abb. 2.6: Jahresniederschlag – Mittlere Mengen in der Periode 1901–1980
Quelle: HÖLZEL 1995a, S. 16

Klimazone	Station	Abb. 2.8 Nr.	NN (m)	Durchschnittstemperatur Jan. (°C)	Juli (°C)	Jahr (°C)	Abweichung (°C)	Niederschlag Jahr (mm)	Neuschneehöhe (cm)
Mitteleuropäisches Übergangsklima Oberdeutsches Klima:									
im Westen:	Ried im Innkreis	13	434	-2,0	17,3	7,8	19,3	956	87
im Osten:	St Pölten	7	272	-1,7	18,8	8,8	20,5	725	97[2]
Hochlage Mühlviertel	Kollerschlag	12	725	-3,2	16,2	6,7	19,4	1063	208
Pannonisches bzw. Illyrisches Klima:									
im Norden:	Mailberg	4	220	-1,4	19,5	9,3	20,9	539	56[2]
	Wien	3	203	-0,6	19,6	9,7	20,2	611[2]	90[1]
	Hohenau	2	150	-2,3[2]	18,0[2]	8,1[2]	20,9[2]	508[2]	43
	Halbturn	1	130	-1,3[2]	20,6[2]	10,2[2]	21,9[2]	553[2]	44[1]
im Süden:	Graz	6	360	-1,9	19,1	9,1	21,0	860	65[2]
	Oberpullendorf	5	240	-1,4[2]	19,5[2]	9,6[2]	20,9[2]	632[2]	53[2]
Alpines Klima:									
am nördlichen Alpenrand:									
	Feldkirch	21	439	-1,4	17,7	8,5	19,1	1176	122
	Salzburg	14	435	-1,6	18,0	8,5	19,6	1273	139
in den Nordalpen:									
	Schröcken	20	1263	-2,6	13,3	5,0	15,9	2166	1042
	Mariazell	8	875	-2,8[2]	14,7[2]	5,9[2]	17,5[2]	1077[2]	314[1]
im Alpeninneren:									
	Nauders	19	1360	-5,0	13,8	4,6	18,8	656	222
	Sonnblick	15	3106	-12,8	1,3	-6,1	14,1	1633[2]	2042[1]
Inversionslage:									
	Innsbruck	17	581	-2,4	17,9	8,5	20,3	877	121
	Weerberg	16	880	-1,9[1]	16,5[1]	7,4[1]	18,4[1]	1061[2]	323[2]
	Patscherkofel	18	2045	-6,9[2]	7,8[2]	0,0[2]	14,7[2]	878[2]	587[1]
im Kärntner Becken:									
	Villach	9	492	-4,1	18,3	7,9	22,4	1169	149[2]
	Kanzelhöhe	10	1526	-3,9[2]	12,8[2]	4,2[2]	16,7[2]	1151[2]	376
in den Südalpen:									
	Loibltunnel	11	1067	-3,1[2]	14,9[2]	5,9[2]	18,0[2]	2297[2]	454[2]

[1] nur Durchschnitt 1981–1990
[2] nur Durchschnitt 1961–1990

Tab. 2.2: Klima: Temperaturen und Niederschläge ausgewählter Stationen, im Durchschnitt 1901–1990
Quelle: Hydrographischer Dienst 1993

wirkungen des Mittelmeerklimas bemerkbar. Bei ähnlichen klimatischen Verhältnissen wie im Pannonischen Klima werden die Niederschlagsmaxima im Herbst erreicht. Dieser Klimatyp wird auch als illyrisch bezeichnet.

Alpines Klima

Auch das Alpine Klima, das für weite Teile des österreichischen Staatsgebietes bestimmend ist, kann als Sonderform des mitteleuropäischen Übergangsklimas bezeichnet werden. Am Alpenrand, wo feuchte atlantische Luftmassen aus Nordwesten und Südwesten herangeführt werden, treten Steigungsregen auf. Die aufsteigende Luft kühlt sich ab und ist gezwungen Feuchtigkeit abzugeben. Daher sind die Niederschlagsmengen dort um ein Vielfaches höher als in den umgebenden Vorländern

An der Klimagrenze

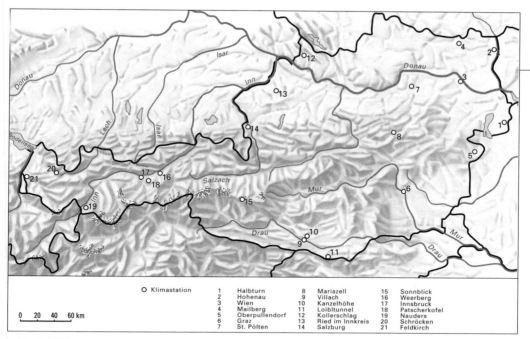

○ Klimastation	1	Halbturn	8	Mariazell	15	Sonnblick
	2	Hohenau	9	Villach	16	Weerberg
	3	Wien	10	Kanzelhöhe	17	Innsbruck
0 20 40 60 km	4	Mailberg	11	Loibltunnel	18	Patscherkofel
	5	Oberpullendorf	12	Kollerschlag	19	Nauders
	6	Graz	13	Ried im Innkreis	20	Schröcken
	7	St. Pölten	14	Salzburg	21	Feldkirch

Abb. 2.7: Klima: Lage der ausgewählten Stationen

(vgl. Tab. 2.2, z. B. die Stationen Feldkirch, Salzburg, Schröcken, Loibltunnel): Bis zu 3 000 mm jährlich werden in der Gipfelregion des Arlberggebietes gemessen, in den Karnischen Alpen noch etwas mehr (Abb. 2.6). Tiefdrucklagen aus dem Mittelmeerraum, die vom Golf von Genua in Richtung Alpen gezogen sind, haben die Schneeräumung in Kärnten und Osttirol schon öfters vor fast unlösbare Aufgaben gestellt. Diese Niederschläge sind für manches bekannte südliche Skigebiet Österreichs der Garant für eine sichere Schneelage während der winterlichen Hauptsaison.

Die am Alpenrand im Zuge des Ansteigens und Abkühlens aus der Luft abgegebene Feuchtigkeit fehlt aber dann im Inneren des Gebirgskörpers. Das Klima ist somit trockener und in seinen Erscheinungsformen auch kontinentaler als in den Vorländern (vgl. Tab. 2.2, z. B. die Station Nauders im Alpeninneren mit dem auf fast gleicher Meereshöhe gelegenen Schröcken). Bekannt und typisch sind inneralpine Trockenlagen, wie sie z. B. in Österreich im Oberen Inntal, in der benachbarten Schweiz im Oberengadin und im Oberen Rhônetal oder in Südtirol im Vintschgau vorzufinden sind. Dort wurden bereits im Mittelalter umfangreiche Bewässerungsanlagen errichtet, die das Wasser von den Bergen über weite Distanzen am Talhang zu den Kulturen am Talboden geleitet haben. Diese inneralpinen Trockenlagen waren auch die Grundlage für das Entstehen renommierter Luftkurorte besonders in der zweiten Hälfte des vorigen Jahrhunderts, als in den Städten die Tuberkulose wütete.

Schon wegen des geringen Feuchtigkeitsgehaltes der Luft kommt es im Inneren der Alpen zu größeren Temperaturunterschieden und zu höheren Temperaturgradienten. Unterschiedliche Sonnenbestrahlung infolge der Exposition der Flächen und

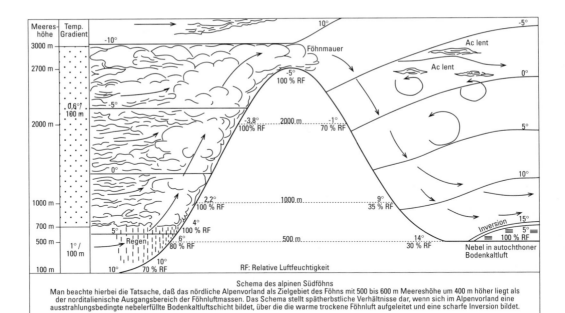

Abb. 2.8: Schema des alpinen Südföhns
Quelle: BLÜTHGEN 1964, S. 237

höhere Strahlungsintensität in größerer Höhe verstärken diese Gegensätze noch. Die Folge sind starke Temperaturschwankungen sowohl im täglichen als auch im saisonalen Verlauf. Kälteeinbrüche mit Schneefällen bis unter 1 500 m herab sind so nicht nur im Mai (Eismänner) und Anfang Juni (Schafskälte) möglich, sondern auch im Juli und August. Dann stehen die Kühe auf den Hochalmen im Schnee, und es ist wichtig, dass der Bauer dort über einen bescheidenen Heuvorrat verfügt, um die Tiere kurzfristig durchfüttern zu können bis der Schnee wieder weggeschmolzen ist. Aus Tabelle 2.2 kann man gut ersehen, wie mit zunehmender Meereshöhe die Julitemperaturen beachtlich zurückgehen.

Auf zwei spezielle Klimaerscheinungen im Alpenraum soll noch näher eingegangen werden, auf die Föhnwinde und die Inversionslagen. Der *Föhn* entsteht durch Luftdruckunterschiede beiderseits des Gebirgskörpers. Um diese Unterschiede auszugleichen, kommt es zu einer Luftströmung über das Gebirge. Dabei muss die Luft beim Aufsteigen an der Luvseite Feuchtigkeit abgeben. Jenseits des Alpenkammes fällt die Luft wieder, findet dort aber nicht genug Feuchtigkeit vor, um den Feuchtigkeitshaushalt wieder voll auszugleichen. Da trockene Luft aber einen höheren Temperaturgradienten hat als feuchte, kommt es zu einer starken Erwärmung und es entsteht ein warmer trockener, oft recht stürmischer Fallwind.

Seine wirtschaftliche Bedeutung sollte nicht unterschätzt werden. Für die Landwirtschaft bringt der Föhn eine um rund einen Monat längere Vegetationsdauer, sodass auch in größerer Meereshöhe noch Anbaufrüchte gedeihen, die man normalerweise dort nicht kultivieren könnte. Negative Effekte betreffen nicht nur die Gesundheit und Reaktionsfähigkeit des Menschen sondern auch den Wintersport: Ski-Megaevents in Föhngebieten sind für die Veranstalter immer ein großes Risiko. Denn ein Föhneinbruch kann binnen weniger Stunden eine mühevoll präparierte Skipiste unbefahrbar machen; auch Schneekanonen können hier nur wenig helfen, weil bei Temperaturen, die auch während der Nacht über dem Gefrierpunkt liegen, eine effiziente Schneeerzeugung unmöglich wird.

In Tälern und Buchten im Gebirge oder am Gebirgsrand ist die Luftzirkulation eingeschränkt und dies begünstigt das Entstehen von *Inversionslagen* („Kälteseen"). Die Schichtung der Luft erfolgt dort atypisch: Kaltluft sinkt auf den Talboden. Zirkulierende wärmere Luft kann die kalte vom Talboden nicht verdrängen und streicht über diese hinweg. In den Beckenlandschaften der Alpen kann das dazu führen, dass am Talboden (beispielsweise in 500 m Höhe) die Temperatur unter den Gefrierpunkt gesunken ist. Auf halber Höhe, in etwa 1000 m Höhe, wo das Tal sich mit Terrassen weitet, strömt warme Luft mit +5 °C. Mit zunehmender Höhe finden wir dann die übliche Luftschichtung: Je höher, desto kälter wird die Temperatur. An der Luftmassengrenze zwischen kalter Luft im Tal und warmer Luft auf halber Höhe bildet sich oft eine Nebelschicht. Im Tal herrscht dann unfreundliches, nasskaltes Wetter. Steigt man jedoch in die Höhe, so durchstößt man die Nebelschicht; oberhalb ist die Luft trocken und warm, meist scheint die Sonne. In Tabelle 2.2 sind zwei Beispielregionen aufgenommen worden, an denen die Inversionslage erkannt werden kann. Die im Inntal gelegene Tiroler Landeshauptstadt Innsbruck erreicht im Januar niedrigere Temperaturwerte als eine Siedlung auf einer Terrasse in der Nähe: Weerberg. Villach im Klagenfurter Becken verzeichnet im Januar niedrigere Temperaturwerte als der Loibltunnel in über 1000 m und sogar die Kanzelhöhe auf 1500 m Meereshöhe.

Auch dieses Klimaphänomen hat ökonomische und ökologische Auswirkungen: Diese betreffen den Winterfremdenverkehr, wo eine durch Kälteseen verursachte, nasskalte Witterung die Attraktivität eines Erholungsortes stark mindern kann. Wichtiger erscheint jedoch, dass die Luftmassengrenze zwischen kalter und warmer Strömung einen Luftaustausch verhindert. Emissionen, die am Talboden ausgestoßen werden, können nicht nach oben entweichen. Die Schadstoffe bleiben über dem Tal hängen. Durch sie verursachte Waldschäden sind an den Talhängen bis zu jener Höhe, auf welcher der erwähnte Nebelpfropfen meist liegt, festzustellen.

Wenn heute irgendwo in Österreich Smog-Vorwarnstufe oder gar Smog-Alarm gegeben werden muss, so geschieht das fast ausschließlich bei Inversionslagen. Diese Klimaerscheinung muss daher bei Umweltverträglichkeitsprüfungen besonders beachtet werden. Manches Projekt, auch im Rahmen des Tourismus, kann wegen der Inversionsanfälligkeit des vorgesehenen Standortes nicht realisiert werden.

Abbildung 2.9 zeigt die durchschnittliche Sonnenscheindauer während des Winterquartals. Auf ihr sind die oben erwähnten inneralpinen Trockenlagen mit ihren hohen Sonnenwerten deutlich zu erkennen. Die Inversionslagen am Alpenrand und in gewissen Tälern fallen durch ihre niederen Werte besonders auf.

Zur Frage einer möglichen Klimaänderung

Aus Abbildung 2.10 kann die Entwicklung der Lufttemperatur seit Aufnahme von zuverlässigen Erhebungen, somit immerhin über einen Zeitraum von 230 Jahren entnommen werden. Angesichts der laufenden Diskussion über eine mögliche globale Erwärmung, welche unter anderem auf den für die österreichische Wirtschaft sehr wichtigen alpinen Winterfremdenverkehr große Auswirkungen haben könnte, ist die langfristige Entwicklung der Lufttemperatur von großem Interesse. Der „20-jährig gefilterte Verlauf" zeigt generell große Schwankungen

36 Die naturgeographische Dimension

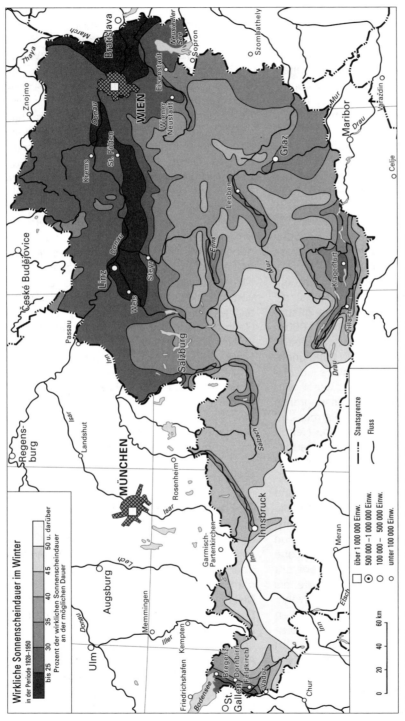

Abb. 2.9: Wirkliche Sonnenscheindauer im Winter in Prozenten der möglichen Dauer (1928–1950)
Quelle: Österreichische Akademie der Wissenschaften 1960, Karte III/7/d

der Temperaturkurve. So kann der Hochstand der Gletscher in der Mitte des vorigen Jahrhunderts leicht nachvollzogen werden. In den letzten Jahren seit 1980 ist eine starke Erwärmung ersichtlich, die auch zu einem dramatischen Rückgang der Gletscher geführt hat. Schweizer Wissenschaftler haben festgestellt, dass der heutige Gletscherstand sich an der Grenze der nach dem Ende der Eiszeit maximal beobachteten Rückzüge befindet (FORMAYER/NEFZGER/KROMP-KOLB 1998, S. 43). Bei einem weiteren Fortschreiten der Gletscherrückzüge würde die Variabilität verlassen und somit Werte erreicht werden, wie sie in den 17 000 Jahren seit der letzten Eiszeit nicht mehr beobachtet werden konnten.

Vergleicht man die Angaben in Abbildung 2.10 mit den für den Wintersport relevanten Daten der Tabelle 2.3, ergibt sich allerdings kein einheitliches Bild, unter anderem auch deswegen, weil bei manchen Messstellen die Erfassung der Schneehöhen erst relativ spät aufgenommen bzw. nicht kontinuierlich durchgeführt wurde. Wahrscheinlich werden die Werte der nun folgenden Dekade, also von 1991 bis 2000, wesentlich aussagekräftiger sein. Unverkennbar ist jedoch, dass mit zunehmender Höhe die Neuschneemengen und somit die Schneesicherheit ansteigen. Die Entwicklung der Tage mit Winterdecke (die für den Wintertourismus wesentlich wichtiger ist als die Schneedecke) zeigt einen abnehmenden Trend. Dieser fällt in mittleren Höhen (vgl. Tab. 2.2, z.B. die Stationen Kollerschlag, Nauders und Weerberg) sichtlich höher aus, als in den tiefer oder höher gelegenen Orten. Dabei liegen Orte in den mittleren Höhen unter jenem Ausmaß der Andauer der Winterdecke, welches zum Erreichen der Rentabilitätsschwelle im Wintertourismus wirtschaftlich notwendig erscheint.

Besonders schwerwiegend ist in dieser Hinsicht, dass zwei winterliche Hochsaisonperioden, nämlich Weihnachten und Ostern, in den Randbereich der Zeit der Winterdecke fallen. Schneearmut zu Weihnachten kann bekanntlich in der ganzen folgenden Saison wirtschaftlich nicht mehr wettgemacht werden.

Die angegebenen Neuschneemengen entsprechen nur bedingt der Entwicklung der Tage mit Winterdecke. Das hängt unter anderem damit zusammen, dass Klimaforschungen ergeben haben, dass eine Erwärmung der Durchschnittstemperatur eine Veränderung der jährlichen Niederschlagsverteilung mit sich bringen wird: Die Niederschläge im Winter werden zunehmen, die Sommer hingegen sich trockener gestalten (FORMAYER/NEFZGER/KROMP-KOLB 1998, S. 25).

Dennoch werden die *Auswirkungen* einer Klimaänderung *auf den Wintertourismus* bei einer Erwärmung von 2–3 °C als sehr schwerwiegend beschrieben (ebenda, S. 49, auszugsweise):

„… Alle österreichischen Wintersportbezirke werden früher oder später durch eine Klimaänderung betroffen sein. … Durch eine mögliche Klimaänderung … werden hochliegende Bezirke in bezug auf Wintertourismus begünstigt. … Langfristig erscheint der klimasensible Wintertourismus bei Erwärmung nicht aufrechterhaltbar. …Vorerst können Gewinnerbezirke Verluste im österreichischen Wintertourismus in den Verliererbezirken ausgleichen. Es kommt zur Konzentration des Wintertourismus auf die Gunstbezirke. …"

BRUNO ABEGG (1996, S. 192) hat diesen Sachverhalt für die Schweiz noch eindringlicher herausgearbeitet. Er spricht von einer zukünftigen „Zwei-Klassen-Gesellschaft" der Wintersportorte im Tourismus. „Gute Zukunftsaussichten haben diejenigen Wintersportorte, welche Gebiete in Höhenlagen von 1 500 m – 2 000 m erschließen. In diesen Gebieten dürfte es zumindest kurz- und mittelfristig zu einem Nachfragewachstum kommen." ABEGG folgert daraus, dass „in Zukunft die Suche nach ski- und schneeunabhängigen Angeboten intensiviert werden

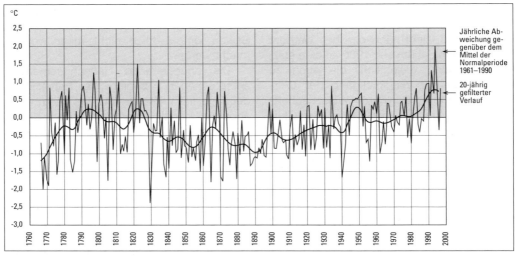

Abb. 2.10: Klima: Jahresmittel der Lufttemperatur 1767–1997
Quelle: Österreichisches Statistisches Zentralamt (ÖSTAT) 1998a, S. 5

muß. Es gibt zwar vielversprechende Ansatzpunkte für eine Angebotserweiterung, die entsprechenden Angebote können aber eher als Ergänzung denn als Ersatz zum Skitourismus bezeichnet werden. Obwohl dringend benötigt, ist zur Zeit kein breitenwirksames und ertragsstarkes Produkt in Sicht, welches den Skitourismus ersetzen könnte" (ABEGG 1996, S. 195).

Der Autor kann sich diesen Feststellungen nur anschließen und wird darauf noch im Kapitel 7.5 zurückkommen.

Tab. 2.3: Klima: Entwicklung der Winterdecke und der durchschnittlichen Schneemengen in ausgewählten Stationen. Dekaden 1961–1970, 1971–1980, 1981–1990 und 1901–1990
Quelle: Hydrographischer Dienst in Österreich 1973, 1983, 1993
[1] Winterdecke = Geschlossene Schneedecke ohne Unterbrechung

Station	Abb. 2.8 Nr.	NN (m)	Winterdecke[1]				Neuschneehöhe			
			1961–1970 Tage	1971–1980 Tage	1981–1990 Tage	1901–1990 Tage	1961–1970 (cm)	1971–1980 (cm)	1981–1990 (cm)	1901–1990 (cm)
Kollerschlag	12	725	101	67	71	83	225	176	207	208
Feldkirch	21	439	32	22	28	31	174	91	116	122
Salzburg	14	435	40	26	25	39	113	102	129	119
Schröcken	20	1263	158	178	164	162	1169	1043	1050	1042
Mariazell	8	875	90	–	85	–	357	–	314	–
Sonnblick	15	3106	–	343	330	–	–	2517	2042	–
Innsbruck	17	581	66	37	46	52	150	96	113	121
Patscherkofel	18	2045	–	190	181	–	–	649	587	–
Villach	9	492	92	60	73	–	175	137	135	–
Kanzelhöhe	10	1526	–	130	120	–	–	421	345	–
Loibltunnel	11	1067	–	117	117	–	–	442	446	–

Heiß umfehdet, wild umstritten ...

3 Die historische Dimension

Viele räumliche Strukturen des heutigen Österreich können nur aus der Geschichte erklärt werden. Wir befinden uns hier in einer sehr alten Kulturlandschaft. Bereits aus der Altsteinzeit, die in Europa für den Zeitraum zwischen 300 000 und 8 000 Jahren v. Chr. angenommen wird (Österreich-Lexikon 1995), sind zahlreiche Funde vorhanden. In der Jungsteinzeit (5000–2200 v. Chr.) dürfte es schon eine flächenhafte Besiedlung gegeben haben, die sich über weite Gebiete des Alpen- und Karpatenvorlandes, des Wiener Beckens und des Vorlandes im Osten erstreckt hat, somit über jene Gebiete, die durch ihre fruchtbaren Böden seit jeher dem Menschen günstige Lebensbedingungen geboten haben. Diese Besiedlung ist wohl auch in die Alpen hinein gedrungen, v. a. entlang der Längstalzüge. Neben dem Schutz, der den Einwohnern vom Gebirge gewährt wurde, dürften vorwiegend die Bodenschätze Anlass gewesen sein, in den Alpen zu siedeln. Salz, Gold, Kupfer und Eisen waren jene Rohstoffe, die hier schon sehr früh abgebaut wurden.

Der Fund des Mannes vom Hauslabjoch, des so genannten „Ötzi", welchen das Gletschereis in konserviertem und trocken mumifiziertem Zustand im Jahre 1991 freigegeben hat, beweist einmal mehr die frühe Besiedlung des Alpenraumes. Mittels Radiokarbonmethode wurde die Lebenszeit dieses Mannes auf ca. 3000 v. Chr. geschätzt.

In der Eisenzeit, die in unserer Region auf die acht Jahrhunderte vor Beginn unserer Zeitrechnung datiert wird, ist eine ältere geschichtliche Periode (ca. 750–450 v. Chr.) nach dem Bergbauort Hallstatt im Salzkammergut benannt. Das benachbarte Salzbergwerk am Dürrnberg bei Hallein hat in der daran anschließenden La-Tène-Zeit eine große Rolle gespielt, wie aus zahlreichen archäologischen Funden ersehen werden kann. Damals sind mehrere Keltenstämme aus Westen eingewandert und haben (um 200 v. Chr.) das erste Staatsgebilde auf österreichischem Boden, das Norische Reich gebildet (Österreich-Lexikon 1995).

3.1 Peripherie des Römischen Reiches

Im Jahre 15 v. Chr. eroberten die Römer große Teile des heutigen österreichischen Territoriums und rückten bis zur Donau vor, die dann für Jahrhunderte die natürliche Grenze zu den Germanen im Norden bildete. *Drei römische Provinzen* befanden sich auf dem Boden des heutigen Österreich: Im Westen Rätien, das bis zum Bodensee und dem großen St. Bernhard reichte, in der Mitte Noricum, gegen Rätien durch den Inn, die Zillertaler Ache und die Mühlbacher Klause (des Flusses Rienz, am Eingang des Pustertales) begrenzt. Der Alpenostrand bildete die Grenze Noricums mit Pannonien. Die Südgrenze Noricums verlief von den Dolomiten über die Karawanken und Karnischen Alpen nach Osten. Bereits dieser Verlauf zeigt uns die Remanenz römischer Grenzziehung durch zwei Jahrtausende an. Denn der Südgrenze Noricums folgt heute auf weiten Strecken die politische Grenze Österreichs mit Italien. Sie bildet teilweise auch die Sprachgrenze, obwohl die deutsche Besiedlung erst Jahr-

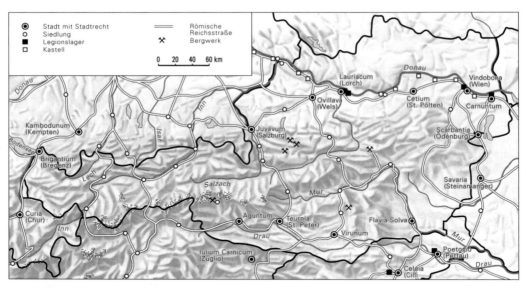

Abb. 3.1: Straßennetz zur Römerzeit
Quelle: WEISSENSTEINER 1976, S. 18/19, modifiziert

hunderte nach dem Zerfall des römischen Imperiums erfolgte. Der Inn, in seinem Unterlauf Grenze zwischen den römischen Provinzen Rätien und Noricum, ist heute politische Grenze zwischen der Bundesrepublik Deutschland und der Republik Österreich.

Wesentlich prägender für die Entwicklung des heutigen Österreichs war allerdings das *Römische Siedlungs- und Straßennetz*. Wohl wurden die römischen Siedlungen teilweise am Standort alter keltischer Ortschaften angelegt und die bereits eingeführten Ortsnamen übernommen. Aber: Das Grundnetz der Städte und Straßen hat sich bis heute im Wesentlichen erhalten; teilweise ist sogar eine durchgehende Siedlungskontinuität gegeben, trotz aller Wirren, welche die Jahrhunderte seit der Römerzeit mit sich gebracht haben (Abb. 3.1). Viele Ortsnamen der römischen Straßenkarte sind heute noch für uns erkennbar: Bregenz war Brigantium, Imst: Umista, der heutige Stadtteil von Innsbruck Wilten: Veldidena. Beide Orte mit dem Namen Matrei, am Brenner und in Osttirol, hießen Matreium. Castra Batava war das heutige Passau, Ovilava: Wels, Vindobona: Wien und Celeia: Cilli. Diese Beispiele ließen sich noch lange fortsetzen. Manchmal lag die entsprechende Römersiedlung etwas außerhalb der heutigen Stadtgebiete. Das ändert aber nichts an der Tatsache, dass große Teile des österreichischen Städtenetzes seit der Römerzeit vorgegeben waren.

Was sich gewandelt hat, ist die Funktion der Städte. So war die größte Stadt an der Donau im Wiener Becken zweifelsfrei Carnuntum, an der Stelle des heutigen Dorfes Petronell (derzeit nur 1200 Einwohner) gelegen. Durch ein Jahrhundert jedoch war Carnuntum die Hauptstadt der großen Provinz Pannonicum, die sich nach Osten bis zur Theiß erstreckte. Damit war der zentralörtliche Einflussbereich Carnuntums größer als jener der heutigen Hauptstädte Wien und Bratislava (Preßburg).

Wie erwähnt verlief die Staatsgrenze zur Zeit des Römerreiches entlang der

Donau, Carnuntum war somit auf die Verteidigung des Römischen Reiches nach Norden ausgerichtet. Die strategische Lage des Ortes auf dem südlichen Steilufer der Donau am Übergang der aus dem Norden kommenden „Bernsteinstraße" eignete sich für diese Aufgabe besonders gut. Seit dem Mittelalter hat sich der Siedlungsschwerpunkt in diesem Raum sukzessive nach Westen und Osten verlagert. Die beiden Städte Wien und Bratislava sind strategisch gegen Osten ausgerichtet. Damit erweist sich die geschützte Lage am Gebirgshang des Wienerwaldes bzw. der Kleinen Karpaten als wesentlich günstiger als der Standort der ehemaligen Provinzhauptstadt Carnuntum.

Aus strategischen Gründen, zur Sicherung der Grenzen, der Verwaltung und der Versorgung bis in die ferne Peripherie war für das Römische Reich ein leistungsfähiges *Fernstraßennetz* notwendig, das zu beachtlichen Teilen noch heute nachvollzogen werden kann. Im Gegensatz zur nachgewiesenen Kontinuität einzelner Städte ist das Straßennetz aber seit dem Altertum nicht ständig befahrbar gewesen. Die durch die römische Landnahme vorgegebenen Knotenpunkte haben jedoch in vielen Fällen auch heute noch eine dominierende Verkehrsfunktion. An das römische Straßensystem angeschlossen waren auch einige Bergbaustandorte, die schon damals von großer wirtschaftlicher Bedeutung waren. Dabei handelte es sich v. a. um die Eisen- und Salzgewinnung (vgl. Abb. 3.1, ferner Abb. 6.6 sowie Kap. 8.1).

Die Römer errichteten entlang der Donaugrenze eine Befestigungslinie mit vielen Grenzposten. Nur einmal während der rund fünf Jahrhunderte römischer Herrschaft waren die peripheren Donauprovinzen Mittelpunkt des Reichsgeschehens: 180 n. Chr. kam Kaiser Marc Aurel nach Österreich, um den in das Reich eingefallenen germanischen Stamm der Quaden endgültig über die Donau zurückzutreiben. Marc Aurel regierte für kurze Zeit das Riesenreich von Wien aus und ist hier im selben Jahr auch gestorben.

3.2 Deutsche Ostgrenze im Mittelalter

Nach dem Zerfall des Römischen Reiches trat ein langes Interregnum ein. Während der Völkerwanderung wurde das Territorium des heutigen Österreich von zahlreichen Stämmen überrollt. Aus heutiger Sicht muss freilich festgestellt werden, dass der Touristenstrom, den Österreich innerhalb nur eines Jahres zu verzeichnen hat, die Wanderungszahlen der rund drei Jahrhunderte währenden Völkerwanderung quantitativ bei weitem übersteigt.

Außer den germanischen Stämmen, die aus den nördlicher und östlicher gelegenen Teilen Europas nach Süden und Südwesten wanderten, waren es wilde Reitervölker aus Asien, welche durch die Pforten im Osten einbrachen. Im 5. Jh. kamen die Hunnen unter ihrem König Attila, die bis weit über den Rhein nach Westen vorstießen und bei den Katalaunischen Gefilden geschlagen wurden. Nach dem Tod ihres Anführers zogen sie sich auf die Balkanhalbinsel zurück. Bereits 100 Jahre später kam mit den Awaren das nächste Volk aus Asien und besetzte den Ostteil des heutigen Österreich. Gleichzeitig strömten aus Südosten die aus Südrussland stammenden Slawen in unser Land und besiedelten die Gebiete südlich des Alpenhauptkammes. Auch in den nördlichen Regionen drangen sie bis in das Wald- und Mühlviertel vor.

Erste Kolonisationsperiode
Als Reaktion begann von Seiten des Fränkischen Reiches im Westen eine Kolonialisierung. In einer ersten Phase wanderten ab

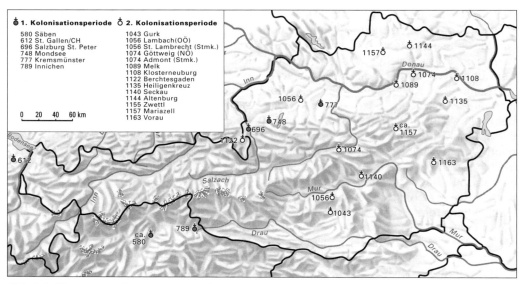

Abb. 3.2: Klostergründungen im Mittelalter
Quelle: WEISSENSTEINER 1976, S. 36/37, ergänzt

dem 7. Jh. die Baiern in die Gebiete östlich des Lechs ein, weiter im Westen siedelten schon Alemannen. Die bairische Landnahme war von Klostergründungen begleitet, die eine Grundinfrastruktur in den neuen Gebieten sicherzustellen hatten: Bereits um die Wende zwischen 7. und 8. Jh. wurde das Kloster St. Peter in Salzburg gegründet, das älteste Kloster auf österreichischem Boden, das seitdem ständig besetzt ist. Mit der Gründung des Klosters in Innichen im Pustertal (769) wurde gleichzeitig die Westgrenze der slawischen Besiedlung fixiert. Die Gründungsdaten der Klöster (Abb. 3.2) zeigen deutlich den Fortschritt der Kolonialisierung.

Die bairischen Kolonisten siedelten überwiegend in Einzelhöfen und kleinen Sammelsiedlungen. Die mit diesen Siedlungsformen entstandenen Einöd- bzw. Blockfluren sind in vielen Regionen bis heute erhalten geblieben. Bedingt durch die Oberflächenform herrscht diese Flurform im Gebirge vor. Unter den früher gegebenen technologischen Bedingungen wäre der Betrieb eines Bauernhofes gar nicht anders möglich gewesen. Nur wenn der Hof inmitten seiner Wirtschaftsfläche lag, konnten im oft recht steilen Gelände die betrieblichen Transportaufgaben mit den damaligen technischen Möglichkeiten bewältigt werden. (vgl. Abb. 3.3).

Die Kolonialisierung wurde Ende des 9. Jh. unterbrochen, als zum ersten Mal die Ungarn, ein Reitervolk, das aus dem Ural kam, vor Wien auftauchten und im Alpenvorland weit nach Westen vordrangen. 955 wurden sie am Lechfelde in Bayern entscheidend geschlagen und mussten sich nach Osten zurückziehen.

Zweite Kolonisationsperiode

Zur Absicherung des nunmehrigen Deutschen Reiches nach Osten erfolgte darauf eine zweite Kolonisationsperiode, in der v. a. Franken angesiedelt wurden. Die Grenze gegen Osten wurde unter der Herrschaft der Babenberger, denen die „Ostmark" als Grenzregion vom Kaiser übertragen worden war, bis in das 13. Jh. weit vorgetrieben. Als

1246 die männliche Linie der Babenberger ausstarb, gehörten weite Teile Oberösterreichs, ganz Niederösterreich und die Steiermark zu ihrem Besitz. Seit damals verläuft zwischen Wien und Preßburg die Grenze zwischen deutsch und ungarisch sprechender Bevölkerung.

Im Gegensatz zur ersten Kolonisationsperiode erfolgte diesmal die Besiedlung dort, wo die natürlichen Voraussetzungen dies zuließen, planmäßig in geschlossenen Anger- und Straßendörfern mit Gewannflur. Im ungünstigen Gelände, so im oberen Wald- und Mühlviertel entstanden Hufenfluren. Auch diese Flurordnung hat sich durch lange Zeit bis in unser Jahrhundert bewährt. Erst dann war es infolge zahlreicher technischer und technologischer Innovationen in der Landwirtschaft notwendig, von diesem System abzugehen (vgl. Abb. 3.3, Foto 17 sowie Kap. 9.1).

Auch diese Kolonisationsperiode wurde wieder durch die Stiftung von Klöstern unterstützt. Mit wenigen Ausnahmen waren alle Klöster im Schutz der Gebirge positioniert, im Waldviertel und in den Alpen.

Gegen Ende der Periode wurden zahlreiche Städte gegründet. Weitere Siedlungen, angesichts der unsicheren politischen und wirtschaftlichen Lage sogar erstaunlich viele, erhielten während des folgenden Interregnums im 13. Jh. das Stadtrecht.

Die günstigen klimatischen Verhältnisse im Hochmittelalter machten im alpinen Raum eine weitere Wanderung möglich, da damals auch alpine Hochlagen ganzjährig besiedelt und bewirtschaftet werden konnten. Aus dem übervölkerten Wallis wanderten Bewohner im Alpenraum nach Süden und Osten aus. Sie ließen sich unter anderem auch in Vorarlberg und in Teilen des Tiroler Außerfern, über den bisher bewohnten Lagen nieder. Die Besiedlung durch unterschiedliche deutsche Stämme (Baiern, Alemannen, Franken und Walser) ist auch heute noch in Lebensweise und Verhalten der regionalen Bevölkerung nachvollziehbar.

Abb. 3.3: Rezente Flurformen sowie Flurformengruppen (nach Gemeinden) 1991
Quelle: SEGER / KOFLER 1998, S. 62, modifiziert

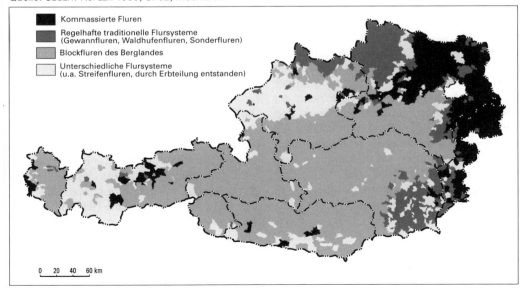

3.3 Zentrum des Habsburgerreiches

Nach dem Interregnum, der „kaiserlosen Zeit", betraute König Rudolf I., ein Habsburger, 1282 seine beiden Söhne mit den ehemaligen babenbergischen Besitzungen. Damit begann die Herrschaft der Habsburger, welche die Geschichte des Landes bis ins 20. Jh. prägen sollten. Das erste Ziel des Hauses Habsburg war, die neuen Gebiete territorial mit ihren ursprünglichen Besitzungen in Schwaben („Vorderösterreich") zu verbinden. Es gelang ihnen bereits 1335 vom Kaiser mit Kärnten belehnt zu werden. 1363 kamen unter Herzog Rudolf IV. große Teile Tirols hinzu, bis 1440 zwei Grafschaften in Vorarlberg und ab 1526 war im Wesentlichen das gesamte heutige Staatsgebiet der Republik Österreich in habsburgischem Besitz. Eine Ausnahme bildete nur das Territorium des Erzbistums Salzburg, zu dem auch Teile der heutigen Bundesländer Tirol und Oberösterreich gehörten. Rudolf IV. gelang es auch für die habsburgischen Besitzungen eine größere Unabhängigkeit innerhalb des Kaiserreiches zu erlangen. Während seiner Regentschaft erlebte Österreich eine Glanzzeit. Unter anderem wurde von ihm 1365 die Wiener Universität gegründet, als zweite im damaligen deutschen Sprachraum. Unter Kaiser Maximilian I., 1493–1519, wurde das Gebiet des heutigen Österreich arrondiert. Seit dieser Zeit gibt es die Grenzziehung an der Salurner Klause, die auch heute noch als Grenze zwischen deutschsprachiger und italienischsprachiger Besiedlung gilt. Als Deutscher Kaiser erwarb er ferner durch Heirat Burgund und die Niederlande und sicherte seinem Enkel Karl V. die Herrschaft über das geeinte spanische Weltreich, „in dem die Sonne nie unterging".

Beginn der Neuzeit

Das Jahr 1492 wird allgemein mit der Entdeckung Amerikas durch Kolumbus als Beginn der geschichtlichen Neuzeit angesehen. Für das heutige Österreich bedeutete die Entdeckung des neuen Kontinents der Beginn eines wirtschaftlichen Abstieges. Viele der in den österreichischen Landen in traditioneller Weise erzeugten Produkte konnten auf lange Sicht mit den Importen aus Amerika nicht konkurrieren. Dieser Umstand machte sich mit starker Zeitverzögerung bemerkbar und betraf vorerst die Bergbauprodukte, in weiterer Folge aber auch Erzeugnisse aus der Landwirtschaft. Letztere hatte ohnehin schon große Probleme, da sich die klimatischen Verhältnisse seit dem 11. Jh. stetig verschlechterten. Dies brachte geringere Erträge in der Nahrungsmittelproduktion. Damit konnte die ansässige Bevölkerung nicht mehr zufriedenstellend ernährt werden. Die Folge war eine generelle Verarmung und Übervölkerung des Alpengebietes. Unzureichende und einseitige Ernährung verstärkten die Anfälligkeit der Menschen für Krankheiten und Seuchen. Die schlechte soziale Situation der Bevölkerung brachte auch günstige Voraussetzungen für das Vordringen der Reformation.

Denn die ersten beiden Jahrhunderte der Neuzeit sind durch zwei Ereignisse stark gekennzeichnet: die religiösen Wirren um die Reformation bzw. die Gegenreformation und den Vorstoß der türkischen Großmacht aus dem Osten.

Reformation und Gegenreformation

Der Protestantismus breitete sich bis 1570 schnell über weite Teile Österreichs aus. Neben der Unzufriedenheit mit der Führung und dem Verhalten der katholischen Amtskirche waren es handfeste soziale und wirtschaftliche Gründe, welche die Bevölkerung für die Reformation so zugänglich machten. Die regierenden Habsburger standen der neuen Lehre zwar ablehnend gegenüber, mussten aber wegen der militärischen Bedrohung durch die Türken und Schweden

Kompromisse eingehen. Dennoch setzte bereits in der zweiten Hälfte des 16. Jh. die Gegenreformation ein, die nach der entscheidenden Schlacht am Weißen Berge (Prag 1620) radikal durchgezogen wurde. Man schätzt, dass rund 100 000 Protestanten Österreich verlassen mussten, immerhin mehr als 5 % der Einwohner (bei einer geschätzten Einwohnerzahl von 1,9 Mill. – Österreichisches Statistisches Zentralamt [ÖSTAT] 1999a, S. 40). Bis zum Ende des 18. Jahrhunderts war dann der Protestantismus nur inselhaft und geheim in einigen wenigen Gemeinden geduldet, wo man aus politischen und wirtschaftlichen Gründen auf die zur Religion LUTHERS übergetretenen Arbeitskräfte nicht verzichten konnte. Diese Gemeinden sind auch heute noch aufgrund der Volkszählungsergebnisse, die auch die Religionszugehörigkeit der lokalen Bevölkerung erfassen, deutlich zu erkennen (vgl. Tab. 3.1).

Vordringen der Türken nach Europa

Die Türken hatten sich bereits in der zweiten Hälfte des 14. Jh. über die Balkanhalbinsel verbreitet. 1389 besiegten sie in der Schlacht am Amselfelde die serbischen Heere. 1453 haben sie dann nach jahrzehntelanger Belagerung Byzanz eingenommen.

Religion

Tabelle 3.1 weist Österreich als katholischen Staat aus. 78 % der Bevölkerung bekennen sich zum römisch-katholischen Glauben, im „heiligen Land Tirol" wird mit 87 % der höchste Anteil an Katholiken erreicht. In der Großstadt Wien sinkt ihr Anteil auf unter 60 %. Allerdings gaben neben den zahlreich vertretenen sonstigen Religionen, hier über 25 % der Bevölkerung an, kein Religionsbekenntnis zu haben. Einen höheren Anteil an Protestanten finden wir nur im Burgenland, das ehemals zum ungarischen Teil der Doppelmonarchie gehörte, und in Kärnten. Wie bereits im Kapitel 3 erwähnt, gibt es in den Alpen einige Enklaven mit einem hohen Anteil an Protestanten. Besonders müssen hier die Gebiete des inneren Salzkammergutes und Teile der Obersteiermark angeführt werden, in denen mit Wissen der Regierung protestantische Gemeinden durch Jahrhunderte in der Versenkung überdauert haben, weil man ihre Bewohner für den Bergbau oder zur Holzfällerei dringend benötigte und sie daher zur Zeit der Gegenreformation nicht in das Ausland verweisen konnte.

Tab. 3.1: Bevölkerung: Religionszugehörigkeit 1991
Quelle: ÖSTAT 1998a, S. 15 – eigene Berechnungen

[1] sonstige Religionen, ohne religiöses Bekenntnis, ohne Angaben

Bundesland	Einwohner (in 1 000)	davon (in Prozenten) römisch-katholisch	evangelisch A. B. und H. B.	sonstige[1]
Burgenland	271	81,9	13,7	4,4
Kärnten	548	80,0	10,6	9,4
Niederösterreich	1 474	83,6	3,3	13,1
Oberösterreich	1 333	82,6	4,7	12,7
Salzburg	482	78,8	4,7	16,5
Steiermark	1 185	83,9	4,6	11,5
Tirol	631	87,0	2,4	10,6
Vorarlberg	331	82,0	2,4	13,6
Wien	1 540	57,8	5,4	36,8
Österreich	7 796	78,0	5,0	17,0

1521 eroberten sie Belgrad und belagerten 1529 zum ersten Mal Wien. Kaiser KARL V. konnte diesen Angriff aber rasch siegreich zurückschlagen.

Im folgenden Jahrhundert gelang es jedoch den türkischen Heerscharen weite Teile Südosteuropas zu erobern und ihre Macht zu festigen. Unter anderem hatten sie ganz Ungarn in ihren Besitz gebracht und standen an der österreichischen Ostgrenze, wo ihr Vormarsch nach Westen im Jahre 1664 durch die Schlacht bei Mogersdorf – St. Gotthard vorläufig zum Stillstand gekommen war. Aber im Jahre 1683 kam es dann zu einer zweiten Belagerung und Entscheidungsschlacht um Wien. Ein Durchbruch an dieser strategisch wichtigen Stelle (vgl. Kap. 2.1) hätte dem Heer aus dem Osten weite Teile West- und Mitteleuropas zugänglich gemacht und wahrscheinlich zu einer radikalen Islamisierung geführt. Europa war damals aber noch immer von den Folgen der Reformation und des Dreißigjährigen Krieges stark geschwächt. Es ist dem polnischen König JAN SOBIESKI zu verdanken, dass er ein internationales Entsatzheer organisierte, dem buchstäblich in letzter Minute die Befreiung der eingekesselten Stadt Wien gelang.

In der Folge wurden die türkischen Heere, so rasch wie sie nach Europa vorgedrungen waren, zurückgeschlagen: Bereits 1697 wurden sie vom österreichischen Heer unter Prinz EUGEN VON SAVOYEN bei Zenta (an der Theiß) besiegt; Belgrad wurde 1688 und ein weiteres Mal 1717 zurückerobert. Das Territorium Österreichs weitete sich bis zum östlichen Karpatenbogen aus. Die Ansiedlung von Kolonialisten in den neu erworbenen Gebieten sollte diesen Besitz festigen und die nötige Sicherheit nach Osten garantieren.

Blütezeit im 18. Jahrhundert
Durch diese Entwicklung war das heutige Österreich auf einmal nicht mehr Grenzland. Das Wiener Becken wurde das Zentrum eines großen Wirtschaftsraumes. Hand in Hand mit der Vertreibung der Türken erlebte die Region einen lebhaften wirtschaftlichen Aufschwung. Dies führte zu einer neuen Innenkolonisation und zu einem auch in unserer Zeit unvorstellbaren Bauboom.

Wien wurde für rund zweihundert Jahre Residenz der deutschen Kaiser. Wesentliche Teile der Hofburg wurden neu gestaltet und der gesamte Gebäudekomplex prunkvoll erweitert. MARIA THERESIA (1740–1780) ließ vor den Toren der Stadt Wien das Schloss Schönbrunn, heute ein führendes Touristenziel, nach Plänen des Barockbaumeisters JOHANN FISCHER VON ERLACH errichten. Prinz EUGEN, aufgrund seiner strategischen Leistungen ab 1703 Präsident des Hofkriegsrates, baute allein drei große Schlösser: das „Winterpalais" in der Wiener Innenstadt, heute Finanzministerium, das Schloss Belvedere im 4. Wiener Gemeindebezirk als Sommerpalais, in dem 1955 der österreichische Staatsvertrag unterzeichnet wurde, und das Jagdschloss Schloßhof an der March. Vor letzterem wurde eine der schönsten Barockgartenanlagen Europas errichtet, die leider durch Vernachlässigung seit dem Tod des Prinzen EUGEN sehr gelitten hat. Andere Grundherren eiferten seinem Beispiel nach. Gleichzeitig schuf das Ende der Gegenreformation die Voraussetzungen für eine Reihe großartiger Stiftsbauten: Melk, Göttweig, Wilhering, St. Florian und Admont sollen hier nur kurz erwähnt werden. In den großen Städten wurden außer den kirchlichen Bauten zahlreiche hochwertige Profanbauten errichtet. Die heutigen Innenstädte von Wien, Graz und Salzburg sind hier gute Beispiele.

Im Zeitalter der Aufklärung, v. a. unter der Herrschaft von MARIA THERESIA und ihrem Sohne JOSEF II. (1780–1790) kommt es zu einer Reihe von Reformen, deren Auswirkungen bis heute für Österreich bedeutend sind: Seit damals gibt es eine einheitliche Verwaltung des österreichischen Staatsgebietes durch von der Regierung eingesetzte Organe, ein einheitliches öffentliches Schulwesen mit Schulpflicht, einen österreichweiten Kataster und ein einheitliches Steuerwesen, das damals v.a auch Landwirte von zu hohen Belastungen verschonen sollte. Gleichzeitig kommt es zu einer Verbesserung des Verkehrswesens, einer ersten Ausbau- und Verbesserungsphase des Reichsstraßennetzes. MARIA THERESIA kann als erste österreichische Herrscherin bezeichnet werden, die in größerem Maße regionalplanerische Maßnahmen durchsetzte, sowohl im Bereich der österreichischen Erblande als auch im gesamten Deutschen Reich.

Der wirtschaftliche Aufschwung war von einer kulturellen Hochblüte begleitet. Neben den bereits erwähnten Bauboom der Renaissance und des Barock, der allen bildenden Künsten eine große Zeit brachte, fällt eine Blüte der Musik, die zweifellos mit der „Wiener Klassik" eines HAYDN, MOZART und BEETHOVEN einen grandiosen Höhepunkt erreicht.

Französische Revolution und Wiener Kongreß
Diese Blütezeit endete abrupt mit dem Ausbruch der Französischen Revolution und der Machtergreifung NAPOLEONS in Frankreich. Seine Heere kamen in vier Kriegszügen nach Österreich und nahmen zweimal Wien ein. Die politische Zuordnung der verschiedenen Teile des heutigen Österreichs änderte sich mehrmals. 1806 legte der Habsburger FRANZ II. (als österreichischer Kaiser FRANZ I.) die Kaiserkrone des „Heiligen

Abb. 3.4: Österreichisch-ungarische Monarchie 1900
Quelle: WEISSENSTEINER 1976, S. 68, modifiziert

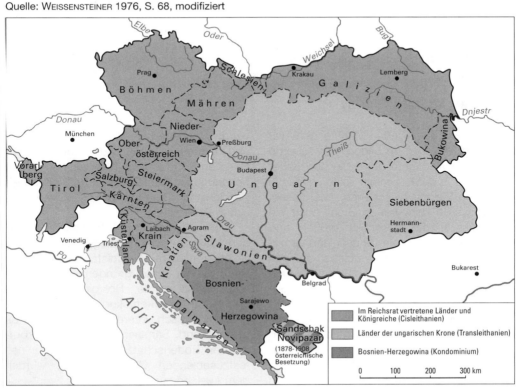

Römischen Reiches Deutscher Nation" zurück und verhinderte auch die Wiedererrichtung dieses Reiches nach dem Ende der napoleonischen Zeit.

Im *Wiener Kongreß* (1814–1815) wurde die staatliche Ordnung in Europa erneuert bzw. wieder hergestellt. Wien war damals Mittelpunkt Europas und gleichzeitig Reichs- und Residenzstadt der Habsburgermonarchie. Als Folge dieses Kongresses kam auch das Erzbistum Salzburg zur österreichischen Monarchie und damit waren alle Gebiete des heutigen Österreichs unter habsburgischer Herrschaft vereinigt. Die Grenze gegenüber Deutschland ist seit damals faktisch unverändert geblieben.

Die beim Wiener Kongreß geschaffene Ordnung in Europa hat im Wesentlichen bis zum Ersten Weltkrieg (1914–1918) gehalten. Wien war somit Hauptstadt des zweitgrößten Staates Europas im Jahre 1914 mit 676 600 km² und fast 53 Mill. Einwohnern (Österreich-Lexikon 1995).

1867 kam es infolge von nationalen Spannungen zu einer Teilung des Reiches in eine österreichische und eine ungarische Reichshälfte. Die Grenze zwischen den beiden Hälften folgte in weiten Teilstrecken den Flüssen March und Leitha.

Gegen Ende des 19. Jahrhunderts erreichte die *Industrialisierung* in der so genannten „Gründerzeit" ihren Höhepunkt. Dabei muss festgehalten werden, dass damals in der österreichischen Reichshälfte wesentlich mehr Industrien entstanden sind als im ungarischen Teil der Monarchie (vgl. Abb. 8.8). Nach einer Zeit hoher wirtschaftlicher Blüte, die durch einen großen Aufschwung, zahlreiche Prachtbauten und vielfache kulturelle Höhepunkte bekannt geworden war (vgl. Foto 1), kam es zum Ausbruch des *Ersten Weltkrieges*, der von den beiden „Achsenmächten" Österreich und Deutschland verloren wurde. In den 1919 von den Siegermächten diktierten Friedensverträgen von Versailles (Deutschland) und St. Germain (Österreich) wurde der österreichisch-ungarische Vielvölkerstaat zerschlagen. Fast alle Gebiete der ehemaligen Monarchie, deren Bewohner deutsch sprachen, wurden zur Republik Österreich zusammengefasst.

3.4 Am Eisernen Vorhang

Erklärtes Ziel der alliierten Mächte 1919 war es, einen *Reststaat* zu bilden, der dauernd von seinen Nachbarn abhängig und daher nicht mehr in der Lage sein sollte, weiterhin Unruhe in Europa zu schaffen. Aus diesem Grund wurde dem neuen Staat auch ein Anschluss an das wesentlich größere und wirtschaftlich potentere Deutschland verboten. Von den ehemals deutschsprachigen Gebieten der Monarchie mussten jedoch einige Territorien abgetreten werden: die Sudetenlande und einzelne Grenzgemeinden Niederösterreichs an die Tschechoslowakei, Südtirol an Italien, einige Kärntner Gemeinden an Italien und größere Teile Unterkärntens und die Südsteiermark an Jugoslawien. Die deutschsprachigen Teile Westungarns wurden hingegen Österreich zugesprochen und kamen – unter Ausgliederung des Hauptortes Ödenburgs (Sopron) und einiger benachbarter Gemeinden – 1921 als neues Bundesland Burgenland zur österreichischen Republik.

Generell muss darauf hingewiesen werden, dass bei der Festlegung der neuen Staatsgrenze im Zweifelsfalle immer zum Nachteil der neuzugründenden Republik entschieden wurde. So gingen wichtige grenznahe Verkehrsknotenpunkte und grenzstrategisch interessante Gebiete an das Ausland. Sämtliche bekannte Vorkommen an Bodenschätzen, die nahe der neu festzusetzenden Grenzen lagen, wurden dem Ausland zugesprochen.

Erste Republik

Die ersten Jahre des neuen Kleinstaates waren *wirtschaftlich überaus schwierig*, u. a. auch deswegen, weil der vorhandene und gut eingespielte große Wirtschaftsraum der österreichisch-ungarischen Monarchie zerschlagen worden war. Wichtige Rohstofflager, v. a. von Steinkohle, dem damaligen Hauptenergieträger, befanden sich nun im Ausland. Vielen der in Österreich verbliebenen Industrien waren die Absatzmärkte verloren gegangen. Sie wiesen große Kapazitätsüberschüsse auf. „52 Prozent der Industriebetriebe des Reststaates befanden sich im Wiener Becken, von der Bekleidungsindustrie waren das sogar 80 Prozent, von der Maschinenindustrie 71 Prozent. Viele Unternehmen mußten sperren" (SCHEIDL 1969, S. 72).

Andere Waren, die man früher aus Teilen der Monarchie bezog, mussten nun importiert werden. Die Landwirtschaft war nicht mehr in der Lage die eigene Bevölkerung zu ernähren. Die ehemalige Getreidekammer der Monarchie in der ungarischen Tiefebene war nunmehr ausländisches Territorium.

Dennoch entstand relativ rasch ein funktionierender neuer Wirtschaftsraum, wenn auch seine Entfaltung nach Überwindung der Kriegsschäden von der weltweiten Wirtschaftskrise behindert wurde. Als besonders bedeutend erwies sich der junge, aufstrebende, Wirtschaftszweig des Fremdenverkehrs, dessen Devisen das negative Handelsbilanzdefizit fast ausglichen. Allerdings wirkte sich hier die strukturelle Abhängigkeit von nur einem Herkunftsland, dessen Besucher vorherrschten, nämlich dem Deutschen Reich, sehr negativ aus: Im Frühsommer 1933 wurde aus politischen Motiven in Deutschland mit einem Reichsgesetz die „Tausend-Mark-Sperre" eingeführt. Dies bedeutete, dass jeder deutsche Staatsbürger vor Antritt einer Urlaubsreise nach Österreich 1 000 Reichsmark an den Staat zu entrichten hatte. Da die damalige Reichsmark wertmäßig weit über dem Wert der heutigen Deutschen Mark lag, brachte dieses Gesetz einen unverhältnismäßig starken Rückgang des Tourismus und große wirtschaftliche Schwierigkeiten. Die Tausend-Mark-Sperre wurde erst 1936 wieder aufgehoben, als sich das Ende der I. Republik bereits abzuzeichnen begann.

Am 12. März 1938 marschierten die Truppen HITLERS in Österreich ein. Bis zum Ende des Zweiten Weltkrieges 1945 war das Land, nunmehr als „Ostmark" bezeichnet, ein Bestandteil des Deutschen Reiches. Die Gliederung der „Alpen- und Donaugaue" wich zum Teil von jener der österreichischen Bundesländer ab.

Vier alliierte Besatzungszonen

Nach dem Zweiten Weltkrieg standen auf österreichischem Territorium im Osten die sowjetische Armee, im Westen die Armeen der Amerikaner und Briten. In der Mitte und im Süden des Landes waren zur Zeit des Waffenstillstandes große Gebiete noch unbesetzt. Dorthin waren in den letzten Kriegswochen Flüchtlinge aus allen Himmelsrichtungen gekommen, deren Integration bzw. Rückführung durch viele Jahre große Probleme aufwerfen sollte.

Das Territorium Österreichs wurde gemäß den Beschlüssen der Konferenz von Jalta im Frühjahr 1945 unter den vier Besatzungsmächten aufgeteilt (Abb. 3.5). In der Hauptstadt Wien, nunmehr eine Enklave in der sowjetischen Besatzungszone, waren alle vier Besatzungsmächte vertreten. Der zentrale erste Bezirk „Innere Stadt" wurde von allen vier Mächten gemeinsam besetzt, die Außenbezirke waren in vier etwa gleich große Sektoren aufgeteilt. Jede Besatzungsmacht verfügte in der Region Wien auch über einen eigenen Flughafen; allerdings lagen diese Flughäfen alle außerhalb des Stadtgebietes im sowjetisch besetzten Niederösterreich. Ein Versuch der kommunistischen Machtübernahme in Wien, der Österreich wahrscheinlich an die

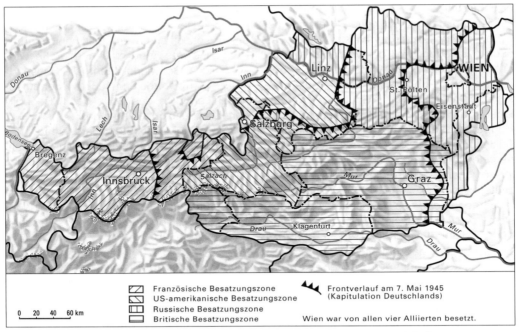

Abb. 3.5: Aufteilung in Besatzungszonen (1945 – 1955) und Frontverlauf am 7. Mai 1945
Quellen: WEISSENSTEINER 1976, S. 86; Österreich-Lexikon 1995, Band 2, S. 614

östlichen kommunistischen Staaten angeschlossen hätte, scheiterte am Widerstand der Bevölkerung und dem amtierenden Politiker.

Bis zur Unterzeichnung des österreichischen Staatsvertrages 1955 sollte sich die Teilung Österreichs in Besatzungszonen sehr ungünstig auswirken. Bald schon waren Wirtschaft und Verkehr zwischen den drei westlichen Besatzungszonen weitgehend liberalisiert. Der Osten des Landes wurde jedoch zunehmend isoliert. So war das so genannte „Deutsche Eigentum" der sowjetischen Besatzungsmacht unterstellt. Eine eigene Behörde, die Verwaltung des sowjetischen Vermögens in Österreich („USIA"), (vgl. Kap. 8.3) führte u. a. 300 Industriebetriebe, inklusive der Erdölindustrie und jener Teile des Vermögens der Ersten Donau-Dampfschifffahrtsgesellschaft (DDSG), die sich zu Kriegsende in der östlichen Besatzungszone befunden hatte (Österreich-Lexikon 1995, Bd. 2, S. 540).

Dadurch entstand beachtlicher wirtschaftlicher Schaden. Von den westlichen Besatzungsmächten war das „Deutsche Eigentum" bereits 1946 an die Republik Österreich zurückgegeben worden. Die Betriebe fielen zum großen Teil unter die Verstaatlichungsgesetze. Die schlechte wirtschaftliche Lage im Osten, die unsichere Zukunft und auch die oben erwähnte versuchte kommunistische Machtübernahme ließen die Unternehmer vor Investitionen in diesen Teilen Österreichs zurückschrecken. Andererseits konnten die Betriebe im Osten nicht unbehindert Waren in den Westen des Landes liefern und verloren dort sukzessive ihre traditionellen Märkte. Gleichzeitig entstanden im Westen zahlreiche neue Betriebe in jenen Branchen, deren Produkte vorher aus den östlichen Teilen Österreichs bezogen worden waren. So hatte die ehemalige russische Besatzungszone bei der Unterzeichnung des Staatsvertrages (1955), einen starken Entwicklungsrückstand gegenüber den übrigen Teilen des Landes. Dieser resultierte nicht nur aus den oben geschilderten mangelnden Investitionen und Erneuerungen. Auch die Kriegsschäden, die teilweise in diesem Raum besonders schwerwiegend waren, konnten bis 1955 noch nicht in so hohem Maße beseitigt werden, wie das im Westen bereits geschehen war.

Ferner hemmte die tote Grenze nach Osten, der *Eiserne Vorhang*, zunehmend die Entwicklung. Dies ist auch der Grund, dass nach der Unterzeichnung des Staatsvertrages zwar ein großer Aufschwung zu verzeichnen war, dieser aber kaum die peripheren Gebiete an der Grenze erfasste. Hier waren hohe Abwanderungsraten zu verzeichnen, ein Beweis für die fehlenden wirtschaftlichen Entwicklungsmöglichkeiten in dieser „toten" Region (vgl. Kap. 4.3). Immer wieder war es notwendig, Notstandsprogramme für die Ostregion zu installieren. Diese brachten zwar eine Verbesserung der Situation, nicht aber den gewünschten nachhaltigen Erfolg. Als Beispiel sollen auf dieser Seite unten die „staats- und gesellschaftlichen Zielsetzungen zur Entwicklung der Grenzgebiete gegenüber der Tschechoslowakei, Ungarn und Jugoslawien" dargestellt werden (Österreichische Raumordnungskonferenz [ÖROK] 1978b/b, S. 88f.). Die Übereinstimmung mit den Thesen von FRIEDMANN (vgl. Kap. 1) ist evident.

Staatsvertrag und Neutralität

Eine der bei Unterzeichnung des Staatsvertrages vorgegebenen Bedingungen war die Erklärung des österreichischen Staates zur immerwährenden Neutralität „nach Schweizer Muster". Dies brachte auch die Notwendigkeit, sich als neutraler Staat verteidigen zu müssen und somit eine Neugründung des österreichischen Bundesheeres.

Aus raumwirtschaftlicher Sicht sollte sich die anfänglich von der Bevölkerung nur wenig geschätzte Neutralität in den nächsten Jahrzehnten als äußerst positiv erweisen. Die Stellung der österreichischen Volkswirtschaft zwischen den Machtblöcken des Westens und des Ostens ermöglichte rege Wirtschaftsbeziehungen nach beiden Seiten. Damit bekam Österreich trotz seiner peripheren Stellung im „freien" Europa eine Brückenfunktion. Viele westliche Konzerne errichteten hier ihre Auslieferungslager für Ost- und Südosteuropa. Für Wirtschaftstreibende des Ostens war Österreich wiederum

---

„Staats- und gesellschaftspolitische Zielsetzungen ...:
- Es ist ein Gebot demokratischer Selbstbehauptung, daß auch an der Trennungslinie zwischen unterschiedlichen Gesellschaftssystemen der Beweis für die Übereinstimmung zwischen den Bedürfnissen der Bevölkerung und den gesellschafts- und wirtschaftspolitischen Maßnahmen erbracht wird.
- Ein neutraler Staat kann nicht zulassen, daß durch den wirtschaftlichen Rückstand und durch einen ständigen Bevölkerungsverlust in den Grenzgebieten eine Verbesserung der wirtschaftlichen und kulturellen Zusammenarbeit zwischen den europäischen Staaten erschwert wird.
- Es soll in Österreich ein Ausgleich der regionalen Unterschiede in den Lebensbedingungen der Bevölkerung (Erwerbs-, Bildungs- und Aufstiegschancen) angestrebt werden.

Es ist bekannt, daß einige der genannten Grenzgebiete weit hinter der allgemeinen sozialen und wirtschaftlichen Entwicklung in Österreich zurückgeblieben sind (in 18 von 25 an die CSSR, Ungarn und Jugoslawien grenzenden politischen Bezirken lag 1961 das Volkseinkommen je Einwohner 30 Prozent und mehr unter dem österreichischen Durchschnitt; 1971 in 20 der 25 Bezirke)."

Die historische Dimension

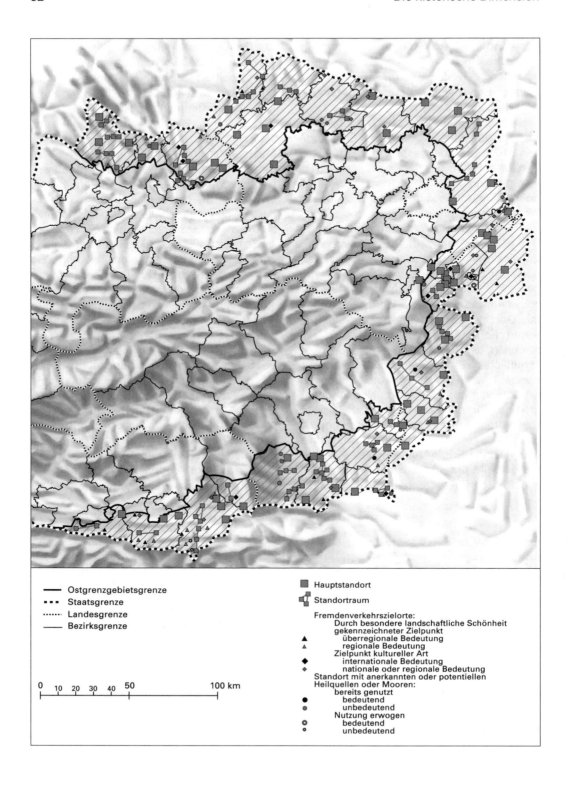

einer der wenigen erreichbaren Staaten mit harter, konvertibler Währung. Der Status der Neutralität hat auch mit sich gebracht, dass internationale Organisationen und Gesellschaften Österreich als Standort wählten: Wien wurde zum dritten UNO-Sitz nach New York und Genf ernannt. Auch die Ansiedlung des Internationalen Instituts für Angewandte Systemanalyse („IIASA") in Laxenburg bei Wien, in dem Wissenschaftler des Ostens und Westens eng zusammenarbeiten, ist auf den neutralen Status Österreichs zurückzuführen.

In ein gemeinsames Europa

In den 1960er Jahren hinderten die durch die Neutralität gebotenen Restriktionen Österreich daran, der Europäischen Wirtschaftsgemeinschaft (EWG) beizutreten. Es wurde nur Mitglied der „outer six", der *Europäischen Freihandelsassoziation (EFTA)*, deren Teilnehmer durchwegs Staaten in peripherer Lage waren. Aus dieser Situation ergaben sich negative Effekte im Handel mit der EWG, andererseits jedoch auch Standortvergünstigungen. Viele Unternehmen aus dem EWG-Raum waren bemüht in der EFTA, im neutralen Österreich, einen Betriebsstandort zu eröffnen. Besonders die Stadt Salzburg und ihr Umland waren Ziel dieser Standortsuche.

Die wirtschaftliche Entwicklung einerseits und die politische Lage nach dem Fall des Eisernen Vorhanges andererseits haben die Bestrebungen Österreichs mit dem Rest Europas integriert zu sein verstärkt. Es erfolgte daher ab 1. Januar 1994 ein Beitritt zum Europäischen Wirtschaftsraum (EWR) und ab 1. Januar 1995 die *Vollmitgliedschaft bei der Europäischen Union (EU)*.

Auf die Folgen dieses Integrationsprozesses, soweit sie schon absehbar sind, wird im Weiteren in diesem Buch bei den einzelnen Wirtschaftssektoren noch eingegangen werden. An dieser Stelle muss jedoch darauf hingewiesen werden, dass sich durch den Beitritt zur Europäischen Union die periphere Stellung Österreichs wesentlich verstärkt hat. Durch Österreichs Beitritt zum *Abkommen von Schengen* wurden weite Teile der österreichischen Grenze Außengrenzen der Union und müssen unter Einsatz von Polizei, Gendarmerie und Bundesheer besonders scharf überwacht werden. Vor 1989 war es aufgrund der Grenzbefestigungen der östlichen Staaten fast unmöglich den Eisernen Vorhang zu überwinden. Nunmehr, in Erfüllung der Verpflichtungen aus dem Schengen-Abkommen, ist es Österreich, das durch eine Reihe von personellen und technischen Maßnahmen, den Grenzübertritt wesentlich erschwert.

Für die Ostgrenzregionen hatte das Wegfallen der geschlossenen Grenze nur anfänglich positive Effekte. In ersten euphorischen Stellungnahmen von Politikern hieß es beispielsweise, dass das nördliche Waldviertel nunmehr in der geographischen Mitte Europas situiert wäre und sich von einem peripheren zu einem zentralen Wirtschaftsraum wandeln würde. Inzwischen ist diese Euphorie einer realen Betrachtung der Situation gewichen. Die Wachstumseffekte haben lange nicht das erwartete Ausmaß erreicht; auch mitten in Europa zeigen sich die Zeichen einer wirtschaftlichen Peripherisierung. Ferner wird die Integration im Grenzraum von einer Fülle sozialer und wirtschaftlicher Probleme belastet. In vielen Bereichen des Grenzverlaufes lassen sich die traditionell engen Verbindungen ins Ausland, die vor dem Ersten und teilweise auch noch vor dem Zweiten Weltkrieg bestanden haben, nicht wieder herstellen. Die dort seit Jahrhunderten ansässige, größtenteils deutschsprachige Bevölkerung ist nach

Abb. 3.6: Ost-Grenzgebiete: Gewerblich-industrielle Ausbaustandorte, Eignung für den Fremdenverkehr
Quelle: ÖROK 1978b/b, S. 88f.

Kriegsende vertrieben worden; die jetzt dort angesiedelten Bewohner unterscheiden sich in Sitte und Kultur wesentlich von den westlichen Nachbarn und werden zum Teil mit Misstrauen betrachtet.

Dazu kommt aber, dass durch die lange Trennung und die Zugehörigkeit zu verschiedenen politischen Systemen Disparitäten entstanden sind, die zu groß sind, um im Rahmen eines Integrationsprozesses rasch überwunden werden zu können. Dies betrifft v. a. auch das Kaufkraftniveau, das in den angrenzenden Staaten im Norden und Osten oft nur Bruchteile der in Österreich üblichen Höhe erreicht. Dies hat aber mit sich gebracht, dass österreichische Unternehmen gerade aus den Grenzgebieten lohnintensive Produktionsprozesse jenseits der Grenze verlegt haben, so dass die Arbeitslosigkeit in den betroffenen Regionen im Vergleich zur Zeit des Eisernen Vorhanges eher noch zugenommen hat. Wenn nunmehr in Österreich Bedenken vor einer Osterweiterung der Europäischen Union angemeldet werden, so liegt deren Ursache v. a. in diesen Tatbeständen. Im Sinne der Zentrum-Peripherie-Problematik ergibt sich dabei ein Sachverhalt, dem eine gewisse Irrationalität nicht abzusprechen ist: Ein Staat versucht seine extrem periphere Lage in der Europäischen Union teilweise zu erhalten, weil ein Abbau dieser Randlage zum gegenwärtigen Zeitpunkt aufgrund der gegebenen wirtschaftlichen Disparitäten eventuell mehr Nachteile als Vorteile bringen könnte.

Besonders große Befürchtungen vor einer schnellen Osterweiterung gibt es in der österreichischen Ostregion. Umfragen haben ergeben, dass der Widerstand gegen die Osterweiterung mit der Nähe zur Ostgrenze wächst. Es wird viel an Überzeugungsarbeit und an flankierenden Maßnahmen beiderseits der Grenze notwendig sein, um diese Befürchtungen zu zerstreuen.

„Heimat bist Du großer Söhne ..."

4 Die demographische Dimension – Bevölkerung

Österreichs Bevölkerung überschritt 1994 erstmals die *Acht-Millionen-Grenze*. Am 1. Januar 2000 betrug die Zahl der Einwohner nach der laufend durchgeführten Einwohnererhebung 8 108 036 Personen. Die letzte Volkszählung am 15.05.1991 hatte noch 7 795 786 Einwohner ergeben (Österreichisches Statistisches Zentralamt [ÖSTAT] 1999a, S. 41).

Dies entspricht einer arithmetischen Dichte von 93 Einw./km². Die *physische Dichte*, die auf den „Dauersiedlungsraum", somit auf „agrarwirtschaftlich, verkehrmäßig und baulich genutzte Flächen" bezogen wird, liegt mit 244 Einw./km² nicht unbeträchtlich höher (ÖSTAT 1999a, S. 41f.). Dieser Wert ist für den Geographen wesentlich wertvoller als die arithmetische Dichte: Österreich reiht sich damit mitten unter die relativ dicht besiedelten Staaten West- und Mitteleuropas ein. Der große Unterschied zwischen den beiden Dichtewerten ergibt sich aus dem hohen Wald- und Ödlandanteil des Staates von über 55 %.

Auf Abbildung 4.1 ist die physische Bevölkerungsdichte dargestellt. Außer den städtischen Agglomerationen erreichen vor allem Gebiete in manchen Tallandschaften im Alpenbereich mit mehr als 250 Einw./km² relativ hohe Werte. Teilweise sind das gerade jene Regionen, die auch einen beachtlichen Fremdenverkehr zu verzeichnen haben. Somit steigt während der Fremdenverkehrssaisons die Einwohnerdichte im Dauersiedlungsraum noch weiter an.

Die „Siedlungsfläche", die in der Abbildung 4.1 zu sehen ist, wurde nach einem Gitternetz basierend auf den Schwerpunkten der Statistischen Zählsprengel errechnet. Die auf der Karte dargestellten Dichtewerte können daher von den auf den Dauersiedlungsraum bezogenen geringfügig abweichen. Für die Gesamtaussage erscheint diese Abweichung jedoch unwesentlich (vgl. auch Abb. 5.3 und 5.4).

Der Vergleich zwischen den Ergebnissen der Volkszählung und der oben erwähnten Fortschreibung ist mitunter recht interessant, wie Tabelle 4.1 beweist. Bei den Volkszählungen von 1971, 1981 und 1991 konnte die österreichische Bevölkerung selbst entscheiden, welchen ihrer Wohnsitze sie zum „Mittelpunkt der Lebensinteressen" wählte. Diese Freiheit brachte das traditionelle Szenario der Volkszählung beträchtlich aus der Ordnung. Denn manche Institutionen in kleineren Gemeinden haben jenen Personen Vergünstigungen versprochen, die sich bereit erklärten, ihren in der kleineren Gemeinde gelegenen Wohnsitz zum Hauptwohnsitz zu erklären. Eine Zunahme der Ortsbevölkerung bedeutete für diese Gemeinde eine Zunahme an Steuereinnahmen aus den Ertragsanteilen der Bundesabgaben. Dies wirkt sich besonders dann sehr stark aus, wenn die Bevölkerung einer Gemeinde den Grenzwert zu einer höheren Gruppe des so genannten „abgestuften Bevölkerungsschlüssels" übersteigt und dadurch die Bundeszuwendungen pro Einwohner spürbar erhöht werden.

Dieser im „Finanzausgleich" vorgesehene Schlüssel muss immer wieder neu verhandelt werden. Er sieht derzeit vor, dass die Zuteilungen aus den Bundesanteilen pro Einwohner mit der Größe des Ortes in vier Gruppen zunehmen. Somit bekommen die Gemeinden mit bis zu 10 000 Einwohnern aus den Bundesanteilen weniger Steuermittel pro Kopf der Bevölkerung als jene zwischen 10 001 und 20 000 Einwohnern. Die weiteren Gruppen

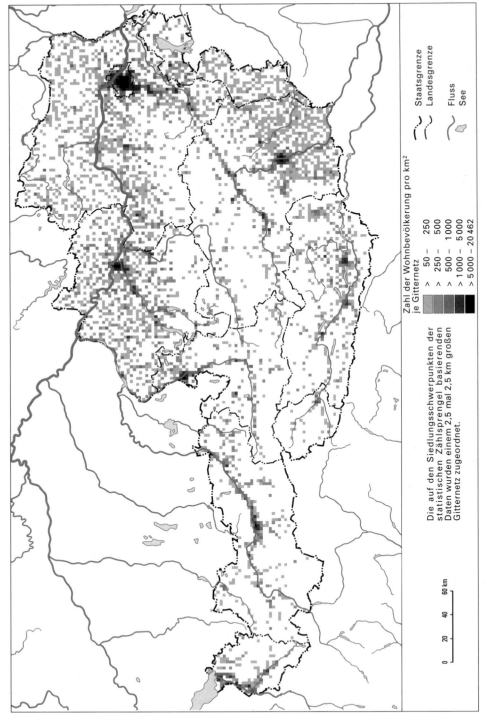

Abb. 4.1: Bevölkerungsdichte 1991, bezogen auf die Siedlungsfläche
Quelle: ÖSTAT 1999a, Anhang

Die demographische Dimension – Bevölkerung

betreffen Gemeinden bis zu 50 000 Einwohnern und über 50 000 Einwohnern inklusive der Großstadt Wien. In den vergangenen Jahrzehnten waren noch mehr Gruppen vorgesehen gewesen. Diese Ertragsabstufung geht von der Annahme aus, dass in Gemeinden mit mehr Einwohnern pro Kopf höhere Ausgaben von den einzelnen Institutionen zu tätigen sind, eine Prämisse, die angesichts des kostenintensiven Ausbaues der ländlichen Infrastruktur unserer Tage überholt sein dürfte.

Selbstredend kam es zu Einsprüchen gegen die Ergebnisse der Volkszählungen, besonders seitens der Großstadt Wien, da zahlreiche Wiener ihren suburbanen Zweitwohnsitz als „Mittelpunkt ihrer Lebensinteressen" erklärt hatten. Die fraglichen Angaben wurden von der Behörde Fall für Fall überprüft, was schließlich zu einer Revision der Ergebnisse führte (vgl. Tab. 4.1). Bei der nächsten Volkszählung am 15. Mai 2001 wird der Hauptwohnsitz nicht mehr frei wählbar sein. Damit werden die Ergebnisse der Volkszählung nach Jahrzehnten wieder eine unmittelbar brauchbare Grundlage für die Verhandlungen zum „Finanzausgleich" bieten.

Jahr		Niederösterreich	Wien
1971	Volkszählung	1 414 461	1 614 814
1975	Fortschreibung	1 413 200	1 603 900
1981	Volkszählung (1. Fassung)	1 439 609	1 517 154
1981	Volkszählung (Revision)	1 427 349	1 531 346
1991	Fortschreibung	1 463 300	1 532 400
1991	Volkszählung (1. Fassung)	1 480 900	1 533 200
1991	Volkszählung (Revision)	1 473 800	1 539 800
1999	Fortschreibung	1 538 300	1 606 800

Tab. 4.1: Volkszählungen – Fortschreibungen und Revisionen für Wien und Niederösterreich 1971–1999
Quelle: Angaben des ÖSTAT – eigene Zusammenstellung

In Tabelle 4.1 sieht man, dass die Überprüfung der Volkszählungsergebnisse zu einer Revision der Einwohnerzahlen zugunsten der Großstadt Wien geführt hat. Die auf diese Weise in die Großstadt „repatriierten" Personen haben von dieser „Umsiedlung", die ausschließlich auf politisch-administrativer Ebene stattfand, in der Regel nichts erfahren. Die Stadt Wien hat bereits 1999

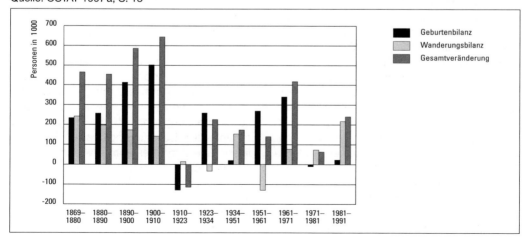

Abb. 4.2: Bevölkerungsbilanzen 1869–1991 nach Komponenten
Quelle: ÖSTAT 1997a, S. 13

begonnen, ihre Einwohnerkartei für die Volkszählung 2001 zu überprüfen und Ende 1999 dem Innenministerium 10000 Verfahren zur Reklamation des Hauptwohnsitzes angekündigt (BRICKNER 2000).

Seit Beginn der genauen Volkszählungen im Jahre 1869 verzeichnete das österreichische Staatsgebiet *zwei Perioden mit besonders starker Bevölkerungszunahme*: Die Zeit der Industrialisierung bis etwa zum Beginn des Ersten Weltkrieges und die Zeit der dynamischen Wirtschaftsentwicklung nach dem Zweiten Weltkrieg, „das österreichische Wirtschaftswunder", in den 60er und 70er Jahren. Abbildung 4.2, nach Angaben des ÖSTAT, zeigt diese Entwicklung sehr deutlich und bringt auch eine Aufteilung der Bevölkerungsbilanz in die beiden Komponenten der Geburten- und der Wanderungsbilanz. Auf beide Bilanzen wird im folgenden Kapitel noch näher eingegangen.

4.1 Vom Agrarstaat zur postindustriellen Gesellschaft

4.1.1 Demographische Transformation

GERHARD MACKENROTH (1953, zit. bei BÄHR 1997, S. 257f.) hat, aufbauend auf den Theorien der demographischen Transformation, ein umfassendes Konzept der Bevölkerungsentwicklung vorgelegt, das durch die Industrialisierung in Gang gesetzt wird (Abb. 4.3). Er ordnet dem Ablauf der Bevölkerungsentwicklung vier Phasen zu und unterscheidet zwischen der „vorindustriellen Bevölkerungsweise" als Ausgangsszenario, der „Überschichtungsphase", die zu einem starken Bevölkerungszuwachs führt, der „Anpassungsphase", die schließlich zur „industriellen Bevölkerungsweise" überleitet, in der – auf höherem Niveau – eine gewisse Stabilität der Bevölkerungszahl wieder erreicht wird (MACKENROTH 1972, S. 76–83). Vergleicht man den weiteren Verlauf der Bevölkerungsentwicklung in den Industriestaaten, könnte man durchaus auch eine fünfte „postindustrielle" Phase ableiten, in der die Bevölkerungszahl wieder leicht abnimmt. Manche Prognosen sagen eine solche Entwicklung voraus. Sie wird allerdings nur dann eintreten, wenn es zu keiner größeren Zuwanderung in die postindustriellen Regionen kommt. Dies ist jedoch angesichts der Sogwirkung, welche das Wohlstandsgefälle zwischen entwickelten und unterentwickelten Staaten auslöst, unwahrscheinlich.

Dem Autor erscheint jedoch wichtig, darauf hinzuweisen, dass das Konzept von MACKENROTH ein für die Zukunft positives Szenario voraussagt: Das starke Wachstum der Weltbevölkerung in den letzten Jahrzehnten, das für das weitere Schicksal der Menschheit bedrohliche Ausmaße angenommen hat, könnte zum Stillstand kommen, wie auch von der UNO erstellte Prognosen nachweisen. Diese mussten wegen der weltweiten Zunahme an AIDS-Kranken rezent noch einmal zurückgenommen werden, sodass die Weltbevölkerung für das Jahr 2100 auf weniger als 10 Mrd. Menschen geschätzt wird (Abb. 4.5).

Die *Entwicklung der österreichischen Bevölkerung* folgt dem MACKENROTHschen Konzept (Abb. 4.4). Die „vorindustrielle Bevölkerungsweise" – vor 1869 – wurde von den Volkszählungen noch nicht erfasst. Die „Überschichtungsphase" hat etwa bis zur Jahrhundertwende angehalten, dann folgt die „Anpassungsphase", die ab 1970 zur „industriellen Bevölkerungsweise" führt. Ab dieser Zeit kommt es immer wieder zu Jahren mit negativer Geburtenbilanz, die jedoch durch die Ergebnisse der Wanderbilanz ausgeglichen werden. Prognosen zeigen, dass sich die Geburtenbilanz im nächsten Jahrhundert progressiv zum Negativen ent-

Vom Agrarstaat zur postindustriellen Gesellschaft

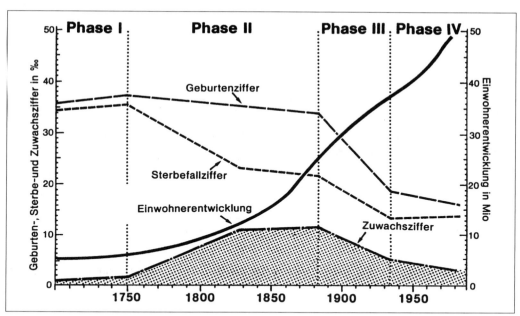

Abb. 4.3: Bevölkerung: Die vier Phasen im Bevölkerungszyklus am Beispiel von England
(nach G. MACKENROTH entworfen von H.-G. ZIMPEL)
Quelle: HAGEL/ROTHER/SCHULTZ/ZIMPEL 1980, S. 104

Abb. 4.4: Bevölkerung: Geburten- und Sterbeziffern 1869–1997 in Österreich
Quelle: ÖSTAT 1989a, S. 35; 1998a, S. 22, erweitert

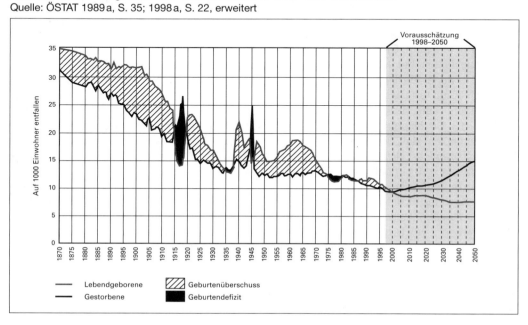

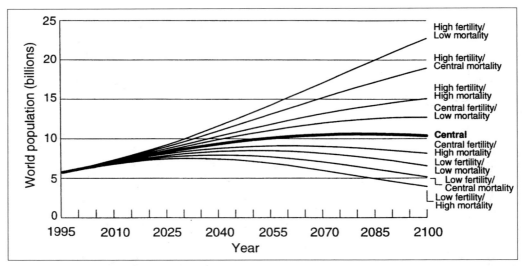

Abb. 4.5: Bevölkerung: Szenarios zur Entwicklung der Weltbevölkerung im 21. Jahrhundert nach UNO
Quelle: LUTZ 1996, S. 377

wickeln dürfte. Interessant ist in diesem Zusammenhang der Geburtenüberschuss der Jahre von 1985 bis ca. 2000, der v. a. den in Österreich wirkenden Gastarbeitern aus dem Südosten Europas zugeschrieben wird. Diese haben aus ihrer Heimat das generative Verhalten der zweiten bzw. dritten MACKENROTHschen Phase mitgebracht und assimilieren sich nur langsam. Die Zahl der Schulkinder mit ausländischer Muttersprache ist in manchem Wiener Bezirk beachtlich (LEITNER 1981, vgl. auch: KOHLBACHER / REEGER 1999).

Besonders aufschlussreich für die Entwicklung der Bevölkerung von der „vor- zur postindustriellen Bevölkerungsweise" sind die *Alterspyramiden*. Während die Darstellung für das Jahr 1911 noch die typische „Pyramidenform" aufweist, welche ein „gesundes, wachsendes Volk" anzeigt, finden wir nach dem Zweiten Weltkrieg einen Übergang zur so genannten „Urnenform", Nachweis eines „sterbenden, abnehmenden Volkes".

Interessant ist auch, wie sich die verschiedenen Unregelmäßigkeiten im Verlauf der Pyramide mit den Jahren fortsetzen. Deutlich kann man verfolgen, welche Bresche die beiden Weltkriege in die männliche Bevölkerung geschlagen haben. Der aus den beiden Weltkriegen, aber auch aus der schlechten wirtschaftlichen Situation der Zwischenkriegszeit resultierende Geburtenausfall kann bis heute in den Alterspyramiden nachvollzogen werden. Das geänderte generative Verhalten in den ersten Jahren der nationalsozialistischen Herrschaft (Geburtenjahrgänge 1939–1943) ist in den Nachkriegspyramiden nicht zu übersehen. Es ist auch maßgebend für den „Babyboom" der nächsten Generation, am Beginn der 60er Jahren, wo vor allem die in den Jahren 1939–1943 Geborenen selbst Kinder zur Welt brachten. Diese Entwicklung hat allerdings durch den „Pillenknick" einen jähen Abbruch erfahren. Aber auch in der nächsten Generation ist in den frühen 80er Jahren ein leichtes Ansteigen der Geburten zu bemerken. Somit setzen sich die Unregelmäßigkeiten in der Alterspyramide in zweifacher Weise fort: Im altersbedingten Vorrücken innerhalb der einzelnen Jahre und in abgeschwächten neuen Schwankungen bei den nachfolgenden Generationen.

Vom Agrarstaat zur postindustriellen Gesellschaft

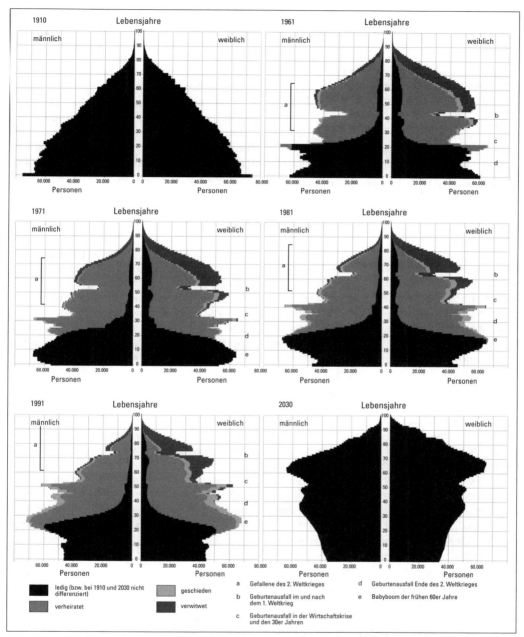

Abb. 4.6: Alterspyramiden Österreichs von 1910, 1961, 1971, 1981, 1991 sowie Vorausschätzung 2030
Quellen: Österreichisches Statistisches Landesamt 1938, S. 287; ÖSTAT a

Jahr	Bevölkerung			
	absolut	Anteil in den Altersgruppen (%)		
		0–14 Jahre	15–59 Jahre	60 Jahre u. älter
1869	4 497 800	28,2	63,2	8,6
1910	6 648 300	29,8	60,8	9,4
1951	6 933 900	22,9	61,8	15,3
1961	7 073 800	22,4	59,2	18,4
1971	7 491 500	24,3	55,6	20,1
1981	7 555 300	19,8	61,0	19,2
1991	7 795 700	17,4	62,5	20,1
1998	8 078 400	17,0	63,2	19,8

Tab. 4.2: Altersstruktur der österreichischen Bevölkerung 1869, 1910, 1951, 1961, 1971, 1981, 1991 und 1998
Quelle: ÖSTAT 1999a, S. 48 und 50

Für das Bildungswesen und den Arbeitsmarkt sind das wichtige Grundlagen. Es kann bei hoher Arbeitslosigkeit nicht gleichgültig sein, ob geburtenstarke oder -schwache Jahrgänge zur Pensionierung anstehen. Denn die vermehrten Bemühungen ältere Arbeitnehmer möglichst lange im aktiven Berufsstand zu belassen, bringen auf der anderen Seite höhere Arbeitslosenzahlen bei der heranwachsenden Jugend, da zu wenig Arbeitsplätze von älteren Personen freigegeben werden.

Die in Abbildung 4.6 dargestellten Pyramiden beweisen aber auch deutlich, dass sich die Altersstruktur der Bevölkerung wesentlich verändert hat. Der Prozentanteil von Kindern und Jugendlichen ist im steten Rückgang begriffen (Tab. 4.2). Nunmehr ist die Zahl der Jugendlichen bereits unter die 18 %-Marke gefallen, die Zahl der älteren Menschen ist über 20 % gestiegen, eine weitere Steigerung zu Lasten des Anteiles von Jugendlichen und Erwerbstätigen ist zu erwarten. Denn die weiter oben laut MACKENROTH beschriebene Veränderung des generativen Verhaltens wird noch durch die Zunahme der Lebenserwartung (1998: Männer 74,7, Frauen 80,9 Jahre) verstärkt. Dadurch kommt es zu einer Überalterung der Bevölkerung. Somit nimmt ein immer geringerer Teil der Bevölkerung an der Reproduktion teil. Die Geburtenrate sinkt weiter.

Versucht man nun die Entwicklung der Geburtenbilanzen in Österreich *regional* zu differenzieren, so ergibt sich, dass nicht alle Gebiete den Übergang zu einem anderen generativen Verhalten zum gleichen Zeitpunkt und im gleichen Tempo vollzogen haben. So verbleiben die Geburtenraten im Westen Österreichs in einigen Regionen 1961 noch auf dem Stand von 1900, während sie im Osten bereits generell stark abgenommen hatten. Eine Ausnahme bildeten hier nur die peripheren Bezirke, z. B. das Wald- und Mühlviertel, das Lavanttal oder Murau und Tamsweg, deren Geburtenrate spürbar über den anderen Bezirken der Region lag (Österreichische Akademie der Wissenschaften 1968, Karte VII, 4 a–d). Bei der letzten Volkszählung 1991 haben sich die peripheren Gebiete den zentralen bereits stark angeglichen, die Zahl der unter 15-jährigen ist im Westen allerdings noch immer spürbar höher als im Osten, wie Abbildung 4.8 zeigt.

Wanderungen

Die Lage Österreichs im Schnittpunkt der germanischen, romanischen und slawischen Siedlungsgebiete Europas wird im Kapitel 3 beschrieben. Die österreichische Bevölkerung ist darum ihrer Herkunft nach stark vermischt. Denn zu den erwähnten drei Siedlungsgebieten kommen noch Einflüsse der keltischen Ureinwohner und der zahlreichen, v. a. aus dem Osten eingefallenen Völker.

Ferner hat auch die Kleinkammerung des Hochgebirges die Bevölkerungszusammensetzung beeinflusst: Die Alpen waren nicht nur trennendes Element zwischen den Germanen im Norden, den Romanen im Süden und Südwesten und den Slawen im Osten und Südosten. Die engen Täler des Hochgebirges boten auch zahlreichen weichenden Völkern und Volksgruppen Schutz und sicherten deren Überleben. Andererseits

Vom Agrarstaat zur postindustriellen Gesellschaft

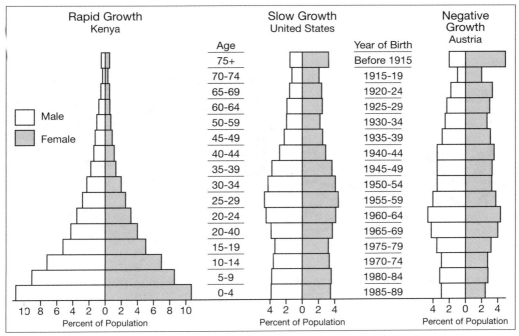

Abb. 4.7: Bevölkerungspyramiden aus dem U. S. Population Census
Quelle: MERRICK 1992

Zu Abb. 4.7: Auch der US Population Census bedient sich der Bevölkerungspyramiden, um die Transfomation im generativen Verhalten der Bevölkerung zu erklären. In Veröffentlichungen wurde beispielhaft 1992 der Pyramide eines Entwicklungslandes, ein typisches Altindustrieland gegenübergestellt. Die Auswahl Österreichs aus zahlreichen ähnlichen Pyramiden von industrialisierten Ländern erfolgte, weil die österreichische Bevölkerungspyramide als besonders typisch für den generativen Wandel angesehen werden kann (MERRICK 1992).

war das Gebirge auch Ausgangspunkt für Eroberungszüge in die benachbarten Tiefländer, wo wesentlich günstigere Lebensbedingungen herrschten. So kann man in zahlreichen alpinen Regionen eine vielfältige Mischung von Ortsnamen studieren, welche Auskunft über die Herkunft früherer oder heutiger Einwohner geben. Die Vertreibung von ehemals sesshafter Bevölkerung in letzte Winkel und Höhenlagen ist hier ebenso dokumentiert wie die Landnahme von Generationen von freundlichen und feindlichen Kolonisten und Neusiedlern.

Wanderungen werden meistens von *ökonomischen Faktoren* ausgelöst. Es geht in fast allen Fällen um eine Verbesserung der Lebensbedingungen. Selbst wenn vordergründig politische Motive einen Migrationsstrom ausgelöst zu haben scheinen, sind in nahezu allen Fällen, bei objektiver, distanzierter Bewertung und aus langfristiger Sicht, handfeste wirtschaftliche Motive für die Wanderung verantwortlich.

Die *Landflucht,* die zurzeit der Industrialisierung Spitzenwerte erreichte, war sicher durch ökonomische Motive ausgelöst. Zwi-

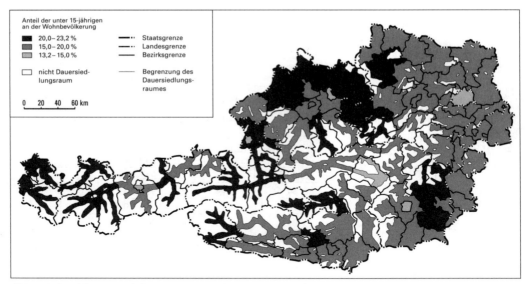

Abb. 4.8: **Bevölkerung: Zahl der unter 15-jährigen nach politischen Bezirken 1991**
Quelle: Österreichische Raumordnungskonferenz (ÖROK) 1993d, Karte 01.02.04/93

schen 1869 und 1910 hat sich die Bevölkerung der Großstadt Wien mehr als verdoppelt und erreichte 1910 fast ein Drittel der Einwohner des heutigen Staatsgebietes. Wien nahm damals als eine von sieben Millionenstädten auf der Welt einen Spitzenrang ein (Foto 1). Demgegenüber ist die Zahl der Einwohner Niederösterreichs im selben Zeitabschnitt nicht einmal um die Hälfte gewachsen. Von dem in diesem Zeitraum im gesamten Bundesgebiet verzeichneten Zuwachs von 2 150 000 Einwohnern entfielen jedoch allein 1 530 000 auf die Ostregion, somit auf die Bundesländer Wien und Niederösterreich. Der damals große wirtschaftliche Aufschwung in dieser Region brachte eine starke Sogwirkung auf die umliegenden Gebiete.

In Tabelle 4.3 muss neben Wien auch Niederösterreich angeführt werden, da diese beiden Bundesländer erst im Jahre 1921 getrennt wurden. Denn bis zu diesem Jahr war Wien in politischer und administrativer Zuordnung Zentrum des umliegenden Landes und daher unangefochten auch die Landeshauptstadt von Niederösterreich (Foto 2). Infolge dessen enthalten ältere Statistiken für beide Bundesländer nur eine gemeinsame Zahlenangabe.

Eine Momentaufnahme aus dem Jahre 1910 (K.K. Statistische Zentralkommission 1911, S. 10) zeigt, dass von 3 532 000 in Wien und Niederösterreich „anwesenden Personen", 267 000 (7 %) aus dem Ausland sowie von außerhalb des österreichischen Teiles der Doppelmonarchie stammten, jedoch weitere 302 000 aus Böhmen, 248 000 aus Mähren, 49 000 aus Galizien und 35 000 aus Schlesien. Von den oben erwähnten Ausländern kamen 206 000 aus den „Ländern der heiligen ungarischen Krone" und weitere 30 000 aus dem damaligen Deutschland. Der zu dieser Zeit in Wien gängige Ausspruch, dass jeder dritte Wiener ein „Brinner" sei, somit ein Zugewanderter aus Brünn in Mähren, aus den heutigen Staaten Tschechien und der Slowakei, findet in diesen statistischen Daten eine gewisse Bestätigung. Auch ein Durchblättern der Wiener Telefonbücher zeigt die große Anzahl slawischer und ungarischer Familiennamen auf. Viele dieser „anwesenden Personen" sind sukzessive eingebürgert worden (K. K. Statistische Zentralkommission 1912, S. 38f.).

Der Einwanderung in das Gebiet des heutigen Österreich stand selbstredend auch eine Auswanderung gegenüber: Das oben zitierte Statistische Handbuch weist allein für das Jahr 1910 139 000 Österreicher (rund ein halbes Prozent der Bevölkerung) aus, die von europäischen Häfen die Emigration nach Übersee angetreten haben. Zwischen den Jahren 1870 und 1910 waren es insgesamt rund 3,5 Mill. Bewohner Österreich-Ungarns, die nach Übersee auswanderten, 3,0 Mill. davon in die USA (FASSMANN/MÜNZ 1995, S. 21). Diese Emigration erreichte im Übrigen nach dem Ersten Weltkrieg in den Jahren 1921–1923 aus dem Bundesland Burgenland nochmals hohe Werte (DUJMOVITS 1992, S. 51 ff. und 204). In Deutschland lebten 1910 „rund 623 000 Personen, die aus der österreichischen Reichshälfte (der Monarchie) stammten" (FASSMANN/MÜNZ 1995, S. 15).

Vergleicht man nun die Tatbestände aus der Momentaufnahme des Jahres 1910 mit der aktuellen Entwicklung 1995, so kann man gewisse Ähnlichkeiten in der Immigrationssituation nicht übersehen, nur das nunmehr andere Staaten als Quellländer fungieren. Von den 2 749 000 in Wien und Niederöstereich 1995 „anwesenden Personen" waren nach der Statistik formal 264 000 Ausländer (9,6 %), die allerdings vorwiegend aus dem ehemaligen Jugoslawien und der Türkei kamen. In dieser Statistik sind jedoch nicht die zahlreichen Personen ausländischer Herkunft erfasst, deren Einbürgerungsverfahren positiv abgeschlossen werden konnte. Beispielsweise wurden allein im Jahre 1999 in den Bundesländern Wien und Niederrösterreich rund 15 000 Personen eingebürgert, davon über 6 000 aus der Türkei und über 4 000 aus dem ehemaligen Jugoslawien, aber auch zahlreiche Einwanderer aus Süd- und Südostasien.

Jahr	Bevölkerungsindex (1869 = 100)			Anteil Wiens an der Gesamtbevölkerung (%)
	Wien[1]	Niederösterreich	Österreich	
1869	100	100	100	20,0
1880	129	107	110	23,4
1890	159	113	120	26,4
1900	196	122	133	29,5
1910	231	132	148	31,3
1923	213	132	145	29,4
1934	215	134	150	28,6
1951	179	130	154	23,3
1961	181	105	157	23,0
1971	180	132	167	21,6
1981	170	133	168	20,3
1991	171	137	173	19,8
1998	177	142	180	19,8
	absolute Bevölkerungszahl			
1869	900 998	1 077 226	4 497 873	20,0
1910	2 083 630	1 425 238	6 648 310	31,3
1998	1 598 897	1 534 552	8 078 449	19,8

[1] Das Bundesland Wien ist erst 1921 aus Niederösterreich herausgelöst worden.

Tab. 4.3: Bevölkerungsentwicklung in Wien, Niederösterreich und im Gesamtstaat 1869–1998
Quelle: ÖSTAT 1999a, S. 40 – eigene Berechnungen

Dass die kosmopolitische Lage Österreichs an einer europäischen Schnittstelle nach wie vor von großer Bedeutung ist und große Wanderungsströme auszulösen vermag, wurde bereits im Kapitel 2 erwähnt: Unter anderem flüchteten 1956 nach einem missglückten Volksaufstand über 180 000 Ungarn über die „grüne" Grenze nach Österreich. Sie wurden von der österreichischen Bevölkerung gastfreundlich und verständnisvoll aufgenommen und sind zu einem großen Teil ins westliche Ausland weiter emigriert, bzw. nach einigen Jahren auch wieder in ihr Heimatland zurückgekehrt. 1968 kamen mit der Niederschlagung des „Prager Frühlings" 182 000 Tschechoslowaken nach Österreich, 1981 33 000 Personen aus Polen.

Seit 1951 können in Österreich im Wesentlichen *drei interne Wanderungs-*

ströme beobachtet werden (vgl. Tab. 4.4, für 1981–1991 auch Abb. 4.9):
- Eine stetige Wanderung vom Osten nach Westen. Diese war in den Jahren 1961 bis 1971 besonders stark ausgeprägt.
- Eine Landflucht, aus den peripheren Räumen in die großen Städte, wie sie auch nach der Theorie von FRIEDMANN zu erwarten ist.
- Die Suburbanisationstendenz, die im Laufe der letzten Jahrzehnte immer weiter um sich gegriffen hat. Die höchsten Zuwachsraten an Einwohnern erreichen die Gemeinden im Umland der großen Städte: Aus letzteren wandern Teile der jüngeren Einwohner ab; die verbleibende Bevölkerung ist stark überaltert.

Obwohl mit den Wanderungsbilanzen nur eine Komponente der Bevölkerungsentwicklung dargestellt wird, muss es zu denken geben, wenn z.B. im Burgenland zwischen 1951 und 1961 über 8% der Bevölkerung abgewandert sind.

Prognosen

Über die weitere Bevölkerungsentwicklung in Österreich werden laufend Prognosen erstellt. Sie berücksichtigen nicht nur die Geburtenrate und die Zunahme der Lebenserwartung sondern auch die Wanderungsbilanz, die durch das Fallen des Eisernen Vorhanges zusätzliche Akzente erhalten hat. Auch sind durch den Beitritt zur Europäischen Union neue Wanderungsströme ausgelöst worden.

Da die zukünftige Entwicklung der österreichischen Bevölkerung wesentlich von der Wanderungsbilanz mitbestimmt wird, gibt es eine Reihe von Prognoseszenarien. Der Autor bezieht sich im folgenden auf die von der Österreichischen Raumordnungskonferenz, der Österreichischen Akademie der Wissenschaften sowie dem Institut für Wirtschaftsforschung erarbeiteten Daten, die zu ähnlichen Ergebnissen kommen und denen eine hohe Treffsicherheit zugebilligt werden kann (vgl. FASSMANN/KYTIR/MÜNZ 1996 und ÖSTAT 1999a). Danach dürfte die Zahl der Österreicher nur mehr wenig zunehmen (FASSMANN/KYTIR/MÜNZ 1996, S. 56): 2006: 8,2 Mill, 2021 8,3 Mill. – ÖSTAT 1999a, 2: 2005: 8,1 Mill, 2020: 8,1 Mill. 2050: 7,7 Mill). „Der höchste Bevölkerungsstand wird im Jahre 2021 erreicht. Danach wird sich die Einwohnerzahl wieder leicht verringern", (FASSMANN/KYTIR/MÜNZ 1996, S. 56: Die „mittlere Variante" des Statistischen Zentralamtes erreicht den Höchststand im Jahre 2025 (aktuelle Berechnung aus 1999). Dabei wird – je nach Szenario – mit einem jährlichen Wanderungsgewinn von 10 000 bis 30 000 Per-

Bundesland	Wanderungsbilanz (% vom Einwohnerstand zu Beginn der Periode)				Einwohnerzahl absolut
	1951–1961	1961–1971	1971–1981	1981–1991	1991
Burgenland	−8,7	−3,8	−0,7	+1,9	270 900
Kärnten	−6,1	−2,8	−1,0	+0,4	547 800
Niederösterreich	−5,5	−0,1	+2,4	+4,6	1 473 800
Oberösterrreich	−5,9	−0,2	+0,7	+2,0	1 333 500
Salzburg	−2,8	+5,4	+4,2	+4,6	482 400
Steiermark	−3,8	−1,6	−1,6	−0,5	1 184 700
Tirol	−1,6	+4,5	+1,7	+2,5	631 400
Vorarlberg	+4,4	+6,7	+0,9	+1,6	331 500
Wien	+7,1	+4,2	+1,8	+5,6	1 539 800
Österreich insgesamt	−1,9	+1,1	+1,0	+2,9	7 795 800

Tab. 4.4:
Bevölkerung: Wanderungsbilanzen nach Bundesländern, 1951–1991
Quelle:
ÖSTAT 1998a, S. 11 – eigene Berechnungen

Vom Agrarstaat zur postindustriellen Gesellschaft

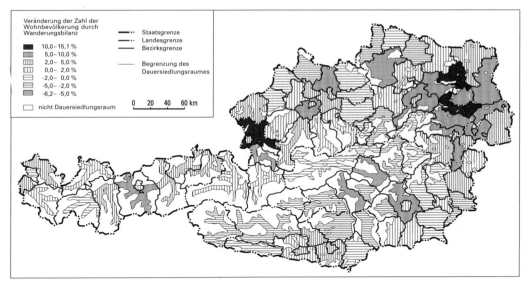

Abb. 4.9: Bevölkerung: Wanderungsbilanz nach politischen Bezirken 1981–1991
Quelle: ÖROK 1993d, Karte 01.06.02/93

sonen gerechnet. In diesen Zahlen ist auch eine jährliche Zuwanderung von bis zu 10 000 Personen aus der Europäischen Union inkludiert, eine Zahl, die allerdings im Falle einer Osterweiterung der Union stark anwachsen könnte.

Beide Prognosen sagen den westlichen Bundesländern weiterhin eine dynamischere Entwicklung voraus als dem Osten. Die beiden südlichen Bundesländer Steiermark und Kärnten werden langfristig Einwohner verlieren. Unterschiedlich wird die Entwicklung der Stadt Wien beurteilt, über deren zukünftige Bedeutung in einem großen europäischen Wirtschaftsraum keine sicheren Voraussagen gegeben werden können. Peripheren Bezirken werden weiterhin Bevölkerungsverluste prognostiziert. Die zentrumsnahen Bezirke um die großen Städte werden eine größere Bevölkerungszunahme zu verzeichnen haben als das städtische Zentrum selbst. Für die Bundeshauptstadt Wien schlägt sich das auch in der für Niederösterreich vorausgesagten Bevölkerungszunahme

nieder, die zu einem beachtlichen Teil aus Zuwanderungen in die Wiener Suburbanisationszone resultiert (FASSMANN/KYTIR/MÜNZ 1996, S. 198).

Tab. 4.5: Bevölkerungsprognose nach Bundesländern 1991–2021
Quelle: ÖSTAT 1999a, S. 52 und FASSMANN/
KYTIR/MÜNZ 1996, S. 59
– eigene Berechnungen
[1] ÖSTAT 1999a, S. 52
[2] FASSMANN/KYTIR/MÜNZ 1996, S. 59 – eigene Berechnungen

Bundesland	Bevölkerungsindex (1991 = 100)				
	1991	2005[1]	2006[2]	2020[1]	2021[2]
Burgenland	100	100	101	96	99
Kärnten	100	103	102	101	98
Niederösterreich	100	103	106	104	109
Oberösterrreich	100	104	107	105	109
Salzburg	100	109	111	112	117
Steiermark	100	101	100	98	95
Tirol	100	107	110	110	114
Vorarlberg	100	108	110	112	115
Wien	100	102	106	102	108
Österreich insgesamt	100	104	106	104	107

4.1.2 Sozialwirtschaftliche Transformation

Im Jahre 1952 erschien in Paris ein Buch von JEAN FOURASTIÉ mit dem Titel: Le Grand Espoir du XXe Siècle, Progrès technique – Progrès economique – Progrès social, „die große Hoffnung des zwanzigsten Jahrhunderts". Dieses Buch kann als sozialwirtschaftliches Gegenstück zu der im vorhergegangenen Kapitel erwähnten Bevölkerungstheorie von GERHARD MACKENROTH bezeichnet werden, die im selben Jahr in Deutschland herausgekommen war: In beiden Werken wird der durch die Industrialisierung ausgelöste Transformationsvorgang beschrieben. Beide Theorien sagen nach dieser Transformationsphase für längere Zeit einen quasistabilen Zustand mit akzeptablen Lebensbedingungen für die Menschheit voraus. Bei beiden Theorien richtet sich Fortgang und Dynamik des Transformationsprozesses nach dem sozialen und wirtschaftlichen Entwicklungsstand der entsprechenden Region. Dieser Prozess ist – wie bereits festgestellt wurde – in entwickelten oder zentralen Regionen weiter fortgeschritten, unterentwickelte oder periphere Gebiete hinken nach.

Die *große Hoffnung des 20. Jh.* ergab sich aus der Annahme, dass einem Abbau von Industriearbeitsplätzen, der in den Jahren nach dem Zweiten Weltkrieg in Europa zum ersten Mal als strukturell und schwerwiegend erkannt wurde, eine Zunahme von Arbeitsplätzen im tertiären Sektor gegenüberstehen würde. Rationalisierungs- und Automatisierungsprozesse in der Industrie würden somit keine Erhöhung der Arbeitslosigkeit bringen, da der Bedarf an Dienstleistungen ständig zunehmen werde und hier der Rationalisierung enge Grenzen gesetzt wären. Letztere Bedingung sollte sich allerdings im Weiteren als nicht richtig erweisen, da die Entwicklung von Elektronik und Datenverarbeitung auch im tertiären Sektor einen beachtlichen Rationalisierungsspielraum geschaffen hat. Trotzdem ist das Modell Fourastiés in der Praxis nachvollziehbar.

Für Österreich zeigt Abbildung 4.11 unverkennbar die von FOURASTIÉ skizzierte Entwicklung: Nach einem Hochstand der Beschäftigung im sekundären Sektor von über 40 % in den 60er und 70er Jahren kommt es zu einem sukzessiven Rückgang dieses Anteils; 1991 waren nur noch 37 % der Berufstätigen im sekundären Sektor beschäftigt, der Mikrozensus für das Jahr 1997 ergab einen starken Abfall auf 30 %, sodass durch die infolge des Beitrittes zur Europäischen Union erhöhte Dynamik der Transformation bereits der für das Jahr 2000 von FASSMANN (1989) prognostizierte Wert erreicht war. Andererseits nimmt die Zahl der im Dienstleistungssektor Tätigen absolut und relativ zu und erreichte 1997 bereits 63 % der Erwerbspersonen.

Die Beschäftigung in der Landwirtschaft verliert ständig an Bedeutung. Österreich ordnet sich hier mit 6,3 % der *Agrarquote* 1996 (laut Mikrozensus) im Mittelfeld der Europäischen Union (15) ein. Die niedrigste Agrarquote der Union erreichte im selben Jahr Großbritannien mit 2,1 %, gefolgt von Belgien und Luxemburg; die höchste Agrarquote hatte mit 19,2 % Griechenland (Bundesministerium für Land- und Forstwirtschaft 1998, S. 214f.).

Regional ergeben sich in der Verteilung der Erwerbspersonen nach den Wirtschaftssektoren *beachtliche Unterschiede* (Tab. 4.6). Sie können im Wesentlichen auf zwei Ursachen zurückgeführt werden, nämlich auf das Entwicklungsgefälle innerhalb des Staates und auf die unterschiedliche Wirtschaftsstruktur der einzelnen Regionen. Das *West-Ost-Entwicklungsgefälle* wird durch den zunehmenden Anteil der in der Landwirtschaft tätigen Erwerbspersonen nachgewiesen: Die östlichen Bundesländer sind hier spürbar zurückgeblieben und verzeichnen daher eine höhere Agrarquote.

Die *unterschiedliche Wirtschaftsstruktur* macht sich v.a. im Anteil des tertiären Sektors bemerkbar: Selbstverständlich hat Wien als zentraler Ort höchster Stufe einen besonders hoch entwickelten Dienstleistungssektor. Aber in einem Fremdenverkehrsland wie Österreich erreichen auch periphere Gebiete einen hohen Stand an Arbeitskräften in diesem Sektor. Die Bundesländer mit hohem Fremdenverkehrsanteil, Salzburg, Tirol und Kärnten, heben sich deutlich aus der Reihe der übrigen Bundesländer heraus. Auf den beiden Karten über den Dienstleistungssektor (Abb. 4.13) ist sehr deutlich zu sehen, wie neben den zentralen Orten hohen Ranges v.a. die Gebiete mit hoher Fremdenverkehrsintensität einen hohen Anteil an Beschäftigten im tertiären Sektor auf sich vereinigen. Dieser Anteil hat sich zwischen 1961 und 1991 überaus dynamisch entwickelt. Man beachte nur den Tiroler Bezirk Landeck, der über keinen Ballungsraum verfügt und in dem 1991 bereits über 60% der Erwerbspersonen im Dienstleistungssektor tätig waren. 1961 lag dieser Wert noch bei rund der Hälfte.

Die beiden Karten über die Beschäftigten in der Industrie (Abb. 4.12) hingegen beweisen, dass alle Gebiete mit einem Anteil von über 60% Industriebeschäftigten Verluste an industriellen Arbeitsplätzen hinnehmen mussten. Das betrifft besonders die obersteirischen Industriegebiete, das südliche Wiener Becken, den Raum Steyr und den politischen Bezirk Dornbirn in Vorarlberg, somit jene Räume, die auch von der Europäischen Union für den Zeitraum 1995–1999 zu speziellen Fördergebieten (Ziel-2) erklärt wurden. Darauf wird im Folgenden noch eingegangen werden.

Der kursiv gedruckte untere Teil der Tabelle 4.6 bezieht sich speziell auf die bereits im Kapitel 4.1.1 erwähnten peripheren Gebiete. Es soll besonders auf die dort noch immer hohe Agrarquote aufmerksam gemacht werden. Das bedeutet allerdings auch, dass in dieser Zahl an landwirtschaftlichen Er-

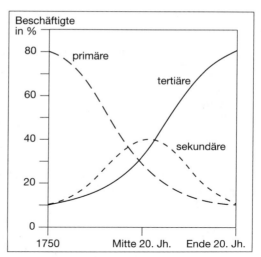

Abb. 4.10: Das Modell von FOURASTIÉ
Quelle: MAYER 1977, S. 111, modifiziert

werbstätigen eine versteckte Arbeitslosigkeit zum Ausdruck kommt. Zahlreiche Personen verbleiben in der Peripherie bei der Landwirtschaft, weil sie in zumutbarer Entfernung

Abb. 4.11: Erwerbstätige: Entwicklung nach Wirtschaftssektoren 1910–2000 (in %)
Quellen: FASSMANN 1995, S. 382, 1989, S. 133, ÖSTAT 1998a; Österreichisches Statistisches Landesamt 1938, S. 21 – eigene Berechnungen
Anmerkung: Kleinere Ungenauigkeiten infolge Abänderung der Erhebungsmodi und Rundungen. Fehlerhafte Angaben in den Quellen wurden korrigiert.

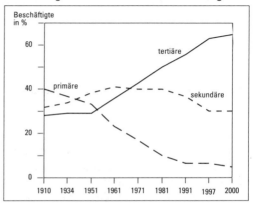

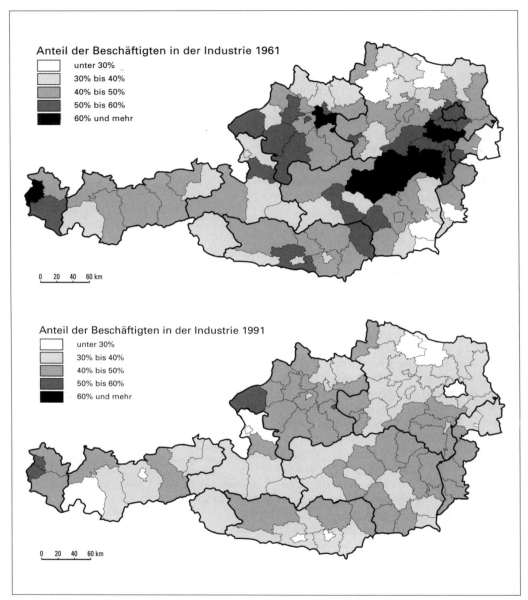

Abb. 4.12: Erwerbstätige: Anteil der Beschäftigten in der Industrie 1961 und 1991
Quelle: FASSMANN 1995, S. 392

keine andere Beschäftigungsmöglichkeit vorfinden. Bei einem entsprechenden regionalen Arbeitsplatzangebot im sekundären, tertiären oder auch quartären Sektor würde der Anteil des primären Sektors hier rasch zurückgehen, wahrscheinlich auch die Intensität der landwirtschaftlichen Betriebsführung markant nachlassen. Der geringe

Vom Agrarstaat zur postindustriellen Gesellschaft

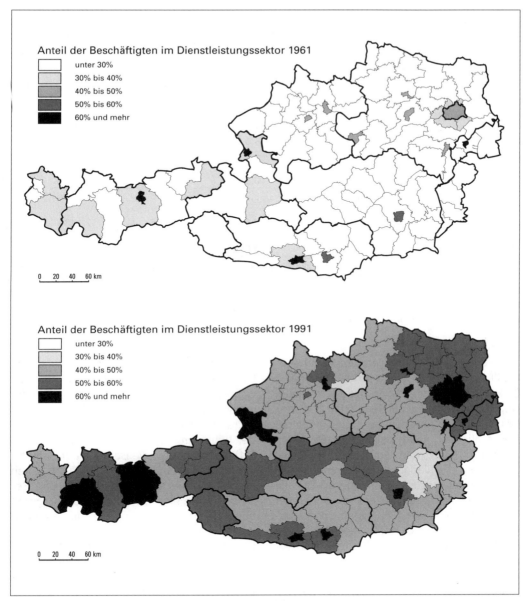

Abb. 4.13: Erwerbstätige: Anteil der Beschäftigten im Dienstleistungssektor 1961 und 1991
Quelle: FASSMANN 1995, S. 390

Anteil des sekundären Sektors in diesen Bereichen beweist das Fehlen industrieller Arbeitsplätze. Eine Ausnahme bildet hier nur der Bezirk Wolfsberg, wo u. a. ein industrieller Leitbetrieb, eine Papierfabrik, für den ganzen Bezirk Arbeitsplätze anbietet. Auch diese Darstellung der Peripherie deckt sich mit den Erkenntnissen der Theorie von FRIEDMANN.

Bundesland	Berufstätige in 1 000	davon im primären	sekundären Wirtschaftssektor (in %)	tertiären
Burgenland	120	8,2	40,6	51,2
Kärnten	243	5,8	35,1	59,1
Niederösterreich	692	9,3	36,0	54,7
Oberösterreich	629	7,4	42,2	50,4
Salzburg	235	5,0	30,6	64,4
Steiermark	533	8,6	37,7	53,7
Tirol	294	4,1	32,8	63,1
Vorarlberg	163	2,4	48,3	49,3
Wien	775	0,8	27,9	71,3
Österreich	3 684	5,8	35,6	58,6
Wald- und Mühlviertel [1]	204	14,2	37,6	48,2
Lavanttal [2]	24	9,6	44,4	46,0
Murau – Tamsweg	23	12,6	36,6	50,8

[1] Vereinfachende Zusammenfassung der Volkszählungsergebnisse der politischen Bezirke: Gmünd, Horn, Krems (Land), Waidhofen a.d. Thaya, Zwettl, Freistadt, Perg, Rohrbach und Urfahr-Umgebung
[2] Politischer Bezirk Wolfsberg

Tab. 4.6: Erwerbstätige nach Bundesländern und Wirtschaftssektoren 1991
Quelle: ÖSTAT 1994 – eigene Berechnungen

Das eben erwähnte Zentrum-Peripherie-Gefälle erkennt man auch an der regionalen Einkommens- und Konsumkraftverteilung. Abbildung 4.14 zeigt als Segment dieser Verteilung die Einkommen der „unselbständig Beschäftigten" nach politischen Bezirken. Auch hier kann man ein West-Ost-Gefälle feststellen; die niedrigste Einkommenskategorie kommt westlich der Kärntner Bezirke Hermagor und Spittal an der Drau nicht mehr vor. Auch die höhere Finanzkraft der zentralen Räume ist auf der Karte erkennbar.

Auf den ersten Blick überraschend erscheint das hohe durchschnittliche Bruttoeinkommen der obersteirischen Bezirke Mürzzuschlag, Bruck an der Mur, Leoben und Judenburg, die auf zahlreichen Karten dieses Buches, u.a. auch auf Abbildung 4.12, als Problemgebiete aufscheinen und in die Ziel-2-Förderung der Europäischen Union aufgenommen werden mussten. In diesen Bezirken fällt die wirtschaftliche Restrukturierung besonders schwer, weil die dort gelegenen Bergbau- und Industriebetriebe, die heute zu einem beachtlichen Teil in großen wirtschaftlichen Schwierigkeiten sind, seit Jahrzehnten für ihr hohes Lohnniveau bekannt waren. Das betraf nicht nur den Bergbau der Region, der heute großteils stillgelegt ist (vgl. Kap. 8.1), sondern auch die Betriebe der Schwerindustrie, die fast alle verstaatlicht waren und es z.T. heute noch sind. In diesen Betrieben hatte sich die Belegschaft aufgrund besonderer Leistungen beim Wiederaufbau nach dem Zweiten Weltkrieg ein hohes Lohnniveau erkämpft. Unter staatlicher Verwaltung wurde dieses hohe Niveau auch dann noch aufrechterhalten, als die Produkte der Schwerindustrie nicht mehr Mangelware auf dem Weltmarkt waren.

Die großen Pendlerströme aus der Peripherie in die zentralen Räume verringern die bestehenden Disparitäten zwischen den Regionen. Denn das im zentralen Raum verdiente hohe Einkommen wird in vielen Fällen in die Peripherie verlagert und erhöht dort die Konsumkraft. Das gilt beispielsweise in

Abbildung 4.14 für das Umland der Stadt Salzburg oder für die politischen Bezirke Vorarlbergs.

Die großen regionalen Entwicklungsdisparitäten haben in den vergangenen Jahrzehnten – wie in anderen Staaten auch – zu einer Vielzahl von Maßnahmen geführt, welche den Einwohnern in allen Teilen des Staates den gleichen Lebensstandard sichern sollten. Diese Raumordnungspolitik hat bisher allerdings ihr Ziel nicht erreicht, denn trotz aller Anstrengungen sind die Disparitäten zwischen zentralen und peripheren Räumen eher größer geworden und konnten bis heute nicht abgebaut werden. Daher hält auch die Abwanderung aus diesen Gebieten weiter an, wie u. a. aus Abbildung 4.9 entnommen werden kann. Das Zentrum-Peripherie-Gefälle kann zwar gemildert werden, ein gänzlicher Abbau dürfte aber auch auf lange Sicht nicht möglich sein.

Regionale Förderungen der Europäischen Union
Diese regionalen Disparitäten waren auch Gegenstand der Beitrittsverhandlungen Österreichs mit der Europäischen Union. Als Ergebnis wurden ausgedehnten Regionen, in denen immerhin über 35 % der österreichischen Bevölkerung wohnen, für die Jahre von 1995 bis 1999 Regionalförderungen zuerkannt. Für die nächste Periode, 2000 bis 2006 wurden diese Gebiete modifiziert (Abb. 4.15).

Die Regionalförderungen der Europäischen Union sind allerdings an eine Kofinanzierung gebunden (vgl. Tab. 4.8 – „geschätzte Gesamtinvestitionen"): Neben dem Zuschuss von der Europäischen Union muss auch einer des Bundes und des Landes gegeben werden. Besonders deutlich ist die Sonderstellung des Burgenlandes als Ziel-1-Gebiet zu erkennen. Dadurch werden teilweise jene Nachteile ausgeglichen, die durch die verstärkte Peripherisierung an der Unions-Außengrenze entstanden sind (beispielsweise die Abwanderung von Betrieben mit personalintensiver Produktion in das benachbarte Ungarn – vgl. Kap. 8.4). Als Ziel-2-Gebiete, somit „Industriegebiete mit rückläufiger Entwicklung"

Abb. 4.14: Erwerbstätige: Einkommen der unselbständig Beschäftigten nach politischen Bezirken 1995
Quelle: FASSMANN 1997, Abb. 7

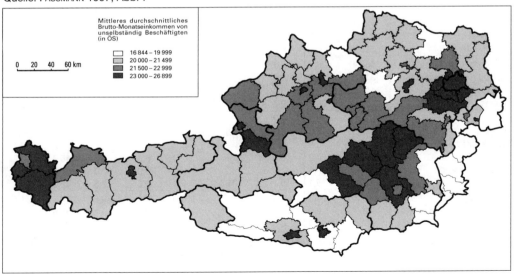

Region (NUTS III)	Einwohner 1991 (1 000)		Anteil an Österreich (%)	Maximale Förderungs- intensität (%)	Einwohner der EU-Zielgebiete 1991 (1 000)				Anteil an Österreich (%)
	gesamt	RFG			1	2	5b	gesamt	
Österreich insgesamt	7 795,8	2 741,7	35,2		270,0	636,6	2 275,7	3 183,2	40,8
Wien	1 539,8	0,0	0,0	–	0,0	0,0	0,0	0,0	0,0
Niederösterreich	1 473,8	827,5	10,6		0,0	139,8	617,9	757,7	9,7
Wien Umland-Südteil	272,4	0,0	0,0	–	0,0	0,0	0,0	0,0	0,0
Wien Umland-Nordteil	250,7	24,5	0,3	15	0,0	0,0	0,0	0,0	0,0
Weinviertel	122,0	122,0	1,6	20	0,0	0,0	122,0	122,0	1,6
Waldviertel	224,0	213,9	2,7	20	0,0	0,0	208,1	208,1	2,7
Mostviertel-Eisenwurzen	230,4	230,4	3,0	20	0,0	0,0	215,0	215,0	2,8
St. Pölten	137,5	0,0	0,0	–	0,0	0,0	11,2	11,2	0,1
Niederösterreich-Süd	236,8	236,8	3,0	20	0,0	139,8	61,6	201,4	2,6
Burgenland	270,9	270,9	3,5		270,9	0,0	0,0	270,9	3,5
Nordburgenland	132,6	132,6	1,7	30	132,6	0,0	0,0	132,6	1,7
Mittelburgenland	38,5	38,5	0,5	40	38,5	0,0	0,0	38,5	0,5
Südburgenland	99,8	99,8	1,3	40	99,8	0,0	0,0	99,8	1,3
Steiermark	1 184,7	771,7	9,9		0,0	356,7	472,2	828,9	10,6
Oststeiermark	262,8	260,2	3,3	20	0,0	0,0	262,8	262,8	3,4
West- und Südsteiermark	186,9	180,9	2,3	20	0,0	54,6	132,3	186,9	2,4
Graz	355,9	8,6	0,1	20	0,0	0,0	0,0	0,0	0,0
Östliche Obersteiermark	185,9	177,1	2,3	25	0,0	185,9	0,0	185,9	2,4
Westliche Obersteiermark	111,9	98,3	1,3	20	0,0	79,6	32,3	111,9	1,4
Liezen	81,4	46,5	0,6	20	0,0	36,5	44,8	81,4	1,0
Kärnten	547,8	288,0	3,7		0,0	0,0	321,2	321,2	4,1
Unterkärnten	158,6	144,1	1,8	20	0,0	0,0	158,6	158,6	2,0
Klagenfurt-Villach	259,5	25,7	0,3	20	0,0	0,0	32,9	32,9	0,4
Oberkärnten	129,7	118,2	1,5	20	0,0	0,0	129,7	129,7	1,7
Oberösterrreich	1 333,5	433,2	5,6		0,0	67,3	545,7	613,0	7,9
Steyr-Kirchdorf	145,5	127,4	1,6	15	0,0	67,3	60,1	127,4	1,6
Linz-Wels	517,0	0,0	0,0	–	0,0	0,0	30,8	30,8	0,4
Mühlviertel	191,4	167,8	2,2	20	0,0	0,0	167,8	167,8	2,2
Innviertel	263,3	137,9	1,8	20	0,0	0,0	235,8	235,8	3,0
Traunviertel	216,2	0,0	0,0	–	0,0	0,0	51,2	51,2	0,7
Salzburg	482,4	20,6	0,3		0,0	0,0	88,6	88,6	1,1
Salzburg und Umgebung	312,5	0,0	0,0		0,0	0,0	8,3	8,3	0,1
Pinzgau-Pongau	149,2	0,0	0,0		0,0	0,0	59,7	59,7	0,8
Lungau	20,6	20,6	0,3	20	0,0	0,0	20,6	20,6	0,3
Tirol	631,4	129,9	1,7		0,0	0,0	190,6	190,6	2,4
Osttirol	48,3	48,3	0,6	20	0,0	0,0	48,3	48,3	0,6
Tiroler Unterland	207,4	0,0	0,0		0,0	0,0	17,2	17,2	0,2
Innsbruck	259,4	0,0	0,0		0,0	0,0	15,7	15,7	0,2
Tiroler Oberland	87,0	76,4	1,0	15	0,0	0,0	87,0	87,0	1,1
Außerfern	29,1	5,1	0,1	15	0,0	0,0	22,3	22,3	0,3
Vorarlberg	331,5	0,0	0,0		0,0	72,8	39,5	112,3	1,4
Rheintal-Bodenseegebiet	249,4	0,0	0,0	–	0,0	72,8	13,1	85,9	1,1
Bludenz-Bregenzer Wald	82,1	0,0	0,0	–	0,0	0,0	26,4	26,4	0,3

Tab. 4.7: **Nationale Regionalförderungsgebiete (RFG) in Österreich gemäß EU/EWR-Wettbewerbs-regeln und Zielgebiete in Österreich gemäß EU-Strukturfonds 1995–1999**
Quelle: Sapper 1995, S. 14

Vom Agrarstaat zur postindustriellen Gesellschaft

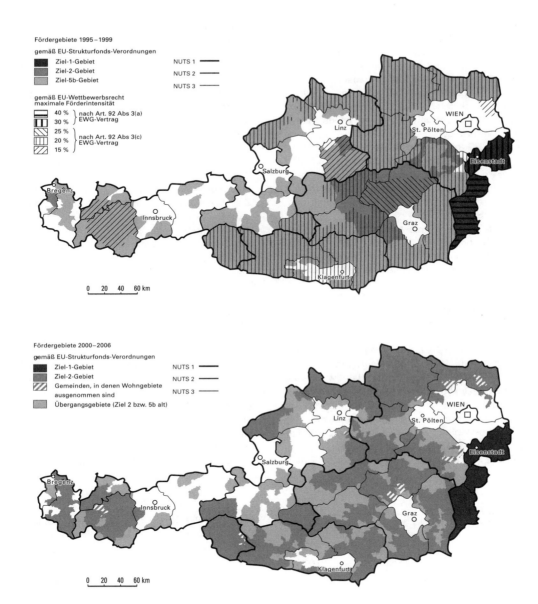

Abb. 4.15: Nationale Regionalförderungsgebiete 1995–1999 und 2000–2006
Quellen: ÖROK 1999a, S. 89; 2000d, Karte 15/05/01/2000

wurden 1995 vier Regionen eingestuft:
- die Region Steyr (Steyr Stadt mit einigen wenigen Umlandgemeinden),

- die traditionellen Schwerindustriegebiete im südlichen Wiener Becken und in der Obersteiermark, (die Stadt Wiener Neu-

Die Regionalförderung der Europäischen Union 1995–2006 (vgl. Abb. 4:15)

Die strukturpolitischen Maßnahmen der Europäischen Union sind in den Jahren 1995–1999 nach Zielregionen gegliedert gewesen:
- Ziel-1-Gebiete mit allgemeinem Entwicklungsrückstand: Das Bruttoinlandsprodukt pro Kopf muss unter 75 % des Unions-Durchschnitts liegen.
- Ziel-2-Gebiete: Industriegebiete mit rückläufiger Entwicklung: Anteil der in der Industrie Erwerbstätigen ist höher als im Unions-Durchschnitt und die Arbeitslosenquote liegt während der letzten drei Jahre über dem Durchschnitt.
- Ziel-3-Gebiete (nicht regional gegliedert): Bekämpfung der Langzeit- und Jugendarbeitslosigkeit (für Österreich nicht relevant).
- Ziel-4-Gebiete: Erleichterung der Anpassung von Arbeitskräften an den industriellen Strukturwandel (für Österreich nicht relevant).
- Ziel-5a-Gebiete (nicht regional gegliedert): Umstruktuierung der Land- und Forstwirtschaft.
- Ziel-5b-Gebiete: Entwicklung und strukturelle Anpassung des ländlichen Raumes: Hoher Anteil an Beschäftigten in der Landwirtschaft, niedriges Pro-Kopf-Einkommen, geringe Bevölkerungsdichte und Abwanderung: in Österreich vor allem Bergbauerngebiete.
- Ziel-6-Gebiete: Arktische Regionen, Nordkalotte (für Österreich nicht relevant).

Für die Periode 2000–2006 wurde diese Einteilung in Zielgebiete aktualisiert, verkleinert und zusammengefasst:
- Ziel-1-Gebiete bleiben sinngemäß erhalten. Nur jene Regionen, in denen es gelungen ist, das durchschnittliche Pro-Kopf-Einkommen über den Grenzwert zu erhöhen, werden aus dieser Förderungskategorie herausgenommen. In Österreich ist das Burgenland Ziel-1-Gebiet geblieben.
- Unter Ziel-2-Gebieten sind nunmehr alle regionalen Förderungsgebiete zusammengefasst, die nicht unter Ziel 1 fallen. Das betrifft jene Regionen, die von 1995 bis 1999 als Ziel 2, Ziel 5b und Ziel 6 klassifiziert waren und jene Ziel-1-Gebiete, die 2000 diesen Status nicht mehr erhielten.
- Ziel-3-Gebiete betreffen aus sozialpolitischen Gründen geförderte Räume (somit die Ziele 3 und 4 der Periode bis 1999).

Für Österreich brachte die Neuklassifizierung keine Veränderungen im Ziel-1-Gebiet Burgenland. Die ehemaligen Ziel-2- und Ziel-5b-Gebiete wurden modifiziert, wie auf den beiden Karte in Abb. 4.15 ersichtlich ist. In manchen Gemeinden wurden größere Wohngebiete ausgegliedert, da die Förderung vornehmlich dem ländlichen Raum zukommen soll. Gebiete, die langfristig nicht mehr gefördert werden können, wurden zu Übergangsgebieten erklärt. Dort läuft die Förderung sukzessive bis zum Jahr 2006 aus. Für die oben angeführte Kategorie Ziel 5a, die ab dem Jahre 2000 nicht mehr vorgesehen ist, werden Ausgleichszulagen gewährt (GREIF 1999, S. 81).

Bundesland	Mittel aus den Strukturfonds	Gesamtinvestitionen geschätzt	Betroffene Bevölkerung
	(Mill. Schilling)		(1 000)
Burgenland	2 284	11 434	270
Kärnten	798	5 570	327
Niederösterreich	1 844	13 235	758
Oberösterrreich	1 503	8 341	613
Salzburg	220	1 435	89
Steiermark	1 976	15 033	829
Tirol	473	2 495	191
Vorarlberg	234	1 993	112
Wien	–	–	–
Österreich insgesamt	9 329	59 540	3 189

stadt, sowie Teile der politischen Bezirke Wiener Neustadt und Neunkirchen, ferner die politischen Bezirke Mürzzuschlag, Bruck/Mur, Leoben, Knittelfeld und Judenburg sowie Teile des Bezirkes Liezen),
– das traditionelle Bergbau- und Industriegebiet der Weststeiermark (Bezirk Voitsberg) und

Tab. 4.8: Förderungen der Europäischen Union nach Bundesländern 1995–1999
Quelle: „Die Presse", Wien, 11. März 1999, S. 6, modifiziert

– der politische Bezirk Dornbirn in Vorarlberg, ein altes Zentrum der Textilindustrie. Ab dem Jahr 2000 wurde der politische Bezirk Dornbirn zur Gänze zum Übergangsgebiet; die anderen Gebiete wurden verkleinert.
Auch bei den übrigen regionalen Förderungsgebieten wurden große Abstriche gemacht. 1995 waren noch fast alle peripheren Gebiete des Staates unter die Regionalförderung der Europäischen Union gefallen. Ausgenommen waren nur einige Gemeinden mit sehr hoher Fremdenverkehrsintensität, v. a. mit vorherrschender Wintersaison, so die Skigebiete im Kleinen Walsertal, am Arlberg und im Zillertal und die Region Kitzbühel. Nunmehr mussten als Folge der Rücknahme der Regionalförderungen der Europäischen Union zahlreiche Gemeinden des ländlichen Raumes, u. a. auch solche in peripherer Lage, zu Übergangsgebieten erklärt werden.

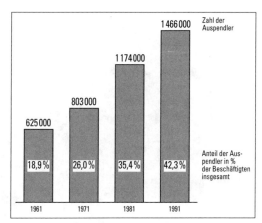

Abb. 4.16: Auspendler 1961–1991
Quelle: ÖSTAT 1995b, Text-3

Pendelwanderung

Die Ergebnisse der letzten Volkszählungen weisen eine starke Zunahme der Pendelwanderung nach: Über 42 % der Beschäftigten, 1 466 000 Personen, überschritten als Auspendler eine Gemeindegrenze (Abb. 4.16). Mehr als 430 000 davon hatten die sechs Städte Wien, Linz, Graz, Salzburg, Innsbruck und Klagenfurt zum Ziel. Sie kamen zu einem beachtlichen Teil aus dem Umland, aus der Suburbanisationszone der genannten Städte. Abbildung 4.17, welche den Index des Pendlersaldos gemeindeweise wiedergibt, wirkt auf den ersten Blick etwas verwirrend. Bei genauer Betrachtung wird man jedoch einige wichtige Gesetzmäßigkeiten erkennen: Der Pendlersaldo, das ist die Bilanz aus Aus- und Einpendlern, sagt viel über die Funktion der Gemeinde als regionales Arbeitszentrum aus. Je größer die Zahl der Einpendler (im Vergleich zu den „wohnhaften Beschäftigten"), desto stärker ist der wirtschaftliche Einfluss der Gemeinde auf das Umland. Betrachtet man nun die Abbildung, so erscheint es selbstverständlich, dass neben den oben genannten Städten auch alle anderen Landeshauptstädte einen hohen Index des Pendlersaldos erreichen. Ebenso sind viele Bezirkshauptorte mit der kräftigsten Signatur versehen, jedoch durchaus nicht alle. Im Westen Österreichs (bis zu einer gedachten Linie Salzburg–Villach) erreichen beispielsweise Dornbirn, Imst, Spittal am Millstättersee und Hallein den Index des Pendlersaldos von 120 nicht. Ferner erscheinen einige ausgesprochen periphere Gemeinden mit außerordentlich hohem Index. Dazu gehören alle führenden Tourismusgemeinden, ferner Marktorte mit hoher zentralörtlicher Bedeutung und isolierte Bergbau- und Industriestandorte. Besonders die hochrangigen Fremdenverkehrsstandorte, auf die in den Kapiteln 7.5 und 7.7 noch näher eingegangen wird, erweisen sich als Einpendlerzentrum hohen Ranges. Das Arlberggebiet, ferner die Gemeinden Ischgl, Serfaus, Sölden und Tux, sollen als besonders signifikante Beispiele erwähnt werden.

Rund 62 000 Personen pendeln ins Ausland, mehr als die Hälfte in die Deutsche Bundesrepublik, ein Drittel in die Schweiz und Liechtenstein (ÖSTAT 1995d, Text-5).

Die demographische Dimension – Bevölkerung

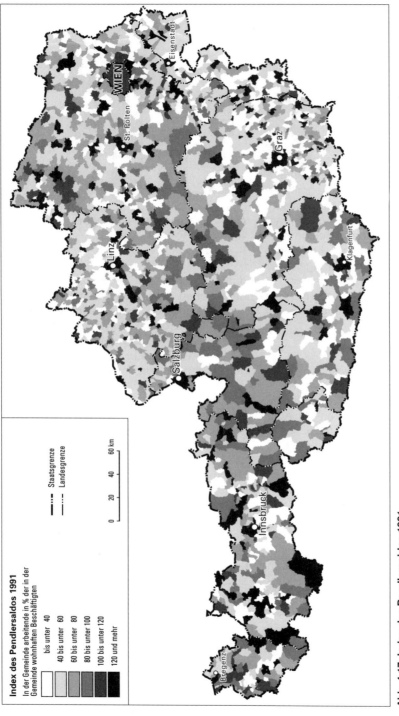

Abb. 4.17: Index des Pendlersaldos 1991
Quelle: ÖSTAT 1995b, Abb. 10

Über die Einpendler aus dem Ausland liegen keine Daten der Volkszählung vor. Doch führt das Lohngefälle zwischen Österreich und den im Norden und Osten angrenzenden Staaten zu einem starken Einpendlerstrom mit hoher Dunkelziffer. Allein die Verkehrsberichte am Montagmorgen, welche die Wartezeiten an den östlichen Grenzzollämtern bei der Einreise nach Österreich bekanntgeben, sprechen da eine deutliche Sprache.

FASSMANN und andere haben versucht, durch Primärerhebungen den Einfluss von Arbeitskräften aus den Reformländern auf den österreichischen Arbeitsmarkt zu erforschen. Umfangreiche Erhebungen waren hierzu notwendig, weil die amtlichen Zahlen hohe Dunkelzifferquoten vermuten lassen. Es konnte festgestellt werden, dass es in den Jahren 1991 bis 1994 zu einer „Take-off-Phase" der grenzüberschreitenden Arbeitsmigration und Pendelwanderung gekommen ist. Seit 1994 sind somit rund 30000 Personen aus den Staaten Ungarn, Polen, Tschechien und der Slowakei offiziell beschäftigt (FASSMANN/HINTERMANN/KOHLBACHER/REEGER 1999, S. 13ff.). Es wird festgehalten, dass es sich um hochqualifizierte Arbeitskräfte handelt, „die eine massive Dequalifikation mehr oder minder freiwillig akzeptieren, um einen Arbeitsplatz in Österreich einnehmen zu können." Regional ist ihre Beschäftigung auf die östlichen Grenzgebiete Österreichs konzentriert. Die Aussagen der Abbildung 4.18 decken sich im Osten Österreichs zu einem großen Teil mit jenen Gebieten, die auf Abbildung 5.4 als sehr peripher dargestellt sind (FASSMANN/HINTERMANN/KOHLBACHER/REEGER 1999, S. 20 und 47). Das gesamte Migrationspotential, das sich hauptsächlich aus Polen und Tschechen zusammensetzt, beträgt rund 150000 Personen. Das ist deutlich mehr, als von der österreichischen Gesetzgebung als jährliches Zuwanderungskontingent festgesetzt wurde. Daher ist anzunehmen, dass über die oben erwähnten rund 30000 Personen hinaus, viele Personen einreisen und „ohne

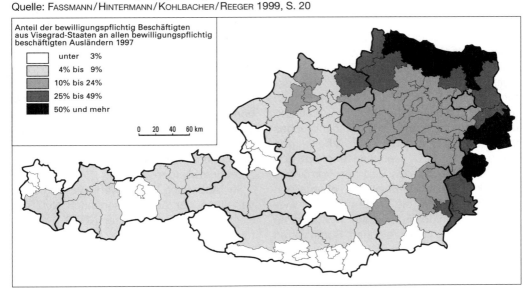

Abb. 4.18: Anteil der bewilligungspflichtigen Beschäftigten aus Tschechien, Ungarn, Polen und der Slowakei an allen bewilligungspflichtig beschäftigten Ausländern 1997 (in%)
Quelle: FASSMANN/HINTERMANN/KOHLBACHER/REEGER 1999, S. 20

Beschäftigungsgenehmigung für kürzer oder länger einer bezahlten Tätigkeit nachgehen" (FASSMANN/HINTERMANN/KOHLBACHER/REEGER 1999, S. 48). Der Autor stimmt den Aussagen von FASSMANN und Kollegen voll zu, nicht nur in der Hinsicht, dass es sich hier um eine „Rückkehr zu historischen Migrationsmustern" (vgl. Kap. 4.1.1) handelt, sondern auch, dass eine Unions-Osterweiterung vorweg genommen wird, worauf im nächsten Abschnitt noch genauer eingegangen werden wird.

4.2   „Das Boot ist voll"

Die Arbeitslosenquote ist in Österreich seit Unterzeichnung des Staatsvertrages im Jahresdurchschnitt seit 1955 bis zum ersten Erdölschock 1973 stetig zurückgegangen und erreichte in diesem Jahr einen Tiefstand von nur 1,2 % (RICHTER 1994, S. 122). Dieser überaus geringe Wert weist darauf hin, dass in Österreich damals faktisch Vollbeschäftigung herrschte, ja sogar ein Mangel an Arbeitskräften zu verzeichnen war. Denn die Restquote von 1,2 % Arbeitslosen war in der Praxis aus den verschiedensten Gründen nicht auf einen Arbeitsplatz zu vermitteln.

Damals hat man versucht, das inländische Arbeitskräftepotential so weit wie möglich auszuschöpfen. Personalintensive Produktionen wurden in periphere Gebiete des Staates verlagert, um aus der Landwirtschaft frei werdende Arbeitskräfte rekrutieren zu können. Schließlich musste man sich um Gastarbeiter aus dem Ausland bemühen. Diese erreichten mit fast 227 000 Beschäftigten im Jahre 1973 eine erste Spitze, das waren damals über 8 % der Werktätigen. Rund 80 % von ihnen kamen aus dem ehemaligen Jugoslawien. Während des nachfolgenden Konjunktureinbruches ist die Zahl der ausländischen Arbeitskräfte auf unter 150 000 gesunken und hat erst nach der Öffnung des Eisernen Vorhanges und durch die Unruhen im ehemaligen Jugoslawien 1991 die Werte von 1973 wieder erreicht. In den Folgejahren war dann ein starker Anstieg zu verzeichnen. Somit waren im Jahre 1998 in Österreich im Jahresdurchschnitt 298 566 Ausländer beschäftigt, das sind nicht ganz 10 % der 3 075 850 Gesamtbeschäftigten (ÖSTAT 1999a, S. 166 und 168). Rund die Hälfte dieser Arbeitskräfte stammt aus dem ehemaligen Jugoslawien, jedoch im Gegensatz zu den Gastarbeitern von 1973, die aus Slowenien und Kroatien kamen, eher aus den südöstlichen Gebieten dieses ehemaligen Staatenbundes.

Arbeitslose

Verfolgt man die Entwicklung der Arbeitslosenrate nach 1973 weiter, so hat sie bis in die letzten Jahre zugenommen, in den vergangenen fünf Jahren sogar recht stark. Sie erreichte im Jahresdurchschnitt 1998 für alle Beschäftigten 7,2 % und lag bei den Ausländern um 9,5 %.

Im Vergleich mit der Europäischen Union ist die Arbeitslosenquote in Österreich nicht besonders hoch. Die in Tabelle 4.9 angegebenen Werte stimmen allerdings mit der Abbildung 4.19 nicht überein, da die traditionelle Definition des Arbeitslosen in Österreich sich nicht mit jener der OECD bzw. Europäischen Union deckt. Die österreichische Berechnungsmethode geht von einem höheren Ausgangswert aus, in dem u. a. „vorzeitige" Alterspensionisten während ihrer Übergangszeit und auch Invaliditätspensionen in die Arbeitslosenquote miteingerechnet werden.

In Abbildung 4.21 wird die regionale Verteilung der Arbeitslosen nach NUTS 3-Regionen dargestellt (über NUTS 3-Regionen siehe Kap. 5). Sie entspricht weitgehend dem Zentrum-Peripherie-Modell. Dies ist allerdings in Abbildung 4.21 nicht in allen Bereichen deutlich erkennbar, da in die

„Das Boot ist voll"

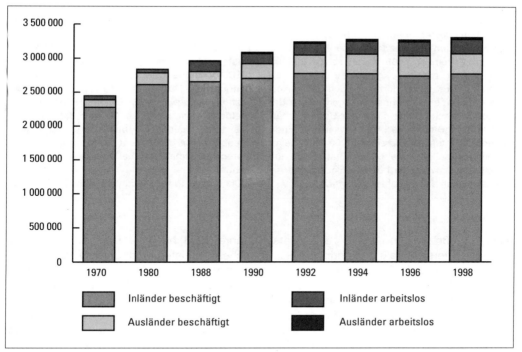

Abb. 4.19: Arbeitslosigkeit: Unselbständig Beschäftigte und Arbeitslose, Inländer und Ausländer 1970, 1980, 1988–1998
Quellen: ÖSTATa jährlich, geringe Ungenauigkeiten infolge von Korrekturen des Datenmaterials

Tab. 4.9: Arbeitslosigkeit: Europäische Union 1990, 1995, 1997 und 1999
Quelle: ÖSTAT 1999a, S. 518 und Eurostat 2000

Staat	1990	1995	1997	1999
Belgien	6,7	9,9	9,0	9,1
Dänemark	7,7	7,1	5,4	5,2
Deutschland	4,8	8,2	9,9	8,8
Finnland	3,4	17,2	15,0	10,2
Frankreich	9,0	11,5	12,6	11,3
Griechenland	6,4	9,1	9,6	11,7
Irland	13,4	12,4	10,2	5,7
Italien	9,1	11,2	12,4	11,3
Luxemburg	1,7	2,9	2,3	2,3
Niederlande	6,2	7,3	5,5	3,3
Österreich	3,2	3,8	5,3	3,8
Portugal	4,6	7,3	6,6	4,5
Schweden	1,8	9,2	10,4	7,2
Spanien	16,2	24,1	20,9	15,9
Vereinigtes Königreich (Großbritannien)	7,1	8,8	7,1	6,1
EU (15)	7,7	10,7	10,7	9,2

Abb. 4.20: Arbeitslosigkeit: Verschiedene Arten der Berechnung von Arbeitslosenraten: Österreich, OECD, EU „neu"
Quelle: „Die Presse," Wien, 4. Januar 1996, S. 13

Arbeitslosenraten in %
Dezember 1994–1995

	1994	1995
„herkömmliche" Berechnung	7,6	8,1
laut OECD	4,3	4,9
laut EU „neu"		3,9

> **Zu Abb. 4.20:** „Nach den Daten, die Sozialminister Hums gestern veröffentlichte, bahnt sich in Österreich am Arbeitsmarkt eine Katastrophe an: Im Dezember 1995 waren schon 267 198 Österreicher arbeitslos gemeldet. ... Und im Jänner dieses Jahres dürfte es noch viel schlimmer werden: Im Dezember bezogen wegen der besonders schwierigen Lage der Bauwirtschaft rund 65 000 Bauarbeiter Arbeitslosengeld. Ende Jänner könnten aber bereits 100 000 Bauarbeiter ‚stempeln gehen', wie es im Branchenjargon heißt. Damit wäre die höchste Bauarbeiter-Arbeitslosigkeit seit 60 Jahren erreicht. Damit hat Österreich eine Arbeitslosenrate von 8,1 Prozent. ...
> Die international vergleichbaren Arbeitslosenquoten sehen allerdings freundlicher aus: Nach OECD-Methode erhoben, betrug die Arbeitslosenquote im Dezember 4,9 Prozent, nach der erstmals angewandten Unions-Berechnungsmethode saisonbereinigt gar nur 3,9 Prozent. Die durchschnittliche Arbeitslosenquote in der Europäischen Union liegt selbst nach dieser Berechnungsmethode bei horriblen 10,6 Prozent."
> („Die Presse", Wien, 4. Januar 1996, S. 13)

relativ großräumigen NUTS 3-Gebietseinheiten öfters zentrale und periphere Räume zusammengefasst wurden: Immerhin wird der höchste Grad der Arbeitslosigkeit im peripheren Südteil des Burgenlandes, im Waldviertel, in Osttirol und im Tiroler Oberland erreicht. Ferner fällt das gesamte Bundesland Kärnten in diese Kategorie und auch die obersteirischen Altindustriegebiete, die von 1995 bis 1999 größtenteils Ziel-2-Gebiete der Europäischen Union waren (vgl. Abb. 4.15).

Gastarbeiter

Trotz der im internationalen Vergleich relativ günstigen Situation haben sich angesichts der steigenden Zahl von Arbeitslosen, wie in anderen europäischen Staaten auch, Probleme bei der *Akzeptanz der Zuwanderung von Ausländern* ergeben. Österreich, das in vergangenen Jahrzehnten Flüchtlinge immer aufgenommen und große Leistungen in der Betreuung von Geflohenen vollbracht hat, bemüht sich nunmehr den Migrationsstrom einzudämmen und die Einwanderung zu erschweren. Dies geschieht durch Änderungen der gesetzlichen Vorschriften, u.a. durch eine Novellierung des Ausländerbeschäftigungsgesetzes, womit zum ersten Mal eine absolute Obergrenze für die Beschäftigung von Ausländern festgesetzt wurde. Ein neues Fremdengesetz aus dem Jahre 1993 hat eine klare Trennlinie zwischen Touristen und potentiellen Einwanderern gezogen. Ferner wurde ein Aufenthaltsgesetz für Ausländer beschlossen. Weitere Maßnahmen sind in Diskussion. Alle diese Restriktionen gelten selbstverständlich nicht für Bürger aus Staaten der Europäischen Union.

Die einheimische Bevölkerung befürchtet, nur teilweise zu Recht, ihre Arbeitsplätze zu verlieren. Diese Befürchtung wird noch durch den Umstand verstärkt, dass das Lohn- und Kaufkraftniveau in den im Norden und Osten angrenzenden Staaten signifikant niedriger ist. Ausländer können daher relativ leicht zu beträchtlich niedrigeren Löhnen ihre Arbeitskraft anbieten (vgl. auch Kap. 4.1.4).

Andererseits werden heute zahlreiche Aufgaben von Inländern nicht mehr wahrgenommen. Um diese Leistungen, deren Durchführung zur Erhaltung eines entsprechenden Lebensstandards notwendig sind, sicherzustellen, müssen Ausländer angestellt werden. Denn heute sind nur 6,7 % der Österreicher Hilfsarbeiter, 12,6 % angelernte Arbeiter. Bei den Ausländern liegen die entsprechenden Werte bei 29,0 und 27,7 % (Abb. 4.22).

Außerdem „sprechen gute Gründe dafür, daß Zuwanderung im 21. Jahrhundert Normalität sein wird. Die Zahl der Geburten wird

„Das Boot ist voll"

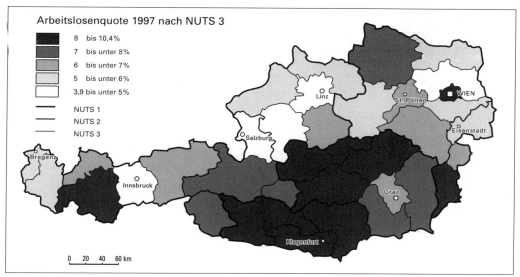

Abb. 4.21: **Regionale Arbeitslosigkeit nach NUTS-3-Gebieten 1997**
Quelle: ÖROK 1999a, S. 46

in Österreich – wie in den meisten Staaten des Westens – auf absehbare Zeit geringer sein als die Zahl der Sterbefälle. Eine grundsätzliche Änderung dieses Ungleichgewichtes ist nicht in Sicht. An der demographischen Notwendigkeit einer Zuwanderung wird sich daher wenig ändern. ... Die Zuwanderer des 21. Jahrhunderts. werden sich nach Bildung, Herkunft und Lebenszielen ebenso voneinander unterscheiden wie die des 20. Jahrhunderts. Einer Elitenzuwanderung aus dem Westen wird eine verstärkte Zuwanderung von gering Ausgebildeten aus dem Osten und Südosten Europas, vielleicht auch aus der ‚Dritten Welt' gegenüberstehen. ... Der größere Teil künftiger Zuwanderer nach Österreich und speziell nach Wien wird aus dem nichtdeutschsprachigen Raum kommen. Wie schon um 1900 wird sich dadurch der multikulturelle und multiethische Charakter Wiens und der ganzen Ostregion verstärken" (FASSMANN/MÜNZ 1995, S. 78).

Auch das Österreichische Institut für Wirtschaftsforschung kommt zu ähnlichen Feststellungen: „Die bisherige Zuwanderung nach Österreich hat das Sozialsystem de facto entlastet. In Österreich führte die Öffnung der Grenzen zu Ostmitteleuropa nach 1989 sogar zu 56 000 zusätzlichen Arbeitsplätzen und einem Plus von 1,3 Prozent beim Wachstum durch den Aufschwung des Osthandels. Zugleich ist allerdings wegen der gesamten Zuwanderung die Arbeitslosigkeit um 1,8 Prozentpunkte gestiegen und das Lohnniveau durch das Überangebot an Arbeitsplätzen um 1,1 Prozent gegenüber der Ausgangslage zurückgegangen. Mit der Ostöffnung haben die negativen Migrationseffekte nur teilweise zu tun: Die Mehrheit der Immigranten stammt aus dem früheren Jugoslawien und aus der Türkei, nur ein kleiner Teil (rund 15 Prozent) kam aus den mittelosteuropäischen Ländern" („Die Presse", Wien, 13. August 1998, S. 19).

Diese Zitate sollen zum Nachdenken anregen: Auch eine zweite Befürchtung, die immer wieder in Zusammenhang mit der Migration aus dem Ausland geäußert wird, nämlich die eines *Teilverlustes der natio-*

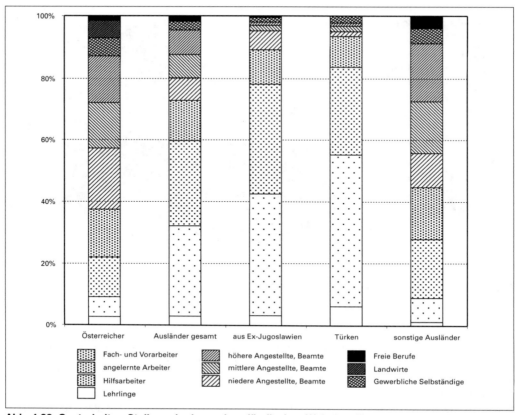

Abb. 4.22: **Gastarbeiter: Stellung der in- und ausländischen Wohnbevölkerung im Beruf 1993**
Quelle: FASSMANN/MÜNZ 1995, S. 65

nalen Identität, ist kaum begründet. Überdies muss hinterfragt werden, wieweit ein solcher Verlust unbedingt als negativ angesehen werden muss, zumal er mit dem Fortschreiten der Europäischen Integration ohnehin zu erwarten ist. Auch wäre bei dieser Argumentation zu bedenken, dass sich eine nationale Identität in Bezug auf die heutige Republik Österreich erst vor relativ kurzer Zeit entwickelt hat (vgl. Abb. 0.1). Der Autor hat darauf bereits im Einleitungsteil hingewiesen.

In beiden Zitaten wird die Ansicht vertreten, dass die Zuwanderung aus demographischen und ökonomischen Gründen nicht zu sehr eingeschränkt werden sollte.

Es wird darauf hingewiesen, dass das bestehende Sozialsystem zusammenbrechen könnte, wenn infolge einer Restriktion der Migration die Bevölkerung und v. a. auch die Zahl der arbeitsfähigen Personen zu stark zurückgehen sollte.

Im langjährigen Durchschnitt ist zu erwarten, dass bei Nichtberücksichtigung von konjunkturellen Schwankungen langfristig die Arbeitslosenrate weiterhin leicht steigen wird. Daran wird auch ihr derzeitiger (1999, 2000) Rückgang, der auf verstärkte Bemühungen aller Staaten der Europäischen Union und eine gute Wirtschaftskonjunktur zurückzuführen ist, nicht allzu viel ändern (vgl. FASSMANN/MÜNZ 2000, S. 35). In dieser

Hinsicht dürfte „das Boot tatsächlich voll sein". Dennoch erscheint eine gewisse Zuwanderung notwendig, um den sozialen und wirtschaftlichen Standard aufrechtzuerhalten. Im Vergleich mit der globalen Entwicklung fällt es schwer, bei einem Staat, der in Bezug auf seine wirtschaftliche Stellung nahe der Spitze der Weltrangliste steht (zwischen Rang acht und zwölf), von einer „Überfüllung des Bootes" zu sprechen.

Österreich wird daher auch in Zukunft die „Herausforderung" von internationalen Wanderungen unserer Zeit („International Migration: A Global Challenge") aufnehmen und sich bemühen müssen, beide damit verbundenen Aufgaben vollinhaltlich zu erfüllen: Diese sind die Einwanderungsquote zu kontrollieren *und* die Integration der Einwanderer im eigenen Lande voranzutreiben (MARTIN/WIDGREN 1996, S. 42).

5 Die administrative und politische Dimension

Bei der Gründung der „Ersten" Republik Österreich 1918 wurde der bewährte *politische und administrative Aufbau der Österreichisch-Ungarischen Monarchie*, wie er in der Mitte des 19. Jahrhunderts entstanden war, nahezu unverändert übernommen. Aus den Kronländern, ab 1867 den „im Reichsrate vertretenen Königreichen und Ländern", wurden Bundesländer des neuen föderalen Staates. Die bestehenden Landesgrenzen blieben weitgehend erhalten. Die laut Friedensvertrag von St. Germain an Österreich abzutretenden Teile von vier westungarischen Komitaten wurden zu einem eigenen Bundesland, dem Burgenland, zusammengefasst. Dieses wurde übrigens in der Zeit der reichsdeutschen Übernahme von 1938 bis 1945 aufgelöst und auf die „Reichsgaue" Niederdonau und Steiermark aufgeteilt. Seit 1945 jedoch hat das Burgenland wieder den Status eines eigenen Bundeslandes und kann dadurch auch die Anliegen der östlichen Peripherie politisch nachhaltig vertreten. 1921 wurde, wie im Kapitel 4 bereits erwähnt, aus politischen Gründen die Gemeinde und Bundeshauptstadt Wien aus dem Land Niederösterreich ausgegliedert und als selbständiges Bundesland eingerichtet. Die Grenzen zwischen Wien und Niederösterreich wurden seither unter Berücksichtigung des Prozesses der Suburbanisierung mehrmals verschoben, was zu einer funktional wenig befriedigenden Raumstruktur der politischen Bezirke im Wiener Umland geführt hat.

Die Kronländer waren bereits 1850 in Bezirke gegliedert worden. Bei diesen bestand seit 1868 eine strikte Trennung zwischen politischer Bezirkshauptmannschaft und Bezirksgericht. Ausgedehnte politische Bezirke sind in mehrere Gerichtsbezirke unterteilt. Kleinste, sich selbst verwaltende politische Einheit ist die Gemeinde, der die Verfassung ein hohes Maß an Autonomie einräumt.

Änderungen in dieser Grundstruktur gab es 1918 nur dort, wo durch die neue Grenzziehung Teile von Kronländern abgetrennt wurden. Im von Ungarn übernommenen Burgenland mussten neue Bezirkshauptorte festgelegt werden, da alle Komitatsorte, zu deren Bereich die Gemeinden ehemals gehört hatten, in Ungarn verblieben waren.

In der politischen und administrativen Gliederung Österreichs besteht eine gewisse *Dynamik*, wie aus Tabelle 5.1 ersehen werden kann. Da muss man wohl zuerst fragen, wie es der Republik Österreich in dreißig Jahren gelungen sein könnte, ihr Territorium um ganze 10 km^2 zu vergrößern, obwohl über Grenzkonflikte nie etwas berichtet worden ist. Die Erklärung liegt in der Entwicklung der Vermessungstechnik und bei den zahlreichen Grundstücksteilungen und Parzellierungen, die seit 1966 durchgeführt wurden. Bei genaueren Messungen wirken sich Unebenheiten im kupierten Gelände relativ stark auf die Grundstücks-

Tab. 5.1: Politische und administrative Gliederung, 1966 und 1996 (ausgewählte Daten)
Quelle: Österreichisches Statistisches Zentralamt (ÖSTAT) 1966a, S. 4; 1996a, S. 19 u. 419f.

	1966	1996
Fläche d. Bundesgebietes (km^2)	83 849	83 859
Länge der Staatsgrenze (km)	2 637	2 706
Bundesländer	9	9
Politische Bezirke: Stadt	15	15
Land	82	84
Gerichtsbezirke	225	187
Ortsgemeinden	3 879	2 355
NUTS 1 – Regionen der Europäischen Gem.	–	3
NUTS 2 – Grundverwaltungseinheiten (GWE)	–	9
NUTS 3 – Unterteilungen der GWE	–	35

Die administrative und politische Dimension

größe aus. Auf diese Weise entstehen insgesamt größere Katasterflächen und Grenzlängen.

Die Zahl der Bundesländer ist gleichgeblieben, zwei Landbezirke sind geteilt worden, um deren Verwaltung effizienter gestalten zu können. Bei den 15 Stadtbezirken handelt es sich um „*Städte mit eigenem Statut*" (Statutarstädte), die aus administrativen Gründen aus dem Umland herausgelöst wurden. Dieses Statut ist heute zum Teil nur noch aus der Vergangenheit zu begründen.

Ein eigenes Statut haben folgende Städte (vgl. Abb. 5.1):
– Burgenland: Eisenstadt und Rust
– Kärnten: Klagenfurt und Villach
– Niederösterreich: St. Pölten, Wiener Neustadt, Krems und Waidhofen an der Ybbs
– Oberösterreich: Linz, Wels und Steyr ferner
– die Städte Salzburg, Graz, Innsbruck sowie
– Wien (gleichzeitig auch eigenes Bundesland).

Von diesen Statutarstädten sind nur Rust und Waidhofen an der Ybbs *nicht* gleichzeitig Sitz eines Landbezirkes.

Die Zahl der *Bezirksgerichte* hat in den letzten dreißig Jahren um ein Sechstel abgenommen. Dies hat nicht mit einer Abnahme der Kriminalität sondern mit der Verbesserung der Infrastruktur zu tun. Einer der Standortfaktoren von Bezirksgerichten war seit jeher, dass die Teilnahme an einer Gerichtsverhandlung vom Wohnort aus an einem Tage ohne auswärtige Übernachtung möglich sein sollte. Somit sind Bezirksgerichtsorte in der Regel mit öffentlichen Verkehrsmitteln aus allen Teilen ihres Einzugsgebietes zu den Amtsstunden erreichbar. Die Entwicklung des Verkehrswesens und auch die zunehmende Individualmotorisierung haben eine Vergrößerung der Einzugsbereiche möglich gemacht, sodass weniger frequentierte Bezirksgerichte zusammengelegt werden konnten.

Besonders auffällig ist in Tabelle 5.1 jedoch die Entwicklung der Zahl der *Ortsgemeinden*. Das Statistische Jahrbuch 1938 weist für 1934 4371 Ortsgemeinden nach. 1966 waren es laut Tabelle noch 3879, 1996 aber nur 2355. Für diese Entwicklung sind im Wesentlichen zwei Faktoren verantwortlich:
– Eingemeindungen im Zuge der Vergrößerung der Städte, somit der Suburbanisierung, die v. a. im Zeitraum vor 1966 stattgefunden haben. Stadtnahe Gemeinden wurden mit der betreffenden Stadtgemeinde zusammengelegt, um eine einheitliche Verwaltung, Infrastruktur und Versorgung möglich zu machen. Besonders im Rahmen der deutschen Machtübernahme 1938 kam es zu solchen Eingemeindungen, die allerdings zu einem geringen Teil nach 1955 wieder rückgängig gemacht wurden.
– Gemeindezusammenlegungen, um Gemeinden größer und besser administrierbar zu machen. Denn erst ab einer gewissen Mindestgröße kann ein hauptberuflicher Gemeindesekretär angestellt werden, der als ausgebildeter Fachmann kompetent ist und ein Kontinuum im Gemeindeamt beim ständigen politischen Wechsel der für einzelne Amtsperioden gewählten Bürgermeister darstellt.

Tabelle 5.2 weist nach, dass die Zahl der bevölkerungsarmen Gemeinden abgenommen hat. Sieht man einmal von der Großstadt Wien, dem „Wasserkopf" ab, deren Anteil an der österreichischen Bevölkerung ständig zurückgeht, so lebt derzeit weit über die Hälfte der Bevölkerung in Gemeinden über 2000 Einwohnern. 1934 war das nur ein Drittel.

Vergleicht man diese Angaben jedoch mit der Flächenstruktur österreichischer Gemeinden in Abbildung 5.1, so muss man große Disparitäten innerhalb des Staates feststellen. Diese bestehen z. T. schon seit langer Zeit. Denn im Hochgebirge mit seinem beachtlichen Anteil an Semiökumene

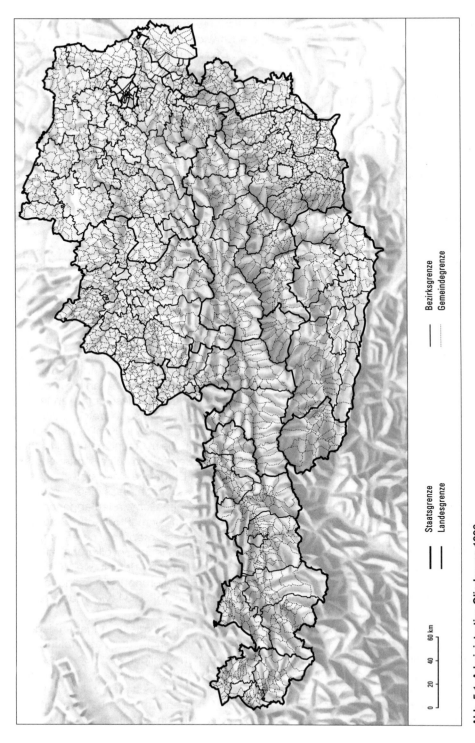

Abb. 5.1: Administrative Gliederung 1996
Quelle: ÖSTAT 1998a

Die administrative und politische Dimension

Größenklasse[1]		1934 Anzahl	1934 Anteil a. d. Wohnbevölkerung (%)	1966 Anzahl	1966 Anteil a. d. Wohnbevölkerung (%)	1996 Anzahl	1996 Anteil a. d. Wohnbevölkerung (%)
1 –	100	42	0,1	71	0,1	–	–
101 –	500	1 770	8,0	1 450	5,9	181	0,8
501 –	1 000	1 240	13,1	989	9,9	449	4,3
1 001 –	2 000	865	17,9	810	16,1	901	16,4
2 001 –	5 000	370	15,6	439	17,8	625	23,1
5 001 –	10 000	55	5,5	74	7,0	130	10,9
10 001 –	20 000	19	3,8	28	5,5	45	7,2
20 001 –	50 000	6	2,5	12	5,0	15	5,2
50 001 –	100 000	2	1,8	1	0,9	4	3,2
100 001 –	200 000	2	3,9	3	5,6	2	3,4
200 001 –	500 000	–	–	1	3,3	2	5,7
1 000 000 u. mehr (Wien)		1	27,8	1	22,9	1	19,8
insgesamt		4 372	100,0	3 879	100,0	2 355	100,0

[1] Größenklassen 1934 geringfügig abweichend, bei den Prozentangaben Rundungsabweichungen

Tab. 5.2: Gemeinden: Anzahl nach Gemeindegrößenklassen 1934, 1966, 1996
Quellen: Österreichisches Statistisches Landesamt 1938, S. 23; ÖSTAT 1966a, S. 5 u. 1996a, S. 21

und Ödland gehörte immer schon das ganze Hochtal zum Gemeindezentrum am Taleingang. Die Grenzen von solchen Großgemeinden waren von der Natur vorgegeben, eine weitere Aufgliederung nicht sehr sinnvoll. Außerdem erreichten einzelne Gemeinden im Karpatenvorland und Wiener Becken, deren Abgrenzung sich aus dem

Abb. 5.2: Gliederung nach NUTS-Einheiten 1996
Quelle: ÖSTAT 1998a, S. 458 u. a.

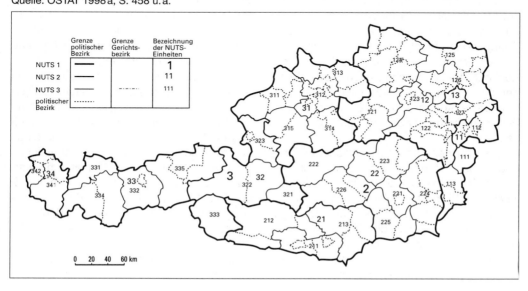

Großgrundbesitz ehemaliger Grundherrschaften entwickelt hat, ein überdurchschnittliches Flächenausmaß. Diesen großflächigen Gemeinden stehen – teilweise durch die Kleinkammerung des Geländes bedingt – zahlreiche Zwerggemeinden in den Mittelgebirgen und Hügellandschaften Niederösterreichs, des Burgenlandes und der Steiermark gegenüber.

Aufgrund der hohen Bedeutung der Gemeindeautonomie waren *Gemeindezusammenlegungen* nicht leicht durchzuführen. Da Raumordnung und Regionalplanung generell in die Kompetenz der Bundesländer fallen, wurden diese Programme länderweise mit unterschiedlicher Intensität betrieben. So kam man in den Bundesländern Kärnten, Niederösterreich und dem südlichen Burgenland zu einer neuen Gemeindestruktur. Auch im Süden und Osten der Steiermark erfolgten zahlreiche Gemeindezusammenlegungen; die Struktur muss dort dennoch als kleingekammert bezeichnet werden. In den Bundesländern Oberösterreich, Salzburg, Tirol und Vorarlberg jedoch ist die aus der Monarchie übernommene Gemeindestruktur im Wesentlichen unverändert beibehalten worden.

Durch die Auflösung von Gemeindeämtern tritt eine Veränderung im zentralörtlichen Gefüge ein, die aus Sicht der Raumplanung nicht immer positiv bewertet werden kann. Mit der fast gleichzeitigen Konzentration des Schulwesens verschwindet oft die gesamte Elite aus dem lokalen Bereich, es kommt zu einer Entwertung und Peripherisierung der ehemaligen Gemeindezentren.

Die Zahl der autonomem Ortsgemeinden ändert sich ständig. Nach einem historischen Tiefstand von 2300 in den Jahren 1975 und 1976 ist die Zahl bis 1996 wieder auf 2355 gestiegen. Ehemals unabhängige Gemeindeteile haben die Rückgabe ihrer Autonomie reklamiert und nach einer lokalen Volksabstimmung oft auch von der Landesregierung bewilligt bekommen.

Abschließend muss in diesem Kapitel noch erwähnt werden, dass der Beitritt Österreichs zur Europäischen Union auch eine neue Raumeinteilung in *„Nomenclatures des unités statistiques" („NUTS")* gebracht hat, welche die Vergleichbarkeit unionsweiter regionaler Statistiken erleichtern und eine überstaatliche Administration ermöglichen soll. Das bedingt, dass Österreich in drei hierarchische Gruppen (NUTS 1, NUTS 2, NUTS 3) von Raumeinheiten untergliedert wurde, die in ihren räumlichen Ausmaßen durchwegs größer geraten sind, als die Einheiten der traditionellen Gliederung aus der Zeit der österreichisch-ungarischen Monarchie.

NUTS-1-Einheiten („Regionen der europäischen Gemeinschaften") sind:
– Ostösterreich: Burgenland, Niederösterreich und Wien
– Südösterreich: Kärnten und Steiermark
– Westösterreich: Oberösterreich, Salzburg, Tirol und Vorarlberg.

NUTS-2-Einheiten („Grundverwaltungseinheiten") entsprechen den Bundesländern.

In den NUTS-3-Einheiten („Unterteilungen der Grundverwaltungseinheiten") sind die 99 politischen Stadt- und Landbezirke zu 35 Einheiten zusammengefasst. Bei der Abgrenzung wurde bestehenden politischen bzw. Gerichtsbezirksgrenzen gefolgt und versucht, wirtschaftsräumlich ähnliche Gebiete zusammenzufassen.

Wie Abb. 5.2 beweist, ist dies unter den gegebenen Voraussetzungen relativ gut gelungen. Dabei wurden alle Statutarstädte (mit Ausnahme der eigenen NUTS-2-Einheit Wien) mit dem Umland vereinigt. Allerdings ergeben sich bei regionalwirtschaftlichen Analysen auf Basis dieser Einheiten manchmal Probleme: Angesichts der Größe der NUTS-3-Einheiten und der Kleinkammerung mancher österreichischer Wirtschaftslandschaften war nicht zu vermeiden, dass in diesen Einheiten Räume mit größeren wirtschaftlichen Disparitäten zusammengefasst wurden.

5.1 Zentrale Orte und Kernräume

Siedlungen, die in größerem Umfang Dienstleistungen für ihr Umland erbringen, bezeichnet man nach WALTER CHRISTALLER (1933) als „Zentrale Orte" (modifiziert nach RITTER 1991, S. 206). CHRISTALLER hat die Theorie der Zentralen Orte 1933 in der Geographie eingeführt und damit als erster zu ergründen versucht, welche Funktionen Städte für ihr Umland ausüben, ob sich daraus auf Gesetzmäßigkeiten in der Verteilung von Städten schließen lässt und wieweit diese Gesetzmäßigkeiten auch für die unterschiedliche Größe und Funktion der Städte verantwortlich sind. Die grundlegende Bedeutung dieser Gedanken für die Humangeographie ist erst sukzessive nach dem Zweiten Weltkrieg in den USA und den Skandinavischen Staaten erkannt worden. Inzwischen wurden fast weltweit Untersuchungen zum System der Zentralen Orte durchgeführt. Der Begriff: „Zentraler Ort" ist aus der Planungspraxis nicht mehr wegzudenken.

Für Österreich hat HANS BOBEK 1959, später gemeinsam mit MARIA FESL, nach umfassender Beschäftigung mit den theoretischen Grundlagen die erste Erhebung über Zentrale Orte publiziert. Er bedient sich dabei der sogenannten „Katalogmethode" (HEINRITZ 1979, S. 54 ff.), und erfasst die Zentralen Orte nach den vor Ort vertretenen zentralen Diensten. Anhand dieser Dienste erfolgt eine Einstufung in zentrale Ränge, somit in die zentralörtliche Hierarchie. Dabei wird zwischen „gesetzten" und „spontan angereicherten" Diensten unterschieden. „Gesetzte" Dienste sind amtlich oder halbamtlich, somit in ihrer Standortwahl nicht frei, sondern von oben herab („top down") fixiert. Sie müssen am entsprechenden Behördenstandort in einem Mindestausmaß angeboten werden, ungeachtet der Intensität ihrer Inanspruchnahme. „Spontan angereicherte" Dienste hingegen sind in ihrer Standortwahl frei und können diese nach marktwirtschaftlichen Motiven vornehmen. Ein Ungleichgewicht von rangspezifischen „gesetzten" und „spontan angereicherten" Diensten in einem Zentralen Ort höherer Stufe sollte eigentlich Überlegungen über die Richtigkeit des Standortes der politischen und administrativen Funktionen auslösen (BOBEK 1966, 1968, 1970).

Die Analysen von BOBEK und FESL haben eine Einteilung der österreichischen Zentralen Orte in *drei hierarchische Stufen* ergeben, die auch sonst in weiten Teilen Europas

Tab. 5.3:
Zentrale Orte:
1959 und 1991
Quelle:
BOBEK/FESL 1983, S. 77; LICHTENBERGER 1997, S. 209; 2000, S. 281, modifiziert

Rang	Bezeichnung		Zahl der Orte 1959	1991
10	Bundeshauptstadt („Metropole")		1	1
9	Typ: Landeshauptstadt:	volle Ausstattung	5	5
8		mindere Ausstattung	2	3
7		unzureichende Ausst.	9	8
Summe:	„Obere Stufe"		*17*	*17*
6	Typ: Bezirkshauptort:	volle Ausstattung	23	25
5		mindere Ausstattung	35	39
4		unzureichende Ausst.	34	29
Summe:	„Mittlere Stufe"		*92*	*93*
3	Typ: Gerichtsort:	volle Ausstattung	91	104
		mindere Ausstattung	144	149
		unzureichende Ausst.	258	179
Summe:	„Untere Stufe"		*493*	*432*
Summe:	insgesamt		*602*	*532*

anzutreffen sind, wenn auch die „Ortstypen" in den einzelnen Staaten verschieden bezeichnet werden: Ein österreichischer „Bezirkshauptort" entspricht somit in der Bundesrepublik Deutschland ungefähr einem „Kreisort", in Ungarn dem Sitz eines Komitates. Der Typ „Gerichtsort" entspräche dem Standort eines deutschen „Amtsgerichtes". Wien wäre einer fiktiven obersten Stufe von zentralen Orten von „Metropolen" zuzuordnen, die u. a. auch CHRISTALLER europaweit nachgewiesen hat.

Die ausgewiesenen „Ortstypen" decken sich allerdings nicht unbedingt mit den realen Standorten der Behörden, nach denen sie benannt sind. Es gibt z. B. mehr Zentrale Orte vom Typ „Gerichtsort" als tatsächlich Bezirksgerichte. Ferner müssen die Grenzen der zentralörtlichen Bereiche nicht immer mit den Grenzen der administrativen Einheiten übereinstimmen.

Auf jeder Stufe wird innerhalb dieser Orte nach der Anzahl der rangspezifischen zentralen Dienste unterschieden: zwischen Orten mit „voller", „minderer" oder gar „unzureichender" Ausstattung. Wie gut die Ausstattung eines Zentralen Ortes mit Diensten ist, hängt nicht zuletzt von der Einwohnerzahl ab, die zu versorgen ist, also der Zahl der Einwohner des Ortes und des umgebenden Einzugsbereiches. BOBEK unterscheidet bei der Zuordnung dieser Bereiche zwischen voller und abgeschwächter Zuordnung; er kennt zusätzlich noch so genannte „Wettbewerbsgebiete", wo die Zuordnung zu nur einem Zentrum nicht gegeben ist, sondern mehrere Zentrale Orte um die regionale Klientel im Wettbewerb stehen.

Da der zur Bewertung herangezogene Dienstleistungskatalog im Laufe der Jahre der sozialen und wirtschaftlichen Entwicklung angepasst wurde, sind in Tabelle 5.3 die Daten des Jahres 1959 nicht direkt mit denen des Jahres 1991 vergleichbar. Dennoch kann man eine gewisse *Dynamik* bei den Zentralen Orten erkennen: Die Zahl der Zentralen Orte ist zwar in den beiden oberen Stufen im Wesentlichen unverändert geblieben, in der unteren Stufe allerdings hat eine Abnahme der Anzahl der Orte stattgefunden. Dies beweist, dass neben der Auflassung von Bezirksgerichten und weiteren „gesetzten" Institutionen auch bei den „spontan angereicherten" Diensten ein gewisser Drang zur Konzentration auf Standorte der mittleren und höheren zentralörtlichen Ränge zu verzeichnen ist. So kann man feststellen, dass in den letzten Jahrzehnten v. a. die Bereiche der Mittelstufe stärker an Ausprägung gewonnen haben. Talschaften, die bei der ersten zentralörtlichen Untersuchung noch nicht klar einem Mittelzentrum zugerechnet werden konnten, weil sie sowohl zu den nächstgelegenen Bezirksorten als auch zu den Landeshauptstädten hin tendierten, gehören heute zweifelsfrei zum Bereich des nächsten Bezirkshauptortes. Dieser liegt meist in einer Entfernung, die PKW-Benutzern für die Deckung ihrer Bedürfnisse zugemutet werden kann. So hat die Individualmotorisierung zu einer Verstärkung der mittleren zentralörtlichen Stufe geführt, was man u. a. an den zahlreichen Großmärkten erkennen kann, die in den letzten Jahrzehnten vor den Toren von Bezirkshauptorten entstanden sind. Früher fuhr man mit der Bahn oder dem Autobus bis zur Endstation in der Stadt und nahm dort gleich alle benötigten Dienstleistungen in Anspruch. Oft wurden dabei am Wege dorthin liegende Mittelzentren übersprungen.

Das System der Zentralen Orte Österreichs wurde auf *nationaler Basis* erstellt. Nur auf dem höchsten Rang 10 wurde Wien als einzige Großstadt in ein Netz europäischer Großstädte („Metropolen") eingebunden. Auf mittlerer Stufe wurden einige wenige Zuordnungen zu Zentralen Orten des angrenzenden Auslandes berücksichtigt, so die der Zollausschlussgebiete Kleines Walsertal und der Tiroler Gemeinde Jungholz nach Oberstdorf und Kempten im Allgäu, oder auch der Einfluss der Orte Bad

Reichenhall, Burghausen und Passau auf die angrenzenden oberösterreichischen und Salzburger Regionen.

Sicher ist jedoch, dass im Rahmen der Europäischen Integration, besonders infolge des Beitrittes Österreichs zum Schengen-Abkommen, zentrale Bereiche aller Rangstufen an den Innengrenzen der Union sich grenzüberschreitend bzw. *international* entwickeln werden. Schon bisher war evident, dass die Zuordnung Vorarlbergs zum „Wasserkopf" Wien aufgrund der Lage der Bundeshauptstadt weitgehend nur bei gesetzten Diensten bestand. Internationale Großflughäfen für den Raum Westösterreichs waren beispielsweise schon immer München, Zürich und Frankfurt. Wien-Schwechat nahm erst den vierten Platz ein. Nunmehr wird die „Eurologistik" dazu führen, dass zahlreiche neue Zuordnungen dies- und jenseits der Staatsgrenzen entstehen werden. Das System der Zentralen Orte Österreichs wird daher in den nächsten zehn Jahren größere Umstrukturierungen zu verzeichnen haben.

In Abbildung 5.3 sind die Zentralen Orte mittlerer oder oberer Stufe dargestellt. Eine Rasterung zeigt jene Gebiete auf, von denen diese Orte nur schwer erreichbar und die somit durch ihre periphere Lage besonders benachteiligt sind.

Kernräume

Vergleicht man Abbildung 4.1 mit den Abbildungen 5.3 und 5.4, dann bekommt man einen recht guten Eindruck davon, welche Regionen mittlerer Rangstufe zu den Kernräumen gehören und welche als peripher im Sinne von FRIEDMANN einzustufen sind. Die Suburbanisation in den letzten Jahrzehnten hat die Siedlungstätigkeit um die Zentralen Orte der oberen Stufe wesentlich verstärkt. Dort sind heute auch die Zentralen Orte der mittleren Stufe stärker und dichter vertreten als in der Peripherie. Es haben sich somit zentrale Räume gebildet: Kern- bzw. Verdichtungsräume, um die Städte Wien, Wiener Neustadt, St. Pölten und Krems, Linz, Wels und Steyr, Klagenfurt und Villach, Bregenz und Feldkirch, Bruck an der Mur und Leoben, Graz, Salzburg und Innsbruck. Abbildung 5.4 zeigt deutlich die ausgezeichnete Versorgung dieser Räume mit wirtschaftlichen Diensten.

Die Österreichische Raumordnungskonferenz (ÖROK 1996 b/c, S. 64) unterscheidet im Hinblick auf die „Entwicklungstendenzen im europäischen Umfeld" zwischen Kernräumen im Wachstum, in Stagnation und im Niedergang. Demnach wären die Räume um Steyr sowie um St. Pölten und Krems in Stagnation, um Bruck an der Mur und Leoben sogar im Niedergang.

Diesen Zentralen Räumen stehen die *peripheren Regionen* gegenüber. Darunter fällt fast das gesamte Gebiet entlang des ehemaligen Eisernen Vorhanges. Im Alpenraum, bedingt durch die Kleinkammerung des Gebirges, gehören die hinteren Teile der Talschaften zur Peripherie. Ferner müssen dazu zahlreiche Regionen an innerösterreichischen Landesgrenzen gerechnet werden, so fast der gesamte niederösterreichisch-steirische Grenzbereich mit dem Mariazellerland, der steirisch-salzburgisch-kärntnerische Grenzbereich mit dem Lungau, dem Bezirk Murau sowie den nördlichen Teilen der Kärntner Bezirke Feldkirchen und St. Veit: Peripherie somit in der geographischen Mitte des Staates!

Die föderale Verfassung Österreichs ist für diese Situation mitverantwortlich. Denn viele „gesetzte" Dienste fallen in die Kompetenz von Landesregierungen. Diese haben an einer Entwicklung der Peripherie relativ wenig Interesse, wodurch auch die Ansiedlung von spontan angereicherten Diensten beeinflusst wird. Die Folgen für die betroffenen Regionen sind allerdings schwerwiegend: Beispielsweise hat die nächste weiterbildende Schule, errichtet nach den Vorstellungen der zuständigen Landesregierung, ihren Standort am nächstgelegenen Bezirkshauptort. Die periphere, aber Landesgrenze überschreitende

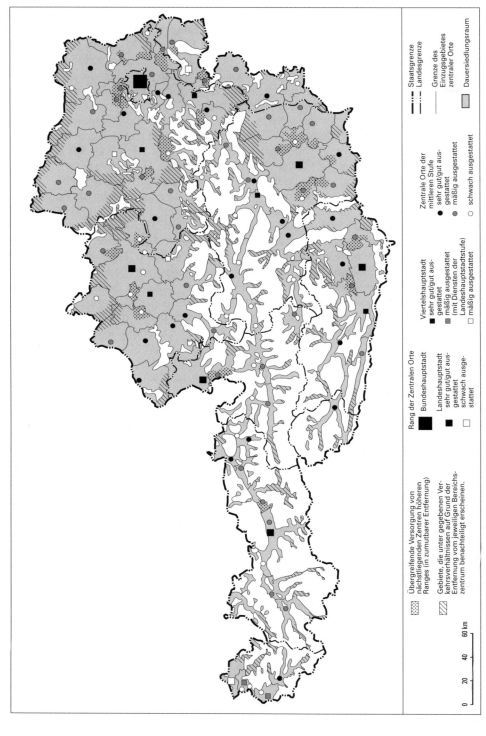

Abb. 5.3: Zentrale Orte: Mittlere und obere Stufe 1981
Quelle: BOBEK/FESL 1986, modifiziert

Zentrale Orte und Kernräume

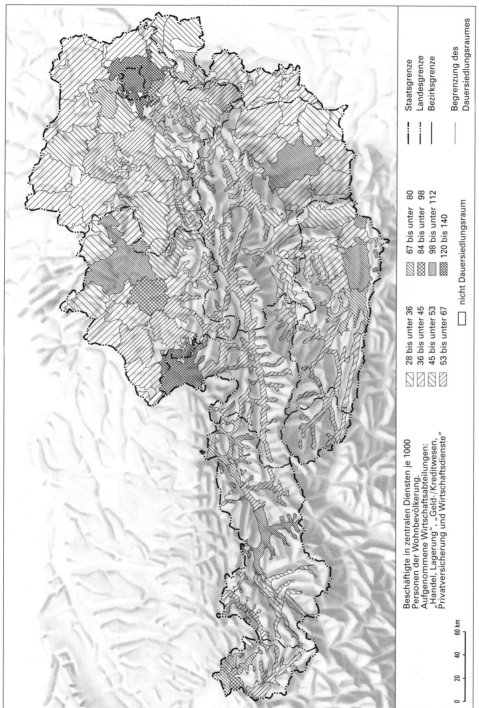

Abb. 5.4: Zentrum-Peripherie-Gefälle: Versorgung mit wirtschaftlichen Diensten 1981
Quelle: BOBEK/FESL 1986, modifiziert

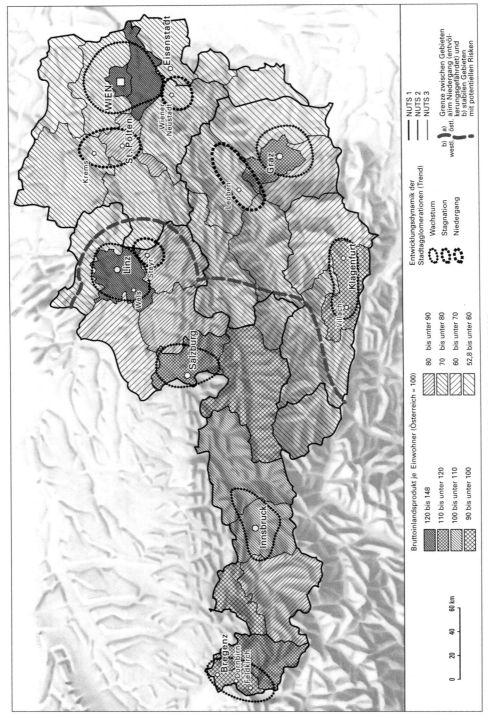

Abb. 5.5: Zentrum-Peripherie-Gefälle: Kernräume und Bruttoinlandsprodukt 1996
Quelle: ÖROK 1996 b/c, S. 64, modifiziert; 1997 d, Karte 06.05.02/97, modifiziert

Region könnte zwar mit ihren Kindern sehr wohl eine solche Schule füllen, aber nicht mit den Kindern nur eines Landesteiles allein. Daher müssen die Schüler z.T. bereits mit zehn Jahren ihren Heimatort verlassen und in einem Internat wohnen, da auch die öffentlichen Verkehrsverbindungen nur dem niedrigen Standard der Peripherie entsprechen. Ihre Interessen verlagern sich somit in den Schul- und später Studienort; die Kontakte in ihrer Heimat bleiben unterentwickelt. Viele von ihnen wandern in späteren Jahren ab und schwächen dadurch die periphere Region weiter.

In Abbildung 5.5 sind die oben angeführten Kernräume nochmals dargestellt. Als Basis wurde hier das regionale Bruttoinlandsprodukt je Einwohner gewählt. Es ist auf die relativ großflächigen NUTS-3-Einheiten bezogen, was bedeutet, dass angesichts der natur- und wirtschaftsräumlichen Kleinkammerung Österreichs die Grenzen zwischen Peripherie und Kernräumen nicht in der gewünschten Genauigkeit wiedergegeben werden können. Immerhin ist auf der Karte gut ersichtlich, dass NUTS-3-Einheiten mit peripheren Gebieten deutlich niedrigere Werte erreichen, als Einheiten, die an einem Kernraum Anteil haben. Ferner erkennt man auf der Karte ein West-Ost-Gefälle, dass sich allerdings seit 1994 verringert hat. Die ÖROK (1996 b/c, S. 64) bezeichnet die peripheren Gebiete östlich der strichlierten Linie als „im Niedergang" und „entvölkerungsgefährdet", westlich davon als „stabil, bei vorhandenen potentiellen Risiken" für die weitere Entwicklung. Vor allem sind es Regionen mit starkem Winterfremdenverkehr, welche das wirtschaftliche Potential in den peripheren Teilen Salzburgs, Tirols und Vorarlbergs verstärken.

Besonders auffällig ist in dieser Hinsicht die periphere NUTS-3-Einheit „Bludenz-Bregenzerwald", welche ein erstaunlich hohes regionales Bruttoinlandsprodukt verzeichnet: Die wirtschaftlichen Disparitäten innerhalb dieser Einheit sind jedoch besonders stark ausgeprägt. Gemeinden, die mit ihrer Steuerkopfquote im Spitzenbereich Österreichs liegen, wie z.B. die Wintersportorte am Arlberg, wie Lech-Zürs (1996: 61 883,— öS), Warth (42 317,— öS), Stuben, stehen den ärmsten Gemeinden Vorarlbergs im Vorderen Bregenzerwald gegenüber, wie Langenegg (7 366,— öS) und Krumbach (8 311,— öS). Insgesamt erreicht diese NUTS-3-Region nur einen Durchschnittswert von rund 14 000 Schilling Steuerkopfquote. Derlei Disparitäten kommen aber auch in anderen NUTS-3-Einheiten vor, z.B. in der Region „Klagenfurt-Villach". Dem Kärntner Zentralraum im Umkreis dieser beiden Städte, mit den großen attraktiven Seen, stehen v.a. im Süden, aber auch im Westen und Osten der NUTS-3 Region Gemeinden in extremer Randlage gegenüber (Verbindungsstelle der Bundesländer 1998, S. 143 ff.).

5.2 Städtenetz

Über 55 % der österreichischen Bevölkerung leben in Gemeinden mit über 5 000 Einwohnern. Auf Basis dieser Einwohnerzahl wird in der Regel die Verstädterungsquote (Anteil der städtischen Bevölkerung an der Gesamtbevölkerung) berechnet. Mit Hilfe dieser Quote kann generell auf die Art der Besiedlung geschlossen werden; sie wird überdies als verlässlicher Entwicklungsindikator angesehen (BÄHR 1997, S. 78). Im Vergleich mit den anderen Staaten der Europäischen Union liegt Österreich hier im Mittelfeld. Einige südeuropäische Staaten, wie Portugal oder Griechenland sind weit unter dem österreichischen Wert zu finden, Großbritannien, die Niederlande, Deutschland, Schweden und Dänemark erreichen jedoch eine Quote von über 80 %.

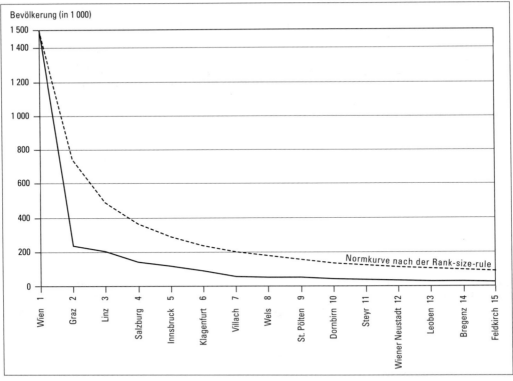

Abb. 5.6: Größenverteilung der 15 führenden Städte 1991
Quellen: HAGGETT 1983, S. 460; ÖSTAT 1998a, S. 14

Rang-Größe-Regel

Auffallend ist, dass die Verteilung der wichtigsten österreichischen Städte nach ihrer Größe bei weitem nicht dem Normmuster der Rang-Größe-Regel („Rank-size-rule") entspricht, wie es in Abbildung 5.6 dargestellt ist. Nach dieser Regel sollte die zweitgrößte Stadt etwa die Hälfte der Einwohner der größten Stadt haben, die drittgrößte rund ein Drittel und so fort (HAGGETT 1983, 458 ff.; LICHTENBERGER 1986, S. 242). In Österreich dominiert Wien als Bundeshauptstadt mit 1,6 Mill. Einwohnern. Die vier weiteren Großstädte über 100 000 Einwohner, nämlich Graz, Linz, Salzburg und Innsbruck, erreichen zusammen nicht einmal die Hälfte der Einwohner des „Wasserkopfes" Wien. Das Primat der Metropole geht jedoch, wie schon im Kapitel 4 berichtet wurde, seit der Gründung der Republik Österreich im Jahre 1918 ständig zurück (Tab. 4.4).

Die beherrschende Stellung der Bundeshauptstadt ist im Wesentlichen auf zwei Gründe zurückzuführen:
– auf den besonderen Standort der Stadt Wien im Rahmen der europäischen Großlandschaften, auf den schon im Kapitel 2 hingewiesen wurde, und
– auf die ehemalige Stellung als Reichs- und Residenzstadt der großen österreichisch-ungarischen Monarchie (vgl. Foto 1). In diesem großen Staat waren die Abweichungen von der Rang-Größe-Regel lange nicht so stark; die Monarchie verfügte, u.a. mit Budapest und Prag, über eine Reihe relativ großer Städte.

Die Bevölkerung Wiens hat nach der ersten Volkszählung 1869 in den vier Jahrzehnten bis zum Ersten Weltkrieg um mehr als das Doppelte zugenommen. 1910 wurden in Wien fast 2,1 Mill. Einwohner gezählt, ein seither nicht mehr erreichter Höchststand. Das Zusammentreffen einer Blütezeit des Staates im 19. Jh. mit dem Höhepunkt der Industrialisierung hat diese rasante Entwicklung möglich gemacht. Dass sie mit dem Zerfall der Donaumonarchie 1918 abrupt zu Ende gehen musste, ist nicht weiter verwunderlich. Somit ist das Primat der Stadt Wien z. T. eine Remanenz aus dem vorigen Jahrhundert. Die stetige Abnahme der Bevölkerung zwischen 1910 und 1991 erfolgte relativ langsam, abgefedert durch zahlreiche soziale Begleitmaßnahmen des Staates und der Stadt. Nur zwischen 1934 und 1951 ist ein relativ starker Bevölkerungsverlust zu verzeichnen, bedingt durch die Maßnahmen der nationalsozialistischen Herrschaft, die Auswirkungen des Zweiten Weltkrieges und die in seiner Folge herrschende politische Situation. Erst nach dem Fall des Eisernen Vorhanges zeigt sich wieder eine leichte Bevölkerungszunahme, die u. a. auf die neuen wirtschaftlichen Möglichkeiten der Stadt im Donauraum zurückgeführt werden kann (Abb. 5.7).

Es wurde schon darauf hingewiesen, dass Wien trotz seiner Dominanz im österreichischen Städtenetz nicht alle hochrangigen zentralörtlichen Funktionen für das gesamte Staatsgebiet wahrnehmen kann. Großstädte in den Nachbarstaaten haben großen Einfluss auf Regionen in Westösterreich und dieser Einfluss wird im Zuge der Europäischen Integration noch weiter zunehmen. Daher wird es für die weitere Entwicklung der österreichischen Bundeshauptstadt von größter Bedeutung sein, wieweit sie in einem neu geordneten Europa in ihrem ehemaligen Einzugsgebiet im östlichen Mitteleuropa Funktionen zurückgewinnen kann.

Zentrum-periphere Raumstruktur
Im Folgenden wird das österreichische Städtenetz hinsichtlich seiner Zentrum-Peripherie-Abhängigkeiten analysiert. Dabei soll u. a. hinterfragt werden, ob und wieweit die von JOHN FRIEDMANN skizzierte Veränderung der Raumstruktur am konkreten Beispiel in Österreich nachvollzogen werden kann (vgl. Abb. 1.1). Die vorgegebene Datenlage erfordert, die Analyse auf nur einen wichtigen Faktor, nämlich den der Bevölkerungsentwicklung zu beschränken; zu einer vollständigen Erfassung des wirtschaftlichen Potentials von Städten wären allerdings noch zahlreiche weitere Faktoren einzuführen.

Da durch diese Analyse eine längere Zeitperiode mit vier Entwicklungsstufen erfasst werden soll, konnte bei der Auswahl der analysierten Städte nicht nur vom Istzustand ausgegangen werden. Daher wurde auf die ältesten einheitlichen Daten über die Ortsbevölkerung, nämlich die der ersten Volkszählung 1869, zurückgegriffen. Das war somit in der Zeit des Überganges von der „präindustriellen" zur „transitionalen" Periode, wobei damals wie heute der Transformationsprozess nicht gleichzeitig erfolgt ist, sondern in den einzelnen Regionen verschieden weit fortgeschritten war (vgl. Abb. 1.1, 4.3, 4.4 und Tab. 4.6). Um eine gute Vergleichbarkeit der Entwicklung zu gewährleisten, wurden für Abbildung 5.7 Indexwerte der Bevölkerung (1869=100) errechnet.

Folgende Städte wurden in die Abbildung aufgenommen:
– Alle Städte, mit mindestens 20 000 Einwohnern 1998,
– alle Städte mit eigenem Statut (auch mit weniger Einwohnern) und
– schließlich alle Städte, in denen zum Zeitpunkt der ersten Volkszählung 1869 mehr als 4000 Einwohner ansässig waren.

Obwohl das Stadtrecht für die Entwicklung einer Gemeinde heute nur noch sehr geringe Bedeutung hat, wurde die Auswahl generell auf Städte, denen dieses Recht verliehen wurde, beschränkt. Die Lage der ausgewählten Städte ist auf Abbildung 5.8 dargestellt.

Somit sind alle Großstädte (über 100000 Einwohner) und Mittelstädte (20000–100000 Einwohner) erfasst. Darüber hinaus scheint eine Auswahl von Kleinstädten (mit 5000–20000 Einwohnern) und einigen „Landstädten" (2000–5000 Einwohner auf. Das sind jene Städte, die 1869 bereits 4000 Einwohner hatten, sich aber seither nur relativ wenig entwickelt haben.

Abbildung 5.7 zeigt, dass trotz zunehmender Verstädterung die Bevölkerungsentwicklung einiger Städte z.T. weit hinter der des gesamten Staates zurückgeblieben ist. Die Indexwerte für die Bevölkerungsentwicklung seit 1869 weisen für 1998 eine breite Streuung auf. Die beiden oberösterreichischen Gemeinden in der Nachbarschaft der Landeshauptstadt Linz, Traun und Leonding, erreichen Index-Spitzenwerte von 1301 und 969. Demgegenüber stehen peripher gelegene niederösterreichische „Landstädte" mit Indexwerten unter 80. Raabs an der Thaya erreicht sogar nur 53 Indexpunkte. Die 54 analysierten Städte wurden in vier Gruppen eingeteilt:
– Städte mit starker Dynamik (Index 1998: über 300),
– Städte mit überdurchschnittlicher Entwicklung (Index 1998: 181–300),
– Städte mit unterdurchschnittlicher Entwicklung (Index 1998: 100–180) und schließlich
– Städte, deren Bevölkerung seit 1869 abgenommen hat (Index 1998: unter 100).

Im Wesentlichen werden in Abbildung 5.7 alle *drei Binnenwanderströme*, die im Kapitel 4.1.1 angeführt wurden, bestätigt:
– Die Ost-West-Wanderung dadurch, dass nach Rang 33 nur mehr Städte aus den östlichen Bundesländern Burgenland, Niederösterreich und Wien klassifiziert haben.
– Die Landflucht dadurch, dass alle Orte der letzten Gruppe als peripher einzustufen sind. Hingegen befinden sich unter den 25 führenden Gemeinden nur solche, die entweder selbst Zentraler Ort hoher bzw. mittlerer Stufe sind, oder aber in Kernräumen liegen.
– Die Suburbanisationstendenz dadurch, dass die beiden Spitzenreiter Suburbanisationsgemeinden der Landeshauptstadt Linz sind. Mit Mödling, Hallein, Klosterneuburg, Hall in Tirol, Baden, Korneuburg und Schwechat sind unter den ersten 30 Gemeinden weitere Städte vorhanden, deren Bevölkerungszuwachs v.a. auf Suburbanisation beruht.

Abbildung 5.7 zeigt auch, dass bei zahlreichen Städten die *Entwicklungskurven diskontinuierlich* verlaufen sind. Wachstumsschüben stehen Perioden mit geringem Wachstum, ja sogar mit Bevölkerungsrückgang gegenüber. Ein erster Wachstumsschub betrifft das Ende des 19. Jahrhunderts, die Zeit vor und während des Ersten Weltkrieges. Diese Periode der Zunahme entspricht generell der Bevölkerungsentwicklung des Staates, worauf im einleitenden Teil des Kapitels 4 bereits hingewiesen wurde. Viele Gemeinden sind von diesem Wachstumsschub erfasst worden, auch solche, deren Entwicklung in der Folge negativ verlaufen sollte. Unter anderem fallen hier Verkehrsknotenpunkte und Städte mit strategischen Industrien besonders auf. Von diesem ersten Wachstumsschub wurden auch weite Gebiete Ostösterreichs erfasst. Wien, Wiener Neustadt, Leoben und Neunkirchen sowie viele Städte, die in Abbildung 5.7 weit hinten eingereiht sind, haben zwischen 1910 und 1923 die höchste Bevölkerungszahl im Beobachtungszeitraum erreicht. Einen zweiten Wachstumsschub können wir zwischen den Volkszählungen 1934 und 1951 feststellen. In diese Zeit fallen die Industrieinvestitionen des Deutschen Reiches, v.a. in Oberösterreich, sowie – in manchen Städten seit 1869 zum zweiten Mal – ein Ausbau der Waffenproduktion. Nach dem Krieg kommt es zu einem Zuzug von Flüchtlingen, die zum großen Teil in den Bereichen zwischen den Fronten hängen geblieben sind (vgl. Abb. 3.5). Ein dritter Wachstumsschub kann in den westlichen Regionen beobachtet werden, zurzeit des „österreichischen Wirtschaftwunders", besonders auch im Bereich der ehemaligen Grenzregion zwischen EWG und EFTA (vgl. auch Kapitel 8.3).

Hinsichtlich der Lage im österreichischen Zentrum-Peripheriesystem wird auf Abbildung 5.8 unterschieden in:
– Zentrale Städte oberer Stufe,
– Städte im Suburbanisationsbereich von Großstädten,
– Städte, die in zentralen Räumen oder Entwicklungskorridoren liegen (somit außerhalb des Suburbanisationsbereiches) und
– Städte in der Peripherie

Vergleicht man den Inhalt der Abbildung 5.8 mit den Szenarien von JOHN FRIEDMANN (Abb. 1.1), so ist – von einigen begründbaren Ausnahmen abgesehen – im Städtesytem Österreichs ein Übergang von der „transitionalen" in die „industrielle" Phase gut nachzuvollziehen. Ein Interessensausgleich zwischen Zentrum und Peripherie, wie ihn die „postindustrielle" Phase vorsieht, zeichnet sich jedoch nicht ab, v. a. nicht im Osten des Staates. Aus den Aussagen der Abbildung 5.5 im vorhergegangenen Abschnitt kann eher vermutet werden, dass die derzeit laufende Umstrukturierung in manchem Altindustriegebiet Verhältnisse schafft, die nach FRIEDMANN eher als peripher bewertet werden müssen.

Tabelle 5.4 enthält für die Groß- und Mittelstädte zusätzliche Angaben über *die Erwerbsquote* und die *Zugehörigkeit der Berufstätigen* zu einzelnen Wirtschaftsabteilungen. Damit soll auf die räumliche Funktion der Städte hingewiesen werden.

Eine *niedrige Erwerbsquote* (unter 46 %) ergibt sich aus einem hohen Anteil an Pensionisten und Rentnern (über 25 % der Bevölkerung). Fünf Städte, nämlich Kapfenberg, Krems, Villach, Klosterneuburg und die Kurstadt Baden, werden hier in Tabelle 5.4 dargestellt. Kapfenberg und Villach verfügen über einen hohen Anteil an Frühpensionisten, da infolge von Rationalisierungen in der Industrie und auf dem Transportsektor viele Arbeitskräfte frühzeitig in die Rente geschickt wurden. Die anderen drei Gemeinden werden dank ihrer schönen Lage gerne als Alterswohnsitz gewählt.

Kapfenberg hat überdies mit 45,7 % noch den höchsten Anteil an Industriebeschäftigten der ausgewählten Städte. Die Edelstahlproduktion des früher weltweit bekannten Böhlerkonzerns (früher auch: Vereinigte Edelstahlwerke, heute Böhler-Uddeholm), der auf zahlreiche Teilbereiche aufgeteilt wurde und lange nicht mehr den Beschäftigungsstand von 1971 aufweist, dominiert nach wie vor das Wirtschaftsleben der Stadt. Aus dem zeitlichen Ablauf in Abbildung 5.7 kann man deutlich verfolgen, dass es die beiden Weltkriege waren, welche die Entwicklung der Stadt stark vorangetrieben haben. Seit einem Höchststand 1971 nimmt die Bevölkerung jedoch ab. Einen hohen Anteil von Berufstätigen in Industrie und verarbeitendem Gewerbe weisen außerdem noch die Städte Traun, Steyr und Dornbirn auf. In der Periode von 1995 bis 1999 hat die Europäische Union den Regionen Kapfenberg, Steyr und Dornbirn den Status eines Ziel-2-Gebietes zuerkannt.

Über 70 % der Beschäftigten arbeiten in allen „voll ausgestatteten" zentralen Orten der obersten (Wien) und oberen Stufe im Dienstleistungsbereich. In den Angaben der Suburbanisationsgemeinden Klosterneuburg, Baden und Mödling spiegelt sich die hohe Auspendlerzahl dieser Gemeinden zur Bundeshauptstadt Wien wider. Nur Linz bildet mit 25 % der Beschäftigen in Industrie und verarbeitendem Gewerbe eine Ausnahme. Die Errichtung zweier großer Industriebetriebe nach 1938 (vgl. Kap. 8.3) hat eine

Die administrative und politische Dimension

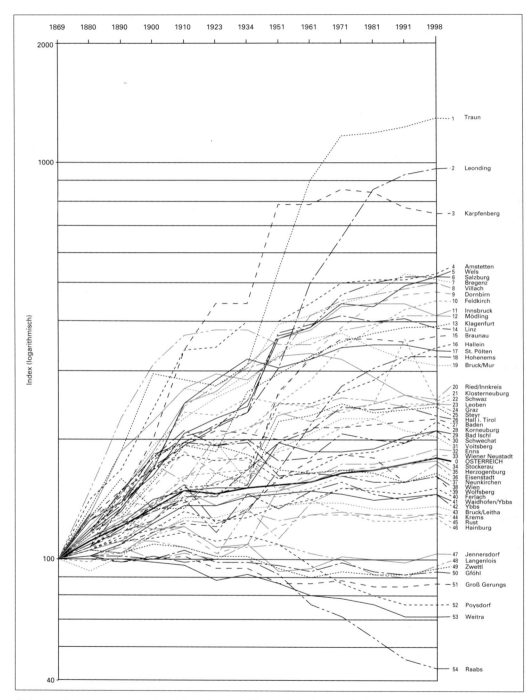

Abb. 5.7: Städte: Bevölkerungsentwicklung 1869–1998. Index: 1869=100
Quelle: ÖSTAT 1998a u. 1992d; Österreichischer Städtebund (Hrsg.) 1998, 10f.

Städtenetz

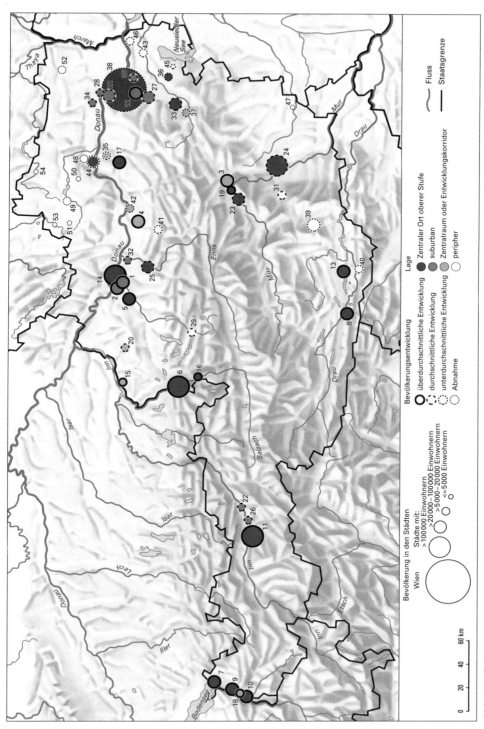

Abb. 5.8: Städte: Zentrum-Peripherie-Gefüge 1998
Quelle: ÖSTAT 1998 a u. 1992 d; Österreichischer Städtebund (Hrsg.) 1998, 10 f.

für eine Landeshauptstadt atypische Struktur geschaffen. Das sieht man v.a. an der benachbarten Suburbanisationsgemeinde Traun, die nahe der Linzer Industriezone liegt.

In einem Staat mit starkem Fremdenverkehr spielt auch das Beherbergungs- und Gaststättenwesen eine große Rolle, wenn es auch nur über einen Bruchteil der durch den Fremdenverkehr insgesamt geschaffenen Arbeitsplätze verfügt. Wien, die führende Fremdenverkehrsgemeinde Österreichs (s. Kap. 7.4), tritt in Tabelle 5.4 nicht besonders hervor, da die relative Bedeutung des Tourismus in der metropolitanen Wirtschaft der Bundeshauptstadt nicht besonders hoch ist. Dass unter den ausgewählten Städten Villach (mit einem eigenen Kurbezirk), Innsbruck, Salzburg und Bregenz auffallen, bedarf wohl keiner besonderen Erklärung, gibt aber einen zusätzlichen Hinweis auf die vielfältigen Funktionen, die Österreichs Städte erfüllen.

Tab. 5.4: Städte: Einwohner und Berufstätige 1991
Quelle: Österreichischer Städtebund (Hrsg.) 1998, S. 10f.

	Einwohner	Erwerbsquote	Berufstätige	davon in (%)				
				Verarbeitendem Gewerbe/ Industrie	Beherbergung/ Gaststätten	Verkehr/ Nachrichtenwesen	Sonstige Dienstleistungen	Dienstleistungen insgesamt
1. Wien	1 539 840	48,4	774 470	20,3	5,1	7,7	58,5	71,3
2. Graz	237 810	46,2	109 828	19,3	4,5	6,5	62,4	73,4
3. Linz	203 044	50,5	102 551	25,6	4,3	7,1	54,5	65,9
4. Salzburg	143 978	50,6	72 868	17,1	7,0	7,6	60,3	74,9
5. Innsbruck	118 112	46,0	54 346	15,3	7,7	7,8	60,8	76,3
6. Klagenfurt	89 415	48,2	43 055	16,8	5,9	5,5	62,0	73,4
7. Villach	54 640	45,4	24 825	20,6	8,4	11,8	49,9	70,1
8. Wels	52 594	50,6	26 593	32,5	3,8	5,8	50,2	59,8
9. St. Pölten	50 026	47,5	23 754	26,8	4,0	7,2	52,3	63,5
10. Dornbirn	40 735	49,7	20 238	41,3	4,5	3,4	42,9	51,8
11. Steyr	39 337	46,1	18 147	41,2	4,7	3,0	42,5	50,2
12. Wiener Neustadt	35 134	48,7	17 119	26,2	4,4	6,4	54,4	65,2
13. Loeben	28 897	42,1	12 155	30,2	6,1	6,4	47,0	59,5
14. Bregenz	27 097	49,8	13 488	32,4	7,0	5,5	46,2	58,7
15. Feldkirch	26 730	51,4	13 752	32,3	5,7	5,2	46,9	58,1
16. Klosterneuburg	24 442	45,6	11 146	16,4	4,1	5,8	66,2	76,1
17. Wolfsberg	24 358	43,6	10 614	28,9	6,5	4,9	40,5	51,9
18. Baden	23 488	45,0	10 563	20,4	6,1	9,2	61,1	71,4
19. Kapfenberg	23 380	45,2	10 293	45,7	6,7	4,0	36,2	46,9
20. Krems	22 783	45,3	10 310	23,1	4,5	6,3	56,2	67,0
21. Traun	22 260	51,0	11 351	41,7	3,2	4,5	38,6	46,3
22. Amstetten	21 927	45,6	10 011	29,5	4,1	8,8	47,0	59,9
23. Leonding	21 209	49,3	10 453	31,3	3,4	5,1	51,0	59,5
24. Mödling	20 290	47,0	9 542	21,0	3,3	5,2	62,1	70,5

„Liegst dem Erdteil du inmitten, einem starken Herzen gleich ..."

6 „Drehscheibe für Südost-Europa" – Verkehr

Die oben zitierte Passage der Bundeshymne bringt deutlich zu Bewusstsein, dass Österreich zum billigsten Verkehrsträger für den Massengütertransport, der *Hochseeschifffahrt*, seit 1918 keinen direkten Zugang mehr hat. Bis dahin war Triest der Hochseehafen der österreichischen Reichshälfte der Monarchie gewesen, mit einem für das Jahr 1910 beachtlich hohen Umschlag von 28,5 Mill. Tonnen, gefolgt vom Kriegshafen Pola (Pula) (K. und K. Statistische Zentralkommission 1912, S. 209).

Heute werden erstaunlich wenig Waren von und nach Österreich mit Hochseeschiffen befördert. Nur knapp 7,9 Mill. t im Jahr weist die *Österreichische Seehafenbilanz* (1999, S. 4) für 1998 aus, zu rund zwei Dritteln Importe. Dazu kommen noch 8,6 Mill. t Erdöl, die von Triest über die Trans-Alpine-Pipeline (TAL) und die Adria-Wien-Pipeline (AWP) in die Raffinerie der Österreichischen Mineralölverwaltung (OMV) nach Schwechat bei Wien geliefert wurden.

Trotz seiner mengenmäßigen Geringfügigkeit ist das österreichische Transportgut von den Seehäfen stark umkämpft. Tabelle 6.1 zeigt, dass Österreichs Hochseegüter an fast allen Küsten Europas umgeschlagen werden. Für die Jahre 1996 und 1997 fehlt allerdings eine Position, die in den Seehafen-Zusammenstellungen der achtziger Jahre immer im Mittelfeld anzutreffen war und von der gehofft werden kann, dass sie in weiterer Zukunft auch wieder mehr Bedeutung erlangt: Der Donau-See-Verkehr. Dieser betrifft Sendungen, die mit einem Konossement von Wien über die Donau und das Schwarze Meer durchgehend nach Überseehäfen abgefertigt werden. Die wirtschaftlichen Schwierigkeiten der österreichischen Donauschifffahrt, auf die im Folgenden noch eingegangen werden wird, und die unsicheren politischen Verhältnisse im Unterlauf der Donau haben diesen Verkehr bedeutungslos werden lassen.

Die in den 1960er und 1970er Jahren vorherrschenden „Südhäfen" haben viel von ihren Transporten an die „Nordhäfen" abgeben müssen (Tab. 6.1). Der 1992 eröffnete Rhein-Main-Donaukanal hat hierzu allerdings wenig beigetragen. Durch ihn wurden Verkehrsströme von Hamburg nach Rotterdam verlagert.

Der Anteil Triests am österreichischen Überseeverkehr ist weiter spürbar zurückgegangen. Der slowenische Hafen Koper (Capo d'Istria) hat sich hier zu einem starken Konkurrenten entwickelt. Koper liegt in der Bucht von Triest und hat damit als Hafen beinahe dieselben Standortfaktoren, vor allem auch die für die Zufahrt großer Schiffseinheiten notwendige Wassertiefe. Das ehemalige Fischerdorf wurde erst nach dem Zweiten Weltkrieg zu einem damals noch gesamtjugoslawischen Konkurrenzhafen für Triest ausgebaut. Sein Anteil an österreichischen Verkehrgütern ist in den letzten Jahrzehnten ständig gestiegen, nicht nur auf Kosten Triests, sondern auch des wichtigen Hafens Rijeka (Fiume), der – knapp im ungarischen Teil der Doppelmonarchie gelegen – vor 1918 von großer Bedeutung für das Hinterland war. Nach dem Zweiten Weltkrieg nahm Rijeka einige Jahre die führende Stellung im österreichischen Überseetransport ein. Die Aufteilung des ehemaligen Jugoslawiens in unabhängige Staaten begünstigt den slowenischen Hafen Koper eindeutig. Die durch die geomorphologischen Verhältnisse schwierige Hinterlandanbindung von Koper (Karstgebiet) wird ständig verbessert.

Hafen	1978		1986		1996		1997		1998			
	Umschlag	Anteil[1]	Umschlag	Anteil[1]	Umschlag	Anteil[1]	Umschlag	Anteil[1]	Umschlag	davon		Anteil[1]
										Export	Import	
	(1 000 t)	(%)	(1 000 t)	(%)	(1 000 t)	(%)	(1 000 t)	(%)	(1 000 t)	(1 000 t)	(1 000 t)	(%)
Rotterdam	148	2,8	303	4,6	1 423	21,7	2 020	26,0	2 554	566	1 988	32,1
Koper	111	2,0	852	12,8	1 484	22,6	2 057	26,4	1 795	243	1 552	22,5
Hamburg	1 380	25,6	1 318	19,8	877	13,4	979	12,6	1 033	555	478	13,0
Antwerpen	113	2,1	192	2,9	799	12,2	735	9,4	983	378	605	12,3
Bremische Häfen[2]	277	5,2	463	6,1	435	6,6	528	6,8	441	322	199	5,5
Triest	939	17,5	626[3]	9,4	509	7,8	593	7,6	403	307	96	5,1
Rijeka	1 670	31,0	864	13,0	315	4,8	391	5,0	313	251	62	4,0
Duisburg	.	.	.	.	179	2,7	181	2,3	.	.	.	.
Donau-See-Verkehr	240	4,5	145	2,3	.	.	.	.	.	.	.	.
Polnische Häfen	105	2,0	959	14,5	.	.	.	.	.	.	.	.
DDR-Häfen	63	1,1	347	4,8	.	.	.	.	.	.	.	.
Sonstige	.	.	.	.	.	.	.	.	.	.	.	.
Insgesamt	5 380	100,0	6 663	100,0	6 562	100,0	7 784	100,0	7 896	2 681	5 216	100,0
davon „Nordhäfen"	2 300	43,2	3 946	59,5	3 806	60,7	4 496	57,8	5 142	1 873	3 269	65,0
„Südhäfen"	3 000	56,8	2 687	40,5	2 465	90,3	3 288	42,2	2 754	807	1 946	35,0

[1] am österreichischen Gesamtumschlag
[2] Bremen und Bremerhafen
[3] geschätzt

Tab. 6.1: Seehafenverkehr (Auswahl) 1978, 1986, 1996–1998
Quellen: Seehafenbilanz 1999, S. 4; 1998, S. 15; 1988, S. 8; 1980, S. 995, eigene Berechnungen

Bei den „Nordhäfen" hat Rotterdam den anderen Häfen deutlich den Rang abgelaufen. 1998 wurde bereits mehr über Rotterdam als über Koper umgeschlagen. Die Dominanz Rotterdams ist nicht nur auf die führende Stellung als europäischer Hafen zurückzuführen, sondern auch auf die gute Hinterlandanbindung bei allen Verkehrsträgern. Die Bedeutung des Binnenhafens Duisburg-Ruhrort für Hochseetransportgüter von und nach Österreich, vor 1986 in den Statistiken noch gar nicht angeführt, beweist dies.

Die Erwartung, dass nach dem Fall des Eisernen Vorhanges auch die ehemaligen Comecon-Häfen vermehrt in den österreichischen Überseehandel eingreifen könnten, hat sich nicht erfüllt. Die polnischen Häfen (Danzig, Gdingen, Stettin und Swinemünde) werden in der Statistik 1996 und 1997 wegen Bedeutungslosigkeit nicht mehr erwähnt.

„Land am Strome ..."

6.1 Verkehrsnetze

6.1.1 Binnenschifffahrt

Die *österreichische Donaustrecke* ist 332 bzw. 351 km lang. Diese auf den ersten Blick verwirrende Streckenangabe ergibt sich aus dem Umstand, dass der Fluss bei seinem Eintritt in österreichisches Staatsgebiet im Westen und bei seinem Austritt im Osten für einige Kilometer die Staatsgrenze bildet. Das nördliche Donauufer ist somit im Inland kürzer als das südliche.

Flüsse wurden schon seit langem für den Transport mit Schiffen genutzt. So war auch die Donau der erste leistungsfähige Verkehrsweg in und durch Österreich. Auch die meisten anderen größeren Flüsse wurden vor dem Aufkommen der Eisenbahn von Schiffen befahren und dienten zeitweise dem Flößen oder Triften von Holz, sind aber heute als Verkehrswege nicht mehr von Bedeutung. So hat die Schifffahrt auf dem Inn (von Hall in Tirol, flussabwärts) und auf der Salzach (ab Hallein) früher eine große wirtschaftliche Rolle gespielt, besonders in Hinblick auf die Salztransporte nach dem Norden. In unseren Tagen bekommt sie im Rahmen des Fremdenverkehrs bescheidene neue Aufgaben.

Schifffahrt wurde und wird in Österreich außerdem auf allen *größeren Seen* betrieben. Während es sich dabei heute, bis auf ganz wenige Ausnahmen, um eine Personenschifffahrt für den Freizeitverkehr handelt, stellten die Seen in früheren Jahrhunderten ein wichtiges Verkehrsmedium dar.

Vor dem Bau der Bodenseegürtelbahn um die Jahrhundertwende wurden zum Beispiel die Güterwagen auf Trajekten über den See zu den verschiedenen ausländischen Anschlussstrecken befördert. Das letzte Bahntrajekt über den Bodensee (Friedrichshafen – Romanshorn, eröffnet 1869) hat erst Mitte der siebziger Jahre des 20. Jahrhunderts den Betrieb eingestellt und wurde durch eine Autofähre ersetzt.

Bis zum Bau der Salzkammergutbahn (Attnang-Puchheim–Gmunden–Bad Ischl–Bad Aussee–Stainach-Irdning, eröffnet 1877) endete die ursprüngliche Pferde- und spätere Dampfeisenbahn im Hafen von Gmunden. Das Salz wurde von der Saline in Ebensee (am Endpunkt der ältesten Pipeline der Welt, der Soleleitung aus Hallstatt, gelegen) mit Schiffen über den See gebracht und von dort mit der Bahn zum Donauhafen in Linz oder nach Böhmen transportiert (WEIDMANN 1842, S. 50f.). Auf diese Weise konnte man sich die Passage über den schwierigen Traunfall nördlich von Gmunden ersparen.

In den Zeiten der österreichisch-ungarischen Monarchie verband die Donau große Teile des Vielvölkerstaates miteinander und war daher ein wichtiger Verkehrsträger. Die 1829 gegründete *„Erste Donau-Dampfschiffahrts-Gesellschaft" (DDSG)*, die bereits 1830 zwischen Budapest und Wien das erste Dampfschiff einsetzte, entwickelte sich schnell zum größten Binnenschifffahrtsunternehmen der Welt. Dieses beherrschte nicht nur die Schifffahrt auf den über 2000 Kilometern Stromlänge von Regensburg bis zur Donaumündung, sondern verfügte auch über eine Schiffswerft, ein Kohlenbergwerk und andere ergänzende Betriebe.

Mit dem Zerfall der Donaumonarchie ist auch das Verkehrsvolumen auf der Donau stark zurückgegangen. Die wirtschaftliche Bedeutung der am Strom gelegenen Regionen für Europa ist aus vielen Gründen geringer geworden: Der Weg zum Schwarzen Meer nach Osten ist zeitraubend und nicht sehr effizient. Abgesehen von den politisch bedingten Restriktionen klagen die Schifffahrtsgesellschaften immer wieder über Anschlussprobleme in den Häfen in Rumänien und der Ukraine. Damit kann der Verkehrsfluss auf der Donau mit dem des Rheins heute nicht mehr verglichen werden. Die Umschlagszahlen des größten österreichischen Donauhafens in Linz erreichen nicht einmal ein Zehntel des Hafenumschlages von Duisburg-Ruhrort am Rhein.

Die Donau ist ein internationales Schifffahrtsgewässer. Die in der Donaukommission vertretenen Staaten haben sich darauf geeinigt, dass der Fluss im Abschnitt zwischen Kelheim und Wien für den Europakahn (Tragkraft: 1350t) zweibahnig befahrbar ausgebaut werden soll, östlich von Wien sogar für Schiffe bis zu 3000t. Damit könnte der Strom mit jenen Schiffstypen, die auf den meisten westeuropäischen Binnengewässern zugelassen sind, zügig befahrbar sein.

Man hat dabei auch an die Fertigstellung des *Rhein-Main-Donau-Kanals (Europakanal)* gedacht, der nach 71-jähriger Bauzeit im Herbst 1992 eröffnet wurde. Damit ist die Donau an das Rheinsystem und somit an die großen westeuropäischen Schifffahrtswege angeschlossen worden. Die Optimisten, die glaubten, dass es dadurch zu einer fühlbaren Belebung der Binnenschifffahrt kommen werde, wurden jedoch enttäuscht (Tab. 6.2). Die österreichischen Transportgüter werden nach wie vor zu einem großen Teil auf Straße und Schiene durch Europa zu den Häfen an der Nordsee befördert. Auch der gebrochene Verkehr (Schiff bis Regensburg, Bahntransport bis zu einem Rheinhafen und wieder Umladung auf das Schiff) wird trotz des bestehenden Binnenwasserweges weiterhin durchgeführt, weil die Passage durch den Kanal zu lange dauert und wegen der technischen Dimensionen der Wasserstraße Restriktionen gegeben sind.

Auch die vertraglich zugesicherte *Wassertiefe* von ca. 2,70 m ist auf der Donau noch nicht überall erreicht. In Österreich kann im Bereich der Wachau und östlich von Wien, wo die Donau von der Elektrizitätswirtschaft nicht ausgebaut und durch Kraftwerke genutzt wird (vgl. Kap. 8.2), diese Wassertiefe nicht das ganze Jahr hindurch garantiert werden. Dieser Mangel macht sich einstweilen noch nicht bemerkbar, weil es auch noch im bayrischen Verlauf der Donau, westlich von Passau, Untiefen gibt, an deren Ausbau aber eifrig gearbeitet wird. Die für 3000-Tonnen-Normschiffe notwendige Wassertiefe von 3,50 Metern unterhalb von Wien ist auch in Ungarn auf weiten Strecken noch nicht gegeben. Die Wirtschaftlichkeit der Schifffahrt wird durch diese Untiefen stark beeinträchtigt.

Daher hat sich die Eröffnung des Rhein-Main-Donau-Kanals im Herbst 1992 auf den Donauverkehr in Österreich bisher nur wenig ausgewirkt, auch wenn das *Verkehrsvolumen* langsam ansteigt (Tab. 6.3). Eine wesentlich stärkere Beeinträchtigung des Transportaufkommens war durch die Un-

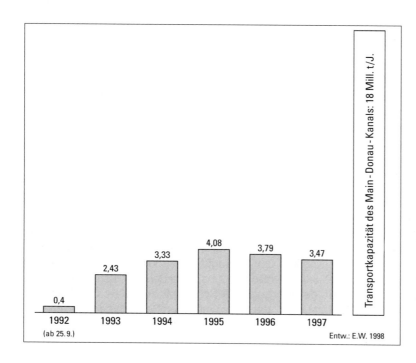

Abb. 6.1:
Schifffahrt: Transportaufkommen auf dem Rhein-Main-Donau-Kanal, Schleuße Kehlheim, 1992–1997, Güterverkehr in Mill. t.
Quelle:
WIRTH 1998, S. 501

Tab. 6.2:
Schifffahrt: Prognosen des Güterverkehrs auf dem Rhein-Main-Donau-Kanal zwischen Nürnberg und Kehlheim
Quelle: WIRTH 1998, S. 504

Vor Beginn des Baus der Strecke Nürnberg – Kehlheim		in Mill. t
Rhein-Main-Donau AG	1968	15
Wirtschaftsaufkommen für Europa (ECE)	1969/1972	14
Finanzminister MAX STREIBL	1982	8–10
Wirtschaftsminister A. JAUMANN	1983	4–7
Bayerischer Lloyd	1983	7
IFO-Institut München	1982	mind. 5,5
Deutsches Institut für Wirtschaftsforschung	1982	2,7–3
Bei Fertigstellung der Strecke Nürnberg – Kehlheim 1992		in Mill. t
Rhein-Main-Donau AG	in 10 Jahren	18
Bayerische Staatsregierung	in wenigen Jahren	8–10
Bundesverkehrswegeplan	nach Anlaufphase	5,7–8,5
Bundesverkehrsministerium	in einigen Jahren	6
Deutscher Binnenschifffahrts-Verband	mittelfristig	5–7
Österreichische Binnenschifffahrt	im Jahre 2000	4,8
Tatsächlicher Güterverkehr	im Jahre 1997	3,47

ruhen im ehemaligen Jugoslawien, wo über Jahre hinweg der durchgehende Verkehr zum Schwarzen Meer unterbrochen bzw. schwer behindert war, gegeben. Der Kosovokonflikt, in dem in Jugoslawien 1999 zahlreiche Donaubrücken zerstört wurden, hat zu einer neuerlichen langfristigen Unterbrechung des Schiffsverkehrs zum Schwarzen Meer geführt.

Aus Tabelle 6.3 kann man auch ersehen, dass das Verkehrsaufkommen auf der Donau unpaarig ist. Es werden mehr Güter zu Berg als zu Tal befördert. Die Schiffe sind bei der Bergfahrt, die höhere Energiekosten verursacht, stärker ausgelastet. Die Talfahrt muss oft ohne Fracht angetreten werden.

Besonders prekär zeigt sich die Situation der österreichischen Donauschifffahrt im Personenverkehr, wobei Linienschiffe und Kreuzfahrten von hoher touristischer Bedeutung sind. Die Zahl der beförderten Personen und der Personenverkehrskilometer ist seit 1985 ständig zurückgegangen, obwohl durch den Fall des Eisernen Vorhanges ein starker Aufschwung im Verkehr von und nach Osten zu erwarten gewesen wäre.

Eine besonders negative Entwicklung hat dabei die 1946 verstaatlichte österreichische

Tab. 6.3: Schifffahrt: Güterverkehr auf der Donau, 1980–1998
Quelle: Österreichisches Statistisches Zentralamt (ÖSTAT), 1999a, S. 402, eigene Berechnungen
Anmerkung: Tonnenkilometer in Bezug auf Gesamtstrecke im In- und Ausland; rund 80 % Transportleistungen im Ausland, ca. 20 % im Inland, vgl. auch Tabelle 6.10

	Beförderte Güter			Tonnenkilometer			
	insgesamt	davon (%)		insgesamt	davon (%)		
	(1 000)	zu Berg	zu Tal	(Mill.)	International	Inland	Transit
1980	7,615	54,0	46,0	7,161	78,4	2,0	19,6
1985	7,619	61,7	38,3	8,902	81,7	1,0	17,3
1990	8,140	71,0	29,0	9,012	81,6	1,1	17,3
1991	6,786	73,0	27,0	8,303	80,7	1,3	18,0
1992	6,705	71,6	28,4	8,044	81,6	1,4	17,0
1993	6,542	73,6	26,4	7,810	80,4	1,1	18,5
1994	7,704	75,9	24,1	8,215	70,9	1,0	28,1
1995	8,791	77,2	22,8	7,470	67,3	1,2	31,5
1996	9,303	76,5	23,5	10,880	69,4	0,8	29,8
1997	9,204	74,0	26,0	10,941	69,0	1,1	29,9
1998	10,236	74,6	25,4	11,589	66,6	1,1	32,3

	Beförderte Personen	Personenkilometer (1 000)
1975	356 472	22 312
1980	525 801	24 793
1985	554 891	25 135
1990	503 486	32 065
1991	460 830	27 714
1992	481 384	26 956
1993	473 408	26 239
1994	465 248	20 030
1995	418 717	.
1999	508 854	.

Tab. 6.4: Schifffahrt: Personenverkehr auf der Donau 1975–1999
Quelle: ÖSTAT 1998a, S. 371; 1996a, S. 338; 1995a, S. 347; 1993a, S. 359 sowie ergänzende Auskünfte
Anmerkung: ausschließlich Beförderungszahlen und Transportleistungen österreichischer Schiffe; 1996 bis 1998 wurden keine Daten veröffentlicht

Schifffahrtsgesellschaft DDSG genommen. Ihre Betriebsführung erfolgte in traditioneller Weise recht aufwendig. Daher fuhr das Unternehmen im Personen- und Frachtverkehr jährlich hohe Verluste ein. Allerdings waren die Abgänge im Frachtverkehr nur z.T. betrieblich bedingt; Ursache war auch die durch die Belgrader Donaukonvention bestimmte Tarifpolitik. Österreich war dieser Konvention 1960 beigetreten. Mit den auf Stand 1960 eingefrorenen Tarifen konnten die österreichischen Schiffe im Ostverkehr nicht mehr kostendeckend betrieben werden. Für die Reedereien der ehemaligen kommunistischen Staaten war der Flusstransport hingegen immer noch attraktiv; brachte er doch Einnahmen in „harten Währungen".

Die Republik Österreich hat durch Jahrzehnte die Verluste der heimischen Schifffahrtsgesellschaft abgedeckt, unter den Auspizien, dass nach der Eröffnung des Rhein-Main-Donau-Kanals die Schifffahrt wieder florieren würde. Aber gerade zum Zeitpunkt der Eröffnung dieses Kanals sah sich der Staat nicht mehr in der Lage, das zunehmende Defizit weiter zu tragen und so wurde die Güterschifffahrt 1993 an die deutsche Stinnes AG verkauft. Diese hat das Unternehmen inzwischen an die Schenker-Gruppe weitergegeben, wobei die Belegschaft stark reduziert wurde. Man wird sehen, wieweit Österreich im Donauverkehr in Zukunft mit Frachtschiffen überhaupt noch vertreten sein wird.

Noch dramatischer verlief die Entwicklung bei der Personenschifffahrt. Nachdem sich kein Käufer fand, der die gesamte Flotte von Personenschiffen vom Staat zu den gewünschten Konditionen übernehmen wollte, wurde das Traditionsunternehmen Ende 1995 aufgelöst. Eine österreichische Gruppe mit Sitz in Wien übernahm einige Schiffe, andere wurden an Einzelunternehmer verkauft bzw. werden museal erhalten. Damit ist auch der Monopolanspruch der staatlichen Schifffahrt im Personenverkehr gefallen. Derzeit betreiben mehrere in- und ausländische Unternehmen, zu unterschiedlichen Bedingungen und völlig unkoordiniert, eine Personenschifffahrt auf Teilstrecken der Donau. Auch hier werden die nächsten Jahre zeigen, ob es sich um einen Neubeginn oder das engültige „Aus" einer österreichischen Personenschifffahrt auf der Donau handelt. Dass sie für die touristischen Interessen der Regionen und des ganzen Staates wertvoll wäre, darf außer Frage gestellt werden.

6.1.2 Eisenbahnen

Österreichs Bahnen können auf eine große Tradition zurückblicken. Das merkt man auch noch heute, wenn man mit einer Institution der Bahn in Kontakt kommt. Manches, was derzeit den Bahnbetrieb belastet, hat seinen Ursprung in der „goldenen" Zeit der Eisenbahnen vor dem Ersten Weltkrieg. Auch die Struktur des österrei-

Verkehrsnetze

chischen Bahnnetzes wird nur aus der historischen Entwicklung verständlich.

Die österreichisch-ungarische Monarchie benötigte, wie jeder andere großflächige Staat im 19. Jahrhundert, ein leistungsfähiges Bahnnetz, um als Staatswesen administriert zu werden und einen gemeinsamen Wirtschaftsraum bilden zu können. Darum begann der Staat bald nach der Eröffnung der ersten europäischen Fernbahn mit dem Ausbau eines Staatsbahnnetzes.

Die erste Fernbahn auf dem europäischen Kontinent war eine *Pferdebahn* in Österreich. Sie verkehrte von der Donau bei Linz zur Moldau nach Budweis. Sie wurde 1832 eröffnet und 1835 bis Gmunden am Traunsee verlängert. Sie diente v. a. dem Salztransport aus dem Salzkammergut in die böhmischen Lande, beförderte aber auch Personen. Man hat sich an diese technische Pioniertat erinnert und im Sommer 1996 eine erste kurze Teilstrecke im Mühlviertel für Nostalgiefahrten wieder eröffnet.

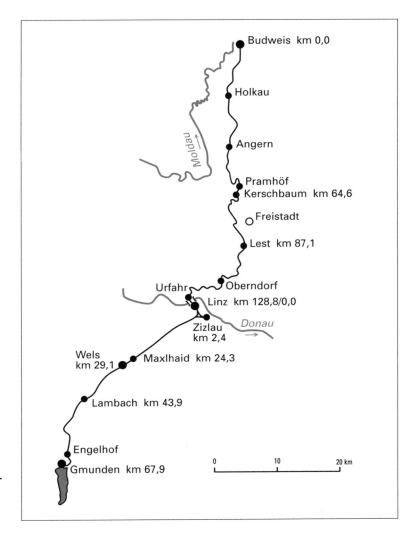

Abb. 6.2:
Pferdeeisenbahn Budweis–Linz–Gmunden
Quelle:
HAGER 1992, S. 19

1837 fuhr die erste Dampfeisenbahn von Floridsdorf, einem Vorort von Wien, nach Deutsch Wagram. Das war die erste Teilstrecke der späteren Kaiser-Ferdinands-Nordbahn, deren Hauptaufgabe darin lag, die Reichs- und Residenzstadt Wien mit Steinkohle aus den großen Bergwerken im Ostrauer und Oberschlesischen Revier zu versorgen. Zwei Jahre später begann mit der Eröffnung der Bahn von Wien nach Wiener Neustadt der Bau einer alpenquerenden Schienenverbindung zum wichtigsten Hafen der Monarchie, nach Triest. Im Zuge dieser Strecke wurde die erste Gebirgsbahn Europas über den Semmering (Scheiteltunnel, 890 m hoch, 1,4 km lang) erbaut, in einer Zeit, in der man sich noch gar nicht sicher war, ob Dampflokomotiven diese Steigungen überhaupt bewältigen könnten. Der mit der Durchführung beauftragte Ingenieur, CARL RITTER VON GHEGA, vertraute jedoch auf das technische System der Adhäsions-Eisenbahn. Die Semmeringbahn war fast ein Jahrhundert Vorbild für Bauten von Gebirgsbahnen in den Alpen. Jeder neue Berglokomotivtyp wurde und wird teilweise auch heute noch „am Semmering" ausprobiert.

Privatisierung und Wiederverstaatlichung
Der Staat wollte anfänglich die wichtigsten Hauptverkehrsstrecken möglichst schnell in Eigenregie herstellen, musste aber bald wegen finanzieller Probleme die Bahnen in Privatbesitz abgeben. So enstand *eine Reihe großer Bahngesellschaften*, die von Wien Verbindungen in alle Himmelsrichtungen herstellten. Jede dieser Gesellschaften hatte ihren repräsentativen Kopfbahnhof.

Anfang der 1880er Jahre wurde evident, dass die Bahnen in die Hände des Staates zurückgeführt werden müssten, schon um aus strategischen Gründen ein den gesamten Staat erschließendes, leistungsfähiges Verkehrsnetz zur Verfügung zu haben. Die Bahngesellschaften wurden daher vom Staat wieder bzw. neu übernommen. Als letzte große Privatbahn wurde 1924 die k. und k. privilegierte Südbahn verstaatlicht, deren Strecken durch die Grenzziehungen nach dem Ersten Weltkrieg auf vier neue souveräne Staaten entfielen.

Das von Wien ausstrahlende radiale *Netz* wurde schon relativ früh (1867) durch die Nord-Süd-Strecke der Brennerbahn ergänzt, die in Österreich von Kufstein nach Ala (Grenzstation der k. und k. Monarchie gegen Italien, heute im Trentino) führte und die Verbindung München–Innsbruck–Verona–Italien herstellte. Zu dieser Verbindung kamen um die Jahrhundertwende noch weitere Nord-Süd-Strecken, die im Rahmen eines großzügigen strategischen Ausbauprogrammes den Hafen Triest mit seinem Hinterland besser verbinden sollten. Es handelte sich dabei um die Wocheiner- und Karawankenbahn Triest–Villach bzw. Klagenfurt, und als Anschluss nach Norden die Tauernbahn nach Salzburg sowie die Pyhrnbahn nach Linz. Durch diese Bahnstrecken wurde das bestehende Netz wesentlich verdichtet und eine Reihe neuer Direktverbindungen geschaffen. Alle genannten Bahnen durchqueren die Gebirgszüge in längeren Scheiteltunneln.

Vor dem Ersten Weltkrieg waren die österreichischen Staatsbahnen als sehr zuverlässig und effizient bekannt; der Reisende von heute staunt oft, wenn er in zeitgenössischen Berichten liest, was dazumal alles möglich war und funktionierte.

Während des Ersten Weltkrieges haben die Eisenbahnen dann Höchstleistungen vollbracht. Nach dem Krieg wurde das große Netz auf die Nachfolgestaaten der Habsburger-Monarchie aufgeteilt. Wie in vielen anderen wirtschaftlichen Sektoren erfolgte auch bei den Verkehrseinrichtungen die Grenzziehung zum Nachteil des österreichischen Reststaates. Mit den Grenzstädten fielen auch die größeren Bahnhöfe, die betrieblich als Grenzstationen geeignet gewesen wären, an das Ausland. Hier sollen nur Gmünd auf der Strecke nach Prag und Pilsen, Sopron (Ödenburg),

Maribor (Marburg) und Tarvisio (Tarvis) genannt werden. Von den großen Bahnnetzen nach Osten, Norden und Nordwesten verblieben nur kurze Streckenteile im Inland. Die repräsentativen Bahnhöfe in Wien hatten mit einem Schlag ihre Funktion verloren. Lediglich die Westbahn, vor 1918 die kürzeste der großen Bahnen, behielt ihre volle Streckenlänge.

Die neuen politischen und wirtschaftlichen Verhältnisse brachten auch einen Rückgang und eine Veränderung der Verkehrsströme. Diesen Veränderungen wurde in der Netzstruktur jedoch kaum entsprochen: Auf einigen weniger befahrenen Strecken hat man das zweite Gleis demontiert, Bahnhöfe aufgegeben und Bahnanlagen rückgebaut.

Beginn der Elektrifizierung
Da die für den Dampfbetrieb wichtigen Kohlebergwerke an das Ausland gefallen waren, wurde von vielen Seiten gefordert, die Bahnen nach Schweizer Vorbild zu elektrifizieren. Bereits vor dem Ersten Weltkrieg waren einige Versuchsstrecken entstanden. Nun begann man relativ großzügig mit der Elektrifizierung im Westen. Das waren jene Strecken, zu denen die Kohle aus dem Osten relativ weit angefahren werden musste. Auf den Gebirgsstrecken in den Alpen hatte der Dampfbetrieb auch seine größten betrieblichen Schwierigkeiten, die elektrische Traktion erwies sich hier als viel effizienter. Als erste nahmen Teilstrecken der Arlbergbahn im Jahre 1923 den elektrischen Betrieb auf. Mit Ausbruch des Zweiten Weltkrieges blieb die Elektrifizierung östlich von Salzburg im Bahnhof Attnang-Puchheim stecken. Die Haupt- und teilweise auch Nebenstrecken westlich dieser Station wurden damals bereits elektrisch betrieben.

Man hatte dasselbe Stromsystem gewählt, welches auch die Schweizer und Deutschen Bahnen verwendeten (15 000 V, 16 $^2/_3$ Hz). Dieses Stromsystem entspricht nicht dem öffentlichen 50 Hz-Netz. Daher verfügen die Bahnen Österreichs, der Schweiz und der Bundesrepublik Deutschland über ein eigenes Stromversorgungsnetz. Mit Italien konnte man sich aus strategischen Gründen nicht darauf einigen, die Elektrifizierung der gesamten Brennerbahn von Innsbruck nach Bozen in einem System durchzuführen. Noch heute ist der Bahnhof Brenner, auf der Wasserscheide und 1371 m hoch gelegen, ein Systemwechselbahnhof und behindert dadurch fühlbar den durchgehenden Nord-Süd-Verkehr.

Zweiter Weltkrieg und Besetzung
Der Anschluss Österreichs an das Deutsche Reich 1938 brachte einen neuen Aufschwung für die Bahnen. Die Strecken in Richtung Deutschland wurden raschest ausgebaut. Bahnlinien, die bereits vor dem Ersten Weltkrieg wichtig waren, gewannen auf einmal viel von ihrer ursprünglichen Bedeutung zurück. Im Zuge der Vorbereitungen auf den Zweiten Weltkrieg wurde das Eisenbahnnetz weiter ergänzt und umfangreiche Maßnahmen zur Leistungssteigerung ergriffen.

Als Folge des Zweiten Weltkrieges wurden auf dem Schienennetz enorme Transportleistungen erbracht. „Räder mußten rollen für den Sieg!" Gegen Ende des Krieges waren die Bahnen eines der Hauptziele feindlicher Bombergeschwader. Große Bahnhöfe und wichtige Bahnknotenpunkte wurden außerordentlich stark zerstört. Besonders die so genannten „Eisenbahnerstädte", Orte, wo ein hoher Prozentsatz der Einwohner Bahnbedienstete waren, weil sich dort ein Bahnknotenpunkt oder Bahnwerkstätten befanden, wurden schwer getroffen und mussten nach dem Kriege teilweise vollkommen neu aufgebaut werden. Hier sollen nur die Orte Wels, Attnang-Puchheim und Wörgl als Beispiele erwähnt werden. Insgesamt waren die Kriegsschäden an den Bahnanlagen am Ende des Krieges gewaltig.

Aus heutiger Sicht ist es erstaunlich, wie schnell es trotzdem gelang, in der Nachkriegszeit zumindest provisorisch die Hauptstrecken wieder in Betrieb zu nehmen. Zu den Schwierigkeiten für die notwendigen Reparaturen geeignetes Material zu beschaffen, kam die Aufteilung des Bahnnetzes auf die vier Besatzungszonen, zwischen denen ein Austausch von Fahrbetriebsmitteln, Ersatzteilen und Personal fast nicht möglich war.

Weitere Elektrifizierung und Adaptierungen
Wie in vielen anderen europäischen Staaten wurde auch in Österreich in das Bahnnetz in den ersten Jahren nach dem Zweiten Weltkrieg relativ wenig investiert. Neben der Wiederherstellung von Bahnhöfen und Strecken ist vor allem die Weiterführung der Elektrifizierung zu erwähnen. 1998 sind 60 % des Normalspurnetzes der Österreichischen Bundesbahnen von 5 643 km elektrifiziert. Auf diesen Strecken werden über 90 % der Transportleistungen durchgeführt.

Auf einigen Strecken, deren Verkehrsaufkommen durch das Herablassen des Eisernen Vorhanges stark zurückgegangen war, wurde in den sechziger Jahren das zweite Gleis abgetragen. Dieser in damaliger Zeit sicher berechtigte Rückbau bringt heute mancherorts Engpässe in der Betriebsabwicklung. Gleichzeitig wurde begonnen, das vorhandene Netz langsam den neuen Verkehrsströmen anzupassen. So wurde die Südbahnstrecke (Wien – Oberitalienische Tiefebene) bis auf ein kleines Teilstück durchgehend zweigleisig ausgebaut. Ferner wurde ein zweites Gleis auf Teilstrecken der Tauernbahn (Verkehr Deutschland–Südosteuropa) und der Arlbergbahn hinzugelegt. Besonders der Ausbau der Südrampe der Tauernbahn beeindruckt durch die großen Brückenkonstruktionen, mit denen tiefe Taleinschnitte überwunden werden, die früher in einem sehr kurvenreichen Trassenverlauf ausgefahren wurden (vgl. Foto 8). Der moderne elektrische Betrieb erlaubt stärkere Steigungen und damit eine kürzere, begradigte Streckenführung, auf der höhere Fahrgeschwindigkeiten erzielt werden können. Obwohl durch die politischen Verhältnisse im ehemaligen Jugoslawien der Verkehr nach Südosteuropa heute zu einem großen Teil über Wien und Budapest läuft, wird der zweigleisige Ausbau der Tauernbahn fortgesetzt. Streckenstilllegungen sind bisher nur sehr zögernd vorgenommen worden. Das Netz der Österreichischen Bundesbahnen hat sich seit 1970 nur um etwa 300 km verkürzt. Sozial- und regionalpolitische Bedenken haben die Verantwortlichen immer wieder zögern lassen, notwendige Rationalisierungen durchzuführen. Daher sind in den kommenden Jahren radikalere Maßnahmen zu erwarten: Bis zu einem Drittel des Bahnnetzes, somit fast alle Nebenbahnen, könnte aus wirtschaftlichen Gründen stillgelegt werden.

Durch die starke Zunahme der Pendlerströme war es notwendig, den *Nahverkehr auf der Schiene in Ballungsgebieten* zu intensivieren. Den Anfang machte im Jahre 1962 die Stammstrecke der Wiener Schnellbahn: Seit dem Ersten Weltkrieg kaum genutzte Stadtbahn-Strecken wurden wieder in Betrieb genommen. Inzwischen ist das Schnellbahnnetz im Wiener Raum weiter entwickelt worden, auch wenn der Ausbau noch lange nicht jenen Umfang erreicht hat, den sich Projektanten und Benutzer wünschen würden. Auch im Einzugsgebiet der anderen Landeshauptstädte wurden zögernd Verbesserungen des Verkehrsangebotes durchgeführt. 1998 wurden fast 86 % der 180 Millionen Fahrgäste der Österreichischen Bundesbahnen (ÖBB) im Nahverkehr befördert; davon rund 45 % im Rahmen des Verkehrsverbundes Ostregion (VOR) in Betriebsgemeinschaft mit den Wiener Verkehrsbetrieben („Wiener Linien", vgl. Tab. 6.12). Außer den in Tabelle 6.5 angeführten Österreichischen Bundesbahnen gibt es in Österreich noch einige *Privatbahnen*, die jedoch nur von regionaler Bedeutung sind.

Verkehrsnetze

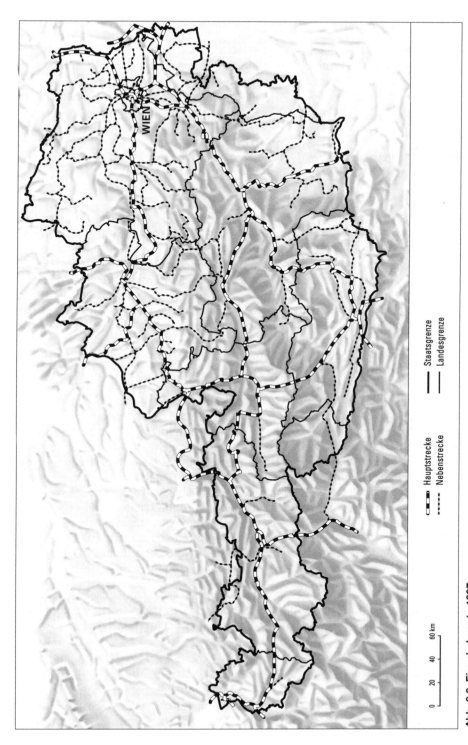

Abb. 6.3: Eisenbahnnetz 1997
Quelle: Hölzel-Atlas 1995a, S. 18, modifiziert

	Betriebslänge (km)	Personenverkehr		Güterverkehr	
		beförderte Personen (Mill.)	Personenkilometer (Mill.)	beförderte Güter (Mill. t)	Tonnenkilometer (Mill.)
1960	5 939	163,7	6 629,9	.	.
1970	5 910	157,2	6 288,0	50,0	9 847,0
1980	5 847	170,0	7 378,0	51,6	11 000,0
1990	5 624	168,3	9 690,7	62,6	12 708,0
1995	5 672	194,0	9 625,0	68,4	13 715,4
1996	5 672	193,4	9 689,0	69,9	13 909,0
1997	5 672	183,9	8 140,0	74,3	14 791,1
1998	5 643	179,5	7 969,8	76,5	15 378,1

Tab. 6.5:
Österreichische Bundesbahnen (ÖBB): Strecken und Leistungen, 1960–1998
Quelle: ÖSTAT 1999a; 1998a; 1997a; 1989a; 1966a, eigene Berechnungen

Teilstück transeuropäischer Netze

Der Fall des Eisernen Vorhanges hat die internationale Funktion der Österreichischen Bahnen verstärkt und verändert. Die eindeutige Ausrichtung der Verkehrsströme nach Westen und Süden, die in den letzten Jahrzehnten aufgrund der politischen Verhältnisse gegeben war, ist einer ausgeglicheneren Verteilung gewichen. Der Verkehr über die östlichen Grenzen hat stark zugenommen, wenn auch nicht ganz in dem Ausmaße, das gemeinhin erwartet wurde. Im Personenverkehr ist das auf die in Vergleich zu den östlichen Staaten hohen österreichischen Bahntarife zurückzuführen. Hier kommt es den Bewohnern der Nachbarstaaten derzeit wesentlich billiger, mit ihrem eigenen Pkw nach Österreich zu fahren. Im Güterverkehr war zu Zeiten der Planwirtschaft der Großteil der Güter – auch im grenzüberschreitenden Verkehr – auf der Schiene unterwegs. Nunmehr verschiebt sich der Modal-Split zu Gunsten der Straße. Dennoch werden die Bahnstrecken in diese Richtung verbessert und seit Jahrzehnten unterbrochene Verbindungen wiederhergestellt.

Die internationale Funktion der österreichischen Bahnen wurde durch den Beitritt Österreichs zur Europäischen Union fühlbar weiter verstärkt. Die Streckenbelastung ist auf einigen Linien wesentlich gestiegen. Zu den Nord-Süd-Transitströmen ist eine starke west-östliche Komponente hinzugekommen. Der Güter-Transitverkehr hat seit dem Fall des Eisernen Vorhanges, somit zwischen 1988 und 1998, um 45 % zugenommen. Daher sind die wichtigsten Ausbauvorhaben im österreichischen Schienennetz jene, welche die Leistungsfähigkeit im Rahmen der transeuropäischen Netze erhöhen sollen: Das ist der viergleisige Ausbau der am stärksten frequentierten Bahnlinie, der Westbahn, zwischen Wien und Wels, zahlreiche Maßnahmen zur Erhöhung der Kapazität der Nord-Süd-Verbindung über den Brenner, ferner die Verbesserung der Verkehrsverhältnisse auf der Südbahn, unter anderem auch durch einen Basistunnel unter dem Semmering – ein politisch heiß umstrittenes Projekt.

Gemäß den von der Europäischen Union vorgegebenen Richtlinien wurden auch bei den Österreichischen Bundesbahnen Infrastruktur und Betrieb getrennt. Für die Finanzierung der Infrastruktur ist nach wie vor die Republik Österreich zuständig. Den Betrieb auf diesem Netz besorgen die Österreichischen Bundesbahnen, seit 1992 eine Aktiengesellschaft, die dem Staat einen jedes Jahr neu zu kalkulierenden Betrag für die Benützung der Strecken abzuführen hat. Auf den österreichischen Bahnstrecken könnten auch andere Bahnbetreiber gegen Entrichtung eines entsprechenden Entgeltes Züge führen, doch wurde bislang von dieser Möglichkeit kaum Gebrauch gemacht. Die hohe Bedeutung, welche Österreich als Transitland zukommt (s. Kap. 6.2), lässt aber erwarten, dass bereits bald zahlreiche Unternehmen die österreichische Schieneninfrastruktur nutzen könnten.

Tabelle 6.6 und Abbildung 6.4 dokumentieren Stellung und Entwicklung der österreichischen Eisenbahnen im Rahmen der Bahnen Europas. Dem Autor ist bewusst, dass ein direkter Vergleich der Angaben auf Tabelle 6.6 unzulässig ist. Die Personalintensität pro Kilometer hängt beispielsweise nicht nur vom Stand der Rationalisierung und Automatisierung bzw. von der Effizienz des Mitarbeitereinsatzes ab. Wichtig ist hier auch eine Beurteilung der Bahn bezüglich ihrer Anlageverhältnisse und Kapazitätsauslastung. Trotzdem muss bei den Österreichischen Bundesbahnen im Vergleich zur Transportleistung ein relativ hoher Personalbestand festgestellt werden. Abbildung 6.4 zeigt überdies die ganze Breite der Nutzungsmöglichkeiten der Schieneninfrastruktur, wie sie sich aus Wirtschaftsentwicklung und Verkehrspolitik der einzelnen Staaten ergibt. Auch der nationale Konjunkturverlauf ist anhand der Güterverkehrsleistungen nachvollziehbar. Der Autor möchte hier besonders auf die Trends bei den Transportleistungen in Polen und Ungarn nach dem Fall des Eisernen Vorhanges hinweisen, auf die weiter oben schon eingegangen wurde. Auch erkennt man deutlich, dass mit dem Fortschreiten der Entwicklung über den Höhepunkt der Industrialisierung hinaus, das Volumen der bahnaffinen Transportgüter abnimmt.

Tabelle 6.6 und Abbildung 6.4 machen auch bewusst, dass sich die Europäischen Bahnen durch die Anteile, mit denen sie im Personen- und Güterverkehr involviert sind, stark unterscheiden. Der Schwerpunkt des Bahnverkehrs liegt in den Niederlanden, in Dänemark und in Italien beispielsweise im Personenverkehr. In Polen und Tschechien werden vor allem Lasten transportiert. Auch in Österreich überwiegt der Güterverkehr. Sein Anteil hat sich zu Lasten des Personenverkehrs seit 1995 erhöht (vgl. auch Tab. 6.5).

Im europäischen Rahmen sind die Österreichischen Bundesbahnen ein eher kleiner Betrieb, doch können sie mit ihren Transportleistungen im internationalen Wettstreit gut bestehen. Wieweit allerdings im Rahmen der Europäischen Integration Bahnunternehmen dieser Größenordnung und internationaler Vernetzung ihre Eigenständigkeit bewahren können und sollen, wird sich erst in den kommenden Jahrzehnten zeigen.

Tab. 6.6:
Europäische Staatsbahnen 1997 – ein Vergleich (Auswahl)
Quellen:
ÖSTAT 1998a, 566f.;
1999a, 580f.
[1] ohne Transporte von Privatunternehmen
[2] 1996

Staat	Streckenlänge (km)	Personalstand insgesamt	Personalstand pro km	Transportleistungen Personenkilometer (Mill.)	Transportleistungen Tonnenkilometer (Mill.)
Österreich	5 672	55 092	9,7	8 140	14 791
Belgien	3 422	40 172	11,7	6 984	8 701
Dänemark	2 232	11 145	5,0	4 988	1 619
Deutschland	38 450	233 523	6,1	59 628	72 614
Finnland	5 865	14 346	2,4	3 376	9 856
Frankreich	31 821	175 012	5,5	61 573	65 148
Italien	16 030	121 751	7,6	49 500	25 228
Niederlande	2 805	25 938	9,2	14 425	3 406
Polen	23 328	226 369	9,7	19 928	67 679
Portugal	2 856	12 821	4,5	4 563	2 632
Schweden	10 228	12 072	1,2	6 286	14 720[1]
Spanien	12 294	36 382	3,0	16 579	12 405
Tschechien	.	.	.	8 111[2]	22 339[2]
Großbritannien	16 666[2]	90 000[2]	5,4[2]	32 366[2]	15 100[2]

118 "Drehscheibe für Südost-Europa" – Verkehr

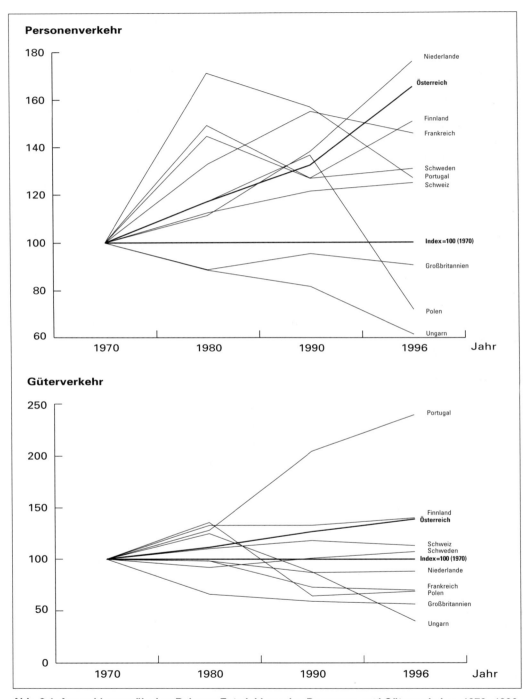

Abb. 6.4: Auswahl europäischer Bahnen: Entwicklung des Personen- und Güterverkehrs, 1970–1996
Quelle: ÖSTAT 1997a, S. 548; 1998a, S. 566; 1999a, S. 580f.; Indexwerte: 1970=100

Verkehrsnetze

6.1.3 Straßen

Das erste größere Straßennetz im Gebiet des heutigen Österreichs ist auf die *Römer* zurückzuführen (vgl. Abb. 3.1). Erstaunlich ist, wie stark dieses Netz sich auf den heutigen Strassenverlauf ausgewirkt hat. Das sieht man deutlich bei einem Vergleich des römischen Straßennetzes mit den Autobahnplanungen des Deutschen Reiches unter ADOLF HITLER um 1938 (Abb. 6.5) oder dem ersten Entwurf eines Europastraßennetzes von 1950 (Abb. 6.6).

Die Römer sind bei ihren Straßentrassierungen nach Möglichkeit den von Naturgewalten gefährdeten Passagen ausgewichen. Sumpfige oder hochwassergefährdete Talböden wurden gemieden, dafür sind Steigungen auf Terrassen hinauf oder über höhere Pässe in Kauf genommen worden, was manche Abweichungen gegenüber dem heutigen Straßenverlauf erklärt. Der Verlauf der Straßenzüge von Carnuntum (und Wien) nach Süden führte um die Alpen

Abb. 6.5: Planung der Reichsautobahnen 1938
Quelle: STRZYGOWSKI 1956, S. 37

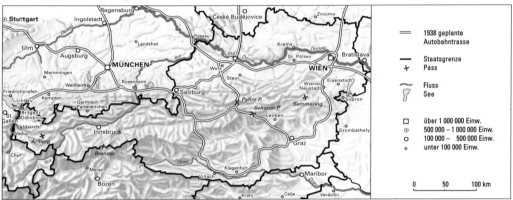

Abb. 6.6: Planung der Europastraßen 1950
Quelle: STRZYGOWSKI 1956, S. 37, modifiziert

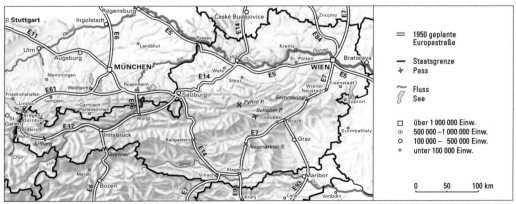

im Osten herum, so konnte den Schwierigkeiten und Gefahren im Gebirge entgangen werden. Allerdings sind auch schon zur Römerzeit die wichtigsten Nord-Süd-Routen über die Alpen benutzt worden: Das waren vom Westen nach Osten:
— Lindau – Bregenz – Splügen oder Julier und Maloja – Comosee
— Fernpass – Reschenpass – Bozen
— Seefeld/Kufstein – Innsbruck – Brenner – Bozen – Trient – Altinum
— Salzburg – Radstädter Tauern – Katschberg – Spittal – Villach – Udine (Aquileia)
— Wels (Linz) – Pyhrnpass – Hohentauern (anstelle Schoberpass) – Klagenfurt/Graz.

Eine Kontinuität des Straßennetzes ist in Österreich nicht gegeben. Die Straßen sind nach dem Niedergang des Römischen Reiches verfallen. Im Mittelalter waren großteils nur Saumwege vorhanden. Erst zu Beginn des 19. Jahrhunderts fand eine Reaktivierung einzelner, strategisch besonders wichtiger Straßenzüge statt, die schließlich zu einem die ganze k. und k. Monarchie umfassenden *Reichsstraßennetz* führte. Nach dem Ersten Weltkrieg wurden 1921 die auf dem Gebiet der heutigen Republik liegenden ehemaligen „Reichsstraßen" zu Bundesstraßen; nach dem Zweiten Weltkrieg erhöhte sich deren Länge 1948 auf 8 145 km (Bundesstraßengesetz 1948).

Autobahnen
Die wichtigsten Ausbauten im Straßennetz des 20. Jahrhunderts waren die Autobahnen. Sofort nach der Eingliederung der Republik Österreich in das Deutsche Reich 1938 wurde damit begonnen. Die Planungen hiefür waren schon in den Jahren vor dem „Anschluss" konzipiert worden. Die Vorbereitungen für den Zweiten Weltkrieg machten den Bau von Autobahnen in den „Alpen- und Donaugauen" besonders dringend. Darum wurde auch in den ersten Kriegsjahren mit Hilfe von Kriegsgefangenen aus dem Osten an den Verbindungen München – Budapest, Salzburg – Villach sowie an Teilen der heutigen Südautobahn weitergebaut. In Betrieb ging allerdings nur die Autobahn München – Salzburg, von der ein ganz kurzes Teilstück auf österreichischem Gebiet verläuft. Dieses Stück war die erste Autobahn in Österreich. Sonst befanden sich nach Kriegsende nur aufgeschüttete Dämme, teilweise fertiggestellte Viadukte, Richtstollen für Tunnel und gegrabene Einschnitte, die jahrelang als Torso und isoliert in der Landschaft herumstanden und zunehmend verwilderten. Erst 1955, nach Abschluss des Staatsvertrages und Klärung der Eigentumsverhältnisse, wurde angesichts der zunehmenden Individualmotorisierung am Autobahnnetz weitergebaut und bis auf wenige Teilstrecken die vom Deutschen Reich vorgegebenen Trassen bestätigt und weiter verfolgt. Nur dort, wo die Trassierung den neuen Verkehrsströmen überhaupt nicht entsprach, wurden Umplanungen vorgenommen. Das geschah z. B. beim Verkehr in und um die Städte oder dort, wo größere Steigungen vorgesehen waren, weil man bei der Planung 1938 den im Auto Reisenden einen schönen Rundblick verschaffen wollte. Waren doch die Autobahnen ursprünglich auch für den touristischen Individualverkehr konzipiert; der Güterschwerverkehr spielte in der ersten Planungsphase eine geringere Rolle.

Seit 1972 verfügt die Republik Österreich nunmehr über ein neues und zeitgemäßes *Bundesstraßengesetz*. In diesem wurden die Autobahnen und Schnellstraßen als eigene Kategorie („Bundesstraßen A und S") in das Straßensystem aufgenommen. Obwohl der Grenzverkehr auf der Straße nach Osten und Nordosten infolge der Abriegelung am Eisernen Vorhang 1972 gering bzw. fast ganz zum Stillstand gekommen war, sah das im Gesetz enthaltene Autobahnnetz Verbindungen von Linz nach Prag, von Wien nach Brünn und Prag sowie von Wien nach Budapest und Bratislava vor. Man war sich bewusst, dass politische Veränderungen auch die Verkehrsströme wesentlich verschieben könnten und wollte sich gute Verbindungen nach allen Seiten offen halten. Erst in den 1980er Jahren, als der Autobahnausbau aus finanziellen Gründen hinter den Erwartungen zurückblieb, wurden einige Autobahnen aus dem Bundesstraßennetz genommen, darunter auch Routen in die damalige Tschechoslowakei. In der heute laufenden Diskussion, wo es um die Kapazität der Fernverkehrsstraßen in den Raum der ehemaligem Comecon-Staaten angesichts der neuen Wirtschaftsbeziehungen geht, gibt es Bestrebungen, diese Autobahnen wieder in das Bundesstraßensystem aufzunehmen.

Bundesstraßen
Neugeregelt wurden im Bundesstraßengesetz 1972 auch die vorhandenen Bundesstraßen („Bundesstraßen B"). Vorgegeben war hier vom Gesetzgeber, angesichts immer neuer Forderungen der Bundesländer auf Übernahme zusätzlicher Straßenkilometer durch den Bund, eine Straßenlänge von nicht mehr als 10 000 Kilometern. Das heißt, die „wichtigsten" Straßenkilometer sollten in der Hoheit des Bundes, somit in der mittelbaren Bundeskompetenz bleiben. Alle übrigen, „weniger wichtigen" Straßenzüge wollte man den Ländern bzw. Gemeinden übertragen.

Um die wichtigsten Straßenzüge transparent heraus zu filtern, war eine funktionelle Bewertung des gesamten Straßennetzes notwendig. Problematisch war dabei der Begriff „wichtig", für den sich im Bundesstraßengesetz 1921 noch der Zusatz „wegen ihrer Bedeutung für den Durchzugsverkehr" fand (Bundesministerium für Bauten und Technik 1970, S. 12).

Für die funktionelle Typisierung der Straßen wurde eine Methode nach dem Gravitationsmodell von NEWTON angewendet, die ein Direktionsrat der österreichischen Nordwestbahn, EDUARD LILL (1891) entwickelt hatte. LILL bediente sich dieses Ansatzes zur Feststellung des Volumens von Verkehrsströmen. Er wollte auf diese Weise den potentiellen Bedarf an Verkehrsleistungen für seine Bahngesellschaft berechnen. Dieses Volumen nimmt mit zunehmender Entfernung exponential ab: Die empirische Forschung hat nachgewiesen, dass der Exponent „zwei" hier besonders realitätsnahe Ergebnisse liefert.

Wesentliches Problem bei einer funktionellen Bewertung des Straßennetzes nach diesem Gesetz war die Einführung von qualitativen Merkmalen in das System. Denn der Begriff „wichtig" im Sinne von Bedeutung für den Durchgangsverkehr umfasst zweifelsfrei nicht nur quantitative sondern auch viele qualitative Komponenten. Daher wurden sowohl die Distanzangaben als auch die lokalen Potentiale mit qualitativen Faktoren angereichert. In die Potentiale gingen u. a. Merkmale der zentralörtlichen Hierarchie ein. In der Distanz wurde die tatsächliche Entfernung durch eine „virtuelle Länge" ersetzt, welche zum Teil die tatsächliche Fahrzeit wiedergibt. Die Fahrgeschwindigkeit auf steilen, engen und kurvenreichen Bergstraßen wurde geringer bewertet als die auf flach und gestreckt verlaufenden Autobahnen. Die virtuelle Länge war somit beispielsweise auf der Autobahn kürzer als auf den parallel führenden Bundesstraßen.

Das auf diese Weise geschaffene Netzwerk lieferte brauchbare Hinweise für die erwünschte Abgrenzung des Straßennetzes. Es wurde statisch (bezogen auf den Erhebungszeitpunkt) und dynamisch (unter Vorwegnahme zukünftiger Entwicklungen, z. B. der Bevölkerung) berechnet (Bundesministerium für Bauten und Technik 1970). In der Folge wurden Bundesstraßen in die Landeskompetenz überführt („Entbundlichung") und neue Straßenzüge in das Bundesstraßennetz aufgenommen („Verbundlichmachung").

Nicht alle im Gesetz deklarierten Bundesstraßen sind heute ausgebaut und befahrbar. Das aufgrund der funktionalen Typisierung entwickelte Netz enthält auch Teilstücke, die sich in Planung befinden oder derzeit noch immer gesperrt sind, z. B. einige Anschlussstrecken zu den ehemaligen Grenzübergängen am Eisernen Vorhang, die bis heute nicht reaktiviert wurden. Tabelle 6.7 zeigt, dass das Straßennetz heute die Vorstellungen des Gesetzgebers von 1971 im Wesentlichen erfüllt.

Weiterer Ausbau und Benützungsentgelte
Die im Laufe des letzten Jahrzehntes sich langsam ändernde Grundeinstellung zum Straßenverkehr hat auch das österreichische Straßennetz beeinflusst. Galt es jahrzehntelang die Kapazität des Straßenetzes zu erhöhen, macht sich nunmehr eine restriktive Politik bemerkbar und es erfolgen Maßnahmen zur Verringerung und Vermeidung des Verkehrs, wie z. B. Rückbauten der Straßen, v. a. in den Ortschaften.

Am 1. Januar 1997 wurde auf den österreichischen Autobahnen und Schnellstraßen die *Mautpflicht* eingeführt. Diese wird einstweilen mittels einer Plakette, dem „Autobahn-Pickerl" erhoben, die für ein Jahr oder auch für kürzere Zeiträume erhältlich ist und zur Benutzung der mautpflichtigen Straßen berechtigt. Dieses Plakettensystem darf allerdings nur als erste Stufe einer Bemautung von Autobahnen und Schnellstraßen betrachtet werden. Es soll, sobald auch auf internationaler Ebene die technischen Voraussetzungen dafür geschaffen sind, durch ein elektronisches „Road pricing" abgelöst werden, bei dem „automatisch" die auf Autobahnen zurückgelegten Strecken dem Benützer verrechnet werden.

Sonst ist die Benützung des österreichischen Straßennetzes unentgeltlich. Eine Ausnahme bilden nur wenige Teilstücke, die von „privater Hand" (meist offiziösen Institutionen) errichtet oder vorfinanziert wurden. Darunter fallen die alpenquerenden Autobahnen und Schnellstraßen, v. a. auch die längeren Tunnelstrecken. In diesem Zusammenhang sollen erwähnt werden: Arlberg-Straßentunnel, Brennerautobahn, Felbertauernstraße, Großglockner-Hochalpenstraße, Tauernautobahn, Sölkpass, Tunnelstrecken der Pyhrnautobahn. Besonders die Tourismusorganisationen im Süden der Alpen in Kärnten, Osttirol und der Obersteiermark kritisieren die Bemautung dieser teilweise in der mittelbaren Bundesverwaltung stehenden Straßenzüge. Sie betrachten es als gravierenden Nachteil, dass der wichtige Urlaubsgast aus der Bundesrepublik Deutschland quasi eine Eintrittsgebühr in den Süden Österreichs zu zahlen habe. Die nördlichen Bundesländer hätten dadurch einen Preisvorteil. In Verwaltungsgerichtsverfahren wurde daher auch die Verletzung des Gleichheitsprinzips geltend gemacht. Andererseits wären manche dieser sehr kostspieligen alpenquerenden Straßenzüge auch heute noch nicht fertig gestellt, wären sie nicht vor Jahren von privater Hand vorfinanziert worden.

Wie wichtig diese Straßenzüge für den Fremdenverkehr sind, soll anhand der *Großglockner-Hochalpenstraße* aufgezeigt werden (vgl. Kap. 7.7 und Foto 7).

Tab. 6.7: Straßennetz 1937, 1948, 1971, 1981, 1994
Quellen: Bundesministerium für Bauten und Technik 1970, S. 12; ÖSTAT 1973, S. 205; LEIDLMAIR 1983, S. 81; Österreich-Lexikon 1995, Bd. 2, S. 457; Österreich Lexikon 1966, Bd. 2, S. 1117 – eigene Zusammenstellung
[1] nur Gemeindestraßen

	1937	1948	1971	Bundesstraßen-netz geplant	1981	1994
Autobahnen („Bundesstraßen A")	–	–	535	1872	938	1589
Schnellstraßen („S")	–	–	–	1183	199	195
Bundesstraßen („B")	4441	8145	9260	10067	9976	9948
Landesstraßen	22675	.	~86000	–	25667	19755
Sonstige öffentliche Straßen	58806[1]	.		–	104000	>100000

Verkehrsnetze

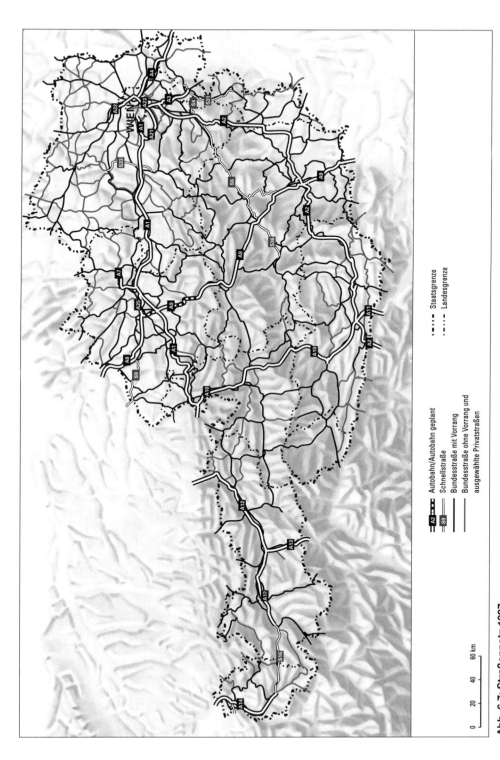

Abb. 6.7: Straßennetz 1997
Quelle: Hölzel-Atlas 1995b, S. 18, modifiziert

124   „Drehscheibe für Südost-Europa" – Verkehr

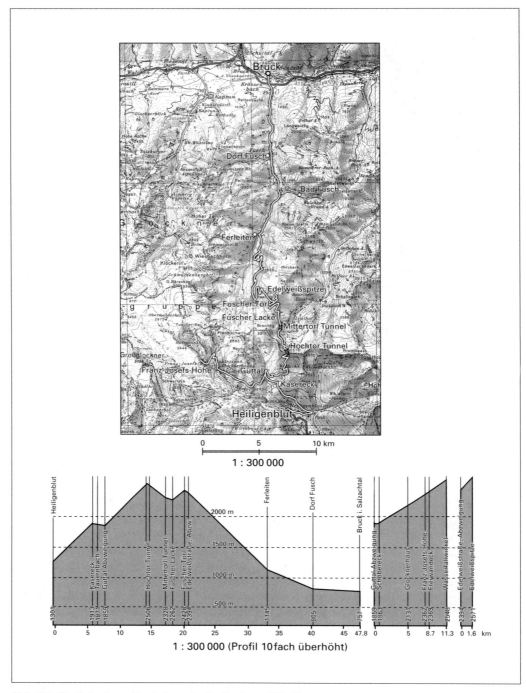

Abb. 6.8: Großglockner-Hochalpenstraße Karte und Profil
Quelle: Angaben der Großglockner-Hochalpenstrassen AG (GROHAG), Salzburg 1999

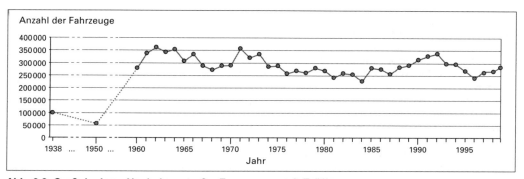

Abb. 6.9: Großglockner-Hochalpenstraße: Frequenzen seit Eröffnung
Quelle: JÜLG/MÜLLER 1995, S. 33. - Auskünfte der Großglockner-Hochalpenstraßen AG, Salzburg 2000

Die Großglockner-Hochalpenstraße
Durch die Grenzziehung nach dem Ersten Weltkrieg, bei der im Friedensvertrag von Saint Germain 1919 Südtirol Italien zugesprochen wurde, besaß Österreich westlich des Tunnels der Tauernbahn (Böckstein–Mallnitz) auf einer Luftliniendistanz von über 60 km keinen befahrbaren Übergang über den Alpenhauptkamm. Der nächste ausgebaute Alpenübergang im Westen, der Brenner, führte bereits auf italienisches Staatsgebiet. Aus verkehrspolitischen und strategischen Gründen war daher die Errichtung einer Straßenverbindung in den westlichen Hohen Tauern notwendig geworden. So entstand in den Jahren 1930 bis 1935 mit großen technischen Schwierigkeiten die Großglockner-Hochalpenstraße zwischen Bruck im Pinzgau und Heiligenblut, zu einem beachtlichen Teil finanziert aus Mitteln der produktiven Arbeitslosenfürsorge (WALLACK 1949; HUTTER 1990). Aus dem ehemals dem Nord-Süd-Verkehr gewidmeten Straßenbauwerk ist heute eine Fremdenverkehrsattraktion höchsten Ranges geworden. Mit zwischen 800 000 und 1 000 000 Besuchern im Jahr rangiert die Straße seit Jahrzehnten nach Schloss und Tiergarten Schönbrunn, gemeinsam mit der Feste Hohensalzburg unter den vier meist besuchten Fremdenverkehrszielen in Österreich (iWirtschaftskammer Österreich 1999a, S. 52).

Abb. 6.9 gibt über die Frequenzentwicklung seit der Eröffnung der Straße Auskunft. Nach dem Zweiten Weltkrieg beginnt in einem damals nicht voraussehbaren Ausmaß die Motorisierung, die 1962 ihren ersten Höhepunkt erreicht hatte. Sie wurde in der ersten Phase von Motorrädern und Autobussen getragen, erst nach 1953 schieben sich die Personenkraftwagen in der Frequenzstatistik in den Vordergrund. Damals galt die Bewältigung „des Glockners" für die Pkw-Lenker als eine echte Herausforderung, gewissermaßen eine Art Reifeprüfung, und aus dieser Tatsache erklärt sich auch der Spitzenwert von über 336 000 Pkw im Sommer 1962. Im Jahre 1967 wurde die Felbertauernstraße, die im Nord-Süd-Verkehr eine parallele und wintersichere Verbindung durch einen Scheiteltunnel auf nur 1600 m Höhe herstellt, eröffnet. Diese brachte den ersten nennenswerten Frequenzeinbruch auf der Hochalpenstrasse. Die Verkehrsfunktion Nord-Süd fiel zum großen Teil weg. Zurück blieb der Freizeitverkehr, v. a. der Ausflugsverkehr von Urlaubern aus den Fremdenverkehrsgebieten der Umgebung. Dies brachte ein sehr stark saisonbedingtes Verkehraufkommen mit sich, mit großen von der herrschenden Witterung ausgelösten Schwankungen. Entsprechend der allgemeinen Entwicklung des Sommerfremdenverkehrs wurden bis 1971 weiterhin Frequenzzuwächse verzeichnet. Die 1976 eröffnete Tauernautobahn (Salzburg – Eben – St. Michael im Lungau – Spittal an der Drau) brachte den Abzug des restlichen Nord-Süd-Durchgangsverkehrs: Seit diesem Jahr dient die Straße ausschließlich dem touristischen Verkehr, sieht man von lokal bedingten Fahrten ab.

Der kürzliche Frequenzanstieg in den Jahren 1990 bis 1994 ist fast ausschließlich auf die Öffnung des Eisernen Vorhanges zurückzuführen. Die Großglockner-Hochalpenstraße (wie übrigens auch die Lagunenstadt Venedig) war ein

> lange gehegtes, vor der Wende verbotenes Wunschziel von Ost-Automobilisten. Die Alpenstraße verzeichnete daher ähnliche Frequenzen wie in den frühen 1960er Jahren und dies fast aus denselben Motiven. Eigene Serviceeinrichtungen für Autos aus den Ländern jenseits des ehemaligen Eisernen Vorhanges mussten eingerichtet werden. Billigquartiere entlang der Straße, die jahrelang im Zuge der Steigerung des Komforts im Fremdenverkehr Publikum verloren hatten, waren auf einmal wieder voll ausgelastet. Seit 1995 haben sich die Frequenzen normalisiert; jährliche Schwankungen sind durch Wetterlage und Konjunkturverlauf begründbar.
>
> Aus heutiger Sicht muss allerdings hinzugefügt werden, dass Österreichs meist befahrene Hochalpenstraße durch den *Nationalpark Hohe Tauern* führt. Dieser wurde in den einzelnen Bundesländern zu unterschiedlichen Zeitpunkten etabliert: in Kärnten 1982, in Salzburg 1984 und schließlich in Osttirol 1991. Er umfasst mit einer Fläche von rund 1 800 km^2 ein relativ großes Territorium. Bei der Errichtung des Parkes wurde im Rahmen der Zonierung der Bereich der Straße ausgeklammert; nur im Tunnel unter dem Hochtor (2 504 m) wird Parkgebiet unterfahren. Dennoch ist evident, dass die durch die Straße verursachten Umweltbelastungen sich auf den Park auswirken. Versuche, den Individualverkehr auf umweltschonende öffentliche Verkehrsmittel umzustellen, sind bisher fehlgeschlagen. Neben hohen Investitionskosten verhindert das die Angst vor dem wirtschaftlichen Schaden, der durch den zu erwartenden Frequenzrückgang in der Region entstehen könnte (GOLLEGGER 1993, S. 47ff.).

Straßenverkehrsleistungen

Eine Gesamtangabe über die auf dem Straßennetz laufenden *Verkehrsleistungen* fällt angesichts des Fehlens von geeigneten Primärstatistiken schwer. Statistisch erfasst wird nämlich nur der so genannte „frachtbriefpflichtige" Transport, somit nur der Lasten-Transport über eine Distanz von mehr als 80 km. Nach dem LILLschen Reisegesetz ergibt sich aber, dass die Mehrheit der Lkw-Fahrten auf kürzeren Entfernungen durchgeführt wird. Der Autor muss daher auf die automatischen Straßenverkehrszählungen zurückgreifen, die allerdings nur eine beschränkte Aussagekraft haben (Abb. 6.10 und 6.11). Immerhin zeigen sie eine Konzentration des Verkehrs auf die im Kapitel 5.1 vorgestellten Kernräume. Dazu kommt eine starke Transitbelastung, auf der Brenner-, Tauern- und Pyhrnachse sowie auf der West-Ost-Verbindung durch das Alpenvorland. Dies erkennt man auch deutlich an den hier gezählten Lastkraftwagenfahrten.

6.1.4 Flugverkehr

Österreich hat sich schon relativ früh an der Luftfahrt beteiligt. Zu Zeiten der k. und k. Monarchie schien es angesichts der großen Ausdehnung des Staates wichtig, in der Luftfahrt von Anfang an mit dabei zu sein, um auf diese Weise auch die entlegensten Regionen schnell erreichen zu können. Die Luftfahrt spielte auch in den beiden Weltkriegen eine wichtige Rolle; zahlreiche Militärflugplätze wurden auf dem Gebiet des heutigen Österreich angelegt.

Der Beginn der modernen österreichischen Zivilluftfahrt ist die Unterzeichnung des Staatsvertrages 1955. Denn 1945 war Österreich die zivile Luftfahrt verboten worden; die alliierten Besatzungsmächte führten für ihre Zwecke einen bescheidenen Luftverkehr durch (vgl. Kap. 3.5).

Nach 1955 begann man das Flugwesen neu zu ordnen. Nach umfangreichen Standortuntersuchungen entschied man sich in Wien, das ehemalige Flugfeld der englischen Besatzungsmacht im Raume

Verkehrsnetze 127

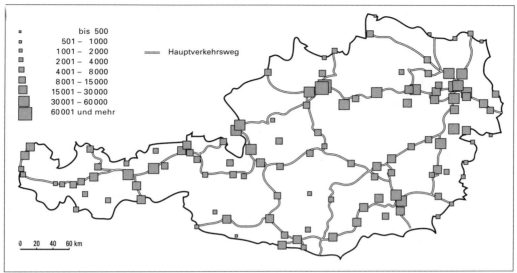

Abb. 6.10: Straßenverkehr: Aufkommen an automatischen Dauerzählstellen, insgesamt 1997
Quelle: ÖSTAT 1998a, S. 360

Schwechat als österreichischen Zentralflughafen auszubauen. Dieser fungierte gleichzeitig auch als Heimathafen der neugegründeten staatlichen österreichischen Luftlinie, den heutigen „Austrian Airlines" (AUA).

Abb. 6.11: Straßenverkehr: Aufkommen an automatischen Dauerzählstellen, Lastkraftwagen 1997
Quelle: ÖSTAT 1998a, S. 360

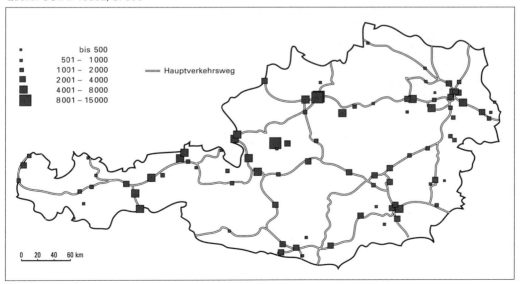

"Drehscheibe für Südost-Europa" – Verkehr

	Flüge[1] insgesamt	Fluggäste insgesamt
1955	5 576	111 418
1960	16 867	409 003
1965	25 332	882 835
1970	34 877	1 469 053
1975	43 469	2 184 909
1980	54 262	2 919 470
1985	58 733	3 858 467
1990	79 823	5 711 769
1994	127 335	7 762 534
1995	143 701	8 540 912
1996	154 790	9 136 349
1997	156 608	9 732 392
1998	165 022	10 626 714

[1] An- und Abflüge
Tab. 6.8: Flugverkehr: Flughafen Wien (Vienna International Airport/VIE) 1955–1998
Quelle: ÖSTAT a 1966, S. 161; 1997, S. 343; 1999, S. 403

„Vienna International Airport (VIE)"

Der Wiener Flughafen entwickelte sich sehr dynamisch zu einem internationalen Flughafen ersten Ranges (Tab. 6.8).

Die AUA wusste die Chancen zu nutzen, die sich aufgrund der österreichischen Neutralität ergaben. Durch Jahrzehnte bot Wien die besten Verbindungen in die ehemaligen Comecon-Staaten an.

Ein Vergleich der Fahrgastströme des Flughafens Wien 1988 und 1998 (Abb. 6.12 und 6.13) zeigt, dass die zahlreichen Ostdestinationen auch heute noch, nach dem Fall des Eisernen Vorhanges und somit nach Verlust der Sonderstellung eines neutralen Landes, eine Stärke des Wiener Flughafens sind. Zwar werden die wichtigsten Ziele in

Abb. 6.12: Flugverkehr: Anzahl der Passagiere im planmäßigen Luftverkehr von und nach Wien 1998
Quelle: ÖSTAT 1999a, S. 405

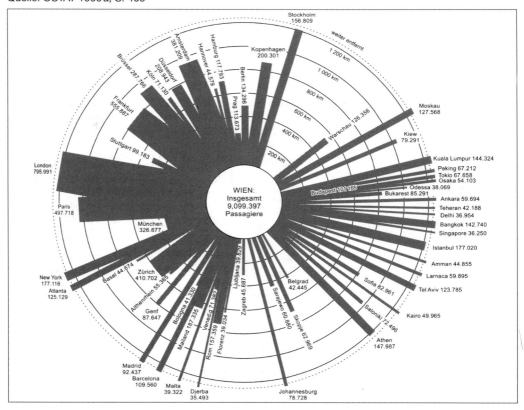

Verkehrsnetze

Osteuropa nunmehr auch von den anderen Flughäfen der Europäischen Union angeflogen; „Vienna International Airport" (VIE) hat aber zweifelsohne immer noch die größte Auswahl und diese sogar noch ausgeweitet. So sind die Flughäfen von St. Petersburg, Almaty, Minsk, Timisoara, Tirana, Krakau, Dnepropetrowsk, Minsk, Vilnius, Riga, Tbilisi, Phuket, Košice, Ostrava und Chişinău auf Abbildung 6.12 nicht ersichtlich, weil sie nicht 30 000 Fluggäste im Jahr erreichen, und daher unter der Darstellungsgrenze lagen.

Tabelle 6.9 weist nach, dass v. a. der Linienverkehr in der Luft in Österreich stark zugenommen hat. Für den Flughafen Wien sind weiterhin sehr hohe Zuwachsraten prognostiziert, die weitere Ausbaumaßnahmen sowohl bei den Flugplatzeinrichtungen als auch bei der Anbindung an den Regional- und Fernverkehr notwendig erscheinen lassen. Der Masterplan des „Vienna International Airport" sieht für das Jahr 2005 über 15 Mill. Passagiere, für 2015 sogar 25 Mill. Fluggäste vor. Im Jahre 2010 wird demnach die Kapazität der beiden bestehenden Pisten erschöpft sein, für eine dritte Piste liegen zwei Planungsvarianten vor (DIEPENSEIFEN 1998, Anhang).

Wieweit diese Zuwachsraten in Zeiten einer weltweiten Deregulierung im Flugverkehr und einer gleichzeitig zunehmenden Konkurrenz im schnellen Landverkehr zutreffen, muss abgewartet werden. Der Autor ist der Meinung, dass es im europäischen

Abb. 6.13: Flugverkehr: Anzahl der Passagiere im planmäßigen Luftverkehr von und nach Wien 1988
Quelle: ÖSTAT 1989a, S. 341

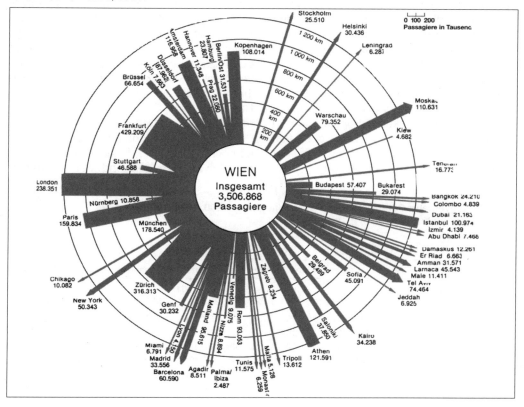

Flugverkehr zu einer starken Konzentration des interkontinentalen Verkehrs auf einige wenige große Flughäfen kommen wird. „VIE" dürfte nicht zu diesen gehören.

Wie in vielen anderen kleinen Staaten Europas übernahm auch in Österreich nur ein größerer Flughafen, somit Wien, die nationale Hubfunktion. Das Einzugsgebiet des Airports war allerdings im Westen durch die Nähe zu den Großflughäfen in München, Zürich und Frankfurt eingeschränkt; besonders die Charterflüge zu Winterdestinationen in Österreich benutzen die Airports in Zürich und München.

Regionalflughäfen

Der Luftverkehr auf den österreichischen Regionalflughäfen Linz, Salzburg, Graz, Klagenfurt und Innsbruck hat seit jeher geringere Bedeutung als beim Flughafen Wien (Tab. 6.9). Der Verkehr von dort zur Bundeshauptstadt spielt sich wegen der kurzen Distanzen großteils zu Lande ab. Infolge der Manipulationszeiten im Flugverkehr sowie dem Zeitaufwand für Zu- und Abfahrt von den Flughäfen in das Stadtzentrum ist der Einsatz des eigenen Pkw hier effizienter. Schnelle Bahnverbindungen könnten einen weiteren Teil des Verkehrsstromes von den Landeshauptstädten nach Wien aus dem Flugverkehr übernehmen. Allerdings hat man gegenwärtig nicht den Eindruck, dass die Österreichischen Bundesbahnen daran interessiert wären, dieses Potential voll auszuschöpfen. Flugreisende jedoch, die vom Vienna International Airport einen Anschluss-Fernflug gebucht haben, werden weiterhin die Flugverbindungen mit den Regionalflughäfen nutzen, da der Flughafen Wien bislang noch nicht an das Eisenbahnfernverkehrsnetz angeschlossen werden konnte. Wegen der größeren Distanz sind die regionalen Flugverbindungen von Wien nach Innsbruck und Vorarlberg stärker frequentiert. Letzteres Bundesland besitzt keinen eigenen größeren Flughafen. Die Flüge der Vorarlberger „Rheintalflug" und von deren Konkurrenten starten vielmehr vom schweizerischen Flughafen Altenrhein bei Rorschach bzw. von Friedrichshafen am deutschen Bodenseeufer.

Die Flughäfen Innsbruck und Salzburg verzeichnen während der Fremdenverkehrssaisonen einen starken Urlauberverkehr, v.a. an den Wochenenden. Besonders der Flughafen Salzburg, mitten im verbauten Gebiet der Salzachstadt gelegen, dient vielen Reiseveranstaltern als Drehscheibe zur Verteilung ihrer Kunden auf ihre Urlaubsziele in den Bundesländern Salzburg, Kärnten, Steiermark und dem östlichen Teil Tirols (Tab. 6.9).

Außer den genannten Flugplätzen gibt es noch 51 kleinere, die ausschließlich kleinen Privatflugzeugen und dem Flugsport

Tab. 6.9: Flugverkehr: Österreichische Regionalflughäfen 1980, 1990, 1997 und 1998
Quelle: ÖSTAT 1999a, S. 403f.
[1] An- und Abflüge

	1980		1990		1997		1998	
	Flüge[1]	Fluggäste	Flüge[1]	Fluggäste	Flüge[1]	Fluggäste	Flüge[1]	Fluggäste
Österreich insgesamt	77 261	3 658 226	125 094	7 728 713	232 483	12 980 558	241 623	14 024 402
Wien	54 262	2 919 470	79 823	5 711 769	156 608	9 732 392	165 022	10 626 714
Graz	5 464	145 733	8 188	335 037	13 800	627 259	14 870	654 274
Innsbruck	2 649	60 978	9 132	249 538	12 515	533 857	12 984	598 488
Klagenfurt	3 083	82 151	5 209	148 062	8 426	234 296	7 909	233 167
Linz	5 004	141 548	9 096	350 033	14 388	665 870	15 598	680 912
Salzburg	6 799	308 346	13 646	934 274	26 746	1 186 884	25 240	1 230 667

dienen. In einem Fremdenverkehrsland wie Österreich sind einige dieser Flugplätze für den internationalen Flugverkehr zugelassen, d. h. sie verfügen über grenzpolizeiliche und zollmäßige Abfertigungsbefugnisse. Die Zahl der Touristen, die mit dem eigenen Flugzeug in die Fremdenverkehrsgebiete anreisen, ist jedoch sehr gering. Dies verwundert angesichts der Tatsache, daß gerade zur Urlaubszeit die Verkehrsverbindungen auf den Straßen und auch Schienen stark überlastet sind (vgl. HIMMLER 1991).

Außenlandegenehmigungen
Das österreichische Flugnetz wäre unvollständig beschrieben, würde man nicht die Außenlandegenehmigungen erwähnen. Das sind jene Landeplätze, die – v. a. im Hochgebirge – für Versorgungsflüge (meist mit Hubschraubern) zugelassen sind. Heliskiing, das in den vergangenen Jahrzehnten im Rahmen des Wintersports garnicht so wenig verbreitet war, ist in den letzten Jahren aus Gründen des Umweltschutzes stark zurückgegangen.

Heliskiing
„In Tirol wurde Heliskiing von Ende der sechziger Jahre bis 1989 betrieben. In den ersten Jahren wurde der Sport beinahe im gesamten Landesgebiet problemlos genehmigt. 1975 gab es bereits ca. 60 Außenlandeplätze allein im Arlberggebiet. Diese zügellose Ausweitung führte zu einer negativen Einstellung der Wintergäste, Tourenschiläufer und Einheimischen. Daher wurden seit 1975 kontinuierlich weniger Außenlandegenehmigungen vergeben. ... Das Abgehen von der bisherigen Ansicht, Heliskiing stelle ein überwiegendes öffentliches Interesse dar, wurde damit begründet, daß öffentliche Interessen im Laufe der Zeit einem Wandel unterliegen. Die Umweltsituation in Tirol bedinge, daß dem Umweltschutz ein höherer Stellenwert eingeräumt werden müsse. ... Heliskiing hat besonders in Europa den Ruf, ein elitärer Sport zu sein, der auf Grund der hohen Kosten nur von einem sehr illustren Publikum betrieben werden kann. Dies entspricht zwar nicht ganz den Tatsachen, ist aber durchaus dazu geeignet, dem Wintersportort ein mondänes Ambiente zu verleihen. Außerdem profitieren von diesem finanzkräftigen Publikum auch andere Wirtschaftszweige. Die Tirol Werbung und einige Tourismusverbände sind allerdings mittlerweile überzeugt, daß das Anbieten einer als umweltschädlich eingestuften Sportart den Ruf der Wintersportorte eher schädigen würde."
1990 wurden in Tirol für Heliskiing keine Außenlandegenehmigungen mehr vergeben, in Vorarlberg bestehen im Raum Lech zwei Außenlandeplätze für Helikopter. In den anderen österreichischen Bundesländern wurden derartige Anträge nie gestellt (ÖLLER 1997).

6.1.5 Pipelines

Aufgrund seiner geographischen Lage erfüllt Österreich wichtige Funktionen im Pipelinesystem Europas (vgl. Kap. 8.1.2). Mit etwa 1 200 km *Fernleitungen* werden wichtige transeuropäische Verbindungen hergestellt (Österreich-Lexikon 1996, Bd. 2, S. 286):
- TAL: Triest – Plöckenpass (Würmlach) – Felbertauern – Kufstein – Ingolstadt – Karlsruhe (Erdöl)
- AWP: Würmlach – Lannach – Wien (Erdöl)
- TAG: „Druschba"-Pipeline (aus Westsibirien) – Baumgarten a. d. March – Lebring – Klagenfurt – Arnoldstein – Verona – Mailand (Erdgas) – wegen der großen Transportmengen verdoppelt
- WAG: Baumgarten a. d. March – Freistadt – Deggendorf (Erdgas)
- PLW: Schwechat – St. Valentin (Produkte)

TAL, TAG und WAG dienen primär dem Transit für Erdöl von den Mittelmeerhäfen in die Bundesrepublik Deutschland und von Erdgas aus Rußland nach Italien und der Bundesrepublik Deutschland. Die Erdgasleitungen können auch in die Gegenrichtung betrieben

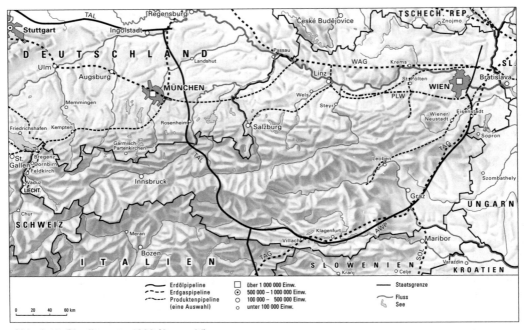

Abb. 6.14: Pipelinenetz 1999 (Auswahl)
Quelle. Diercke 1995, S. 32 und S. 74 – ergänzt

werden. Das heißt, dass auf diese Weise notfalls norwegisches, niederländisches oder algerisches Erdgas nach Osten geliefert werden könnte, wenn russische Lieferungen ausbleiben. Daher ist die Verteilungsstation in Baumgarten an der March ein zentraler Punkt für die Erdgasversorgung Mitteleuropas.

Außer den hier erwähnten Fernleitungen gibt es noch zahlreiche *regionale Pipelines* zum Transport der Kohlenwasserstoffe vom Vorkommen zur Weiterverarbeitung bzw. zur Versorgung von regionalen Verbrauchern. Dabei werden Erdgasnetze auch im Verbund betrieben.

6.1.6 Gesamtverkehr (Übersicht)

Die Pipelines, somit ein Spezialverkehrsträger, sind in dieses Kapitel aufgenommen worden, weil sie, gemessen an ihren Transportleistungen, durchaus mit den allgemeinen Verkehrsträgern zu vergleichen sind. Sie haben nach ihrer Errichtung wichtige Transporte von der Donauschifffahrt und von den Bahnen übernommen.

Tabelle 6.10 gibt eine Gesamtübersicht über die Transportleistungen auf Österreichs Verkehrswegen. Um sie erstellen zu können, mussten vom Österreichischen Statistischen Zentralamt (ÖSTAT) die Transportleistungen inländischer Lkw-Unternehmer „repräsentativ" aufgearbeitet werden. Das bedeutet, dass die tatsächlichen Verkehrsleistungen auf der Straße um ein Drittel bis die Hälfte höher eingeschätzt werden müssen. Denn der Transitverkehr, der zu einem hohen Prozentsatz von ausländischen Lastkraftwagen durchgeführt wird, beträgt ein Vielfaches der angegebenen Werte.

Verkehrsträger	1955		1996		1997	
	Mill. tkm	x%	Mill. tkm	x%	Mill. tkm	x%
Schiene	13160	25	13333	25	14199	23
Straße	*14879*	*3¹*	*15458*	*3¹*	*15670*	*3¹*
Rohrleitungen	11575	67	11819	67	12711	67
Binnenschifffahrt (Donau)	2046	49	2101	29	2087	44

x% = Transitanteil je Verkehrsträger in Prozent
¹ Da diese Tabelle nur Leistungen inländischer Lastkraftwagen enthält, der Transitverkehr aber vorwiegend von ausländischen Fahrzeugen durchgeführt wird, liegt der Transitanteil auf der Straße in Wirklichkeit wesentlich höher (vgl. S. 132, letzter Absatz).

Tab. 6.10: Gütertransport: Transportleistungen im Inland ohne Luftverkehr, 1995–1997, in Mill. tkm
Quelle: ÖSTAT 1997a, S. 326; 1998a, S. 357; 1999a, S. 389

6.2 Transitland Europas

Die geographische Lage Österreichs innerhalb Europas bedingt einen starken Transitverkehr. Dieser hat seit Jahrhunderten v. a. in der West-Ost-Richtung entlang der Donau und durch das Alpenvorland stattgefunden. Die Nord-Süd-Richtung auf der Route östlich der Alpen oder über den Alpenhauptkamm hatte weniger Bedeutung.

Nach dem Zweiten Weltkrieg haben sich jedoch die Rahmenbedingungen wesentlich geändert, zumal der Verkehr nach Osten durch den Eisernen Vorhang stark eingeschränkt worden ist. Statt dessen hat sich der Nord-Süd-Transit sukzessive in einem unerwarteten Ausmaß entwickelt und ist zu einem ökonomischen, ökologischen und damit auch politischen Problem geworden (vgl. Tab. 6.10, Anmerkung). Im Fernverkehr auf der Straße und in den Rohrleitungen stehen die Güter, die im Transit befördert werden, an erster Stelle.

Eine relativ genaue Darstellung der *Transitverkehrsströme* im Jahre 1994 auf Straße und Schiene durch Österreich und die Schweiz ist aus Abbildung 6.15 ersichtlich. Sie zeigt, dass auch vier Jahre nach dem Fall des Eisernen Vorhanges der Nord-Süd-Verkehr wesentlich stärker ausgeprägt war als die West-Ost-Richtung, obwohl im West-Ost-Transit starke Zunahmen auf der Straße zu verzeichnen waren. Bei der Aufteilung der Verkehrsströme auf die beiden Alpenstaaten muss man erkennen, dass durch Österreich 1995 41,8 Mill. t, durch die Schweiz aber nur 24,7 Mill. t über die Alpen transportiert wurden. Bis 1998 hatte diese Menge in beiden Staaten um weitere 11% zugenommen. Über die österreichischen Pässe wird somit fast doppelt soviel transportiert wie über die der Schweiz. Das verwundert, zumal ein Blick auf die Abbildung 2.1 zweifelsfrei zeigt, dass der nächste Weg von den führenden Wirtschaftszentren des westlichen Europas in den italienischen Kernraum in der Poebene über Schweizer Territorium führt. Noch überraschender ist aber die Aufteilung auf die verschiedenen Verkehrsträger: Über 70% des Güterverkehrsaufkommens wurden in der Schweiz auf der Schiene, in Österreich und Frankreich aber auf der Strasse transportiert (Abb. 6.16). Genauere Analysen zeigen, dass ein beachtlicher Teil des durch Österreich fließenden Transitverkehrs so genannter „Umwegtransit" ist. Die Lastkraftwagen weichen aufgrund technischer Beschränkungen und administrativer Hindernisse in der Schweiz nach Westen und Osten aus. Die Fuhrwerksunternehmen nehmen dafür beachtliche Umwege in Kauf (Abb. 6.17 u. 6.18). Denn das Ziel der Schweizer Verkehrspolitik ist, langfristig möglichst den ganzen Transitverkehr aus

„Drehscheibe für Südost-Europa" – Verkehr

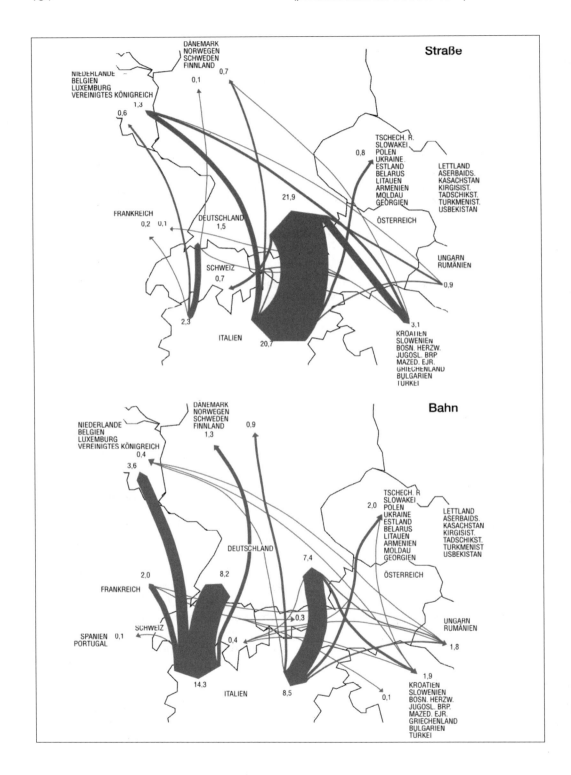

Transitland Europas

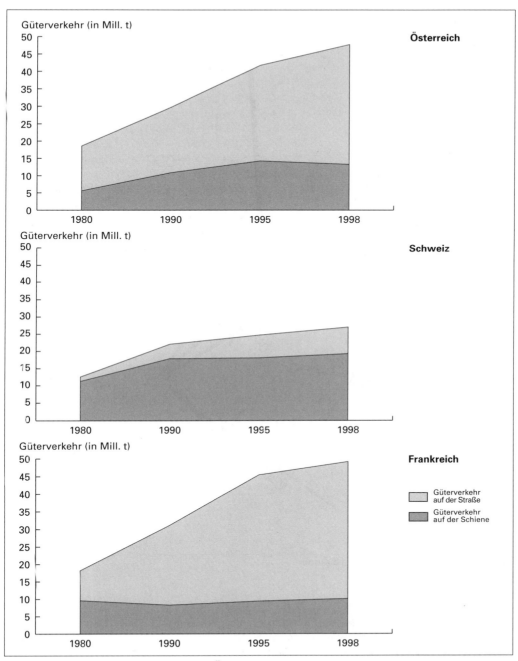

Abb. 6.16: Alpenquerender Güterverkehr: Österreich, Schweiz, Frankreich. 1980–1998 (in Mill. t.)
Quelle: Verkehrsclub Österreich (VCÖ) 2000

◄— **Abb. 6.15: Gütertransit durch Österreich und die Schweiz 1994**
Quelle: ÖSTAT 1995a, S. 337

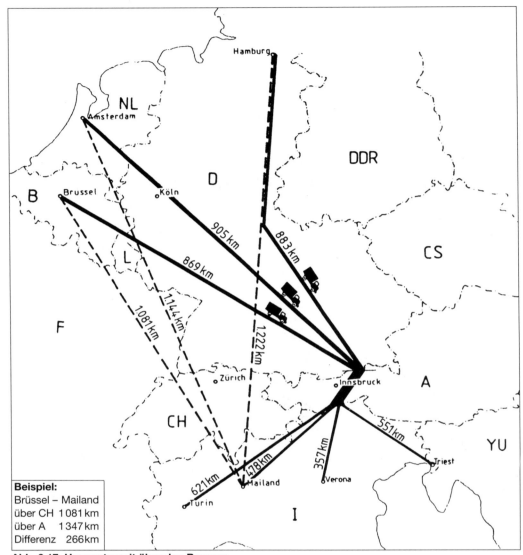

Abb. 6.17: Umwegtransit über den Brenner
Quelle: HANREICH 1990, S. 10

ökologischen und ökonomischen Gründen auf der Schiene abzuwickeln, wozu umfangreiche Investitionen im Rahmen der Neuen Eisenbahnalpentransversale (NEAT) geplant und auch schon beschlossen sind. Aufgrund dieser Verkehrspolitik hat die Schweiz folgerichtig Nachtfahrverbote über einen längeren Zeitraum verfügt als die umgebenden Staaten. Die Höchstlast für Lastkraftwagen ist zur Zeit noch mit 28 t begrenzt, während in der Europäischen Union 42 t zugelassen sind; in einem mit der Europäischen Union im Dezember 1998 abgeschlossenen Transitvertrag hat sich die

Transitland Europas

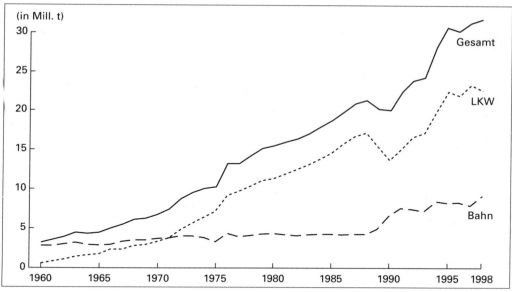

Abb. 6.18: Güterverkehr über den Brenner 1960–1998 (in Mill. Nettotonnen)
Quelle: KERSCHNER/PETROVITSCH 1998, S. 583; Verkehrsclub 2000

Schweiz allerdings verpflichten müssen, dieses Limit sukzessive auf das europäische Niveau anzuheben und ab 2005 Lastkraftwagen bis zu 40 t zuzulassen.

Brenner – Alpenübergang mit Spitzenfrequenz

Der Nord-Süd-Transitverkehr konzentriert sich v.a. auf die Brennerachse München – Innsbruck – Brenner – Bozen – Verona. Derzeit ist der Brenner der von Kraftfahrzeugen am stärksten befahrene Alpenübergang.

Diese Vorrangstellung ergibt sich jedoch nicht nur aus den oben erwähnten verkehrspolitischen Beschränkungen der Schweiz. Die Brennerroute hat überdies gute natürliche Voraussetzungen für den alpenquerenden Verkehr. Der Übergang über den Alpenhauptkamm erfolgt ohne Tunnel auf einer Höhe von nur 1371 m, somit auf geringerer Höhe als bei allen potentiell konkurrierenden Übergängen im Westen und im Osten. Der Brenner ist ferner der einzige Pass im Alpen-

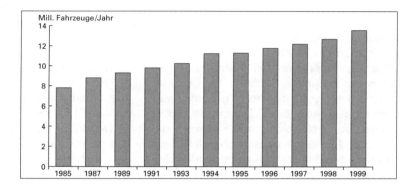

Abb. 6.19: Gesamtverkehr auf der Brennerautobahn 1985–1999 (in Mill. Fahrzeugen)
Quelle: KERSCHNER/ PETROVITSCH 1998, S. 582, modifiziert und ergänzt

> **Blockade der Brennerautobahn**
> „Die Bockade der Brennerautobahn am 12. und 13. Juni 1998 ist ein Aufschrei betroffener Menschen. Mit ihnen fühle ich mich solidarisch in der Sorge um die Zukunft unseres Lebensraumes. Ich wünsche den Menschen, die in diesen Tagen die Autobahn zum Versammlungsplatz gewählt haben, daß ihr Aufschrei nicht ungehört bleibt. In einem Europa der Regionen darf unsere Heimat nicht überfahren werden, vor allem, wenn es um die Umwelt und Lebenswelt der unmittelbar betroffenen Menschen geht. Ich bin mir klar darüber, daß wirtschaftliche Interessen wichtig und Verkehrsinteressen von großer Bedeutung sind. Aber die Bewahrung des Lebensraumes der Menschen und der Schutz der Lebensqualität in den europäischen Regionen haben Vorrang. ...."
> Dr. ALOIS KOTHGASSER,
> Bischof von Innsbruck
>
> „5000 Lastkraftwagen durch diese engen Täler im 24-Stunden-Takt richten weit mehr Schaden an, als 20 000 Lastkraftwagen in der Po-Ebene, im Ruhrgebiet oder auf der Wiener Tangente. Das ist der Befund; deshalb der erbitterte Widerstand gegen jene, die meinen, diese Täler würden von den Bewohnern aufgegeben. Die meinen, wir würden das Erbe unserer Eltern und die Zukunft unserer Kinder nicht entschlossen und dauerhaft absichern ...."
> FRITZ GURGISER, Obmann vom Transitforum Austria-Tirol
> Quelle: GURGISER 1999, S. 44f.
>
> Im Juni 2000 wurde eine weitere Blockade auf der Brennerautobahn veranstaltet. Die Anwesenheit des Verkehrsministers hat den Demonstranten bewiesen, dass die verantwortlichen Politiker ihre Sorgen teilen. Weitere Blockaden sind geplant.

hauptkamm, der ohne „verlorene Steigung" überquert werden kann. Bei allen anderen Übergängen müssen vor- oder nachgelagerte Pässe bezwungen werden, sodass eine mehrmalige Bergfahrt notwendig ist und bereits gewonnene Steigung wieder verloren geht. Auch dies war eine der Ursachen, dass der Brenner als erster Alpenpass in Europa von 1972 an durchgehend auf einer Autobahn überquert werden konnte. Dies führte ab diesem Zeitpunkt zu einer Konzentration des Nord-Süd-Verkehrs auf dieser Route. Die Transporte auf der Straße überstiegen erstmals das Volumen der auf der Schiene beförderten Waren. In der Folge verdoppelten sich die Zuwachsraten im Güterverkehr auf der Straße. Dieser hohe Zuwachs hat bis in jüngste Zeit angehalten, mit nur einer Unterbrechung, als 1990 die Autobahn-Innbrücke bei Kufstein wegen schwerer baulicher Schäden für den Gesamtverkehr vorübergehend gesperrt werden musste (Abb. 6.18). Die in den 1960er Jahren von österreichischen Politikern geäußerte Meinung, dass Österreich vom Nord-Süd-Verkehr umfahren zu werden drohe, hat sich als völlig unbegründet erwiesen.

Die umfangreichen Widerstände der Bevölkerung in den betroffenen Nordtiroler Landesteilen haben zu einem starken Druck auf die zuständigen österreichischen Politiker geführt.

Die oben stehenden Zitate und die Angaben in Abbildung 6.19 lassen erahnen, dass der Brennertransit inzwischen in Tirol Landtags-, ja sogar österreichische Nationalratswahlen wesentlich beeinflussen kann. Die Bevölkerung der angrenzenden Gebiete beklagt sich besonders über die starke Lärmentwicklung (Abb. 6.20). Weitaus folgenschwerer scheinen aber die Emissionen an Schadstoffen zu sein, v.a. von Stickoxyden, die den Wald entlang des Verkehrsweges stark angegriffen haben. Dazu kommt noch das im Winter bei der Schneeräumung eingesetzte Salz (Abb. 6.21). „In den Probebeständen unterhalb der Brennerautobahn stehen 54 mal mehr tote Bäume als im Tiroler Durchschnitt" (LARCHER 1994, S. 49).

Der Wald hat jedoch im Hochgebirge und gerade auch entlang der Brennerroute eine wichtige Schutzfunktion. Er stabilisiert die Steilhänge und vermindert die Lawinen-,

**Abb. 6.20:
Brennerverkehr:
Lärmdorf Schönberg**
Quelle:
LARCHER 1994, S. 39
Anmerkung: Schönberg, am Eingang des Stubaitales, wird von der Autobahn im Halbkreis umfahren. Hauptmautstelle und häufiger Stau verursachen hohe Lärmbelastung

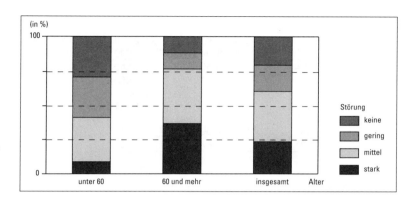

**Abb. 6.21:
Brennerverkehr:
Schädigung der
Bäume unterhalb der
Brennerautobahn
1986**
Quelle:
LARCHER 1994, S. 49

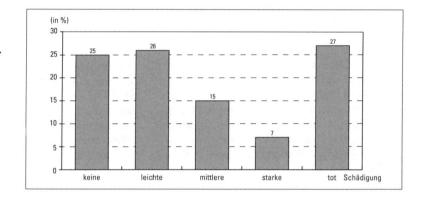

Muren- und Erdrutschgefahr. Wenn er dieser Funktion nicht mehr nachkommen kann, sind umfangreiche Verbauungsmaßnahmen notwendig, um den Verkehrsweg auf lange Sicht offen halten zu können. Diese sind technisch durchaus machbar, aber schwer zu finanzieren.

Transitvertrag
Zur Entspannung dieser Situation wurde nach langen Verhandlungen 1992 ein Transitvertrag zwischen Österreich und der Europäischen Union unterzeichnet, mit dem man eine Reduktion des Straßentransits und der Umweltbelastung erreichen wollte. Eine wesentliche Rolle in diesem Vertrag spielt die Einführung der so genannten „Ökopunkte" (Tab. 6.11), die bei jeder Fahrt eines Lastkraftwagen über 7,5 Mill. t im

Transit abgebucht werden müssen. Der Vertrag sieht vor, dass die Zahl der zur Verfügung stehenden Punkte innerhalb der Jahre 1993 bis 2003 um 60 % gesenkt werden soll. Die Höhe der abzubuchenden Punkte richtet sich nach den Abgaswerten des Fahrzeuges; Lastkraftwagen, die vor dem 1. Oktober 1990 erstmals zugelassen wurden, müssen generell 16 Ökopunkte pro Fahrt abbuchen. Der Beitritt von Finnland und Schweden zur Union 1995 hat eine Modifizierung der Zahl der Punkte notwendig gemacht, die in Tabelle 6.11 schon berücksichtigt ist.

Vergleicht man nun die Daten der Tabelle 6.11 mit den Angaben auf Abbildung 6.19, so erkennt man, dass das Ziel der Reduzierung nicht erreicht wurde. Die Zahl der Transitfahrten hat sogar noch über das im Vertrag

Jahr	Ökopunkte pro Fahrt	Verbrauch von Ökopunkten insgesamt (Mill.)	Ökopunkte zur Verfügung laut Transitvertrag	Anteil der verbrauchten Ökopunkte (%)
1993	12,94	14,50	20,49	70,8
1994	11,84	14,73	18,53	79,5
1995	10,81	15,85	16,89	93,8
1996	9,47	14,06	15,31	91,8
1997	8,69	13,07	13,92	93,9
1998	7,44	10,60	12,91	82,1
1999	6,95	11,87	12,83	97,1

Tab. 6.11: Gütertransit: Verbrauch von Ökopunkten, 1994–1999
Quellen: ÖSTAT 1995a; 1996a; 1997a; 1998a; Verkehrsclub Österreich 1996, S. 34f.; Angaben des Bundesministeriums für Verkehr und Wissenschaft, Wien 2000 – eig. Berechnungen

vorgesehene Ausmaß hinaus zugenommen. Dafür ist u. a. auch der vermehrte Einsatz von schadstoffarmen Fahrzeugen verantwortlich, ein Tatbestand der durchaus noch dem Sinne des Transitvertrages entspricht. Die zweite Ursache erscheint hier schon wesentlich kritischer: Die Ausgangsbasis für das Jahr 1993 wurde als Ergebnis komplizierter und langwieriger Verhandlungen viel zu hoch angenommen. In den ersten Jahren des Transitvertrages waren dadurch mehr Ökopunkte vorhanden, als – auch ohne besondere Sparsamkeit – benötigt worden wären. Am bedenklichsten wertet der Autor jedoch die dritte Ursache: Als sich nämlich in den Jahren 1995 und 1996 langsam real Engpässe an Punkten abzuzeichnen begannen, waren die Grenzkontrollen infolge des Beitrittes Österreichs zur Europäischen Union und zum Schengen-Vertrag weitgehend weggefallen. Daher sind zahlreiche Lastkraftwagen durch das Land gefahren, ohne überhaupt Punkte abgebucht zu haben („Geister-Lkws"), von Januar bis September 2000 z. B. 60 000 Fahrzeuge. Das haben Vergleiche zwischen den Ergebnissen der regelmäßigen Verkehrszählungen und den Ökopunkte-Abbuchungen ergeben. Über die weitere Zukunft des Transitvertrages bestehen zwischen Österreich und den anderen 14 EU-Staaten beachtliche Meinungsunterschiede.

Damit waren die Bemühungen, den Brenner-Transit durch Ökopunkte in den Griff zu bekommen, wenig erfolgreich. Auch andere Ansätze in diese Richtung haben einstweilen kaum Resultate gebracht. Eine drastische Erhöhung der Maut auf der Brenner-Autobahn hat zu Protesten seitens der Europäischen Union und zu einem vorübergehenden Ausweichen von Lastkraftwagen auf die Tauernautobahn geführt. Die Mauterhöhung musste wieder zurückgenommen werden. Die „rollende Landstraße", die derzeit v. a. auf der Route Brennersee – München eingesetzt ist und nach dem Ausbau des südtiroler Teiles der Brennerbahn bis in den Raum Verona verlängert werden soll, bringt nur eine geringe Entlastung. Ihre Frequenz ist stark von den übrigen Rahmenbedingungen abhängig. Trotz starker öffentlicher Förderung bringt sie dem Fuhrwerksunternehmen höhere Kosten und braucht mehr Zeit als die Durchfahrt durch Österreich im eigenen Lkw. Überdies liegt der Todlastanteil bei 50 % (KERSCHNER/PETROVITSCH 1998, S. 583), sodass ihre finanzielle Unterstützung durch die öffentliche Hand sowohl aus betriebswirtschaftlicher als auch aus energiewirtschaftlicher Sicht problematisch erscheint. Bessere Möglichkeiten würde hier schon die Containerisierung des Verkehrs bieten, doch ist dafür das organisatorische Umfeld noch nicht reif. Auch die technischen Vorbedingungen sind noch nicht in ausreichendem Maße geschaffen.

Die Probleme im österreichischen Transitverkehr werden sich für Österreich erst lösen lassen, wenn auf internationaler Ebene die realen internen und ein Großteil der externen Kosten des Straßenverkehrs den Transportunternehmen angerechnet werden können. Das wird ein starkes Ansteigen der

Frachtkosten zur Folge haben. Ein wünschenswerter Nebeneffekt einer Verteuerung der Frachttarife müsste nach den Regeln der freien Marktwirtschaft eine Verringerung der Transportmengen sein. Das würde allerdings bedeuten, dass viele Verkehrsprognosen unserer Tage sich als unrichtig herausstellen könnten. Vielleicht hätte dann in Zukunft Verkehrsvermeidung einen ähnlichen Stellenwert wie heute Abfallvermeidung.

6.3 Verkehr im Zentrum und in der Peripherie

Die Suburbanisation, auf die im Kapitel 4 bereits hingewiesen wurde, hat eine Zunahme der Pendlerströme und der Pendeldistanzen mit sich gebracht. Die Folge sind fast täglich auftretende Verkehrsstaus an den Einfahrten der Städte, trotz starkem Ausbau des Straßennetzes. Es mangelt jedoch nicht an Ansätzen, einen möglichst großen Teil der täglichen Arbeiter- und Schülerfahrten mit Hilfe des öffentlichen Verkehrs zu bewältigen. Offizieller Anreiz ist die so genannte „Nahverkehrsmilliarde", d.h. Geld, das in den öffentlichen Verkehr in den Städten und dem Umland investiert wird, um Infrastrukturkosten für den Individualverkehr einzusparen.

Formalen Rahmen für die Organisation des öffentlichen Verkehrs bilden die so genannten *Verkehrsverbünde*, die sukzessive in den letzten Jahrzehnten entstanden sind und nun bereits die gesamte Landesfläche überdecken (Abb. 6.22). Den Anfang machte der Verkehrsverbund Ostregion (VOR), der nach sehr langwierigen Verhandlungen im Jahre 1984 etabliert wurde. Die regionalen Autobusse waren allerdings in den ersten Jahren noch aus dem VOR ausgeschlossen. Ursache für die relativ stark verzögerte und mühsame Einrichtung des ersten österreichischen Verkehrsverbundes für den Ballungsraum Wien waren Probleme bei der Aufteilung und Finanzierung des Durchtari-

Abb. 6.22: Verkehrsverbünde 1999
Quelle: FRITZL 1999a, S. 15; Österreichische Raumordnungskonferenz (ÖROK), 1996a, S. 150

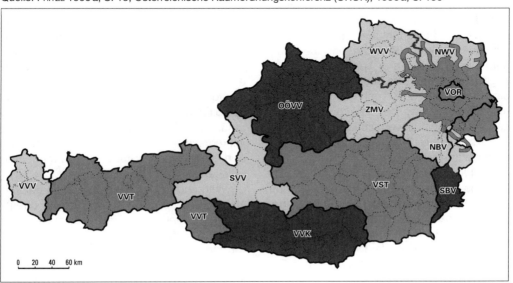

Jahr	Fahrgäste	
	„Wiener Linien"	ÖBB in Tarifgemeinschaft mit „Wiener Linien"
1985	588,0	69,9
1987	601,9	75,4
1989	605,3	79,9
1991	611,3	86,4
1993	655,1	89,8
1995	687,5	89,7
1997	698,7	82,8
1999	711,4	–

Tab. 6.12: „Wiener Linien": Entwicklung der Fahrgastzahlen, 1985–1999 (in Mill. Fahrgästen)
Quellen: ÖSTAT 1989a; 1993a; 1995a; 1996a; 1999a; Gesellschaft für Verkehrspolitik 1996, Info 81
Anmerkung: Da die Angaben in Tabelle 6.12 teilweise auf Schätzungen beruhen, wurde ihre absolute Höhe vom Rechnungshof (der Kontrollinstanz der Republik Österreich) in Frage gestellt. Der aufgezeigte Trend ist jedoch ersichtlich.

fierungsverlustes. Dieser entsteht indem an Stelle der autonomen Tarife der einzelnen beteiligten Unternehmen ein durchgerechneter Staffeltarif zur Anwendung kommt. Dadurch bleibt aber ein Teil der bei jedem Unternehmen anfallenden Fixkosten ungedeckt und muss den Transportunternehmen von der öffentlichen Hand ersetzt werden. Für den Fahrgast bedeutet ein solcher Verkehrsverbund eine fühlbare Tarifermäßigung v. a. auf längeren Strecken und bei Inanspruchnahme mehrerer Verkehrsträger. Zuzüglich sollte die Zusammenarbeit aller regionaler Verkehrsunternehmen der Region eine Verbesserung der Verkehrsverbindungen und Anschlussverhältnisse bringen, ein Ziel, das bisher allerdings noch nicht voll umgesetzt werden konnte.

Ziel der Verkehrsverbünde ist es, die Fahrgäste, die in Ballungsräume fahren oder dort unterwegs sind, zum Umsteigen auf den öffentlichen Verkehr zu bewegen. Tabelle 6.12 beweist, dass dieses Ziel beim VOR z. T. erreicht wurde. Die Zahl der Fahrgäste der „Wiener Linien" ist seit der Einführung des Verkehrsverbundes in ständigem Steigen begriffen. Dies betrifft auch die von den „Wiener Linien" auf die österreichischen Bundesbahnen übergehenden Fahrgäste. Dass hier seit dem Jahre 1995 eine Stagnation bzw. sogar ein leichter Rückgang zu verzeichnen war, dürfte mit den laufenden betrieblichen Umstellungen bei den Bundesbahnen zusammenhängen, die in manchen Fällen den Bestrebungen der regionalen Verkehrsplaner entgegen laufen.

Ein besonderes Problem im Konzept der Verkehrsverbünde bilden Schnittstellen zwischen öffentlichem und Indidual-Verkehr. Je weiter sich man vom Zentrum der Stadt nach außen bewegt, desto dünner wird die Bevölkerungsdichte und desto weniger effizient wird die flächenhafte Bedienung durch öffentliche Verkehrsmittel. Daher gehört es auch zu den Aufgaben des Verkehrsverbundes entsprechende Umsteigegelegenheiten zum Individualverkehrsmittel vorzusehen. So besteht in Niederösterreich ein zusätzlicher Bedarf an 20 000 Park-and-Ride-Plätzen, welche in den nächsten zehn Jahren mit einem Aufwand von 2 Mrd. ÖS realisiert werden sollen. Die Kosten wollen sich Bund und Land zur Hälfte teilen (SCHROLL 1996, S. 18).

Die Städte sind gerne bereit, ihren Anteil an den Durchtarifierungsverlusten aus dem Budget zu bezahlen. Werden dadurch doch weit höhere Kosten für den Straßenausbau eingespart, die man aufwenden müsste, um die Verkehrsaufgaben in der Stadt halbwegs bewältigen zu können. Trotzdem wäre zu befürchten, dass v. a. während der Hauptverkehrszeiten der Automobilverkehr auf den Straßen der Stadt vollkommen zum Erliegen käme.

Während in den Kernräumen an zahlreichen effizienten Konzepten für den öffentlichen Verkehr gearbeitet wird, auch wenn deren Umsetzung oft noch nicht sehr weit fortgeschritten ist, muss man in der *Peripherie ein sukzessives Ausdünnen* des Verkehrsangebots feststellen. Die fortschreitende Individualmotorisierung hat die Nachfrage nach Leistungen des öffentlichen Verkehrs zurückgehen lassen. Diese werden nur noch von so genannten „Handicap"-Schichten nachgefragt, also Personen, die noch nicht oder nicht mehr in der Lage sind, ein eigenes Auto zu lenken. Nachfrager sind daher Schüler, alte, kranke und behinderte Personen, für die jedoch immer weniger Transportleistungen angeboten werden. Zahlreiche abgelegene kleine Orte sind daher nur an Werktagen einmal am Tage zu erreichen: nämlich mit dem Schulbus, der die Schüler in der Früh zur Fahrt in die Schule abholt und am frühen Nachmittag wieder nach Hause bringt. Es ist evident, dass dadurch die Bedürfnisse für den Personentransport des peripheren ländlichen Raumes nicht erfüllt sind. Dies beweist auch das untenstehende Zitat, das eines der vielen damit verbundenen latenten Probleme aufzeigt.

Tatsache ist, dass die Versorgung von peripheren Gebieten mit öffentlichen Verkehrsmitteln infolge mangelnder Frequenz und Rentabilität zurückgegangen ist. Weitere Rückgänge, namentlich im Autobusdienst sind zu erwarten. Synergieeffekte mit anderen Verkehrsträgern (z. B. zwischen Bahn und Bus) bleiben fast ungenutzt. Zieht sich die Bahn auf einer Nebenstrecke vom Verkehr zurück, gibt es oft keine Nachfolgeversorgung. Alternative Formen des öffentlichen Verkehrs, wie Rufbusse, Sammeltaxis u. ä. haben sich bisher auf dem freien Lande noch nicht durchgesetzt, obwohl dadurch die Erreichbarkeit peripherer Gebiete wesentlich verbessert werden könnte.

Es fehlt somit ein voll koordiniertes und integriertes öffentliches Verkehrssystem, das auch für die peripheren Räume einen qualitativ hochwertigen Verkehrsanschluss sicher stellen müsste.

Ein solches Verkehrssystem würde auch vom Tourismus benötigt. Ansätze von einzelnen Fremdenverkehrsregionen mit Eigeninitiative (z. B.: „Lungauer Tälerbus") oder von einigen Wintersportorten gibt es bereits. Eine integrierte flächendeckende Versorgung konnte aber bisher noch nicht erreicht werden.

Ein Herz für die Waldviertler
„‚Sie haben wohl kein Herz für junge Waldviertler', meinten vor kurzem Leser. Bei meiner Kritik am Mopedfahren ab 15 würde ich völlig außer acht lassen, daß Jugendliche ohne Moped in vielen Gegenden nicht einmal zum Lehrplatz kämen. Gerade in diesen Zeiten sei so eine Haltung unverantwortlich. Oft gäbe es weder ‚Öffentliche' noch Mitfahrgelegenheit. Meine Sicherheitsbedenken seien da zweitrangig.

Die Leser können sich beruhigt zurücklehnen. Im Ministerrat wurde vor kurzem beschlossen, Mopedfahren mit 15 zu erlauben, sofern die Region nicht an den öffentlichen Verkehr angeschlossen ist. An der notwendigen Zustimmung durch das Parlament zweifelt niemand. Damit läßt man unerfahrene 15jährige unter Gefährdung ihrer Gesundheit und ihres Lebens dafür büßen, daß das reiche Österreich nicht im Stande ist, auch in wirtschaftlich schwachen Gebieten eine Mindestversorgung mit ‚Öffentlichen' aufrechtzuerhalten, was etwa in der Schweiz gewährleistet ist. 15jährige werden bei uns damit selbst an jenen Tagen zum Mopedfahren gezwungen, wo über Verkehrsfunk wegen Glatteis oder extremem Schneefall vom ungleich sichereren Autofahren abgeraten wird.

Die ersten Verletzten und Toten werden nicht lange auf sich warten lassen. Aber die Bundespolitiker haben bereits vorgesorgt, daß sie nicht dafür verantwortlich gemacht werden. Das wäre gerade jetzt, wo die Zahl der Verkehrstoten steigt, ziemlich unangenehm. Den Schwarzen Peter bekommen die Landespolitiker: Für die spezielle Erlaubnis zum Mopedfahren ab 15 sind nämlich sie zuständig."
BRANDL 1997, S. 1
„unter uns gesagt"
Kurier, Wien 30. Mai 1997
Beilage: Motor und Reise, S. 1

6.4 Seilbahnen, ein Sonderfall

Österreich nimmt weltweit den dritten Rang in der Seilbahnstatistik ein. Im Winter 1999/2000 waren 3178 Seilbahnanlagen (Standseilbahnen, Seilschwebebahnen, Sesselbahnen und Schlepplifte) in Betrieb. Diese Bahnen befördern im Betriebsjahr über 500 Mill. Passagiere (Wirtschaftskammer 2000). Das wäre mehr als das Dreifache der Passagiere der Österreichischen Bundesbahnen (vgl. Tab. 6.5) und mit den Beförderungszahlen des öffentlichen Verkehrs in Wien vergleichbar (Tab. 6.12). Ein solcher Vergleich ist allerdings nur bedingt zulässig: Denn bei den Seilbahnfahrgästen handelt es sich im Gegensatz zu den Eisenbahnpassagieren zum größten Teil um Skifahrer, welche die Seilbahnen in Ausübung ihres Sports mehrmals am Tag benutzen und somit nicht um eine echte Form der Distanzüberwindung. Mit diesem dritten Rang folgt Österreich den wesentlich größeren Staaten Frankreich und USA und liegt noch vor Japan, Italien und der Schweiz (Angaben des Bundesministeriums für Wissenschaft und Verkehr, Wien 2000).

Diese *führende Position* des kleinen Alpenstaates überrascht. Sie wird jedoch leicht erklärbar, wenn man bedenkt, dass nur wenige Hochgebirge für den Tourismus so gut erschlossen sind, wie die Ostalpen. Dazu kommt noch die hohe Fremdenverkehrsintensität und lange Tradition sowohl im Wintersport als auch im Seilbahnwesen. Zahlreiche Pioniere des Seilbahnbaues waren Österreicher und viele Innovationen in der Seilbahntechnik sind in Österreich erfunden und ausprobiert worden.

Die *erste Personenseilbahn* hat bereits 1873 den Verkehr aufgenommen – eine Standseilbahn auf dem Leopoldsberg bei Wien, die jedoch schon 1876 ihren Betrieb wieder einstellen musste. Die Gesellschaft war von der konkurrierenden Kahlenberg-Zahnradbahn aufgekauft worden (JÜLG 1966, S. 19). Dieser Tatbestand erscheint symptomatisch für die damalige „Gründerzeit".

Die drei ältesten Standseilbahnen, die derzeit in Österreich verkehren, sind weit bekannt und stark frequentiert. Es handelt sich um die Festungsbahn in Salzburg (eröffnet 1892), die Schlossbergbahn in Graz (1894) und die Hungerburgbahn in Innsbruck (1906). Alle drei Bahnen sind allerdings inzwischen öfters umgebaut und modernisiert worden. Sie zeigen aber auch, wann und wo die Entwicklung der Seilbahnen in Österreich begann: In der Zeit der Industrialisierung und v.a. in den großen Städten und ihrer Umgebung, wo die Bahnen vorwiegend dem Ausflugsverkehr dienten.

Die erste Seilschwebebahn auf dem Gebiet der ehemaligen k. und k. Monarchie wurde 1908 in Südtirol eröffnet: die Kohlernbahn nahe der Stadt Bozen. Der Erste Weltkrieg brachte für die Seilbahntechnik einen starken Aufschwung. Die hoch gelegenen und schwer zugänglichen Stellungen an den Alpenfronten wurden teilweise durch Seilbahnen versorgt. Gleichzeitig wurde der Bau von Seilbahnen kriegsbedingt für den öffentlichen Personenverkehr und Tourismus unterbrochen.

Erst als sich die Wirtschaftslage nach dem Ersten Weltkrieg ein bisschen stabilisiert hatte, kam es wieder zur Errichtung von Seilbahnanlagen für touristische Zwecke. In den Jahren 1926 bis 1928 entstanden dann zwölf große Pendelbahnen, die auch heute noch, alle technisch erneuert, in Betrieb sind. Damals wurden eröffnet: Die Raxbahn am 9. Juni 1926, die Tiroler Zugspitzbahn am 5. Juli 1926, Pfänderbahn, Feuerkogelbahn und Schmittenhöhebahn im Jahre 1927, Kanzelbahn, Mariazell-Bürgeralpe, Hahnenkammbahn, Patscherkofelbahn und Innsbrucker Nordkettenbahn (2 Sektionen) im Jahre 1928. Österreich nahm damit bereits zu dieser Zeit eine führende Stellung im Seilbahnwesen ein. Der Ausbruch der Weltwirtschaftskrise und die folgende Einführung der „Tausend-Mark-Sperre" durch das nationalsozialistische Regime im Deutschen Reich bereitete diesem Seilbahnboom ein jähes Ende. Einige der aufgezählten Bahnen gerieten in finanzielle Notlage. Bis zum Ausbruch des Zweiten Weltkrieges wurden dann nur noch zwei weitere Seilbahnen und die ersten wenigen Schlepplifte für den Wintersport, u. a. im Arlberggebiet, eröffnet.

„Take-off"
Auch der Zweite Weltkrieg hat das Seilbahnwesen technisch weiter gebracht. Ihren starken Aufschwung aber, eine echte „Take-off-Phase", erlebten die österreichischen Seilbahnen in den 1950er und 1960er Jahren. Dieser Boom war nur z. T. auf Fortschritte in der technischen Entwicklung zurückzuführen: Aus den Vereinigten Staaten kam 1946 das System der Sessellifte nach Europa; kuppelbare Zweiseilumlaufbahnen wurden 1950 in Österreich zum ersten Mal ausgeführt. Wesentlich wichtiger jedoch war die unerwartet starke Zunahme der Nachfrage nach Seilbahnverkehrsleistungen. Mit den starken Zuwächsen im Fremdenverkehr (vgl. Kap. 7.3) nahm auch die Zahl der potentiellen Seilbahnfahrgäste zu. Im Rahmen des Wintertourismus übernahm der alpine Pistenskilauf relativ rasch die führende Position, die er bis heute inne hat. Innerhalb weniger Jahre war es unmöglich geworden, einen größeren Wintersportort in den Alpen ohne mechanische Aufstiegshilfen zu führen. An Stelle des Naturerlebnisses für Skibergsteiger, welches bis dahin im Vordergrund gestanden hatte, trat das sportliche Erlebnis der Skiabfahrt. Kondition und bewältigte Tagesabfahrtshöhenmeter (bergab) waren für den alpinen Winterurlaub nunmehr maßgebend. Diese Entwicklung ging übrigens zeitgleich mit der Individualmotorisierung: Bewegungsverhalten und Konditionsverhältnisse der Skifahrer haben sich in diesen Jahren wesentlich verändert, woran die Seilbahnen einen großen Anteil hatten (JÜLG 1999, S. 23 ff.).

Gleichzeitig trat bei den *Funktionen der Seilbahnen* ein Wandel ein. Ihr Aufgabenbereich für den Fremdenverkehr war zwar schon immer wichtiger gewesen als die Funktion einer Verkehrsverbindung bzw. eines Verkehrsanschlusses. Durch die weitgehende Erschließung der alpinen Siedlungsgebiete durch Straßen gingen aber die Funktionen der Seilbahnen für den allgemeinen Verkehr fast vollkommen verloren.

Die ersten Seilschwebebahnen für den Fremdenverkehr hatten Aussichtspunkte zum Ziel, meist in der Nähe von Städten für die Ausflügler, aber auch in größeren Fremdenverkehrsregionen für die in diesem Gebiet verweilenden Gäste. Besonders attraktiv waren alpine Randlagen, die einen weiten Blick in das vor ihnen liegende Flachland boten (vgl. Kap. 2.1.5).

Die Hauptzahl der Fahrgäste wurde damals im Sommer gezählt, das Wintergeschäft war nur eine Nebentätigkeit der Bahnen, falls es in der Nähe gute Skiabfahrtsmöglichkeiten gab. Erst ab den 1950er Jahren begannen unter den Seilbahnfahrgästen die Wintersportler, v. a. aber die Skifahrer zu dominieren. Viele Bahnen wurden und werden seitdem ausschließlich für die Wintersaison gebaut. Manche von ihnen dürfen aus technischen Gründen in den Sommermonaten gar nicht in Betrieb genommen werden, weil ihre Benützung nur Fahrgästen mit angeschnallten Skiern oder Snowboards gestattet ist. Die meisten dieser Anlagen sind auch von der Aufsichtsbehörde für Talfahrten nicht zugelassen.

Heute unterscheidet man nach ihrer Funktion zwischen Zubringerbahnen und „Sportbahnen", welche ausschließlich als Aufstiegshilfe für eine Skiabfahrt dienen. Zubringerbahnen haben meistens geschlossene Fahrbetriebsmittel, um auch bei ungünstigen Witterungsverhältnissen einsatzfähig zu sein. Sie sind sehr leistungsstark, weil sie den Spitzenandrang der Skifahrer am Morgen nach dem Frühstück, also in der Zeit zwischen 9.30 und 10.30 Uhr bzw.

eventuell noch nach der Mittagspause möglichst schnell bewältigen müssen. Ihre Gesamtauslastung ist somit gering. Da die Investitionskosten für wettersichere Systeme aber wesentlich höher liegen als die Kosten offener Sessel- und Schlepplifte, können Zubringerbahnen in vielen Fällen nicht rentabel betrieben werden. Ihre Verluste müssen von den „Sportbahnen" im Skigebiet aufgefangen werden. Diese sind in Investition und Betrieb wesentlich billiger. Sie werden überdies während des ganzen Skitages frequentiert. Die meisten Seilbahnanlagen in Österreich gehören zu dieser Gruppe.

„Stadium der Reife"
Die *hohe Bedeutung* der Seilbahnen *für den Wintertourismus* in den Alpenländern ist unumstritten. Tabelle 6.13 zeigt die Entwicklung der österreichischen Seilbahnanlagen in den letzten Jahrzehnten. Man kann erkennen, dass die Zahl der Anlagen bereits ihren Höhepunkt überschritten hat. In den letzten Jahren sind zahlreiche Schlepplifte aufgegeben worden, v. a. Lifte, die in niederen Regionen errichtet worden waren und wegen Schneemangels nur wenige Betriebstage jährlich zu verzeichnen hatten. Die Insider sprachen da ironisch von „Weingartenliften".

Die Zahl der Seilbahnanlagen sagt jedoch nichts über ihre wirkliche Leistungsfähigkeit aus. Denn obwohl die Zahl der Anlagen in den letzten Jahren gesunken ist, nahm die *Transportkapazität* weiterhin (Abb. 6.23) zu. Diese hat als Kapazitätsmaß hohe Aussagekraft: Hier wird die maximale Stundenkapazität (Personen/Stunde), die oft in Fremdenverkehrsprospekten angegeben ist, mit den zurückgelegten Höhenmetern multipliziert. Denn eine große Seilbahn, die einen Höhenunterschied von über 1 000 m überwindet, kann kapazitätsmäßig nicht mit einem kleinen Schlepplift verglichen werden, der seine Benutzer nur wenige Höhenmeter hinauf zieht, auch wenn dieser Schlepplift wesentlich mehr Personen pro Stunde befördern kann als die erwähnte Seilbahn.

Insgesamt muss festgestellt werden, dass in Österreich bei den Seilbahnen eine Überkapazität besteht. Daran ändert auch die Tatsache nichts, dass so mancher Wintergast Warteschlangen als negatives Urlaubserlebnis in Erinnerung hat. Das Ziel der Ausbaupolitik geht bei den Seilbahnen in den letzten Jahren dahin, die Leistungsfähigkeit der Anlagen mit Hilfe öffentlicher Förderung soweit zu steigern, dass im Allgemeinen keine längeren Wartezeiten als 30 Minuten zu verzeichnen sind. Damit glaubt man der Konkurrenz der anderen Alpenländer, dem Wettrüsten im Alpenraum, Paroli bieten zu können.

Diese Konkurrenz ist ebenso maßgebend für ein zweites Ausbauziel: Schlepplifte und Sessellifte werden zunehmend durch modernere, mehr komfortable, aber damit auch teurere Anlagen ersetzt. Dies verringert wiederum die Wirtschaftlichkeit der Anlagen und darum schreiben viele Seilbahnunternehmen in Österreich rote Zahlen. Ein etwaiger Rückgang des Winterfremdenverkehrs, wie er in manchen Prognosen für möglich gehalten wird, würde für viele Anlagen das endgültige „Aus" bedeuten.

Zahlreiche Projekte, die in der „Take-off-Phase" in den Köpfen von einheimischen und fremden Interessenten als Vision vorhanden waren, konnten nicht verwirklicht werden. Besonders euphorisch waren in manchen Tälern die Einheimischen, da der Ausbau für den Wintersport flächendeckend einen großen wirtschaftlichen Aufschwung zu bringen versprach.

Gleichzeitig mehrten sich die Einsprüche seitens der Naturschutzinteressen, auch das *Umweltbewusstsein* der Bevölkerung wuchs. Das Roden von Walddurchfahrten und das Planieren von Pisten wurde besonders angegriffen, obwohl genaue Analysen ergaben, dass die für Pisten beanspruchte Fläche außerordentlich gering ist. In der Wintersaison 1997/98 waren das nur knapp über 23 000 ha, somit 2,8 ‰ der Gesamtfläche des Staates (Wirtschaftskammer 1999 b, S. 11). Ihr Ausmaß muss angesichts

Seilbahnen, ein Sonderfall

Technisches System	1955	1960	1965	1970	1975	1980	1985	1990	1995	1997	1998
Standseilbahnen	6	9	14	17	22	24	26	26	23	23	23
Hauptseilbahnen mit Pendelbetrieb	26	46	56	69	70	70	119	147	51	49	49
Hauptseilbahnen mit Umlaufbetrieb	8	10	11	11	25	37			105	112	119
Doppel- und Mehrsessellifte[1]	4	8	13	52	133	206	307	401	444	480	507
Einsessel- und Kombilifte	66	101	163	228	231	224	189	148	101	89	82
Schlepplifte	273	380	826	1 970	2 729	3 153	3 364	2 753	2 517	2 496	2 416
Anlagen insgesamt	383	554	1 085	2 347	3 210	3 714	4 005	3 480	3 241	3 249	3 196

[1] In der Zuordnung der Doppel- und Mehrsessellifte zu den Haupt- und Kleinseilbahnen ist im dargestellten Zeitraum eine Änderung eingetreten

Tab. 6.13: Seilbahnen: Anlagen nach technischen Systemen 1955–1998
Quellen: Wirtschaftskammer, jährlich, a; ÖSTAT 1998 a, S. 370; 1999 a, S. 400; Bundesministerium für Verkehr 1978, Bd. 1, S. 35 – eigene Zusammenstellung, modifiziert

Abb. 6.23: Seilbahnen: Entwicklung der Anlagen und der Transportkapazität 1955–1998
Quellen: Wirtschaftskammer, jährlich, a; Bundesministerium für Verkehr 1978, Bd. 2, S. 63; Bundesministerium für Wissenschaft und Verkehr 1999; Institut für touristische Raumplanung 1999 – eigene Zusammenstellung, modifiziert, einige Angaben geschätzt – Indexwerte: 1955 = 100

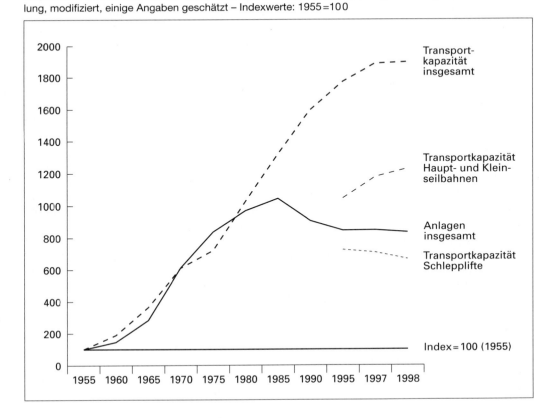

der Wertschöpfung, die indirekt mit ihr erzielt werden kann, weiter relativiert werden. Allerdings kann es Passagen geben, wo durch den Bau von Pisten Hänge destabilisiert werden oder neue Lawinenbahnen entstehen. Diese Gefahren zu berücksichtigen, hat man mittlerweile gelernt. Negativer sind da schon die Auswirkungen auf die Vegetation. Vor allem im Gelände über der Waldgrenze, kann es länger als ein Jahrhundert dauern, bis sich das gegenwärtige quasistabile Ökotop, ob naturgegeben oder durch Jahrhunderte vom Menschen gewissenhaft bewirtschaftet und gepflegt, wieder einstellt, nachdem es durch kulturtechnische Maßnahmen zerstört worden ist. Die Sukzession von Pflanzen zu dauerhaften Gesellschaften geht dort sehr langsam vor sich.

Umweltbedenken wurden auch gegen den Einsatz von *Schneekanonen* geäußert. Ihre Verwendung hat sich in einigen aufeinanderfolgenden schneearmen Wintern als unbedingt notwendig erwiesen. Ursprünglich dienten sie nur zum „Ausbessern" der Schneedecke, d.h. es wurden primär jene Stellen einer Abfahrt beschneit, die infolge starker Sonnenbestrahlung oder Inanspruchnahme zuerst ausaperten. Nun ist man aber zunehmend dazu übergegangen, ganze Abfahrten mit Beschneiungsanlagen auszurüsten. Dadurch ist es möglich, die Saison zu verlängern, und zwar v.a. zu zwei wichtigen Hochsaison-Perioden, zu denen leider oft noch nicht oder nicht mehr die gewünschte natürliche Schneedecke vorhanden ist: zu den Weihnachts- und Osterfeiertagen. Was die Umweltbelastung durch Kunstschnee betrifft, kann sogar aus einer Veröffentlichung der Österreichischen Gesellschaft für Natur- und Umweltschutz (ÖGNU 1990, letzte Umschlagseite) entnommen werden, dass nach genauer Abwägung, „Beschneiungsanlagen zur Sicherung des Minimalangebotes an Abfahrtsmöglichkeiten in schneearmen Wintern eingerichtet werden können, wenn sie eine umfassende Umweltverträglichkeitsprüfung bestanden haben." In dieser Veröffentlichung wird nachgewiesen, dass sich negative und positive Effekte von Beschneiungsanlagen in vielen Fällen ungefähr die Waage halten. Einer Änderung des Ökotops durch Verkürzung der Vegetationsperiode und höherer Schneeverdichtung steht ein Schutz der Pflanzen vor zerstörenden Skistahlkanten gegenüber. Wichtigste Faktoren für die Schneeerzeugung scheinen das Vorhandensein von genügend Wasser der höchsten Reinheitsstufe und umweltfreundlicher Energie zu sein. Sofern zur Schneeproduktion keine chemischen Mittel zusätzlich eingesetzt werden, hält sich der ökologische Schaden durch Beschneiungsanlagen in Grenzen. In der Saison 1997/98 wurden in Österreich knapp 8000 ha beschneit, das entspricht einem Drittel der Pistenfläche (Wirtschaftskammer 1999b, S. 11).

Doch haben neben den Naturschutzbedenken auch die *wirtschaftlichen Probleme* der Seilbahnen dazu geführt, dass in einigen Bundesländern ein Baustopp für neue Seilbahnanlagen erlassen wurde.

In manchen Regionen ist zu erwarten, dass das bestehende Netz von Anlagen sukzessive rückgebaut wird, weil notwendige Erneuerungen aus Gründen der Wirtschaftlichkeit nicht mehr verantwortbar und finanzierbar sind.

Vom Baustopp ausgenommen waren Modernisierungen, die meist – wie weiter oben schon erwähnt – mit erheblichen Kapazitätserhöhungen verbunden waren. Dies war v.a. in den Konzentrationsgebieten (vgl. Kap. 7.5) zu beobachten. Denn insgesamt nehmen die Transportkapazität und die Zahl der beförderten Fahrgäste weiter zu. Die Haupt- und Kleinseilbahnen verzeichneten zwischen 1990 und 1999 noch einen rund 50%igen Zuwachs an Beförderungsfällen; von den Schleppliften wurde gemäß der Entwicklung der Zahl der Anlagen (Abb. 6.23) eine Abnahme gemeldet (Bundesministerium für Wissenschaft und Verkehr 1998a, 1999b).

„Land der Berge ..."

7   „Dachgarten Europas" – Tourismus

Österreich nimmt im Tourismus eine Spitzenstellung ein. Tabelle und Abbildung 7.1 beweisen die im internationalen Vergleich einmalig hohe Bedeutung des Fremdenverkehrs für die Gesamtwirtschaft. Gleichzeitig erkennt man aber auch, dass seit 1980 eine markante Verschlechterung dieser Situation eingetreten ist.

So ist bei den Deviseneinnahmen pro Kopf der Bevölkerung der weltweit erste Rang erhalten geblieben. Österreich erscheint hier seit Jahrzehnten weit vor der benachbarten Schweiz. Die Ausgaben der Österreicher bei Reisen in das Ausland sind in den letzten Jahren jedoch stark gestiegen. Der Devisenüberschuss aus dem Tourismus, die Differenz zwischen den in der Tabelle angeführten Pro-Kopf-Werten für Einnahmen und Ausgaben, ist somit relativ und absolut zurückgegangen.

Auf die *große Bedeutung des Tourismus für die österreichische Volkswirtschaft* wird im Kapitel 11 noch genauer eingegangen.

Abbildung 7.1 zeigt jedoch bereits, wieweit durch den Einnahmenüberschuss aus dem Tourismus das strukturelle Handelsbilanzpassivum Österreichs abgedeckt wird. Gegenüber den starken Schwankungen dieses Passivums, die wesentlich durch die Außenhandelspolitik der österreichischen Bundesregierung mitbestimmt sind, erweisen sich die Einnahmen aus dem Fremdenverkehr als erstaunlich stabil. Gegen Ende der „Take-off-Phase" des Tourismus um 1970 überstieg der Überschuss sogar das Passivum der Handelsbilanz. In den letzten Jahren ist der Grad der Abdeckung allerdings radikal zurückgegangen. Die Leistungsbilanz Österreichs hat sich dadurch signifikant verschlechtert.

Abbildung 7.1 dokumentiert auch die sehr dynamische Entwicklung des Fremdenverkehrs nach dem Zweiten Weltkrieg. Denn nachdem die ärgsten Kriegsschäden beseitigt waren, begann für diesen Wirtschaftszweig eine echte *„Take-off-Phase"*.

Tab. 7.1: Tourismus: Die volkswirtschaftliche Bedeutung – ein Vergleich 1980, 1995
Quelle: Wirtschaftskammer 1982a, 1998a

	Deviseneinnahmen aus dem Fremdenverkehr						Fremdenverkehrsdevisen			
	Anteil am Bruttoinlandsprodukt (%)		Anteil an den Exporterlösen (%)		Anteil an den Importaufwendungen (%)		Einnahmen pro Kopf der Bevölkerung (ÖS)	Ausgaben		
	1980	1995	1980	1995	1980	1995	1980	1995	1980	1995
Österreich	8,3	6,3	26,5	16,6	10,0	12,9	11 102	18 296	5 383	15 481
BR Deutschland	0,9	0,7	2,7	2,8	8,5	9,2	1 396	2 041	4 377	6 409
Frankreich	1,3	1,8	4,3	7,6	3,5	5,0	1 984	5 112	1 452	3 175
Griechenland	4,3	3,6	20,5	21,7	2,6	4,3	2 338	3 728	256	1 190
Großbritannien	1,3	1,7	3,8	6,1	4,1	7,7	1 602	3 607	1 491	4 513
Italien	2,3	2,5	8,5	9,2	1,6	4,9	2 022	5 186	433	2 336
Japan	0,1	0,1	0,4	0,7	2,7	9,1	71	360	509	3 197
Schweiz	4,0	3,1	9,4	8,8	6,8	8,1	6 394	13 038	4 786	11 643
Spanien	3,3	4,5	19,7	19,1	3,0	3,4	2 412	6 982	425	1 246
Türkei	0,6	2,9	5,9	14,7	1,2	2,2	94	1 013	33	199
USA	0,4	0,9	3,0	7,7	3,1	5,1	574	2 567	590	2 096

"Dachgarten Europas" – Tourismus

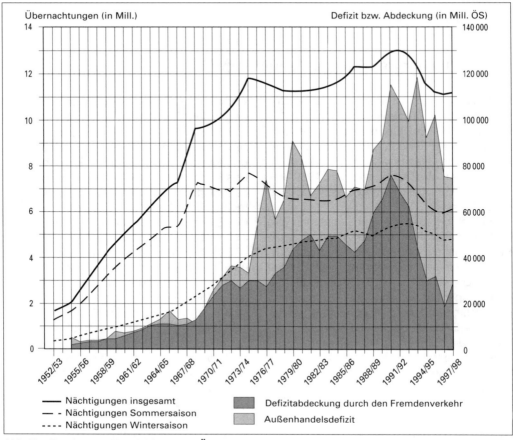

Abb. 7.1: Tourismus: Entwicklung der Übernachtungen und Abdeckung des Außenhandelsdefizites 1952/53–1997/98
Quelle: Österreichisches Statistisches Zentralamt (ÖSTAT), jährlich c, besonders 1971c, S. 15; 1986c, S. 61; 1999c, S. 42 – eigene Berechnungen; Ungenauigkeiten wegen mehrmaliger Änderung der Erhebungsmethoden

Bis zum Fremdenverkehrsjahr 1969/70 konnten beachtliche Zuwachsraten verzeichnet werden. Schwankungen in der Wirtschaftskonjunktur machten sich in dieser Phase der Fremdenverkehrsentwicklung kaum bemerkbar; im Gegensatz zur Krisenanfälligkeit in der Zwischenkriegszeit („Tausend-Mark-Sperre", vgl. Kap. 7.2) erwiesen sich die Trends im Tourismus in den fünfziger und sechziger Jahren als erstaunlich stabil. Eine Urlaubsreise, früher ein Luxusbedürfnis, war im Zuge der wirtschaftlichen Entwicklung und infolge der geänderten Lebensverhältnisse zu einem echten Grundbedürfnis geworden. Hand in Hand ging die Wandlung des Fremdenverkehrs zu einem Massenphänomen. Die Experten waren von diesen Entwicklungen überrascht; ihr Ausmaß und ihre Kontinuität hatte man in den frühen fünfziger Jahren nicht erwartet.

Im *Sommertourismus* kam es aber mit dem Jahre 1970 zu einer Stagnation und infolge des ersten Erdölschockes sogar zu einem signifikanten Einbruch in der Nachfrage. Diese Entwicklung wurde zuerst nur auf schlechte Witterung und dann auf die konjunkturelle Situation in der Bundesrepublik Deutschland zurückgeführt. Schließlich musste man aber doch zur Kenntnis nehmen, dass der Frequenzeinbruch in einem strukturellen Wandel begründet war. Neben der verstärkten Konkurrenz der Mittelmeerländer und überseeischer Gebiete, die mit billigen Flugtarifen und niedrigem lokalen Lohnniveau entsprechend günstig anbieten konnten, erwies sich die traditionelle Ausrichtung des österreichischen Sommerfremdenverkehrs als beachtliches Handicap. Die Gastgeber, gewohnt, dass ihre Gäste generationenweise fast automatisch in die schöne Landschaft und zu den Badeseen kamen, mussten auf einmal feststellen, dass ihrerseits wesentlich mehr Aktivität und Kreativität notwendig wären, um der internationalen Konkurrenz Paroli bieten zu können. Der Autor muss bei seinen Forschungen immer wieder feststellen, dass in manchen Fremdenverkehrsregionen die Tourismus-Manager auch heute noch nicht begriffen haben, dass auf dem traditionellen Wege kaum mehr Erfolge zu erzielen sind. Dies wirkt sich nach wie vor in weiten Gebieten Ostösterreichs aus, wo die traditionelle „Sommerfrische" dominierte (vgl. Kap. 7.2).

In den Jahren 1990 bis 1992 kam es zu einer neuerlichen Zunahme der Sommernächtigungen infolge der Öffnung des Eisernen Vorhanges. Der Nachholbedarf an Österreich-Reisen, der sich in den Staaten „hinter" dem Vorhang angesammelt hatte, ist in Abbildung 7.1 deutlich ersichtlich. Seit dem Sommer 1993 sinkt die Zahl der Nächtigungen wieder und dürfte auch in Zukunft weiter zurückgehen.

Ungleich stetiger verlief die Entwicklung der *Wintersaison*, wo die Alpen als Skigebiet in Europa fast konkurrenzlos sind. Der generelle Trend zu mehr Urlaub bringt auch den Zweiturlaub im Winter und der wird, zumindest derzeit, in hohem Ausmaß mit Wintersport verbracht. Auch hier zeigen die letzten Jahre eine leichte Abnahme. Neben der Konkurrenz überseeischer Wintersportgebiete, die sich fallweise bemerkbar macht, zeichnet sich im Verhalten des Publikums langsam der Beginn einer Veränderung ab: Der alpine Skisport nimmt nicht mehr ganz die beherrschende Rolle im Fremdenverkehr ein, die er in den letzten Jahrzehnten innegehabt hat.

7.1   Zyklen im Tourismus

Versucht man nun die eben dargestellte Fremdenverkehrsentwicklung mit den Erkenntnissen der Produktlebenszyklustheorie in Einklang zu bringen, so muss man sich die Frage stellen, ob und wieweit Österreichs Tourismus sich vielleicht bereits in der absteigenden Phase befinden könnte. Die Produktlebenszyklustheorie wurde allerdings ursprünglich für Industriegüter entwickelt. Es ist das Verdienst des englischen Fremdenverkehrsgeographen RICHARD BUTLER diese Theorie in modifizierter Form erstmals für den Tourismus angewendet zu haben. 1980 wurde von ihm ein *„Tourist Area Cycle"* vorgestellt und am Beispiel von englischen Seebädern nachgewiesen (BUTLER 1980, S. 5–12, Abb. und Tab. 7.2).

Zahlreiche Theoretiker und Praktiker haben diesen Ansatz weiter verfolgt. Wichtigstes Ziel war dabei, die Phase des Abschwunges genauer zu analysieren und nach Maßnahmen zu suchen, mit denen man einen solchen Niedergang vermeiden könnte. In Abbildung 7.2 ist zweifellos der Punkt der Entwicklungskurve der interessanteste, in dem sich die weitere Zukunft des Ortes entscheidet. Drei Möglichkeiten sind hier dargestellt: Rejuvenation (Erneuerung), Stability (kontinuierlich gleichbleibender Stand, also Nachhaltigkeit) oder Decline (Niedergang). In diesem großen Streubereich liegen die Potentiale zukünftiger Entwicklung.

Ein Ergebnis dieser Forschungen war, dass der von BUTLER dargestellte „Tourist Area Cycle" aus dem Zusammenwirken zahlreicher Subzyklen entstanden ist, die alle aus unterschiedlichen Motiven, mit verschiedener Stärke, verschiedener Geschwindigkeit und verschiedenen Amplituden in den Fremdenverkehrsregionen wirksam werden. Es ist auch zu erwarten, dass diese Zyklen im Zentrum anders verlaufen als in der Peripherie.

Ferner haben die Forschungen ergeben, dass die ökologische Tragfähigkeit („carrying capacity") nicht überschritten werden darf, wenn man eine nachhaltige Entwicklung („sustainable development") erreichen will. Da sich aber ein Überschreiten dieser Tragfähigkeit erst mit Verzögerung nach zwei bis drei Generationen bemerkbar macht, ist es wichtig, bereits in der Phase der Entwicklung, in der alles bestens zu laufen scheint, regulierend einzugreifen und optimale Entwicklungsgrenzen festzulegen.

Tab. 7.2: Phaseneinteilung und Charakteristika des Tourist Area Cycle
Quelle: BUTLER 1980, S. 6–10; übernommen von PAULIK 1997, S. 31

Zyklusphase	Kriterien zur Beschreibung
Exploration (Entdeckung)	• geringe Anzahl an Touristen, Trendsetter und Abenteurer • Natur und Kultur der Region als Hauptattraktionen • Mangel an touristischen Einrichtungen • geringe ökonomische Effekte durch den Tourismus • geringe soziale Auswirkungen, hoher Kontakt zur Bevölkerung
Involvement (Einführung)	• steigende Anzahl an regelmäßigen Touristen • Aufbau touristischer Einrichtungen durch Einheimische • Beginn der Werbetätigkeit • Herausbildung einer Hochsaison • Druck auf die öffentliche Hand zur Finanzierung von Investitionen
Development (Entwicklung)	• stark steigende Anzahl an Besuchern • großer Werbeaufwand • Tourismusinvestitionen von externen, nicht aus der Region stammenden Unternehmen, rege Bautätigkeit • zusätzlich zu den natürlichen Attraktionen werden künstliche geschaffen • Zahl der Touristen überschreitet in der Hochsaison die Anzahl der Einwohner • Durchschnittstouristen als überwiegender Gästetyp
Consolidation (Konsolidierung)	• Zuwachsrate bei Touristen geht zurück, Gesamtanzahl steigt nur mehr leicht • Intensives Marketing um die Gästezahlen zu halten und die Saison zu verlängern (Vor- und Nachsaison entstehen) • erste Widerstände der Einheimischen gegen den Tourismus • ein Ortsteil mit einer großen Dichte an touristischen Einrichtungen bildet sich heraus
Stagnation (Stagnation)	• der Höhepunkt an Touristen wird erreicht • die Kapazitätsgrenzen sind erreicht (Umwelt, sozial) • die Region ist als Urlaubsgebiet nicht mehr in Mode • große Abhängigkeit von Stammgästen, konservativer Gästetypus
Decline (Rückgang)	• Region nicht mehr konkurrenzfähig gegenüber anderen Tourismusgebieten • Tagestourismus und Wochenendausflug wird vorherrschend • teilweise Rückzug aus dem Tourismus, Betriebsaufgaben oder Umwandlung, z.B. in Ferienheime, Seniorenwohnheime
Rejuvenation (Erneuerung)	• neue, künstliche Attraktionen „verjüngen" das Image der Region • neue natürliche Ressourcen werden genutzt (z.B. Winter- oder Gesundheitstourismus) • kombinierte private und öffentliche Anstrengungen zur Erneuerung

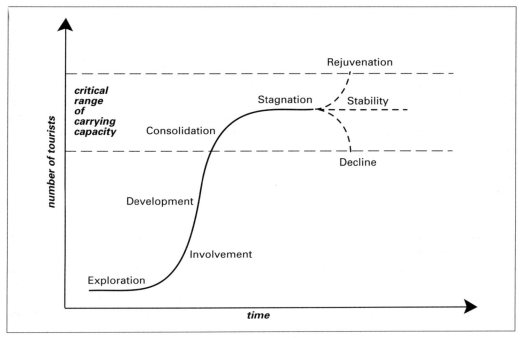

Abb. 7.2: Evolution einer Tourismusregion – Tourist Area Cycle
Quelle: BUTLER 1980, S. 7

7.2 Erste Blüte in der „Belle Epoque"

„Der Beginn des Fremdenverkehrs ... läßt sich ziemlich genau mit dem letzten Drittel des 18. Jahrhunderts ansetzen", wie BERNECKER (1956, S. 3) und auch viele andere Autoren übereinstimmend berichten. Für die wirtschaftliche Entwicklung einer Region wurde er aber erst bedeutend, als große Teile der Bevölkerung daran teilnehmen konnten. Hierzu waren leistungsfähige Transportmittel vonnöten. So begann der erste Lebenszyklus von Fremdenverkehrsorten in Österreich mit der *Erschließung des Staatsgebietes durch die Eisenbahngesellschaften*. Diese errichteten, um ihre Züge besser auslasten zu können, an attraktiven Stellen ihres Netzes auch eigene Hotels, welche die Keimzelle der ersten baulichen Entwicklung für den Fremdenverkehr dort wurden. In diesem Zusammenhang sollen die Hotels der k. und k. privilegierten Südbahngesellschaft auf dem Semmering, in Toblach und in Abbazia (Opatija) sowie der Giselabahn in Zell am See erwähnt werden. Bauten aus dieser Zeit prägen heute noch das Zentrum von manchem traditionellen Fremdenverkehrsort, auch wenn sie ihre ehemaligen Funktionen nur noch in wenigen Fällen voll erfüllen können.

Über das *beachtliche Ausmaß des Fremdenverkehrs vor Ausbruch des Ersten Weltkrieges* hat man heute oft falsche Vorstellungen. Im österreichischen Teil der Donaumonarchie wurden 1910 über 4 Mill. Ankünfte gezählt. Eine vorsichtige Schätzung aufgrund der Angaben des Österreichischen Statistischen Handbuches ergibt eine Übernachtungszahl von rund 30 Mill. Nächtigungen (davon über 70 % auf dem Gebiet des heutigen Österreich), wobei über 300 000 Gäste länger als vier Wochen in ihrem Urlaubsdomizil verblieben. Damit wurden 1910 bereits rund ein Viertel der Nächtigungen, die in der heutigen Zeit des Massentourismus in Österreich gezählt werden, erreicht. Über 95 % der Besucher kamen aus der österreichisch-ungarischen Monarchie, viele aus demselben „Kronland" (Bundesland). Unter den Ausländern waren die Deutschen, Italiener und Russen führend (K. und K. Statistische Zentralkommission 1912, S. 44–46).

Interessant erscheint auch, welche *Fremdenverkehrsorte* damals die meisten Besucher verzeichnen konnten. Dem Typ nach unterscheiden sie sich nicht besonders von den heutigen Fremdenverkehrszielen. An der Spitze standen die Städte: Wien (über 600 000 Ankünfte), Innsbruck, Salzburg, Graz, Bozen, Prag, Krakau, Brünn, Lemberg, Laibach, Klagenfurt und Linz. Ihre Phalanx wird nur durch den Wallfahrtsort Mariazell (an dritter Stelle mit 168 000 Besuchern) unterbrochen. An zweiter Stelle kamen Badekurorte, wie Karlsbad, Marienbad und Franzensbad, aber weiter hinten auch Baden, Bad Ischl und Bad Gastein. Als Erholungsorte im engeren Sinn standen an der Spitze die Seebäder an der Adria: Abbazia (Opatija), Spalato (Split), Pola (Pula)-Brioni, Ragusa (Dubrovnik) sowie an den Alpenseen: Riva (am Gardasee), Zell am See und auch Gmunden. An sonstigen Erholungsorten in Österreich wären auf den Spitzenrängen noch Reichenau (in Niederösterreich), Semmering und Landeck zu erwähnen.

Versucht man nun die genannten Kurund Erholungsorte unter den Aspekten des Resort-cycle zu analysieren, so sieht man ganz deutlich, dass bei einigen von ihnen der Zyklus abgelaufen ist, ohne dass es zu einem „Neustart" gekommen wäre. Andere haben zumindest Versuche in diese Rich-

Abb. 7.3: Tourismus: Nächtigungen in der Zwischenkriegszeit und nach dem Zweiten Weltkrieg
Quellen: K. und K. Statistische Zentralkommission 1912, S. 46; ÖSTAT 1986c, S. 257 u. 263 – eig. Berechnungen

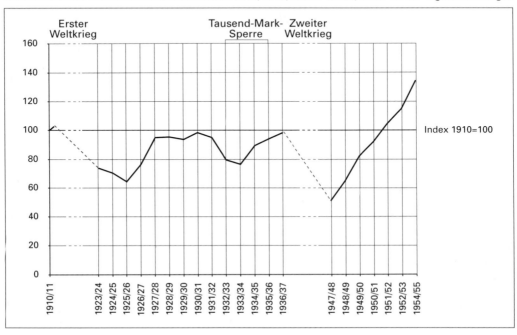

Fremden-verkehrsjahr	Burgenland	Kärnten	Niederösterreich	Oberösterreich	Salzburg	Steiermark	Tirol	Vorarlberg	Wien	insgesamt (%)	absolut
1929/30	0,8	7,6	26,4	11,2	10,3	11,8	15,6	3,8	12,5	100	19 584 100
1936/37	1,9	7,0	27,8	11,2	9,0	13,0	11,3	4,3	14,5	100	20 595 300
1955/56	0,7	11,3	13,6	11,7	15,5	11,1	22,9	7,0	6,2	100	31 654 800
1975/76	1,5	14,4	5,5	7,8	18,5	8,5	32,6	7,3	3,9	100	105 004 500
1995/96	1,8	12,2	5,0	6,2	19,0	7,9	34,6	6,9	6,4	100	112 382 200

Tab. 7.3: **Tourismus: Nächtigungen nach Bundesländern 1929/30, 1936/37, 1955/56, 1975/76, 1995/96**
Quellen: Bundesamt für Statistik 1931, S. 43; Österreichisches Statistisches Landesamt 1938, S. 40; ÖSTAT 1986c und andere Jahrgänge – eigene Berechnungen
Anmerkung: Ungenauigkeiten infolge mehrmaliger Änderung der Erhebungsmethode

tung gemacht, teilweise unter völlig anderen politischen und wirtschaftlichen Umfeldbedingungen. Das betrifft v. a. die Seebadeorte im heutigen Italien, Slowenien und Kroatien, deren Zyklusverlauf sich sichtlich von den im Landesinneren gelegenen Erholungsorten unterscheidet. Der Erfolg dieser Versuche war allerdings durchaus uneinheitlich.

Diese erste Blüte des Fremdenverkehrs wurde durch den Ersten Weltkrieg jäh unterbrochen, in der *Zwischenkriegszeit* konnten derartige Frequenzwerte nicht wieder erreicht werden (Abb. 7.3). Außer der generell instabileren wirtschaftlichen Lage war es v. a. die von der deutschen Reichsregierung am 15. Mai 1933 erlassene *"Tausend-Mark-Sperre"*, welche der österreichischen Fremdenverkehrswirtschaft großen Schaden zufügte. Mit ihrer Aufhebung im Jahre 1936 stiegen die Frequenzzahlen wieder stark an.

Der Zweite Weltkrieg hat viele Fremdenverkehrseinrichtungen in hohem Ausmaß zerstört. Zahlreiche Hotels, sofern sie nicht durch die Kriegshandlungen in Mitleidenschaft gezogen worden waren, dienten als Lazarette oder Kommandodienststellen für die deutsche Wehrmacht und die Besatzungsmächte. Umso erstaunlicher ist es daher, dass bereits vor der Unterzeichnung des österreichischen Staatsvertrages eine dynamische Aufwärtsentwicklung des Tourismus in Österreich begann, wie auch die Abbildungen 7.1 und 7.3 nachweisen.

Regional hat es seit der "Belle Epoque" starke *Verschiebungen* im Fremdenverkehr gegeben, wie in Tabelle 7.3 nachgewiesen wird. Man kann sich heute kaum vorstellen, dass vor dem Zweiten Weltkrieg Niederösterreich das Bundesland mit den meisten Nächtigungen in Österreich war. Zusammen mit der Bundeshauptstadt Wien wurden über 40% der österreichischen Nächtigungen gezählt, heute verzeichnen beide Bundesländer nur wenig über 10%. Generell kann man von einem Westwärtstrend des Fremdenverkehrs in Österreich sprechen.

Niedergang der "Sommerfrische"
Eine genauere Analyse ergibt, dass bei diesem Trend der Niedergang der traditionellen Sommerfrische, die hauptsächlich im touristischen Einzugsbereich von Wien eine große Rolle spielte, maßgebend beteiligt war. Die Sommerfrische war eine Form des Familienurlaubes: Die Mutter verbrachte mit ihren Kindern (teilweise auch mit den Großeltern) die Sommermonate auf dem Lande. Der Vater konnte wegen seiner kurzen Urlaubszeit nur an den Wochenenden die Familie besuchen. Es ist erwiesen, dass Wiener Familien durch Generationen *ihren* Sommerfrischenort aufgesucht haben. Für die Gastgeber war dies ein stabiles Zusatzeinkommen. Sie konnten fast sicher sein, dass ihre Gäste jedes Jahr wieder kamen, ohne dass viel investiert oder modernisiert wer-

den musste. Dadurch ist eine gewisse Trägheit auf Seiten der „Bereisten" entstanden. Sie haben es v. a. unterlassen, sich um das Nachfragesegment der Kinder und Jugendlichen der Familie zu kümmern. Als dann die soziologische Entwicklung mit sich brachte, dass die Jugend nicht mehr „automatisch" mit den Eltern in den Urlaub fuhr, kam es zu einem großräumigen Niedergang der traditionellen Sommerfrische.

7.3 Vom „Take-off" zur „Reife"

7.3.1 Fremdenverkehrsangebot

Beim Fremdenverkehr wird zwischen ursprünglichem und abgeleitetem Angebot unterschieden (KASPAR 1991, S. 67). Zum ursprünglichen Angebot gehören:
– die natürlichen Gegebenheiten,
– die sozio-kulturellen Verhältnisse sowie
– die allgemeine Infrastruktur als Grundausrüstung,
somit alles Dinge, die in einem zivilisierten Staat auch vorhanden sein müssten, wenn es keinen Tourismus gäbe. Demgegenüber umfasst der Begriff des abgeleiteten Angebotes alle Einrichtungen für den Tourismus selbst, somit Einrichtungen für
– die Ortsveränderung,
– den Aufenthalt und
– die touristische Vermittlung.
Selbstverständlich ist die Trennung zwischen ursprünglichem und abgeleitetem Angebot unscharf. Manches vorhandene alte Stadtbild ist in den letzten Jahren mit viel Liebe restauriert worden, um einen Anziehungspunkt für den Tourismus zu bilden. Ursprünglich war es sicher nicht für touristische Besucher konzipiert worden. Dass es als Ensemble und im Wesentlichen unzerstört durch Jahrhunderte erhalten geblieben ist, deutet eher darauf hin, dass es der betroffenen Stadt wirtschaftlich schlecht gegangen ist und die Bürger daher nicht in umfangreiche Neubauten investieren konnten.

Naturpotential
Über das Naturpotential für den Fremdenverkehr ist im zweiten Kapitel dieses Buches schon Wesentliches ausgesagt worden. WALTER STRZYGOWSKI (1959), einer der ersten österreichischen Fremdenverkehrsgeographen, hatte eine einfache Grundformel: Berge, Wald und Wasser wären die natürlichen Attraktivitätsfaktoren für den Tourismus. Kommen mehrere dieser Faktoren in einer Region vor, so wirkt dies auf den Grad der Attraktivität kumulierend. An Stelle dieser Grundformel sind heute zahlreiche Landschaftsbewertungsmodelle getreten. Bei auftretenden Raumnutzungskonflikten könnte auf diese Weise der Wert der Landschaft für den Fremdenverkehr nachgewiesen und rational über eine konkurrierende Nutzung entschieden werden.

Dabei wird unter „Naturpotential" immer die vom Menschen naturnah gestaltete Kulturlandschaft verstanden: Eine unberührte Naturlandschaft wird von den Besuchern lange nicht als so reizvoll empfunden und eignet sich auch kaum für eine touristische Nutzung. Erst die Erschließung und Nutzung durch den Menschen schafft die vom Touristen erwünschte Attraktivität. Sollte es daher zu einer wesentlichen Rücknahme der Intensität der Bewirtschaftung durch die Bauern kommen, ginge damit auch ein bedeutender Attraktivitätsfaktor für den alpinen Fremdenverkehr verloren.

Beispielsweise wird in der Region des Nationalparkes Hohe Tauern versucht, eine Zone traditioneller bergbäuerlicher Bewirtschaftung zu erhalten, obwohl das den international festgelegten Zielen eines Nationalparkes teilweise widerspricht. Damit soll auch die Landschaft für die Touristen, die den Nationalpark besuchen, gepflegt werden. So könnte es in dieser Region geschehen, dass gerade der Nationalpark, der den Bergbauern große Bewirtschaftungsrestriktionen auferlegt hat und daher auch von ihnen angefeindet worden ist, Garant für ihr Überleben in heutiger Zeit wird.

Sozio-kulturelles Potential

Die sozio-kulturelle Komponente des Tourismusangebotes ist in Österreich hoch entwickelt. Vor allem aus jenen Perioden der historischen Vergangenheit, in denen sich das Land einer Blütezeit erfreuen konnte, dem Hochmittelalter, dem ausklingenden 17. und beginnenden 18. Jahrhundert und der „belle epoque" sind eine Fülle von Kulturdenkmälern erhalten geblieben. Die Probleme liegen daher bei der Finanzierung der Erhaltung dieses kulturellen Erbes und in der Frage, wieweit es den touristischen Besuchern zugänglich gemacht werden kann.

Dies gilt auch für die auf diesem Erbe basierenden hochwertigen Kulturveranstaltungen, von denen einige in Bezug auf Veranstaltungsweise und -zeit durchaus nicht den Wünschen der Fremdenverkehrswirtschaft entsprechen. Denn während sich die zahlreichen im Sommer veranstalteten Festspiele, von denen hier nur die in Salzburg und Bregenz besonders erwähnt werden sollen, v. a. an touristische Besucher wenden, sind die Aufführungen der Theater, Konzerthäuser und Opern während des Jahres großteils von Einheimischen abonniert. Mitunter sind gerade jene Events, für die im Ausland besonders für Österreich geworben wird, für Touristen nur schwer erreichbar. Es bedarf dann einer gewissen Raffinesse, um zu Eintrittskarten zu kommen. Während der Sommerhochsaison finden u. a. keine Aufführungen der Bundestheater, der Wiener Sängerknaben und der Spanische Hofreitschule statt.

In Tabelle 7.7 hat die Österreichische Wirtschaftskammer (1999a, S. 52) versucht, die Besucherzahlen der wichtigsten Sehenswürdigkeiten für 1997 zusammenzustellen. Die Schauräume des Schlosses Schönbrunn – das ist nur ein Teil des großen Schönbrunn-Komplexes – stehen hier jedes Jahr an der Spitze. 1997 konnten sie über 1,4 Mill. Besucher verzeichnen, eine Zahl, die aus Sicht der weiteren Erhaltung des wertvollen Bestandes gerade noch zugelassen werden kann, knapp gefolgt von dem ältesten Tiergarten Europas am selben Standort. Schönbrunn liegt somit vor der Fahrt über die Großglockner-Hochalpenstraße (vgl. Kap. 6.1.3) und dem Besuch der Feste Hohensalzburg. Dem folgt in der Tabelle 7.7 eine Reihe weiterer Sehenswürdigkeiten, z. T. echte „Musts".

Gastgewerbebetriebe

Zum abgeleiteten Angebot gehören primär Beherbergungs- und Verpflegungsbetriebe. Tabelle 7.4 beweist, dass dieses Angebot in seiner Grundkonzeption erstaunlich stabil bzw. unflexibel ist. Seit Ende der „Take-off-Phase" ist die Zahl der Betten mit rund 1,2 Mill. relativ gleich geblieben. Auch das Verhältnis von Betten in gewerblichen Betrieben zu Privatunterkünften hat sich mit 55 zu 45 wenig verändert.

Nach der Größenstruktur handelt es sich um relativ kleine Betriebe. Die durchschnittliche Bettenzahl pro Betrieb liegt bei 35. Damit unterscheidet sich die österreichische Fremdenverkehrswirtschaft von der vieler europäischer Staaten. In der Tabelle 7.4 ist ein Trend zur Erhöhung des Komforts der Beherbergungsbetriebe festzustellen: Den Intentionen der Fremdenverkehrspolitik geht diese Entwicklung allerdings viel zu langsam.

Einem starken Rückgang von Privatquartieren steht eine beachtliche Zunahme an Ferienwohnungen gegenüber. Diese Art der Beherbergung ist besonders bei Familien beliebt. Daher müssen solche Wohnungen wegen der großen Nachfrage in manchen Gebieten schon ein Jahr im Voraus reserviert werden. Neue Vermieter bauen in ihre Häuser gleich Ferienwohnungen ein. Ältere Privatvermieter verzichten teilweise

	1970		1980		1990		1995		1997		1998	
	Unterkünfte	Betten	Unterkünfte	Betten	Unterkünfte	Betten	Unterkünfte	Betten	Unterkünfte	Betten	Unterkünfte	Betten
Insgesamt	93	997	97	1 186	86	1 160	81	1 135	78	1 104	77	1 091
davon: gewerbliche Beherbergungsbetriebe	21	548	22	635	19	651	18	646	18	634	16	585
5 / 4 Sterne	–	–	1	92	1	136	2	165	2	170	2	169
3 Sterne	–	–	4	171	5	218	6	238	6	237	6	229
2 / 1 Sterne	–	–	17	372	13	297	10	243	10	227	8	187
Kur- u. Erholungsheime	0,2	13	0,2	14	0,2	16	0,2	15	0,2	14	0,2	14
Ferienwohnungen	–	–	9	59	18	123	24	163	25	168	26	170
Privatquartiere	71	390	65	445	46	296	36	239	32	216	30	202
davon Bauernhöfe	–	–	14	102	12	85	10	73	9	67	9	63

Tab. 7.4: Tourismus: Unterkünfte und Betten 1970–1998 (in Tausend)
Quelle: ÖSTAT jährlich c; Anmerkung: Ungenauigkeiten infolge Veränderungen des Erhebungsmodus

auf das Vermieten; es ist ihnen zu anstrengend und aus finanziellen Gründen auch nicht mehr notwendig. Teilweise werden aber auch bestehende Privatzimmer zu einer oder mehreren Ferienwohnungen zusammengelegt. Bei der Aktion: „Ferien auf dem Bauernhof" ist nach einem anfänglichen Boom eine gewisse Ernüchterung eingetreten. Die Zahl der Betten auf Bauernhöfen geht, wie die Zahl der vermietenden Bauernhöfe zurück. Auch Ferienwohnungen auf Bauernhöfen, vor einigen Jahren ein regelrechter „Hit", sind von diesem Rückgang betroffen (vgl. auch Kap. 9.3).

Abb. 7.4: Freizeitwohnsitze: Regionale Verteilung 1991 nach Nuts-3-Einheiten
Quelle: HIEBL 1997, S. 152

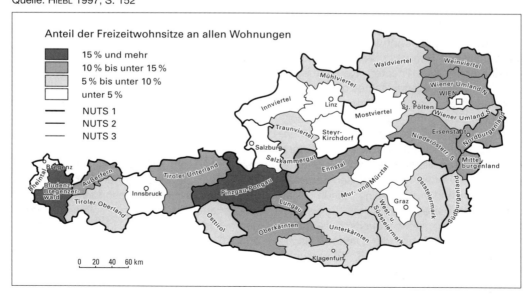

Freizeitwohnsitze
Tabelle 7.4 berücksichtigt jedoch nicht die zahlreichen Freizeitwohnsitze in Österreich, die teilweise an die Stelle der Privatquartiere getreten sind. Sie hatten bei der Häuser- und Wohnungszählung 1991 bereits die Zahl von 200 000 überschritten und erreichten damit 6 % des österreichischen Wohnungsbestandes (HIEBL 1997, S. 151). Unter der vorsichtigen Annahme, dass diese Wohnsitze im Durchschnitt mit nur 3 Betten bestückt sind, ergibt sich eine zuzügliche Aufnahmekapazität von 600 000 Betten zu der in der Tabelle 7.4 angegebenen Zahl von 1,1 Mill. Betten. Die regionale Verteilung der Freizeitwohnsitze in Abbildung 7.4 zeigt trotz der für diesen Zweck recht ungenauen Darstellungsweise in Nuts-3-Einheiten im Wesentlichen drei Standorttypen solcher Wohnsitze:
- „Suburbane" Freizeitwohnsitze um die größeren Städte, bei denen eine gewisse Tendenz besteht, dass sie im Laufe der Jahre zum Hauptwohnsitz werden und der ursprüngliche Wohnsitz in der Stadt aufgegeben wird oder nur als „Absteige" dient.
- „Periphere" Freizeitwohnsitze, in Bereichen mit starker Abwanderungstendenz, bei denen die abgewanderte Bevölkerung am Wochenende in ihre ursprüngliche Heimat zurückkehrt. Teilweise sind die verlassenen Gebäude in den peripheren Zonen auch von Städtern relativ billig aufgekauft worden, um einen „Freizeit- und Ruhesitz auf dem Lande" zu haben.
- „Touristische" Freizeitwohnsitze in Fremdenverkehrsgebieten, v.a. in Westösterreich. Diese gehören zu einem beachtlichen Prozentsatz Ausländern, die sich, teilweise unter Umgehung behördlicher Restriktionen, hier einen Wochenend- und Ferienwohnsitz geschaffen haben. In manchen Tiroler Gemeinden befindet sich bereits über die Hälfte der Freizeitwohnsitze in ausländischem Besitz (LICHTENBERGER 1997, S. 224; 2000, S. 297).

Abbildung 7.4 weist hier deutlich nach, dass es Bereiche höchster Fremdenverkehrsintensität sind, in denen auch ein hoher Anteil an Freizeitwohnsitzen erreicht wurde. „Das Schreckgespenst des Ausverkaufs der Alpen (‚Alpen als Zweitwohnungsregion der Münchner') durch ausländische Kapital- und Immobiliengesellschaften könnte dann Realität werden, wenn es nicht gelingt, neue, EG-konforme legistische ‚Dämme' zu errichten" (BAUMHACKL 1989, S. 228). Solche Dämme sind durch die Übertragung der Kompetenz für den Liegenschaftsverkehr vom Bund an die Länder geschaffen worden, wodurch föderale legistische Neuregelungen, verknüpft mit dem Raumordnungsrecht möglich wurden (Österreichische Raumordnungskonferenz (ÖROK) 1996 a/a, S. 81). Wieweit diese Dämme jedoch dem Nachfragedruck standhalten können, wird man erst bei der übernächsten Häuser- und Wohnungszählung 2011 beurteilen können.

7.3.2 Fremdenverkehrsnachfrage

Um Aussagen über die wirtschaftliche Lage der Fremdenverkehrswirtschaft machen zu können, müssen Angebot und Nachfrage gegenübergestellt werden. Aus Abbildung und Tabelle 7.5 ist deutlich zu erkennen, dass die 111 Mill. Fremdennächtigungen im Berichtsjahr 1998 äußerst unterschiedlich über das Bundesgebiet verteilt sind. Extrem hohen Fremdenverkehrsintensitäten stehen erstaunlich niedrige Werte in weiten Teilen im Osten Österreichs gegenüber. Östlich einer gedachten Verbindungslinie zwischen den Städten Salzburg und Klagenfurt nimmt die Fremdenverkehrsintensität stark ab, obwohl ausgehend vom Naturpotential in weiten Bereichen eine gute Fremdenverkehrseignung gegeben wäre.

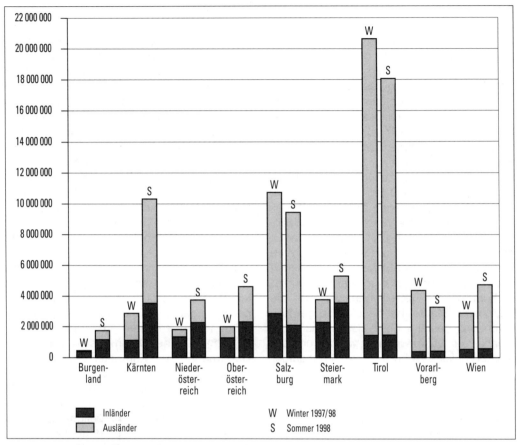

Abb. 7.5: Tourismus: Übernachtungen nach Bundesländern 1997/98
Quelle: ÖSTAT 1999c, S. 35

Tirol vereinigt im Jahr fast 35 % der Nächtigungen auf sich, gefolgt von Salzburg und Kärnten. Alle anderen Bundesländer fallen demgegenüber stark ab. Der Besuch von Ausländern überwiegt in den westlichen Bundesländern und in der Großstadt Wien. Neben der großen Attraktivität Westösterreichs für den Tourismus ist eine der Ursachen für diese Verteilung die Herkunft der Gäste. Tabelle 7.5 zeigt auf, dass fast die Hälfte der Gästenächtigungen von deutschen Besuchern erfolgt, die aus dem Westen anreisen. Sie verzeichnen fast doppelt so viele Übernachtungen wie österreichische Gäste. Demgegenüber sind die anderen auf der Tabelle angeführten Nationen für den Fremdenverkehr von nur geringer Bedeutung. Diese einseitige Zuordnung zu nur einem Quellland bringt eine gewisse wirtschaftliche Abhängigkeit mit sich.

Die deutschen Besucher frequentieren v. a. die westlichen Bundesländer. Zwischen der Besucherstruktur im bayrischen Alpenraum und in den benachbarten Bezirken Tirols besteht daher kein großer Unterschied. Nur werden die deutschen Urlauber in Bayern als Inländer, in Tirol aber als devisenbringende Ausländer gezählt. Der Vorgang der

Herkunftsländer	Burgen-land	Kärnten	Nieder-österreich	Ober-österreich	Salz-burg	Steier-mark	Tirol	Vorarl-berg	Wien	Österreich insgesamt
Insgesamt	2 198 657	13 195 708	5 606 413	6 649 560	20 255 656	9 077 073	38 816 493	7 662 321	7 669 416	111 131 297
Österreich	1 561 755	4 661 950	3 658 445	3 638 135	5 026 737	5 855 507	2 928 719	824 525	1 122 598	29 278 371
davon Wien	509 072	1 221 688	1 280 273	832 572	1 257 280	1 794 544	629 423	127 857	–	7 652 709
Ausland	639 902	8 533 758	1 947 968	3 011 425	5 228 919	3 221 566	35 887 774	6 837 796	6 546 818	81 852 926
EU insgesamt	2 119 851	12 420 616	5 141 812	6 242 179	8 386 318	8 479 886	35 845 518	7 034 920	5 029 237	100 700 337
Belgien u. Luxemburg	2 760	119 303	44 128	43 894	318 888	82 603	1 396 401	142 373	103 594	2 253 944
Deutschland	516 823	6 298 066	1 071 237	2 105 157	9 918 357	2 110 628	23 770 243	5 220 398	1 772 228	52 783 137
Frankreich	6 021	45 465	48 516	46 980	223 360	35 525	1 040 094	170 647	273 790	1 890 398
Italien	10 409	347 235	1 020 090	83 621	462 368	98 402	784 736	59 137	658 156	2 606 154
Niederlande	10 900	801 839	113 221	116 821	1 227 648	151 545	3 738 532	474 572	151 495	6 786 573
Großbritannien	4 171	60 465	43 325	152 045	540 039	70 854	1 389 713	71 983	340 139	2 672 734
Schweiz	32 117	188 864	50 137	80 360	214 467	78 542	1 420 380	487 485	250 709	2 803 061
USA	5 925	36 236	50 996	44 785	352 695	57 156	349 994	34 764	662 772	1 595 322

Tab. 7.5: Tourismus: Übernachtungen nach Bundesländern und Herkunftsländern 1997/98 (Auswahl)
Quelle: ÖSTAT 1999 c, S. 111, modifiziert

Konsumverlagerung von zentralen in periphere Räume, der den Tourismus regionalwirtschaftlich so wertvoll macht, ist in beiden Gebieten im selben Ausmaß gegeben. Aus räumlicher Sicht gesehen zeigt sich hier, dass dem Kriterium: Verhältnis von Inländern zu Ausländern zu viel Bedeutung beigemessen wird. In Fremdenverkehrsanalysen hat es z. B. oft Priorität. Dieses Verhältnis ist neben anderen Komponenten auch von der flächenhaften Erstreckung eines Staates abhängig: Je größer die Staatsfläche ist, desto geringer ist der Ausländeranteil im Fremdenverkehr. Daher sind aus regionalwirtschaftlicher Sicht Tourismusstatistiken, welche sich nur auf den Ausländertourismus beziehen, wenig sinnvoll.

Saisonale Verteilung

Vergleicht man die Sommer- und Winterwerte in Abbildung 7.5, ergeben sich signifikante Unterschiede in der räumlichen Verteilung der Saisonen. Insgesamt wurden fast 45 % der Nächtigungen im Winter verzeichnet. Dieser Wert muss als ein großer Erfolg der österreichischen Fremdenverkehrswirtschaft betrachtet werden, weil er nachweist, dass sich die Struktur der Nachfrage wesentlich verbessert hat. Denn in den frühen 1960er Jahren konnten nur 22 % der Nächtigungen im Winter gezählt werden. Die ausgewogenere Aufteilung der Nächtigungen auf das ganze Jahr ermöglicht eine bessere Auslastung der Kapazitäten und verbessert daher die Rentabilität der Betriebe. Ferner spielt die Tatsache, dass die Einnahmen pro Gast und Nacht im Winter fast das Doppelte des sommerlichen Durchschnittes erreichen, eine besondere Rolle. Denn im Winter wird für Skischule, Skikurs und Seilbahnen zusätzlich Geld ausgegeben und auch die langen Winternächte schlagen sich in finanzieller Hinsicht für die Fremdenverkehrswirtschaft positiv zu Buche. Überdies wird Österreich im Winter generell von finanzstärkeren Gästeschichten besucht.

Ein gewisser Ausgleich zwischen Sommer- und Wintersaison wird nur in Tirol, Salzburg und Vorarlberg erreicht. In den übrigen Bundesländern, v. a. aber in Kärnten, überwiegt die Sommersaison wesentlich. Die wirtschaftliche Ausgangslage für die Fremdenverkehrsbetriebe ist dort nicht so günstig, wie noch nachgewiesen werden wird.

"Dachgarten Europas" – Tourismus

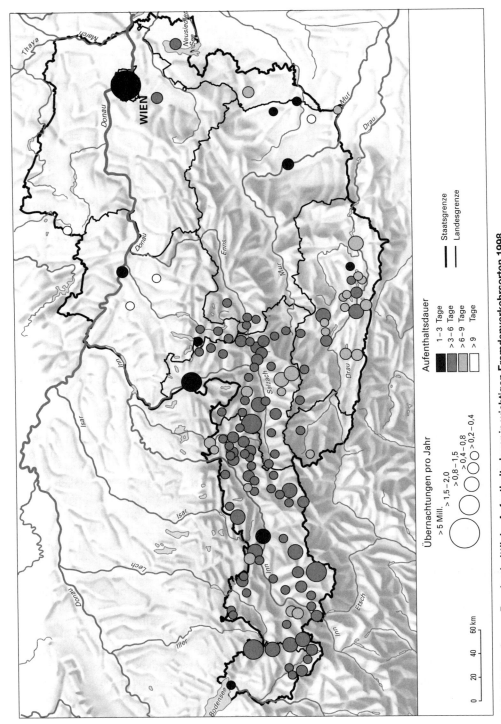

Abb. 7.6: Tourismus: Durchschnittliche Aufenthaltsdauer in wichtigen Fremdenverkehrsorten 1998
Quelle: ÖSTAT 1999 c

Vom „Take-off" zur „Reife"

Aufenthaltsdauer

Die durchschnittliche Aufenthaltsdauer ist in den letzten Jahrzehnten kontinuierlich zurückgegangen. An Stelle eines langen Urlaubes einmal im Jahr sind oft mehrere kürzere getreten, auch wird im Zuge einer Ferienreise der Nächtigungsort öfters gewechselt. Die Aufenthaltsdauer ermöglicht wichtige Aussagen über Art und wirtschaftliche Auswirkungen der lokalen Nachfrage im Tourismus (Abb. 7.6).

Generell kann angenommen werden, dass die Einnahmen pro Nächtigung mit steigender Aufenthaltsdauer abnehmen: Spitzenwerte der Aufenthaltsdauer werden in Kurorten erreicht, die wegen ihrer ungünstigen wirtschaftlichen Lage teilweise als „Sorgenkinder" der Fremdenverkehrswirtschaft bezeichnet werden müssen. Dann folgen die traditionellen Sommererholungsorte. Orte mit zweisaisonalem Urlaubsverkehr bzw. mit vorwiegender Wintersaison weisen bereits eine wesentlich kürzere Aufenthaltsdauer auf; der Winterurlaub, meistens ein Zweiturlaub, wird in der Regel nur für eine Woche angetreten. Bei Städten mit Besichtigungs-, Berufsreise- und Durchgangsverkehr beträgt die durchschnittliche Aufenthaltsdauer bis zu drei Tagen; je mehr der berufliche Fremdenverkehr in den Vordergrund tritt, desto kürzer wird die Aufenthaltsdauer. Extrem kurze Werte von nur knapp über einem Tag verzeichnen typische Durchreiseorte, wo im Zuge einer längeren Fahrt einmal genächtigt und am nächsten Morgen wieder weitergefahren wird.

Saisonaler Ablauf

Für die wirtschaftliche Bewertung eines Fremdenverkehrsstandortes ist der jährliche *saisonale Ablauf* von hoher Bedeutung. Abbildung 7.7 stellt diesen Verlauf anhand der österreichischen Bundesländer dar. Die Saisonkurve zeigt, wieweit angesichts der schwankenden Nachfrage die Kapazität der Fremdenverkehrsbetriebe ausgelastet werden kann. Es ist darum verständlich,

Abb. 7.7: Tourismus: Saisonschwankungen nach Bundesländern 1997
Quelle: ÖSTAT 1998c, S. 30

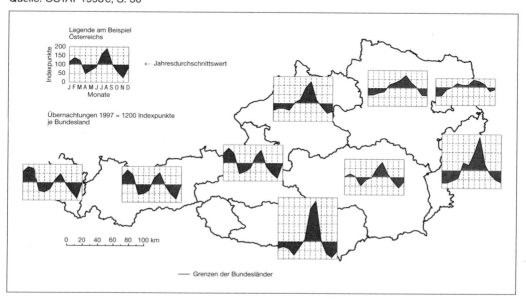

dass in Kärnten Saisonschwankungen aus wirtschaftlicher Sicht schwieriger bewältigt werden können als in Wien. In Kärnten braucht man, um die stark schwankende Nachfrage befriedigen zu können, als Maximalkapazität mehr als das Vierfache des Durchschnittsbedarfes. Diese Betten sind aber dann nur einen Monat im Jahr voll ausgelastet. In Wien bewegen sich hingegen die Schwankungen im Bereich der Hälfte der durchschnittlichen Nachfrage.

Daraus resultiert, dass ein Fremdenverkehrsbetrieb in Kärnten, wenn er betriebswirtschaftlich rentabel geführt werden soll, seine Fixkosten in wesentlich kürzerer Zeit hereinbringen muss als sein Konkurrent in der Großstadt Wien. Diese Situation wird noch durch die Tatsache verschärft, dass der Anteil der Fixkosten im Betrieb mit der Zunahme des Komforts progressiv steigt. Das bedeutet aber, dass in Kärnten in den Badeorten an den Seen Fünf-Sterne-Hotels

Abb. 7.8: Tourismus: Saisonverlauf in Fremdenverkehrsorten 1983 (vgl. S. 166)
Quelle: HOFMAYER/JÜLG 1989, S. 138–140

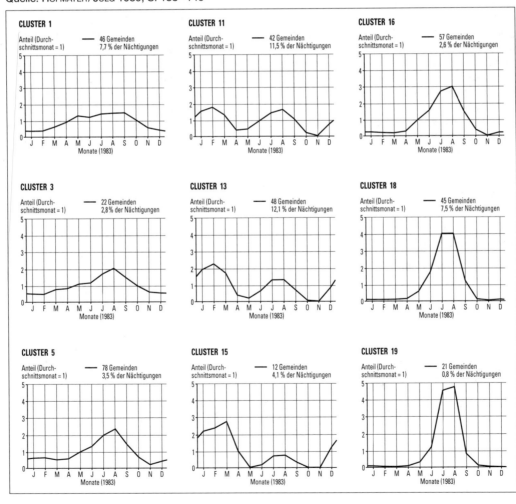

fast nicht rentabel zu führen sind, weil die saisonale Struktur der Nachfrage dies nicht zulässt.

Daraus kann weiter geschlossen werden, dass dem Ziel der Fremdenverkehrspolitik die Qualität der Leistungen zu erhöhen und den Komfort zu steigern in räumlicher Hinsicht Grenzen gesetzt sind. In manchen Regionen ist es aufgrund der saisonalen Charakteristik des Tourismus einfach nicht möglich, mit kostendeckenden Preisen jene betriebliche Auslastung zu erzielen, die für einen Betrieb hoher Qualität notwendig wäre, um diesen rentabel zu führen. Die Folge ist, dass Fremdenverkehrsbetriebe gezwungen sind, Zimmer unter den kalkulierten Kosten anzubieten, um wenigstens einen Teil ihrer Fixkosten hereinzubringen. Denn jedes unvermietete Bett ist ein potentieller Verlustträger. In der Fremdenverkehrsstatistik werden dann wohl viele Nächtigungen in den höheren Kategorien gemeldet: Wieweit diese

---

Die Cluster 1 und 3 in Abbildung 7.8 stellen den saisonalen Ablauf in Städten und Kurorten dar. Sie kommen daher nur in Gemeinden mit einer relativ hohen (über 8 Tagen) oder relativ niedrigen Aufenthaltsdauer (unter 4 Tagen) vor. Cluster 1 beschreibt Städte mit stark ausgeprägtem beruflichen Fremdenverkehr oder Kurorte, in denen „echte" Kurgäste das Fremdenverkehrsgeschehen vor Ort stark dominieren. Aus diesen beiden Nachfragesegmenten ergibt sich der überaus gestreckte Saisonverlauf ohne Saisonspitze. Im Cluster 3 sind hingegen Städte mit hohem kulturellen und Besichtigungspotential vertreten. Kurorte, die neben Heilbehandlungen für „echte" Kurgäste Präventivkuren, Wellnessurlaube und Aufenthalte ohne Kurbehandlung in größerem Umfang anbieten, fallen in diesen Typ. Eine Sommersaisonspitze ist zwar vorhanden, aber die Vor- und Nachsaison spielt noch eine beträchtliche Rolle.

Cluster 5 bezeichnet eine Mischtype: Fremdenverkehrsorte, die neben einer Sommersaison auch eine ausgeprägte Vor- und Nachsaison aufweisen und oft Ziel von Kurzurlauben und Wochenendausflügen sind. Solche Orte liegen meist in Ausflugsdistanz von Städten und Ballungsräumen.

Zweisaisonorte mit ausgeprägter Sommer- und Wintersaison sind im Cluster 11 aufgenommen. In diesen peripheren Standorten kann trotz starker Saisonschwankungen eine relativ hohe Auslastung erzielt werden.

Cluster 13 und 15 bringen Beispiele für Wintersportorte. Der wesentliche Unterschied zwischen den beiden Clustern ist, dass bei den unter Typ 13 aufscheinenden Gemeinden die Saisonspitze im Februar erzielt wird, also zurzeit der Schulferien („Energiewoche"). Die Orte in Cluster 15 hingegen sind auf die Schüler sichtlich nicht angewiesen. Sie befinden sich durchwegs in größerer Höhenlage und garantieren daher Schneesicherheit bis nach Ostern. Diese Gemeinden erreichen ihre Saisonspitze erst im März, wo die Tage bereits länger sind und die Sonnenscheindauer zunimmt. Ein Vergleich der Pro-Kopfsteuereinnahmen österreichweit zeigt, dass die Gemeinden zu den reichsten Österreichs gehören. Nur wenige Industriegemeinden erreichen Steuereinnahmen pro Einwohner in gleicher Höhe. Durch das relativ hohe Preisniveau in diesen Wintersportstationen ist es auch möglich, einen beachtlichen Teil von den hohen Fixkosten der Fremdenverkehrsbetriebe während der kurzen Wintersaison abzudecken.

Wirtschaftlich wesentlich schlechter geht es den Gemeinden mit vorwiegender Sommersaison, die beispielsweise in den Clustern 16, 18 und 19 dargestellt sind. Cluster 16 beschreibt generell Sommerfremdenverkehrsorte. Bei langer Aufenthaltsdauer handelt es sich z.T. noch um Sommerfrischen traditionellen Typs. Typ 18 und 19 liegen nahe an Seen. Ihre Saisondauer ist auf die Badesaison begrenzt, somit jene Zeit, in der die Seen Badetemperaturen erreichen. Dabei liegen die Gemeinden des Clusters 18 direkt am See und werden zuerst belegt. Erst wenn am See alle Quartiere vergeben sind, kommen die Gemeinden des Clusters 19 in einer Art „Spillover-Effekt" zum Zuge. Daraus ergibt sich die extrem hohe Saisonspitze und die besonders kurze Saisondauer. Dass es in diesen Gemeinden fast unmöglich ist, einen Fremdenverkehrsbetrieb rentabel zu führen, braucht nicht besonders erklärt zu werden.

Staat	1970	1975	1980	1985	1990	1995	1997	1998
Türkei	–	–	–	–	–	–	1,16	1,04
Jugoslawien	1,37	1,43	1,19	1,35	–	–	–	–
Spanien	1,30	1,13	1,04	0,96	0,95	1,17	1,11	1,10
Italien	1,04	1,22	1,29	1,13	1,02	1,31	1,07	1,07
Frankreich	1,03	1,02	0,98	0,99	1,01	1,04	1,00	0,98
Deutschland	1,00	1,00	1,00	1,00	1,00	1,00	1,00	1,00
Österreich	1,23	1,05	1,00	0,94	0,89	0,90	0,91	0,90
Griechenland	–	–	1,07	0,94	1,11	0,97	0,99	0,99
USA	–	–	1,16	0,82	1,24	0,99	0,90	0,89
Schweiz	0,98	0,86	0,78	0,70	0,69	0,78	0,83	0,84
Großbritannien	1,06	1,19	0,95	0,84	0,99	0,86	0,80	0,76

Tab. 7.6:
Tourismus: Kaufkraft einer Urlaubs-DM im Ausland 1970–1998
Quelle: Wirtschaftskammer, a

aber wirtschaftlich zu rechtfertigen sind, ist eine andere Frage. Auf jeden Fall werden weniger gut ausgestattete Betriebe dann schlecht gebucht, wenn Komfortbetriebe unter ihren Kosten anbieten müssen.

Versucht man nun die vom Statistischen Zentralamt auf Landesebene (Abb. 7.7) dargestellten Saisonkurven auf lokaler Ebene weiterzuverfolgen, kommt man zu einer praxisrelevanten Typisierung der Fremdenverkehrsnachfrage (HOFMAYER/JÜLG 1989, S. 132–149). 843 von den rund 1 500 Österreichischen Fremdenverkehrsgemeinden wurden in Bezug auf ihren Saisonverlauf mittels einer Clusteranalyse typisiert. Als optimal stellte sich ein Ergebnis von insgesamt 19 Clustern heraus, von denen einige in Abbildung 7.8 dargestellt sind.

Eine Verbesserung der saisonalen Struktur und die Verlängerung der Saisonen sind schon lange Ziel der Fremdenverkehrspolitik fast aller Staaten. Es geht darum, durch eine bessere Auslastung der Betriebe eine höhere Rentabilität zu erzielen. Leider waren diese Bemühungen bisher nicht erfolgreich: Die Zeit der Hochsaison ist nicht länger sondern eher sogar kürzer geworden. Die einheitlichen Betriebsferien großer deutscher Industriebetriebe sind mit eine Ursache für diese Tendenz.

Die geringe Bettenauslastung ist einer von vielen Gründen, dass die Preise für Fremdenverkehrsleistungen in Österreich als zu hoch betrachtet werden müssen.

Tatsächlich ist Österreich kein billiges Reiseland mehr, wie Tabelle 7.6 zeigt. Es befindet sich zwar noch nicht auf dem hohen Preisniveau der benachbarten Schweiz, aber die Kaufkraftrelation zur Deutschen Mark hat sich kontinuierlich verschlechtert. Österreichs Konkurrenten im Mittelmeerraum sind preisgünstiger. Teilweise sind in Tabelle 7.6 beachtliche Schwankungen in der Kaufkraftparität zu erkennen.

Fremdenverkehrsintensität

Die Fremdenverkehrsintensität kann nach verschiedenen Kriterien gemessen werden, bezogen auf Flächenangaben oder Einwohnerzahlen. In Abbildung 7.9 wurden als Basis die Einwohner in den Tourismusgebieten gewählt. Dargestellt ist somit die Bedeutung des Tourismus für die regionalen sozialen und wirtschaftlichen Gegebenheiten. Über die Flächenbelastung des Tourismus, die mancherorts über die ökologische Tragfähigkeit hinausgehen dürfte, ist nichts ausgesagt.

Weniger dicht besiedelte Gebiete mit hoher Fremdenverkehrseignung im Alpenraum weisen, wenn man die Intensität auf die Einwohner bezieht, relativ hohe Werte auf. Die dichtbesiedelte Großstadt Wien hingegen, die am stärksten frequentierte Fremdenverkehrsgemeinde Österreichs überhaupt, ist in der Abbildung nur mit geringer Fremdenverkehrsintensität dargestellt.

Vom „Take-off" zur „Reife"

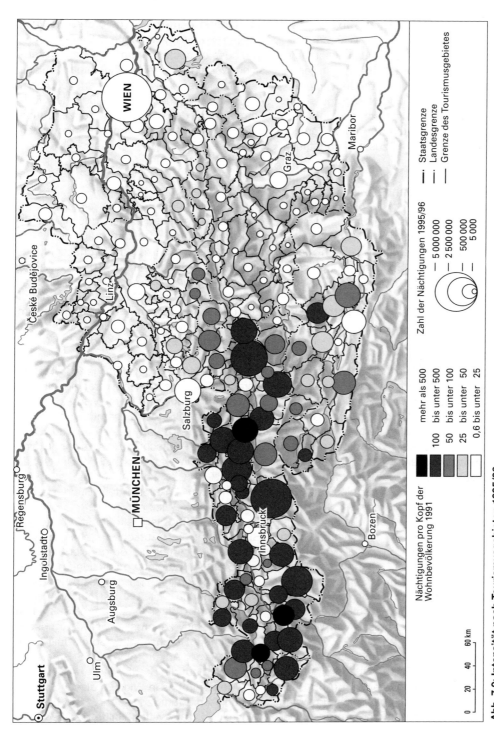

Abb. 7.9: Intensität nach Tourismusgebieten 1995/96
Österreichische Raumordnungskonferenz 1996d, Karte 05.15.02/96

Als räumliche Basiseinheit für Abbildung 7.9 wurden 184 „Tourismusgebiete" herangezogen. Diese wurden 1993 neu definiert und unterteilen die politischen Bezirke in jenen Regionen, in denen die Fremdenverkehrswirtschaft in Angebot und Nachfrage sowie Entwicklung größere Unterschiede aufweist. Gebiete mit ähnlichem Fremdenverkehr wurden auf diese Weise zusammengefasst. Sie können gemeinsam gefördert und beworben werden. Abbildung 7.9 zeigt deutlich, dass es auch im fremdenverkehrsintensiven Westen Österreichs Gebiete mit relativ geringer Fremdenverkehrsintensität gibt. Auf die unregelmäßige Verteilung des Tourismus und dessen starke Konzentration wird im Kapitel 7.5 noch hingewiesen werden.

7.4 Wien – ein Sonderfall

Die Großstadt Wien liegt heute bei weitem an der Spitze der österreichischen Fremdenverkehrsgemeinden. Vor einem Jahrhundert war diese Spitzenstellung noch deutlicher ausgeprägt (vgl. Kap. 7.2). Über 6 % der in Österreich gemeldeten Jahresnächtigungen werden in Wien getätigt (vgl. Tab. und Abb. 7.5).

In Wirklichkeit besuchen Wien aber noch wesentlich mehr Touristen, als die Statistik angibt. Denn um Wien hat sich eine Form des suburbanen Tourismus entwickelt. Die Besucher nützen die Preisvorteile und landschaftliche Attraktivität des Wiener Umlandes, um dort Quartier zu nehmen und nach Wien als Stadttouristen zu pendeln. In der Rubrik „Städtetourismus" der Statistik tauchen diese Pendler natürlich nicht auf. Überdies, und das ist österreichweit eine Ausnahme, werden seit jeher in Wien nur Nächtigungen in Gewerbebetrieben gezählt. Privatquartiere gibt es selbstverständlich auch und diese werden sogar von Incoming-Reisebüros oder auch „unter der Hand" auf den Bahnhöfen angeboten. Die amtliche Statistik nimmt aber von diesen Touristen nicht Notiz, was bei der Beurteilung der Tourismusergebnisse von Wien zu beachten ist.

Vergleicht man die Angaben über die Herkunft der Wiener Gäste mit den Ergebnissen aus dem übrigen Österreich (Abb. 7.5), zeigt sich ein weiterer Faktor, warum Wien als Sonderfall betrachtet werden muss: Der Ausländeranteil ist besonders hoch. Mehr als 85 % der Wiener Gäste kamen aus dem Ausland; im österreichischen Durchschnitt betrug dieser Anteil nur knapp 70 %. Aufgrund der *kosmopolitischen Stellung* der Bundeshauptstadt ist der Anteil von Bürgern der Europäischen Union in Wien niedriger als im übrigen Österreich. Kamen in Österreich im Durchschnitt 86 % der ausländischen Gäste aus der Union, so waren es in Wien lediglich 65 %. Der Besucheranteil aus jenen Staaten, deren Bürger Österreich vorrangig als Urlaubsland besuchen, fällt in Wien signifikant zurück: Fast 50 % der Gesamtankünfte werden in Österreich von Gästen aus der Bundesrepublik Deutschland verzeichnet (vgl. Tab. 7.5), in Wien erreichten die Deutschen nur 21 %. 4,2 % von Ankünften aus den Niederlanden im gesamten Bundesgebiet entsprechen in Wien nur 2,1 %.

Die Großstadt ist weltoffener. An zweiter Stelle nach den Deutschen stehen in Wien mit über 8 % Anteil die Bürger der Vereinigten Staaten, gefolgt von Italienern, Japanern, dem Vereinigten Königreich und Spanien. Immerhin fast 2 % der Nächtigungen wurden von Gästen aus den GUS-Staaten getätigt, relativ zehnmal soviel wie im österreichischen Durchschnitt. Somit fällt über die Hälfte der Ankünfte aus GUS-Staaten in Österreich auf die Stadt Wien.

Wie kommt es in Wien zu dieser Sonderstellung im Fremdenverkehr? Sie hat ihre Wurzeln in der zweiten Hälfte des 19. Jahr-

Bundesland / Objekt	Besucher	Bundesland / Objekt	Besucher
Burgenland		**Steiermark**	
Burg Forchtenstein	63 000	Basilika Maria Zell (Schätzung)	500 000
Nationalpark	44 000	Herberstein, Tierpark und Schloss	175 000
Haydnkirche Eisenstadt	40 000	Schloss Eggenberg, Graz	143 914
Kärnten		Bundesgestüt Piber	80 000
„Minimundus" (Architekturmodelle aus aller Welt), die kleine Stadt am Wörther See	334 859	**Tirol**	
		Swarovski Kristallwelten	580 000
		Alpenzoo Innsbruck	249 842
Wörtherseeschifffahrt	232 319	Hofkirche Innsbruck	152 272
Nockalmstraße	206 873	Silberbergwerk Schwaz	129 001
Niederösterreich		**Vorarlberg**	
Stift Melk	416 000	Silvretta-Stausee und Bielerhöhe	396 869
Safaripark Gänserndorf	249 567	Bregenz,	
Seegrotte Hinterbrühl	230 000	Wildpark Pfänder u. Adlerwarte	365 000
Stift Heiligenkreuz	143 756	Wildpark Feldkirch	rd. 170 000
Stift Dürnstein	110 000	**Wien**	
Rosenburg	91 328	Schloss Schönbrunn, Schauräume	1 406 627
Stift Klosterneuburg	72 563	Schönbrunner Tiergarten	1 360 207
Oberösterreich		Riesenrad (ab 1.4.)	736 750
Pöstlingbergbahn / Linz	499 077	Österreichische Galerie, Belvedere	464 695
Wolfgangseeschifffahrt	438 300	Kunsthistorisches Museum	588 147
Freizeitbereich Bad Schallerbach	400 000	Donauturm	448 012
Salzburg		Schatzkammer	395 034
Festung Hohensalzburg	834 600	Hofburg / Kaiserappartements	406 997
Großglockner Hochalpenstraße	920 500		
Wolfgangseeschifffahrt	438 300		
Krimmler Wasserfälle	397 550		

Tab. 7.7: Tourismus: Besucherzahlen von Sehenswürdigkeiten 1997
Quelle: Wirtschaftskammer 1999a, S. 52

hunderts. Als damals die Stadtmauern geschliffen und die Innenstadt großzügig ausgebaut wurde, errichtete man auch die notwendigen Bauten für die Besucher der ehemaligen „Reichs- und Residenzstadt". Die erste Blütezeit des Tourismus in Österreich fällt somit in eine sehr dynamische Entwicklungsperiode der Stadt. Damals enstanden die großen Ringstraßenhotels (Grand Hotel 1866, Hotel de France 1872, Hotel Imperial 1875, Hotel Bristol 1893), von denen einige auch heute noch im Tourismus führend sind. Über 600 000 Ankünfte wurden 1910 nur in den Hotels gezählt, eine Zahl die erst sechzig Jahre später wieder erreicht werden sollte.

Denn in der Zwischenkriegszeit ging der Wiener Fremdenverkehr stark zurück, wie ja auch von der metropolitanen Stellung der Stadt in Europa und der Welt viel verloren ging. Der Zweite Weltkrieg mit seinen Bombardements und die folgenden Jahre der alliierten Besatzung taten ein Übriges; erst seit der Unterzeichnung des Staatsvertrages ist es wieder interessant geworden, in den Wiener Tourismus zu investieren.

Damals erlebte auch das *Kulturleben* der Stadt einen neuen Aufschwung und brachte neue Akzente für den Fremdenverkehr. Staatsoper und Burgtheater wurden 1955 wiedereröffnet. Tabelle 7.7, in der Besucherzahlen von wichtigen Sehenswürdigkeiten Österreichs erfasst sind, zeigt die hohe Besucherfrequenz einiger Wiener Touristenziele. Dazu kommt noch ein bekannt hoher Freizeitwert der Stadt und ihrer Umgebung.

Im Kongresstourismus weltweit auf dem zweiten Rang

Wien ist *Zentraler Ort höchster Stufe*. 1966 hat die UNO die Stadt zu ihrem dritten Sitz gewählt: die UNIDO, die Atomenergiebehörde und weitere UNO-Organisationen sind hier beheimatet. Auch andere internationale Vereinigungen, wie z.B. die OPEC, haben ihren Hauptsitz in Wien. Dazu kommt zwischen 1955 und 1990 noch die Funktion der Stadt nahe dem Eisernen Vorhang, als Mittler zwischen Ost und West: Zahlreiche politische Treffen fanden in der Zeit des Kalten Krieges auf dem Boden des neutralen österreichischen Staates statt. Nach Öffnung der östlichen Grenzen wurden Stadt und Großraum Wien eine Absprungbasis für die Einleitung von Wirtschaftsbeziehungen zu den Reformstaaten.

Daher spielt Wien auch eine Sonderrolle im Kongresstourismus. Nach der Etablierung der UNIDO erreichte die Stadt bereits 1970 den fünften Rang in der weltweiten Statistik. Am Beginn der achtziger Jahre lehnte die Bevölkerung in einem Volksbegehren die Finanzierung eines neuen Kongresszentrums nahe der UNO-City mit einigem Nachdruck ab. Das Zentrum wurde trotzdem mit arabischem Kapital gebaut und 1987 eröffnet. Das „Austria Center Vienna" (ACV) beherbergt heute mit einer Saalfläche von 9500 m² 14 Konferenzsäle und kann 10 000 Personen aufnehmen. Ein zweites großes Kongresszentrum besteht in der Hofburg in der Inneren Stadt. Im Jahre 1995 ist Wien zur zweitbeliebtesten Kongressstadt der Welt aufgerückt, nach Paris aber noch vor Brüssel. Insgesamt nahmen 1995 knapp 120 000 Personen an Tagungen in Wien teil, was rund 400 000 Nächtigungen von Teilnehmern entspricht. Damit ergibt sich die Notwendigkeit die Kongresseinrichtungen in Zukunft weiter auszubauen (OSTERMANN 1996). Durch die jüngste politische Entwicklung ist es allerdings zu Einbußen in diesem Bereich des Tourismus gekommen.

Beherbergungsbetriebe

Der durch die dynamische Nachfrageentwicklung ausgelöste Fremdenverkehrsboom spiegelt sich in der Entwicklung der Beherbergungsbetriebe Wiens wider (Tab. 7.8). Dem Mangel an Fremdenunterkünften nach Abzug der Besatzungsmächte ist einem Überangebot gewichen, v.a. die oberste Komfortkategorie wurde stark ausgebaut. Um die zusätzlichen Betten auch belegen zu können, mussten die Zimmerpreise gesenkt werden. Infolgedessen hat die bereits erwähnte starke Suburbanisationstendenz im Wiener Fremdenverkehr in

Tab. 7.8: Tourismus in Wien: Entwicklung der Bettenkapazität und der Übernachtungen 1975–1998
Quelle: ÖSTAT c – eigene Berechnungen
Anmerkung: In den ersten Berichtsjahren sind anstatt von 5/4-Stern- A1/A-Betriebe, anstatt von 3-Stern- B-Betriebe, anstatt von 2/1-Stern- C/D-Betriebe angegeben. Durch die Umkategorisierung haben sich einige Verschiebungen zwischen den Komfortgruppen ergeben, sodass im Zeitvergleich Ungenauigkeiten auftreten.

Jahr	Betten				Übernachtungen (in 1 000)				Index 1975=100	
	insgesamt	5/4*	3*	2/1*	Insgesamt	5/4*	3*	2/1*	Betten	Übernachtg.
1975	23 500	11 100	6 500	5 900	3 597	1 820	1 051	726	100,0	100,0
1980	25 200	12 300	7 300	5 600	4 275	2 368	1 125	782	107,2	118,8
1985	30 800	14 800	8 700	7 300	5 090	2 958	1 300	832	131,1	141,5
1990	38 200	18 600	11 000	8 600	6 761	3 994	1 855	911	162,6	188,0
1995	40 100	22 700	9 700	7 700	6 538	4 248	1 542	749	170,6	181,8
1997	39 900	23 400	9 600	6 900	6 767	4 689	1 496	582	169,8	188,1
1998	40 200	23 800	9 900	6 500	7 197	4 921	1 659	617	171,1	200,1

den letzten Jahren nachgelassen. Die Disparitäten zwischen den Preisen in Wien und im Umland sind zurückgegangen. Die für Wienurlauber im Wienerwald entstandenen Hotels haben nach einem Boom in den 1970er und 1980er Jahren nun z.T. mit wirtschaftlichen Schwierigkeiten zu kämpfen.

Innerhalb Wiens ist mehr als ein Viertel des Beherbungsangebotes auf die Innere Stadt konzentriert. Die Ringstraßenzone, jener Stadtteil, der, wie bereits erwähnt, in der zweiten Hälfte des 19. Jahrhunderts nach einem beispielhaften Regulierungsplan ausgebaut wurde, spielt hier nach wie vor eine besondere Rolle. Im Gebiet um den Stadtpark, der größten Grünfläche in dieser Zone, nahe dem Flughafen-Terminal, sind in den siebziger und achtziger Jahren eine Reihe neuer Hotels entstanden. Teilweise handelt es sich um Zweigbetriebe internationaler Ketten.

Mit weiteren Zuwachsraten im Wiener Tourismus wird gerechnet. Neue Attraktionen, wie Themenparks, werden projektiert oder sind in Planung. Im touristischen Zusammenschluss mit den Städten Budapest und Prag ist in diesem Teil Europas ein neuer globaler Kristallisationspunkt im Städtetourismus entstanden.

7.5 Starke Konzentrationstendenz

In Österreich gab es im Jahre 1998 1531 Fremdenverkehrsgemeinden, die von der Statistik erfasst wurden (ÖSTAT 1999c, S. 11). Ein Viertel der gemeldeten Fremdennächtigungen vereinigten jedoch im Sommerhalbjahr 20, im Winterhalbjahr sogar nur 13 Gemeinden auf sich. Es kommt somit im Fremdenverkehr – wie in anderen Wirtschaftszweigen auch – zu einer starken Konzentration des Wirtschaftsgeschehens. Es sind im Winter und im Sommer durchaus nicht dieselben Gemeinden, welche die meisten Nächtigungen erzielen und daher in Tabelle 7.9 aufgenommen wurden: Im Sommer gehören zur Spitzengruppe eine Reihe größerer Städte. Nur Wien „hat immer Saison". Salzburg, an zweiter Stelle im Sommer, liegt im Winter bereits weit hinten. Als Beispiele für typische Zweisaisonorte können Mittelberg (im Kleinwalsertal), Saalbach, Mayrhofen, Zell am See, Seefeld, Neustift (im Stubaital) sowie die beiden Kur- und Wintersportorte Bad Hofgastein und Bad Gastein angeführt werden. Ischgl, Lech (Zürs), St. Anton und Tux sind hingegen vorwiegend Wintersportgemeinden. Ihre wirtschaftliche Situation ist günstiger als die der typischen Sommerbadeorte an den Kärntner Seen: St. Kanzian, Finkenstein, Velden und Hermagor.

Bei einer Berechnung der *Fremdenverkehrsintensität*, bezogen auf die Fläche (Betten/ km^2) erreicht die Region um die Kärntner Seen die weitaus höchsten Werte. Es ist eines der Paradigmen des österreichischen Fremdenverkehrs, dass gerade dort, wo die Fremdenbetten am dichtesten beieinander stehen, nur eine geringe Auslastung und Rentabilität erzielt werden kann.

Dass sich die Konzentrationstendenz im Winter stärker ausgeprägt hat als im Sommer, kann auch auf die *technischen Aufstiegshilfen* zurückgeführt werden. Der moderne alpine Skilauf (rund 75 % der Wintergäste kommen wegen dieser Aktivität) ist auf Seilbahnen und Lifte angewiesen. Orte ohne diese Einrichtungen haben im Wintersport seit den frühen 1970er Jahren keine Chance mehr. Die Skiausrüstung hat sich ganz den durch die Seilbahnen vorgegebenen Bedingungen angepasst. Mit der Normal-Skibindung kann man nur bergab fahren, die Skischuhe sind für weitere Gehstrecken oder gar Wanderungen ungeeignet (JÜLG 1999, S. 24 ff.).

Dieser Tatbestand verstärkt nach Meinung des Autors die Konzentrationstendenz im Winter beachtlich. Der Skiläufer unserer Tage ist mit *nur einem* erschlossenen Skige-

Von 1531 Berichtsgemeinden vereinigten... die Übernachtungen auf sich	Kalenderjahr 1998	Winter 1997/98	Sommer 1998
ein Viertel	18	13	20
ein Drittel	31	22	36
die Hälfte	79	50	87
Übernachtungen insgesamt	111 131 000	49 540 000	61 237 000

Tab. 7.9: Konzentration im Tourismus 1997/98
Quelle: ÖSTAT 1999 c, S. 76 ff., S. 112 f. u. S. 117 f. – eigene Berechnungen

biet nicht mehr zufrieden; er wünscht, im Laufe seines Winteraufenthaltes viele abwechslungsreiche Abfahrten benutzen zu können. Somit entstanden weiträumige Seilbahnsysteme, die mit werbewirksamen Bezeichnungen, wie Skizirkus, Skischaukel, „weißer Ring", „Dolomiti Superski", in die Fremdenverkehrsprospekte eingegangen sind.

Diese ausgedehnten Seilbahnsysteme sind wirtschaftlich schwer zu betreiben. Sie brauchen eine halbwegs hohe Kapazitätsauslastung und daher ein leistungsfähiges Hinterland: Zahlreiche Fremdenbetten im Bereich der Talstationen in einem oder mehreren Fremdenverkehrsorten und nach Möglichkeit einen Kernraum, aus dem Tagesgäste kommen. Trotzdem wird es immer wieder Verbindungslifte geben, die für das System zwar notwendig, aber so wenig frequentiert sind, dass ihr Betriebsverlust von anderen Anlagen des Systems getragen werden muss. Diese

Konzentration im Winterfremdenverkehr besteht schon seit etlichen Jahren und zeigt eher zunehmende Tendenz (Tab. 7.10).

Aus Abbildung 7.10 erkennt man, dass die Konzentrationstendenz noch stärker ausgeprägt ist, als man aufgrund der Tabellen 7.9 und 7.10 vermuten möchte. Denn schon von den 14 Gemeinden, die ein Viertel der Nächtigungen auf sich vereinigen, liegen je zwei benachbart (Zell am See und Saalbach sowie St. Anton am Arlberg und Lech). Von den Gemeinden aber, welche die Hälfte der Nächtigungen melden, schließen sich viele zu wenigen zusammenhängenden Skigroßräumen zusammen. Es darf nicht überraschen, dass diese fast alle in der Schieferzone liegen (vgl. Kap. 2.1.5).

Diese Konzentrationstendenz muss – im Gegensatz zu den Verhältnissen in anderen Wirtschaftszweigen – beim Fremdenverkehr mit gewissen Vorbehalten betrachtet werden. Die These der Volkswirtschaft, dass die

Tab. 7.10: Konzentration im Wintertourismus 1979/80–1997/98
Quelle: ÖSTAT jährlich c – eigene Berechnungen

[1] Die beiden Kurorte mit hoher Wintersportbedeutung Bad Gastein und Bad Hofgastein wurden gemiensam als ein Kurort und ein Wintersportort gerechnet. Seit dem Winterhalbjahr 1995/96 zählt Bad Gastein, seit 1997/98 Bad Hofgastein nicht mehr zu den meistfrequentierten Gemeinden, die ein Viertel der Nächtigungen abdecken.

Winterhalbjahr	Fremdenverkehrsgemeinden insges.	davon fielen 1/4 der Nächtigungen auf Gemeinden			
		insges.	Städte	Kurorte	Wintersportorte
1979/80	1 595	15	1	1[1]	13
1984/85	1 600	16	2	1[1]	13
1989/90	1 492	15	2	1[1]	12
1992/93	1 498	15	2	1[1]	12
1994/95	1 525	14	2	1[1]	11
1996/97	1 531	14	2	0,5[1]	11,5
1997/98	1 531	13	2	–	11

Starke Konzentrationstendenz

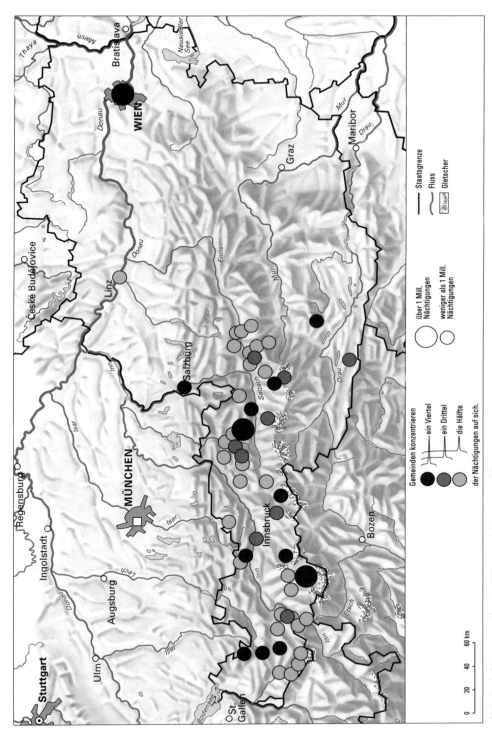

Abb. 7.10: Konzentration im Wintertourismus 1996/97
Quelle: ÖSTAT 1997 c, S. 102

Einnahmen aus dem Fremdenverkehr im peripheren Zielgebiet der Touristen einer großen Zahl von Einzelwirtschaften (z. B. Haushalten) zugute kommen, stimmt ab einem gewissen Entwicklungsgrad der Tourismuswirtschaft nicht mehr uneingeschränkt. Je größer die Fremdenverkehrsbetriebe sind, je mehr auf Massenbesuch ausgerichtet ein Fremdenverkehrsort ist, desto mehr werden die für die Betreuung der Gäste notwendigen Waren nicht vor Ort sondern in zentralen Orten eingekauft. Das ist nicht weiter verwunderlich, wenn man bedenkt, dass z. B. ein Großhotel große Mengen standardisierter Waren gleicher Qualität beschaffen muss, um seine Gäste rationell versorgen zu können. Der örtliche Einzelhandel, Fleischer, Krämer, aber auch Einkaufsmarkt ist nicht in der Lage, den Bedarf des Hoteliers zufriedenstellend und preisgünstig abzudecken. Je größer die Konzentrationen im Fremdenverkehr sind, desto größer werden die wirtschaftlichen und sozialen Disparitäten in der Region und auch vor Ort, besonders im peripheren Fremdenverkehrszielraum. Im Kapitel 7 wird dies am Beispiel der Gemeinde Heiligenblut am Großglockner noch genauer aufgezeigt werden.

„Tourismusstädte"

Je größer ein Fremdenverkehrsort ist, desto „städtischer" werden in ihm die Verhältnisse. Die einheimische Bevölkerung ist nichtmehr in der Lage und auch nicht willens alle Dienstleistungen im Fremdenverkehr zu übernehmen. Die großen Fremdenverkehrsorte werden daher zu *Einpendlerzentren*. Außerdem muss v. a. während der Hochsaison Personal aus der Fremde aufgenommen werden, um den Arbeitskräftebedarf decken zu können (vgl. auch Kap. 4.1.2). So wohnten z. B. in der peripher gelegenen Fremdenverkehrsgemeinde Lech am Arlberg laut Volkszählung 1991 660 Beschäftigte. Von denen pendelten 77 aus. Um aber den Gesamtarbeitskräftebedarf von 1 008 Beschäftigen decken zu können, mussten 425 Personen einpendeln. Davon kamen 212 Personen nicht aus Vorarlberg oder Tirol (ÖSTAT 1995d, S. 464). In Sölden, um noch ein zweites Beispiel anzuführen, wohnten 1 081 Beschäftigte, von denen 147 auspendelten. Denen stehen 702 Einpendler gegenüber, um den Bedarf von 1 636 Beschäftigten abdecken zu können. Hier kommen allerdings die meisten Einpendler aus den weiter draußen gelegenen Gemeinden des Ötztales, die keinen so konzentrierten Fremdenverkehr verzeichnen können (ebenda, S. 415).

Für die Urlaubshochsaison muss eine *Infrastruktur wie in großen Städten* geschaffen werden. Diese Infrastruktur wird allerdings nur während der wenigen Wochen der Hochsaison voll genutzt, in der übrigen Zeit bringt sie hohe Erhaltungskosten. Außerdem treten in großen Fremdenverkehrszentren alle Agglomerationsnachteile auf, die der Urlauber aus seiner Großstadt zuhause gewohnt ist. Wegen der Größe des Ortes (und auch wegen der Fertigungsweise der Skiausrüstung) ist es nicht mehr möglich, zu Fuß die Talstationen der Bergbahnen zu erreichen. Skibusse, meist überfüllt und eher ältere Modelle, stellen diese Verbindung her. Die Verbauung hat durchaus städtischen Charakter. Die Parkprobleme sind in Fremdenverkehrszentren oft größer als in der Heimatstadt des Urlaubers. Noch viele weitere Symptome für die „Verstädterung" der großen Wintersportorte könnten angeführt werden.

Ökologische Grenzen

Als besonders schwerwiegend muss aber beurteilt werden, dass alle diese Massenerscheinungen oft in ökologisch sensiblen Hochlagen auftreten. Kohlendioxydausstoß z. B., wie er durch Heizungen in Wintersportorten entsteht, richtet in alpinen Hochtälern weitaus größere ökologische Schäden an als in den tiefer gelegenen Industriestädten. Inversionserscheinungen (vgl. Abb. 2.9), wie sie in den Alpen vielfach beobachtet werden können, verschlechtern das Lokalklima oft wesentlich. Einige der großen Wintersportorte in den Alpen sind bereits an der Grenze der ökologischen Tragfähigkeit angekommen. Abbildung 7.11 zeigt anhand von Flechtenkartierungen das Ausmaß der Luftverschmutzung in der Landeshauptstadt Salzburg (427 m) mit über 140 000 Einwohnern und im Kurort Bad Gastein (1 000 m – 5 500 Einwohner).

Letztlich muss man die Frage stellen, wieweit die Ziele eines Urlaubes, einer Rekreation, in einem großen Fremdenverkehrszentrum überhaupt noch erreicht werden können. Zahlreiche Faktoren, denen die Touristen auf der Flucht aus der Stadt entkommen wollten, finden sie am Zielort wieder vor. Die Milieuveränderung, der Tapetenwechsel, für manche Urlauber der wichtigste Zweck einer solchen Reise, kann dann nur teilweise wirksam werden.

Zum Abschluss dieses Abschnittes soll noch einmal auf die *Entwicklung der Temperaturen* im Alpenraum zurückgekommen werden. Abbildung 2.10 versucht eine Antwort auf die Frage zu geben, ob und wie stark sich die durchschnittliche Jahrestemperatur in den letzten Jahrzehnten erhöht hat. Wir sehen, dass die Amplitude seit ca. 1950 nachhaltig nach oben geht und die langjährige Durchschnittstemperatur um etwa ein Grad angestiegen sein könnte. Im Kapitel 2.2 wurde darauf hingewiesen, dass eine eventuelle Klimaerwärmung zu einer weiteren Konzentration des Winterfremdenverkehrs führen könnte. Dies trifft für Österreich in besonderem Ausmaße zu. Denn die gesamte Schieferzone mit ihrer Fülle an Wintersportorten erreicht nur an wenigen Stellen Höhen von über 2 500 m. Die großen Talorte, wie

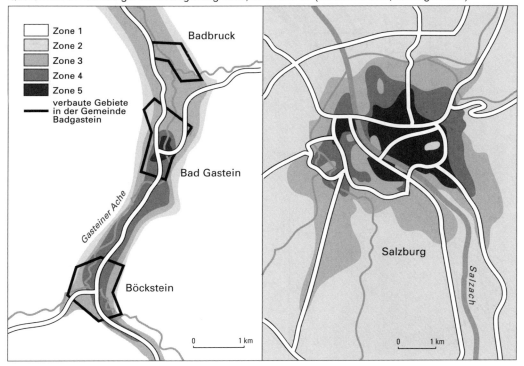

Abb. 7.11: Luftgüte in der Stadt Salzburg und im Gasteinertal
Quelle: Amt der Salzburger Landesregierung 1982, S. 21 und 27 (Bearb.: R. Türk, G. Ziegelbauer)

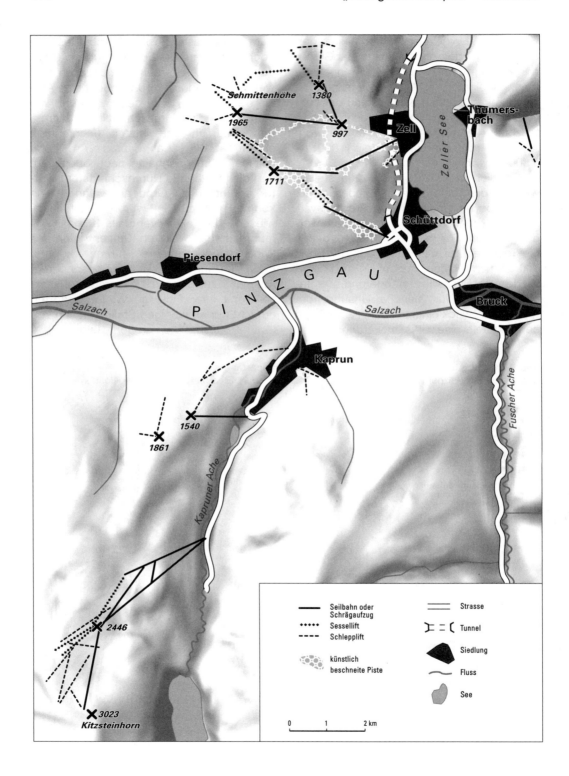

Starke Konzentrationstendenz

Seilbahn	Technisches System[1]	Eröffnungs-jahr	Seehöhe Tal-station	Seehöhe Berg-station	Personen / Stunde	Transport kapazität[2]	Beförderte Personen 1997/98
Kaprun:							
Marskogelbahn	P	1954	829	1 540	300	213 300	93 991
Gletscherbahn							
Kaprun 3	P	1966	2 452	3 029	610	351 970	514 532
Kaprun 2	S	1974	911	2 446	780	1 197 300	926 473
Gipfelbahn Kitzsteinhorn	S	1990	2 928	3 020	502	46 184	545 495
Langwiedbahn Kaprun	US	1990	1 976	2 453	1 540	734 580	1 333 963
Gletscherbahn Kaprun1	UE	1991	929	1 978	1 860	1 951 140	1 026 629
Gratbahn Kaprun	US	1992	2 450	2 656	2 371	488 426	1 750 546
Sonnengratbahn	US	1997	2 415	2 676	3 000	783 000	875 721
Schneekarbahn	DSL	1978	2 414	2 619	1 434	293 970	257 650
18 Schlepplifte (davon 11 über 250m Höhendifferenz)						5 174 876	
Kaprun insgesamt						10 524 646	
Zell am See:							
Schmittenhöhebahn	P	1927	939	1 949	510	515 100	397 689
Sonnenalmbahn	P	1957	952	1 380	550	235 400	171 108
Zeller Bergbahn	UE	1977	783	1 338	1 446	802 530	303 110
Sonnenkogelbahn	US	1984	1 382	1 835	2 158	977 574	359 020
Areitbahn 1	UE	1988	765	1 404	2 400	1 533 600	832 061
Areitbahn 2	UE	1996	1 404	1 713	2 400	741 600	823 089
Areitbahn 3	UE	1996	1 713	1 901	2 400	451 200	810 846
Glocknerbahn	US	1988	1 400	1 579	2 850	510 150	883 116
Hirschkogelbahn	DSL	1972	1 323	1 711	1 390	539 320	524 839
Sonnengratbahn	DSL	1977	1 696	1 920	1 438	322 112	206 685
Gipfelbahn Schmittenhöhe	3SL	1979	1 673	1 970	1 960	582 120	595 233
Breiteckbahn	3SL	1984	1 676	1 901	1 963	441 675	402 492
Hochzellerbahn	DSL	1992	1 892	1 928	1 205	43 380	92 503
17 Schlepplifte (davon 2 über 250m Höhendifferenz)						1 985 983	
Zell am See insgesamt						9 681 744	
Zell am See-Thumersbach:							
Ronachkopf	ESL	1975	844	1 285	351	154 791	8 039
3 Schlepplifte						313 979	
Zell am See-Thumersbach insgesamt						468 770	
Summe für die Europaregion						20 675 160	

Tab. 7.11: Tourismus: Europa Sport Region: Seilbahnanlagen, Stand 1998
Quelle: Bundesministerium für Wissenschaft und Verkehr 1998; Prospektmaterial der Europa Sport Region; Auskünfte der Gletscherbahnen Kaprun AG, Kaprun und Schmittenhöhebahn AG 1999 – eigene Berechnungen
[1] P–Zweiseilpendelbahn, S–Standseilbahn, US–kuppelbare Sesselbahn, UE–Einseilumlaufbahn, DSL–Doppelsessellift, 3SL–Dreiersessellift, ESL–Einsessellift
[2] Transportkapazität = Personen/Stunde/Höhenmeter

Schladming, Zell am See und Kitzbühel, liegen zwischen 600 und 900 Metern und schon bei den heutigen Schneeverhältnissen fast zu niedrig: Eine genügende Winterdecke ist weder zu Weihnachten noch zu Ostern gesichert, und oft müssen die

◄— **Abb. 7.12: Tourismus: Europa Sport Region: Seilbahnanlagen, Stand 1998**
Quelle: Bundesministerium für Wissenschaft und Verkehr 1998; Prospektmaterial der Europa Sport Region

Touristen in das nächstgelegene Gletscherskigebiet ausweichen. Somit ist bei einer kräftigeren Temperaturzunahme eine extreme Konzentration des Alpinskilaufes auf wenige hochgelegene Stationen zu befürchten.

Europa Sport Region Zell am See–Kaprun
Am Beispiel der Europa Sport Region Zell am See–Kaprun im Bundesland Salzburg soll aufgezeigt werden, wie sehr die Seilbahnanlagen eines Wintersportgebietes konzentriert sein können und in welche Höhen sie vordringen. Die Europa Sport Region besteht aus den beiden Gemeinden Kaprun und Zell am See mit rund 11 800 Einwohnern und verfügt über 13 800 Gästebetten, das sind über 7 % der Bettenzahl des Bundeslandes Salzburg. 61 technische Aufstiegshilfen mit Winterbetrieb bieten eine Transportkapazität von über 20 Mill. Personen/Stunde/Höhenmeter an. In den Jahren 1971 bis 1980 gehörte auch die nach Nordwesten anschließende Wintersportgemeinde Saalbach der Region an, die heute bei den Winternächtigungen an dritter Stelle in Österreich liegt. Die relativ weite Entfernung zwischen den Skihängen von Zell am See und Saalbach sowie interne Konflikte haben zum Austritt der dritten Gemeinde aus der Europa Sport Region geführt.

Von der Naturlandschaft ist die Region für den alpinen Skisport besonders gut geeignet. Der nördliche Teil gehört zu den „Grasbergen" der Schieferzone, der südliche Teil zur stark vergletscherten Glocknergruppe der Hohen Tauern. Beide Gemeinden wurden bereits vor dem Zweiten Weltkrieg von Skitouristen besucht; das Schmiedinger Kees (heute: „Kapruner Gletscher") war bei den Skifahrern besonders beliebt, weil damals auf der flachen fast spaltenlosen und hindernisfreien Oberfläche des Gletschers auch von Laien hohe Geschwindigkeiten mit Skiern erreicht werden konnten. Man stieg daher mit Fellen die 1 500 Höhenmeter zum unteren Ende des Gletschers hinauf, um die Ski auf dem Gletscher dann ordentlich laufen lassen zu können.

Interessant ist die Entwicklung der Seilbahnanlagen auf dem Kapruner Gletscher. Dieser wurde 1965 als erster Gletscher Österreichs mit zwei Pendelseilbahnsektionen für den Sommerskilauf erschlossen. Die Investitionsmittel stammten z. T. aus den Erträgen, welche der Region während des Baues der Kraftwerksgruppe Glockner-Kaprun zugeflossen waren. Im Jahr darauf wurde mit einer dritten Teilstrecke das Kitzsteinhorn (Station auf 3 027 m) erreicht. Die Frequenz der Gletscherbahn entwickelte sich in den ersten Jahren sehr stürmisch: zu Spitzenzeiten, das war damals zu Pfingsten und Allerheiligen, mussten Wartezeiten von mehr als drei Stunden häufig in Kauf genommen werden. Bereits 1974 musste daher zusätzlich zu den beiden Pendelseilbahnen eine Standseilbahn als weiterer Zubringer gebaut werden. Ihre Trasse verläuft weitgehend unterirdisch, was den Winterbetrieb sehr erleichtert. Der Tunnel dient gleichzeitig zur Entsorgung aller Abwässer, die im Gletschergebiet anfallen. Im November 2000 kam es im Tunnel der Standseilbahn zu einem schweren Brandunfall. Da die Ursachen dieser Katastrophe noch nicht geklärt werden konnten, ist es fraglich, ob die Standseilbahn jemals wieder in Betrieb gehen oder durch eine zweite Luftseilbahn ersetzt werden wird.

Inzwischen sind die beiden, wenig leistungsfähigen unteren Pendelseilbahnen 1990 und 1991 durch Umlaufsysteme ersetzt worden. Auf dem flachen Gletscher verkehren relativ viele Schlepplifte; er kann als voll erschlossen bezeichnet werden (Abb. 7.12). Der Andrang ist nach wie vor groß, wie die hohen Beförderungszahlen in Tabelle 7.11 beweisen. Er hat sich allerdings vom Sommer auf die Wintervor- und -nachsaison verlagert. Der „Gletscher" dient auch als Schneereserve in schneearmen Wintern.

Die Schmittenhöhe, der Aussichtsberg von Zell am See ist mit unter 2 000 Metern relativ niedrig. Darum müssen die wichtigeren Abfahrten auch künstlich beschneit werden. Die ursprünglich zahlreich vorhandenen Schlepplifte wurden sukzessive in Umlaufseilbahnen und Sesselbahnen umgewandelt (vgl. Eröffnungsjahre Tab. 7.11). Damit konnten Komfort und Kapazität wesentlich gesteigert werden. Nur wenige Schlepplifte sind hier bis heute erhalten geblieben. Auf der anderen Seite des Zeller Sees befindet sich noch die Fraktion Thumersbach. Ihr Angebot an Aufstiegshilfen ist gering und seit vielen Jahren fast unverändert. Im Rahmen der Europa Sport Region muss man Thumersbach als peripheren Standort bezeichnen.

7.6 „Sanfter" Tourismus

Der Zentrum-Peripherie-Theorie in der räumlichen Verteilung der wirtschaftlichen Aktivitäten entspricht auf dem Sektor der Fremdenverkehrswirtschaft der Gegensatz zwischen Fremdenverkehrszentren, wie sie im letzten Abschnitt vorgestellt wurden, und weiten Räumen, in denen versucht wird, mit einem weiten Spektrum von größtenteils endogenen Maßnahmen eine extensive touristische Nutzung aufrechtzuerhalten oder zu erreichen. Dass die Konzentrationstendenz zunimmt und die Disparitäten größer werden, wurde im letzten Kapitel schon nachgewiesen. Der Niedergang der traditionellen „Sommerfrische" hat die räumliche Verteilung der Fremdenverkehrsaktivitäten in Österreich wesentlich verändert. Manche Tourismusmanager sind heute sogar der Meinung, dass der Tourismus nur ab einer gewissen Intensitätsstufe gefördert werden sollte. Unter dieser Stufe wäre er wirtschaftlich uninteressant.

Andererseits bringt es die natürliche Ausstattung mit sich, dass weite Teile des Staates auch in den peripheren Regionen für touristische Aktivitäten gut geeignet sind. Damit wird der Fremdenverkehr zur wichtigen, in manchen Gebieten sogar zur einzigen Möglichkeit, das Überleben der Bevölkerung dort wirtschaftlich abzusichern.

Denn in diesen ländlichen Regionen haben andere Wirtschaftszweige infolge der großräumigen strukturellen Entwicklungen unserer Zeit kaum eine Überlebenschance.

Nationalparke

Eine wichtige Alternative in dieser Richtung ist die Erklärung von peripheren Gebieten zu Nationalparke. In Abbildung 7.13 sind die insgesamt sechs Nationalparke dargestellt, die bereits errichtet wurden. Der älteste und wichtigste davon ist zweifellos der Nationalpark Hohe Tauern, für den erste Initiativen bereits vor dem Ersten Weltkrieg gesetzt wurden und auf dem im nächsten Kapitel noch näher eingegangen werden wird. Zwei der eingezeichneten Nationalparke sind „international", also grenzüberschreitend, nämlich der „Neusiedler See–Seewinkel" und der jüngst (Mai 2000) eröffnete Nationalpark „Thayatal".

Verglichen mit den großen Vorbildern aus Nordamerika haben die österreichischen Nationalparke für den Tourismus nur eine geringe Belebung gebracht. Die von den regionalen Wirtschaftstreibenden erwartete dynamische Entwicklung zu Kristallisationspunkten des Fremdenverkehrs ist ausgeblieben und kann teilweise auch nicht mit den Zielen der Nationalparkver-

---

„Sanfter Tourismus"
„Ein Schlagwort, das seit Beginn der achtziger Jahre zunehmende Verbreitung gefunden hat und mit dem sich Vorstellungen eines umwelt- und sozialverträglichen Tourismus verbinden, die zu einer ‚Lösung', zumindest aber Entschärfung der bestehenden Probleme des Tourismus führen sollen" (MOSE 1989, S. 10).

„Im strukturschwachen Alpenraum gibt es oft keinen Tourismus, obwohl er hier aus Arbeitsplatzgründen besonders wichtig wäre. Allerdings ist es aus wirtschaftlichen, sozialen und ökologischen Gründen nicht sinnvoll, hier die Entwicklung der Tourismuszentren im kleinen Rahmen nachzumachen, sondern es bedarf einer anderen Strategie: Konzentration auf Freizeitangebote ohne technische, ‚harte' Infrastrukturen, kein Aufbau von touristischer Monostruktur, sondern Tourismus als komplementäre Wirtschaftsaktivität der Einheimischen, enge Vernetzung mit Landwirtschaft und Handwerk zur Stärkung regionalwirtschaftlicher Kreisläufe, Orientierung des touristischen Angebotes an den Natur- und Kulturlandschaften, an den geschichtlichen und kulturellen Sehenswürdigkeiten …" (BÄTZING 1997, S. 242f.).

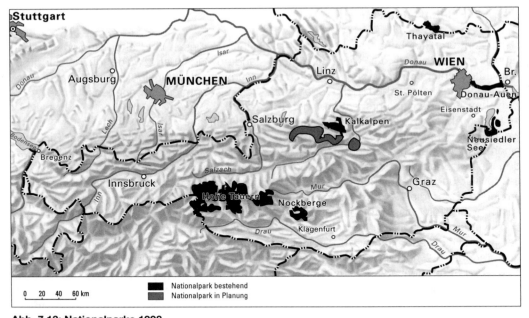

Abb. 7.13: Nationalparke 1998
Quelle: Österreichische Raumordnungskonferenz (ÖROK) 1993a, S. 86, modifiziert und ergänzt

waltungen in Einklang gebracht werden. Wie gering die Belebung des Tourismus durch einen Nationalpark ausfallen könnte, zeigt eine vorsichtige Schätzung der zusätzlichen Effekte für den neu eröffneten Nationalpark Thayatal, die im Auftrag der Proponenten erstellt worden ist. Vorsichtige Schätzungen der ÖAR-Regionalberatung ergeben induzierte Umsätze von unter 40 Mill. ÖS und maximal 40 Dauerarbeitsplätze (Tab. 7.12).

„Eisenstraße"
Als weiteres Beispiel für eine endogene Entwicklung eines „sanften" Tourismus soll die „Eisenstraße", die im Sommer 1998 im nieder- und oberösterreichischen Alpenvorland mit großem Elan eröffnet wurde, vorgestellt werden. Man schloss dabei an eine bereits seit Jahren laufende ähnliche Aktion in der Steiermark an. Mit diesem Vorhaben möchte man eine nachhaltige flächenhafte Tourismusentwicklung relativ niedriger Intensität

		mittelfristig	langfristig (nach 5 Jahren)
Tagesausflügler (geschätzt)		50 000	110 000
Verpflegungsausgaben/Person	ÖS	60,–	60,–
Einkäufe/Person	ÖS	20,–	30,–
Gesamtumsätze Tagesausflügler	ÖS	4,0 Mill.	9,9 Mill.
Nächtigende Gäste		6 000	12 000
Umsatz pro Nächtigung	ÖS	680,–	720,–
Gesamtumsätze Nächtigende Gäste	ÖS	4,1 Mill.	8,6 Mill.
Gesamtumsatz aller Gäste	ÖS	8,1 Mill.	18,5 Mill.

Tab. 7.12: Nationalparke: Zusätzliche Effekte durch den Nationalpark Thayatal auf der österreichischen Seite
Quelle: Nationalparkplanung Thayatal – Betriebsgesellschaft Marchfeldkanal – ÖAR-Regionalberatung 1995

„Sanfter" Tourismus

in der so genannten „Eisenwurzen" erreichen. Da es sich hier um ein Gebiet mit ehemaligen Sommerfrischen handelt, kann auf eine gewisse touristische Grundstruktur zurückgegriffen werden, was die Entwicklung erleichtert. Thematisch wichtig ist die Nähe zum steirischen Erzberg, früher Standort zahlreicher kleiner Eisen verarbeitender Betriebe und verwandter Gewerbe. Diese mussten fast alle ihre Produktion aufgeben; für die Besucher der Eisenstraße haben aber einige die Tore wieder geöffnet, zeigen traditionelle Handwerkskunst und verkaufen ihre Erzeugnisse.

In Niederösterreich haben sich 1998 16 Gemeinden in drei „thematisch und geographisch abgegrenzten Teilregionen" (MAULER 1998, S. 24) entschlossen, sich an dieser Aktion zu beteiligen. Inzwischen sind bis zum Jahre 2000 acht weitere Gemeinden hinzugekommen. In Oberösterreich erfolgte die Eröffnung der Eisenstraße im Rahmen der Landesausstellung: „Land der Hämmer – zukunftsreich". Ziel war „durch eine umfangreiche Zurschaustellung der regionalen Industriegeschichte die Region touristisch zu positionieren und mit entsprechender Infrastruktur zu erschließen. 300 Millionen Schilling wurden von Bund, Land und Europäischer Union (Ziel-2-Gebiet), aber auch von den Gemeinden und den Eigentümern zahlreicher

Abb. 7.14: Tourismus: Die Gemeinden an der Eisenstraße 1998
Quelle: ANDREAUS 1999 und MAULER 1998

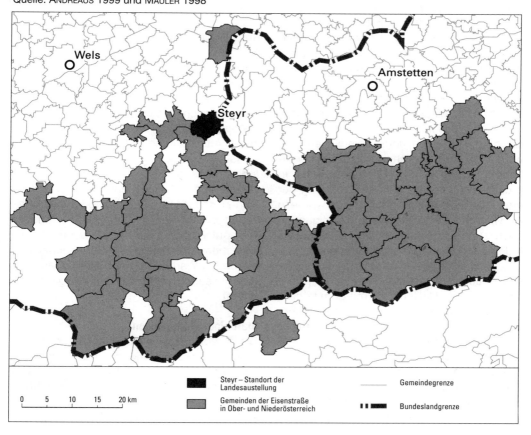

Objekte aufgebracht, um das dezentrale Ereignis auf die Beine zu stellen. In 26 Gemeinden fanden Einzelausstellungen statt ..." (DELAPINA 1998, S. 11). Die oberösterreichische Landesausstellung zog mit fast 700 000 Eintritten an den einzelnen Standorten unerwartet viele Besucher an. „Wesentlich ist auch, daß die Anstrengungen der Landesausstellung 1998 nicht einmalige Aktionen, sondern auf Dauer ausgerichtet sind. ... Wie man den Aussagen Einzelner entnehmen kann, wollen diese die begonnenen Maßnahmen, im Sinne eines gesteigerten Selbstbewußtseins, mit dem Aufwind der wesentlichen Imageverbesserung der Region nutzen" (ANDREAUS 1999, S. 110).

Regionale Entwicklungsprojekte, wie sie in den beiden oben angeführten Beispielen beschrieben werden, laufen auf endogener Basis in vielen peripheren Gebieten in Österreich. Mit ihnen war und ist es möglich, kleinräumig wertvolle Erfolge zu erzielen. Eine großflächige Entspannung in den Zentrum-Peripherie-Disparitäten konnte bisher jedoch nicht erreicht werden.

7.7 Regionale Auswirkungen – das Beispiel Heiligenblut

Die Kärntner Gemeinde Heiligenblut, deren Fremdenverkehrsentwicklung vom Autor in mehreren Analysen untersucht wurde (JÜLG 1976, 1993; JÜLG/MÜLLER 1995), bietet ein anschauliches Beispiel über die zyklischen Phänomene im Tourismus und deren Auswirkungen auf die regionale Wirtschaft. PAULIK (1997, S. 29–46) weist anhand zahlreicher Autoren darauf hin, dass der Gesamtzyklus eines Fremdenverkehrsortes eine Kombination zahlreicher Teilzyklen ist, die durchaus einen unterschiedlichen Entwicklungsstand erreichen können. In Heiligenblut hat z.B. der Wintertourismus in größerem Ausmaß erst nach Eröffnung der ersten Sessellifte begonnen. Daher wurde in Abbildung 7.15 für die Winternächtigungen auch erst das Winterhalbjahr 1965/66 als Index-Grundwert 100 angenommen.

Alpiner Sommertourismus

Die Gemeinde Heiligenblut mit dem höchsten Gipfel Österreichs, dem Großglockner (3798 m), war schon lange ein begehrtes Ziel von Alpinisten. 1910, im ersten Fremdenverkehrsboom der „Belle epoque" erreichte das Bergdorf bereits über 10 000 Nächtigungen. Rund dieselbe Anzahl wurde auch in der Zwischenkriegszeit im Jahre 1931 gemeldet. Anschließend gingen allerdings durch die „Tausend-Mark-Sperre" die Nächtigungszahlen um über ein Drittel zurück.

Großglockner-Hochalpenstraße

Der Bau der Großglocknerstraße (vgl. Kap. 6.1.3) mit Mitteln der produktiven Arbeitslosenfürsorge brachte den Einheimischen zusätzliche Verdienstmöglichkeiten und zahlreiche fremde Arbeitskräfte in das abgelegene Tal. Diese belebten die heimische Wirtschaft und lösten zahlreiche Initialinvestitionen im Fremdenverkehr aus. Die Individualmotorisierung ließ den Glocknerverkehr in den 1950er Jahren in unerwartete Höhen schnellen (vgl. Abb. 6.9). Die Wirtschaft profitierte von den Durchreisenden. Die Aufenthaltsdauer sank während der jährlichen Öffnungszeiten der Hochalpenstraße auf Werte von unter zwei Tagen. Der Durchreisende hatte den Urlaubsgast verdrängt.

Start einer Wintersaison

Die Bevölkerung investierte weiter in ihre Fremdenverkehrsbetriebe und beschloss, zur Erhöhung von deren Rentabilität zusätzlich Wintersporteinrichtungen zu errichten. In der Wintersaison 1965/66 nahmen die ersten Liftanlagen ihren Betrieb auf. Die Win-

Regionale Auswirkungen – das Beispiel Heiligenblut 183

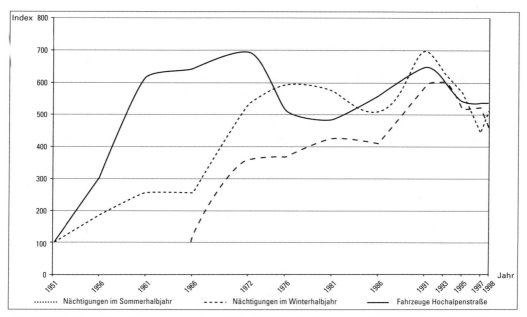

Abb. 7.15: Heiligenblut: Die Zyklen. Index: 1951 = 100 (für die Winternächtigungen: 1965/66 = 100)
Quelle: JÜLG 1976; JÜLG/MÜLLER 1995; ÖSTAT c; Ausk. Großglockner-Hochalpenstraßen AG 2000 – eig. Berechng.

Abb. 7.16: Heiligenblut: Einige Grunddaten der Gemeinde 1951 – 1991
Quelle: JÜLG 1976; JÜLG/MÜLLER 1995; ÖSTAT c – eigene Berechnungen

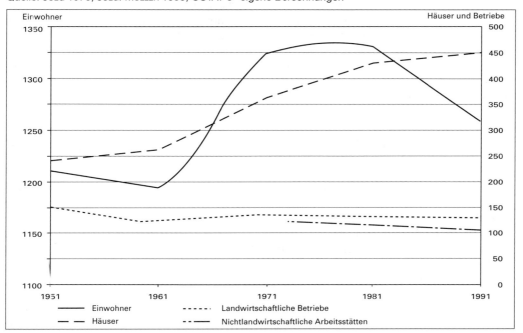

tersaison erreichte bald das Niveau der Sommersaison. Im Fremdenverkehrsjahr 1977/78 wurden im Winter erstmals mehr Nächtigungen gezählt als im Sommer. In dieser Zeit ging der Verkehr auf der Glocknerstraße bereits zurück. Auch bei den Sommernächtigungen ergaben sich Einbrüche. Die negativen Auswirkungen des starken Durchgangsverkehrs machten Teilräume der Gemeinde für längerfristige Erholungsaufenthalte im Sommer ungeeignet. Die Winternächtigungen blieben mit witterungsbedingten Schwankungen auf ihrem hohen Niveau. Die Jahre 1991 bis 1993 sind durch besonders hohe Frequenzen gekennzeichnet, die, wie bereits erwähnt, durch die Öffnung des Eisernen Vorhanges induziert wurden. Damit ist allerdings der Höhepunkt aller Zyklen eindeutig überschritten, zu einem Neustart ist es bislang nicht gekommen.

Nationalpark „Hohe Tauern"

Dabei wären die Voraussetzungen für eine solche Entwicklung gar nicht so ungünstig. Im Jahre 1981 wurde der Kärntner Anteil des Nationalparkes „Hohe Tauern" in die Tat umgesetzt und dabei die ursprünglich für den Nationalpark geplante Fläche wesentlich reduziert. Die Gemeinde Heiligenblut ist daher in der Lage, auf der einen Talseite den Wintersport mit allen Möglichkeiten des „harten" Tourismus auszubauen, während die andere Seite für den „sanften" Tourismus im Nationalpark reserviert ist. Das Studium der Nächtigungszahlen zeigt aber, dass die Gründung des Nationalparks die Entwicklung der Sommernächtigungen nicht maßgeblich beeinflussen konnte.

Entwicklung der Regionalwirtschaft

Die Zahl der Einwohner ist in der „Take-off-Phase" des Heiligenbluter Fremdenverkehrs bis 1981 gestiegen, seither fällt sie wieder leicht. Aus Abbildung 7.16 kann man ersehen, dass in Fremdenverkehrsorten bei der von FOURASTIÉ dargestellten Wirtschaftsentwicklung nach Sektoren (vgl. Abb. 4.10) die Zwischenstufe, in der die Industriebeschäftigten einen höheren Anteil erreichen, einfach übersprungen wird. Die in der Landwirtschaft freigesetzten Arbeitskräfte wechseln direkt in den Dienstleistungssektor über. Im Gemeindevergleich fallen daher Fremdenverkehrsgemeinden durch ihren hohen Anteil an Beschäftigten im tertiären Sektor auf. Der sekundäre Sektor geht, wie die Zahl der nichtlandwirtschaftlichen Arbeitsstätten zeigt, im peripheren Gebiet zurück. Der Tourismus ist nicht in der Lage, alle freigesetzten Arbeitskräfte aufzunehmen. Es kommt somit zum Auspendeln und zur Abwanderung v. a. der Jugend. Denn „der wirtschaftliche Aufschwung kommt der Ortsbevölkerung in sehr unterschiedlichem Maße zugute. Die wenigen Gewerbetreibenden des Ortszentrums und der Franz-Josefs-Höhe, die aufgrund ihrer wirtschaftlichen Macht oft meinungsbildend sind, können den Löwenanteil auf sich vereinigen. Der Hotelbesitzer, dem ein Fünf-Millionen-Schilling-Kredit keine größere Schwierigkeit bedeutet, wohnt nur wenige hundert Meter Luftlinie vom Bergbauern entfernt, der nur mit Mühe jene 15 000 Schilling in bar aufzutreiben vermag, die er braucht, um seinen relativ kleinen Anteil zur Wegerschließung seines Gehöftes zu bezahlen. ... Das zeigt aber auch, dass ein Ziel der Entwicklungspolitik, nämlich die Verringerung der Abwanderung, nur zum Teil erreicht werden kann. ... Denn die Bauernsöhne und -töchter arbeiten nur zum Teil in Betrieben der eigenen Gemeinde. Andererseits pendeln Arbeitskräfte aus der Umgebung nach Heiligenblut ein", um eher minderwertige Dienstleistungen im Fremdenverkehr zu übernehmen (JÜLG 1976, S. 77f., vgl. auch Kap. 4.1.2).

Angesichts der starken Arbeitsbelastung in den Fremdenverkehrsbetrieben sind aber auch die Kinder der Hoteliers nicht bereit, den gut ausgebauten elterlichen Betrieb zu übernehmen. Sie ziehen eine geruhsame Lebensweise mit einem Achtstundentag in den zentralen Räumen des Staates den

Regionale Auswirkungen – das Beispiel Heiligenblut

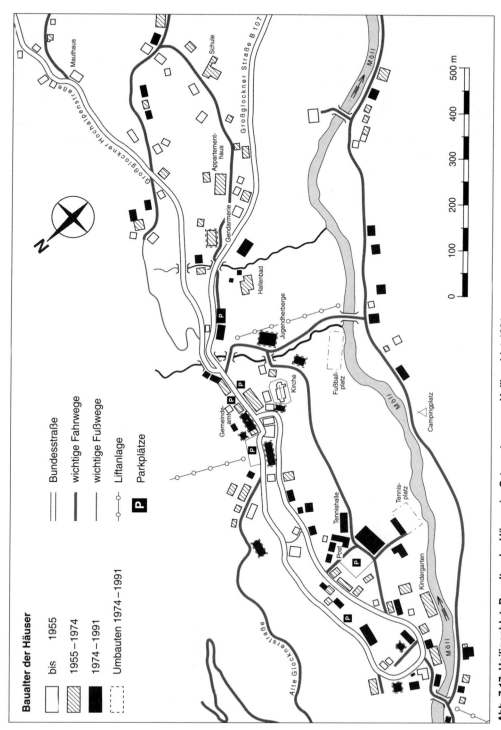

Abb. 7.17: Heiligenblut: Baualter der Häuser im Ortszentrum von Heiligenblut 1991
Quelle: JÜLG 1976, S. 71; JÜLG/MÜLLER 1995, S. 29, modifiziert

Strapazen der Führung eines eigenen Betriebes in der Peripherie vor (JÜLG 1995, S. 7 ff.).

Besondere Aufmerksamkeit verdient die Zunahme der Bausubstanz, die in Abbildung 7.17 für den ungefähren Zeitraum der „Take-off-Phase" von 1955 bis 1974 und der Phase der „Reife" 1974 bis 1991 dargestellt wird. In die Karte ist nur das Zentrum der Gemeinde aufgenommen – in den abseits der Straße gelegenen Fraktionen waren die Veränderungen wesentlich geringer. Zu beachten ist, dass sich die Gesamtzahl der Häuser der Gemeinde, die sich durch Jahrhunderte kaum verändert hatte, binnen weniger Jahre fast verdoppelt hat (Abb. 7.15). Praktisch sind im Ortskern nur wenige Bauten unverändert geblieben. Neben der weit bekannten Wallfahrtskirche sind das meist landwirtschaftliche Betriebsgebäude. Somit hat sich die Kulturlandschaft stark verändert.

... Land der Hämmer, zukunftsreich!

8 Vom Industriestaat zur postindustriell-peripheren Wirtschaft

Als PAULA VON PERADOVIC nach dem Zweiten Weltkrieg im Jahre 1945 den Text der österreichischen Bundeshymne schrieb, war man von der Zukunft der „Hämmer" noch überzeugt. Nach dem nationalen Wiederaufbau, so meinte man, würde der österreichische Bergbau und die seine Produkte weiter verarbeitende Schwerindustrie zu einem Grundpfeiler der österreichischen Volkswirtschaft werden. Diese könnte wieder jene dominierende Rolle einnehmen, die sie um die Jahrhundertwende für weite Teile Südosteuropas gehabt hatte und neue globale Märkte öffnen. Die Gedanken eines FOURASTIÉ (vgl. Abb. 4.10) waren noch unbekannt, auch konnte man die bevorstehende Entwicklung der Weltwirtschaft nicht voraussehen.

Inzwischen ist Österreich in die *postindustrielle Phase* eingetreten, wie an vielen Indikatoren nachgewiesen werden kann. Der wirtschaftliche Stellenwert der Industrie ist gesunken, und viele Branchen, v. a. aber die Schwerindustrie, haben beachtliche wirtschaftliche Probleme.

Dieser Sachverhalt wird durch die *periphere Lage* des Staates in der Europäischen Union zweifelsohne verstärkt. Zurzeit der Industrialisierung, in der Gründerzeit des 19. Jahrhunderts waren die Standortfaktoren im Rahmen des europäischen Zentrum-Peripherie-Systems noch ganz anders: Österreich galt damals als jener Teil eines Reiches von über 50 Mill. Einwohnern, in dem einige Regionen vornehmlich zur Industrialisierung vorgesehen waren.

Es ist daher auch nicht weiter verwunderlich, wenn zum Beispiel das Österreichische Institut für Wirtschaftsforschung (WIFO) 1999 Teilbereichen der österreichischen Industrie zwar eine gute Wettbewerbsfähigkeit attestiert, aber gleichzeitig feststellen muss, dass „eine Etablierung in der Spitzengruppe der führenden Industrieländer durch persistente Strukturdefizite verzögert wird." Als wesentliche Strukturschwächen werden hierbei aufgezählt: „eine Überspezialisierung auf arbeitsintensive Industriezweige bei gleichzeitiger Unterspezialisierung auf forschungsintensive Industriezweige sowie die ungenügende Positionierung im Qualitätswettbewerb auf dem Weltmarkt" (BÖHEIM 1999, S. 405 u. 409).

Dazu kommt aber noch, dass eine „*quantitative Explosion*" der Wirtschaft die globalen Rangordnungen radikal verändert hat. Während des Zweiten Weltkrieges erreichte beispielsweise die Weltroheisenproduktion einen Spitzenwert von 100 Mill. Jahrestonnen. Eisen wurde aus strategischen Gründen damals dringend benötigt. Man erwartete daher, dass diese Produktionszahlen nach Ende des Krieges wieder stark zurückgehen würden. Inzwischen wird seit Jahrzehnten jährlich das Sieben- bis Neunfache an Eisen produziert. Somit sind nicht nur die „günstigen" Ressourcen in den Altindustrieländern erschöpft, sondern es wird auch ein Vielfaches an Rohstoffen gebraucht. Daher überrascht es nicht, dass die traditionellen Standorte der Schwerindustrie in Europa – global betrachtet – stark an Bedeutung eingebüßt haben.

Somit kann heute der Inhalt dieses Kapitels für Bergbau und Industrie *nicht mehr als „zukunftsreich"* betrachtet werden. Doch hat mancher Sachverhalt, der heute in der heimischen Wirtschaft als negativ angesehen werden muss, seinen Ausgangspunkt in den positiven Erwartungen, welche die Entscheidungsträger nach Ende des Zweiten Weltkrieges hegten.

8.1 Bergbau mit großer Vergangenheit

Der Bergbau war bis in die ersten Jahrhunderte der Neuzeit (vgl. Kap. 3) einer der wichtigsten Wirtschaftszweige in den Regionen des heutigen Österreich. Der Besitz von Bergbauressourcen veranlasste die Völker schon im Altertum Gebiete zu erobern und Landesgrenzen zu verschieben. Viele alte Verkehrswege hatten ihre Funktion und ihren Namen von Bergbauprodukten. Es sollen hier nur die „Bernsteinstraße", die „Eisenstraße" und die zahlreichen „Salzjöcher" in den Alpen, über die das „weiße Gold" zu den Konsumenten transportiert wurde, erwähnt werden. Auch als man nach dem Ersten Weltkrieg daran ging, aus dem großen Wirtschaftsraum der österreichisch-ungarischen Monarchie den kleinen Reststaat des heutigen Österreich zu umgrenzen, spielten Lagerstätten von Rohstoffen eine gewisse Rolle. Obwohl diese Bodenschätze 1918 lange nicht mehr so wertvoll waren wie in den vorangegangenen Jahrhunderten, wurden sie meistens den angrenzenden Staaten zugesprochen. Daher befanden bzw. befinden sich einige Bergbaustandorte knapp jenseits der rot-weiß-roten Gemarkungen.

Wie hoch die wirtschaftliche Bedeutung der Rohstoffe war, mag man aus der Tatsache erkennen, dass die Römer bei der Anlage ihres, das ganze große Reich überspannenden Straßennetzes, die norischen Erzvorkommen berücksichtigten (vgl. Abb. 3.1). Seine *größte Blüte* erlebte aber der österreichische Bergbau zweifellos zu Ende des Mittelalters. Aus dieser Zeit sind uns zahlreiche Baudenkmäler in ehemaligen Bergbauorten erhalten geblieben, die von großem Reichtum zeugen.

Mit der Entdeckung des amerikanischen Kontinents 1492 begann sukzessive ein Niedergang des Bergbaus, der sich heute noch fortsetzt. Die neu entdeckten überseeischen Erze waren reichhaltiger und leichter zu gewinnen als die Vorkommen in den Alpen. Es kam daher in vielen europäischen Bergbaugebieten zu einer wirtschaftlichen Depression. Es ist darum sicher kein Zufall, dass die sozialen Lehren LUTHERS im 16. Jh. recht schnell bei den notleidenden Bergleuten Verbreitung fanden (vgl. auch Kap. 3.4). In der folgenden Gegenreformation wurden zahlreiche Bergleute aus Österreich ausgewiesen. Da viele Bergbauregionen damals notleidend waren, löste man durch diese Maßnahme auch soziale Probleme. Nur in jenen Tälern, wo der Bergbau nach wie vor florierte oder aus strategischen Gründen von großer Bedeutung war, durften Bergleute protestantischer Konfession bleiben (vgl. Kap. 3.3, Tab. 3.1).

Der *lange Niedergang* des österreichischen Bergbaus ist allerdings mehrmals kurzfristig unterbrochen worden, nämlich dann, wenn die Weltmarktpreise für Rohstoffe stark angezogen hatten oder politische Ursachen, v.a. Kriege, eine Erhöhung der Bergbauproduktion dringend notwendig machten. Beide Ursachen sind oft zusammengefallen. So erlebte der österreichische Bergbau seinen letzten Produktionshochstand während des Zweiten Weltkrieges, als die deutsche Reichsregierung alle bekannten Rohstoffvorkommen in den „Alpen- und Donaugauen" untersuchen ließ. Mancher bereits stillgelegte Bergbau wurde damals wieder reaktiviert, weil sein Produkt zwar sehr teuer, aber kriegswirtschaftlich unverzichtbar war.

Nach dem Zweiten Weltkrieg wurden fast alle österreichischen Bergwerke verstaatlicht. Produktion und Anzahl der Betriebe ging langsam zurück, allerdings hat der soziale Schutzschirm der Verstaatlichung diesen Rückgang verzögert. Auch derzeit (2000) – wo viele ehemals staatliche Betriebe aller Sparten privatisiert worden sind – befindet sich der Kohlen- und Eisenerzbergbau noch immer fast zu 100 % in Staatsbesitz. Es ist schwer, private Interessenten für eine Weiterführung dieser defizitären Betriebe zu finden.

Versucht man die Gründe für den lang andauernden Rückgang des Bergbaues festzustellen, so ist das Ergebnis dieser Analyse nicht überraschend. Es sind dieselben Gründe, die in allen postindustriellen Staaten zu beobachten sind: Die „günstigen" höher konzentrierten und leichter gewinnbaren Vorkommen wurden, wie bereits erwähnt, seit Jahrhunderten ausgebeutet. Sie sind heute zu einem beachtlichen Teil erschöpft. Die restlichen, minderwertigen bzw. schwer gewinnbaren Rohstoffe sind in Zeiten eines globalen Rohstoffmarktes nicht mehr konkurrenzfähig. Österreich ist somit „reich an armen Erzen".

Es muss in diesem Zusammenhang festgehalten werden, dass die Gebirge der alpinen Faltung in globaler Sicht nicht als besonders rohstoffreich gelten. Die Ausbeutung kleinerer Vorkommen erweist sich jedoch immer aufwendiger als die großer zusammenhängender Lagerstätten. Österreichs Bodenschätze wurden bzw. werden teilweise in großer Höhe gewonnen (Goldschächte gab es zur Römerzeit in Höhen bis über 3000 m), sind daher mit hohen Arbeits- und Transportkosten belastet.

Dazu kommt, wie im Weiteren noch ausgeführt werden wird, dass in Österreich, wie in allen anderen Staaten, die sich zur postindustriellen Wirtschaft hin entwickeln, der Bedarf an mineralischen Rohstoffen abnimmt. Der sinkende Absatz von österreichischen Bergbauprodukten ist daher nicht nur auf die zu hohen Produktionskosten und daher mangelnde Konkurrenzfähigkeit, sondern auch auf den ständig abnehmenden Bedarf zurückzuführen. Eine hohe Recyclingrate im Umwelt-Musterstaat Österreich verstärkt diese Tendenz.

Dennoch wird noch immer prospektiert und das Land nach Bodenschätzen untersucht. Abbildung 8.1 zeigt, wo nach welchen Ressourcen in Österreich z. B. im Jahre 1980 geforscht wurde (Österreichische Raumordnungskonferenz (ÖROK) 1981a, S. 122). Der internationale Rohstoffmarkt beeinflusst diese Bemühungen. Die Rohstoffe verändern am Weltmarkt ihren Preis und damit gibt es bei diesen Prospektionen immer wieder neue Zielvorgaben. Ergebnisse der Prospektionen haben auch zur Erschließung von neuen Bergwerken (z. B. für Scheelit, aus dem Wolfram gewonnen wird) geführt, doch ist deren wirtschaftliche Bedeutung im Vergleich zu den vielen aufgelassenen Bergbaubetrieben gering.

In administrativer Hinsicht unterscheidet die Oberste Bergbehörde Österreichs, derzeit noch eine Sektion des Bundesministeriums für wirtschaftliche Angelegenheiten, drei Arten von Rohstoffen: bergfreie, grundeigene und bundeseigene:

– *„Bergfreie"* mineralische Rohstoffe gehören nicht dem Grundbesitzer, auf dessen Grund sie gefunden werden. Ihr Abbau ist „Personen mit entsprechender Konzession" zu überlassen. Bergfreie Minerale sind fast alle bekannten höherwertigen Bodenschätze, Kohle, Erze, Graphit, Kaolin, aber auch relativ wertlose Materialien, wie Gips.
– *„Grundeigene"* mineralische Rohstoffe können hingegen nach Genehmigung des Bundesministeriums vom Grundeigentümer selbst abgebaut werden. Wirtschaftlich wichtigstes grundeigenes Mineral ist Magnesit, bei dem Österreich eine wichtige Position in der Weltrangliste einnimmt. Die übrigen grundeigenen Materialien sind von geringerem wirtschaftlichen Wert wie z. B. Tone und Sande.
– Salz, Kohlenwasserstoffe (Erdöl und Erdgas) sowie Uran und Thorium sind wegen ihrer großen Bedeutung für die Allgemeinheit in Österreich *„bundeseigen"*.

Tabelle 8.1 zeigt deutlich, wie stark die wirtschaftliche Bedeutung des Bergbaus zurückgegangen ist. Die Zahl der Beschäftigten erreichte 1998 nur ein Fünftel der Angaben des Jahres 1965 (vgl. auch Tab. 8.10). Zahlreiche Bergwerke mussten in den letzten Jahren geschlossen werden und nur wenige Bergbaurohstoffe haben heute noch wirtschaftliche Bedeutung (Tab. 8.2).

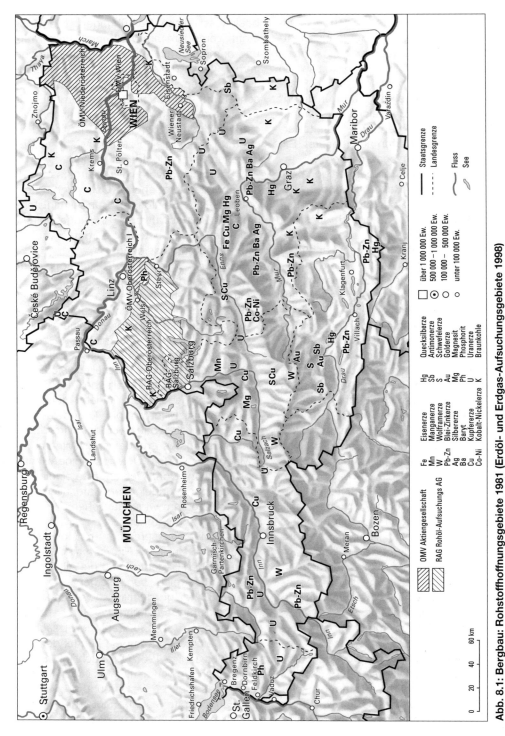

Abb. 8.1: **Bergbau: Rohstoffhoffnungsgebiete 1981 (Erdöl- und Erdgas-Aufsuchungsgebiete 1998)**
Quellen: Österreich. Raumordnungskonferenz (ÖROK) 1981 a, S. 122; Bundesministerium f. wirtschaftl. Angelegenheiten – Oberste Bergbehörde 1999, S. 34–35

Bergbau mit großer Vergangenheit

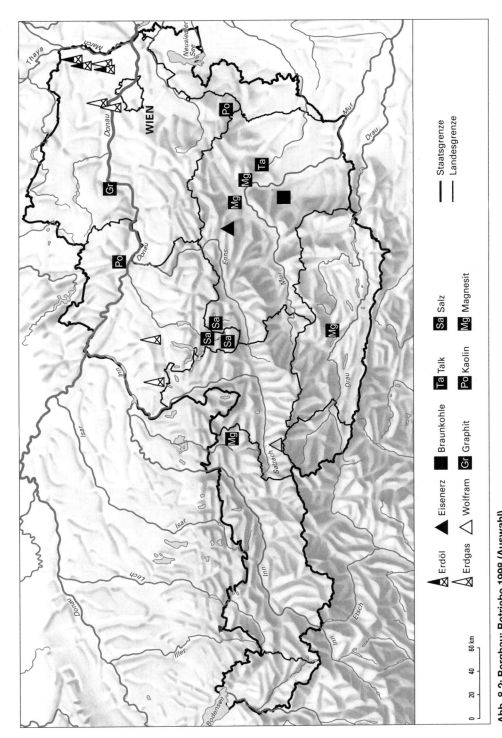

Abb. 8.2: Bergbau: Betriebe 1998 (Auswahl)
Quelle: Bundesministerium für wirtschaftliche Angelegenheiten – Oberste Bergbehörde 1999, S. 20ff.

Tab. 8.1: Bergbau: Betriebe und Beschäftigte seit 1965 (Auswahl)

	1965 A	1965 B	1975 A	1975 B	1980 A	1980 B	1985 A	1985 B	1990 A	1990 B	1993 A	1993 B	1995 A	1995 B	1997 A	1997 B	1998 A	1998 B
Steinkohle	2	664	–	–	–	–	–	–	–	–	–	–	–	–	–	–	–	–
Braunkohle	16	11 109	11	5 197	9	3 515	7	3 167	8	1 633	4	1 177	4	700	2	492	2	461
Erdöl, Erdgas	5	5 476	5	4 728	5	4 875	4	4 128	4	2 951	3	2 269	3	1 750	3	1 528	3	1 548
Eisen- und Manganerz	3	4 448	3	2 395	3	1 833	1	1 383	1	641	1	390	1	321	1	319	1	308
Blei- und Zinkerz	1	839	1	541	1	539	1	594	1	339	1	190	–	–	–	–	–	–
Kupfererz	2	408	2	297	–	–	–	–	–	–	–	–	–	–	–	–	–	–
Wolframerz	–	–	1	21	1	80	1	100	2	209	1	73	1	60	1	68	1	75
Antimonerz	1	141	1	165	1	141	1	160	1	69	–	–	–	–	–	–	–	–
Graphit	8	306	3	127	4	152	3	92	3	66	3	55	2	36	2	36	2	29
Rohmagnesit	9	1 411	6	652	6	406	6	269	6	1 843[2]	5	1 656	3	1 270	6	1 019	6	950
Talk	10	366	6	269	4	299	6	268	4	249	2	228	2	191	2	251	2	239
Rohkaolin	4	474	3	293	2	238	2	210	2	283	2	175	2	126	2	103	2	101
Salz	5	518	4	332	4	290	4	264	4[1]	270	4[1]	303	4[1]	272	4[1]	302	4[1]	315

Quelle: Österreichisches Statistisches Zentralamt (ÖSTAT) a; Bundesministerium für wirtschaftliche Angelegenheiten – Oberste Bergbehörde 1999
[1] es fördern jedoch nur drei Betriebe Salz; A – Betrieb(e), B – Beschäftigte
[2] ab dem Jahre 1990 wurden auch Beschäftigte in der Weiterverarbeitung mitgezählt
Anmerkung: Ungenauigkeiten infolge Veränderung in der Erhebungssystematik

Salz

An erster Stelle bei den Bergbauprodukten muss Salz genannt werden. Von den vier in Tabelle 8.1 angeführten Betrieben förderten 1998 allerdings nur drei Salzsole, und zwar die Bergwerke bei Hallstatt und Bad Ischl in Oberösterreich sowie bei Altaussee in der Steiermark. In letzterem Bergwerk wird auch Steinsalz gewonnen. Die Salzsole wird „durch die älteste Pipeline Europas", eine Soleleitung von Hallstatt nach Ebensee, zur Saline geleitet bzw. an das dort angesiedelte Werk der Solvay-Chemie abgegeben.

Der vierte, oben erwähnte Standort der Salinen Austria AG liegt in Hallein im Bundesland Salzburg. Er wird nur mehr für

Tab. 8.2: Bergbau: Produktion 1965, 1975, 1985, 1990, 1995, 1997, 1998 (Auswahl)
Quelle: ÖSTAT a; Bundesministerium für wirtschaftliche Angelegenheiten – Oberste Bergbehörde 1999

	1965	1975	1985	1990	1995	1997	1998
Steinkohle (in t)	58 611	–	–	–	–	–	–
Braunkohle (in t)	5 450 356	3 397 404	3 081 086	2 447 710	1 287 419	1 130 339	1 140 151
Erdöl (in t)	2 854 544	2 036 797	1 146 988	1 077 678	992 398	972 340	1 014 520
Erdgas (in 1 000 m³)	1 723 714	2 358 940	1 163 895	1 288 212	1 481 542	1 427 892	1 567 787
Eisenerz	3 536 000	3 833 000	3 270 000	2 300 000	2 107 000	1 794 000	1 792 000
Blei- und Zinkerz (in t)	196 964	390 513	643 255	276 077	–	–	–
Kupfererz (in t)	121 201	153 620	–	–	–	–	–
Woframerz (in t)	–	41 500	338 306	351 311	191 306	383 295	362 565
Antimonerz (in t)	17 723	19 443	24 611	11 169	–	–	–
Graphit (in t)	85 755	30 586	30 764	22 705	12 019	12 582	10 738
Rohmagnesit (in t)	1 815 608	1 265 849	1 255 043	1 179 162	783 497	790 297	722 876
Talk (in t)	75 902	86 512	131 454	133 971	131 614	141 984	137 114
Rohkaolin (in t)	327 678	281 200	500 844	473 386	426 553	266 058	298 110
Salzsohle (in m³)	1 303 463	2 241 080	2 306 706	2 248 214	2 621 120	1 914 081	2 447 038
Steinsalz (in t)	985	899	1 363	1 236	1 056	864	1 343

touristische Zwecke genutzt. Die vier österreichischen Salzbergwerke verzeichnen zusammen rund 500 000 Besucher im Jahr. Zum hochgelegenen Eingang in das Hallstätter Salzbergwerk führt eine werkseigene Standseilbahn.

Salzbergbau und -verarbeitung waren bis zum Eintritt Österreichs in die Europäische Union ein Bundesmonopolbetrieb. Im Jahre 1997 wurden sie privatisiert und von einem österreichischen Betreiber-Konsortium übernommen. Die Anpassung an den freien Markt des Europäischen Wirtschaftsraumes war und ist mit großen Umstrukturierungen verbunden, doch hofft man durch Steigerung der touristischen Aktivitäten strukturelle Nachteile in Produktion und Absatz von Salz und Salzprodukten ausgleichen zu können. Bisher gelang es „der Salinen Austria AG die Marktführerschaft am Inlandsmarkt, nicht zuletzt dank einer starken Preisrücknahme, zu halten" (Bundesministerium für wirtschaftliche Angelegenheiten – Oberste Bergbehörde 1999, S. 32).

Kohlenwasserstoffe

Österreichs Reichtum an Erdöl hat während des Zweiten Weltkrieges eine große Rolle gespielt. Unter der nationalsozialistischen Herrschaft wurde die Erdölgewinnung kriegsbedingt stark forciert. 1945 fielen die meisten Erdölquellen an die sowjetische Besatzungsmacht, die weiterhin Raubbau betrieb. Damals herrschte in der UdSSR Mangel an Kohlenwasserstoffen; die großen Vorkommen des „zweiten" sowie des „dritten Baku" waren noch nicht entdeckt. Österreich verzeichnete in jener Zeit mit 3,6 Mill. t Jahresproduktion die höchste Erdölförderung in Europa.

Inzwischen sind die Reserven fast erschöpft, die Förderung sinkt jedes Jahr. 1998 und 1999 wurden nur etwas über 1 Mill. t Erdöl gefördert. Die Ausbeute an Erdgas – ebenso mit sinkendem Trend – belief sich auf rund 1,7 Mrd. Norm m^3. An noch gewinnbaren Reserven wurden – bei gleichbleibendem Preisniveau – rund 11 Mill. t Erdöl und 25 Mrd. Norm m^3 Erdgas gemeldet. Die Österreichische Mineralöl Verwaltung (OMV) prospektiert und fördert daher auch in ausländischen Hoffnungsgebieten, so in Kanada, Libyen und in der Nordsee.

Die wichtigsten Vorkommen von Erdöl und Erdgas liegen im Tertiär des nördlichen Wiener Beckens sowie des Karpaten- und Alpenvorlandes. Besonders bedeutend ist das Erdgasfeld in Matzen (im Marchfeld), wo z. B. 1998 allein fast 450 Mill. Norm m^3 gewonnen werden konnten. (Bundesministerium für wirtschaftliche Angelegenheiten – Oberste Bergbehörde 1999, S. 39; Österreiches Statistisches Zentralamt (ÖSTAT) 2000a, S. 348).

Österreich besitzt eine *Raffinerie* in Schwechat bei Wien, mit einer nominellen Verarbeitungskapazität von 14 Mill. t. Davon wurden in den letzten Jahren nur die neueren Anlagen genutzt, um über 8 Mill. t (1999: 8,7 Mill. t) Destillate herzustellen.

Die Kapazität der Raffinerie würde ausreichen, das gesamte österreichische Staatsgebiet mit Produkten zu versorgen. Dazu dient auch die Produkten-Pipeline West (PLW), von Schwechat in den Oberösterreichischen Zentralraum. Seit Jahrzehnten erfolgt jedoch aus ökonomischen Gründen die Versorgung im Westen des Staates mit Produkten der Raffinerien bei Ingolstadt, im Süden mit Produkten der Raffinerien in der Poebene.

Aus obigen Angaben wird ersichtlich, dass Österreich Kohlenwasserstoffe importieren muss. Dafür kommen als Transportweg neben der Donau v. a. *Pipelines* in Frage. Österreich verfügt über ein Pipelinenetz, das den beiden Funktionen, denen es dienen muss, voll entspricht:
– die Versorgung des Staates mit Kohlenwasserstoffen und
– den Transit, als Teil der transeuropäischen Netze (vgl. Kap. 6.1.5 und Abb. 6.14).
Die Importstaaten für Erdöl sind – zur Erhöhung der Versorgungssicherheit – weit ge-

streut. Sie ändern sich immer wieder, 1998 waren es v. a. Libyen, Iran, Russland, Saudi Arabien, Kasachstan, Nigeria und Algerien.

Für Erdgaslieferungen ist die ehemalige „Comecon"-Pipeline aus Sibirien von Bedeutung, deren Lieferungen in Baumgarten an der March auf österreichisches Staatsgebiet übergehen. Von dort stellen die West-Austria-Gasleitung (WAG) und die Transalpine Gasleitung (TAG) die Verbindung nach West- und Südeuropa her. Importiert wird Gas v. a. aus den GUS-Staaten (1998 und 1999 etwas über 6 Mrd. Norm m^3). Kleine Mengen kommen aus Norwegen und im Verbundbetrieb im Alpenvorland auch aus der Bundesrepublik Deutschland (Bundesministerium für wirtschaftliche Angelegenheiten – Oberste Bergbehörde 1999, S. 46 u. 73; ÖSTAT 2000a, S. 334).

Eisenerz

In den Schieferschichten der Ostalpen befindet sich eine große Anzahl von Eisenerzvorkommen, von denen einige in geschichtlicher Zeit, z. T. sogar bis in das 20. Jh. hinein, abgebaut wurden. Heute wird Eisen nur noch am Steirischen Erzberg gewonnen, 1999 knapp 1,75 Mill. t. Im Jahre 1991 hat man die aufwendige Untertage-Förderung aufgeben müssen. Sie wurde bis dahin noch im Winter durchgeführt, um die Arbeitskräfte kontinuierlich beschäftigen zu können (vgl. Tab. 8.2). Der Abbau erfolgt nun im Tagebau auf 25 Etagen.

Nach globalen Maßstäben ist der Bergbau am Erzberg nicht mehr konkurrenzfähig. Es handelt sich um Spateisenstein mit einem Erzgehalt von nur 28 bis maximal 40 %. Eisenerze dieses Gehaltes werden nur noch in Altindustrieländern und nahe der Verarbeitungsstätten gewonnen. Aus sozialen Gründen wird die Produktion jedoch noch einige Jahre aufrechterhalten werden.

Die *österreichische Eisen- und Stahlproduktion* (rund 4 Mill. t LD-Stahl jährlich) erfolgt großteils auf der Basis überseeischer Erze und von Kohle aus Osteuropa und Nordamerika. Die beiden Stahlwerke in Linz und Donawitz haben mit schweren Standortnachteilen zu kämpfen. Bei seiner Gründung, in den neunziger Jahren des 19. Jahrhunderts, galt das Werk Donawitz noch als optimaler Standort im großen Wirtschaftsraum der Monarchie. Es hat, wie viele nachgelagerte Produktionsbetriebe in der Mur-Mürz-Furche, in den letzten beiden Jahrzehnten starke Einbußen verzeichnen müssen, die langfristig seine Existenz in Frage stellen. Der Standort Linz, erst 1938 im Zuge einer Investitionsoffensive des „Dritten Reiches" entstanden („Hermann Göring Werke"), kann etwas günstiger bewertet werden (vgl. Kap. 8.3). Durch die Eröffnung des Rhein-Main-Donau-Kanales 1992 ist einer der für die Gründung des Werkes maßgeblichen Standortfaktoren endlich Realität geworden. Das verbessert die wirtschaftliche Situation. Beide Stahlwerke könnten nicht in Betrieb gehalten werden, wenn es nicht gelungen wäre, im Rahmen der großen Muttergesellschaft der VOEST-ALPINE nachgelagerte und ergänzende Produktionszweige zu institutionalisieren und auf diese Weise die Abnahme eines Teiles der Halbfertigprodukte sicherzustellen.

Kohle

In die geringen österreichischen *Steinkohlevorkommen* wurde nach dem Zweiten Weltkrieg viel investiert, um die Versorgungslage zu verbessern. Seit 1967 wird jedoch Steinkohle nicht mehr gefördert und die Reserven müssen als erschöpft angesehen werden.

Wesentlich wichtiger ist die *Braunkohle*, die man im Tertiär des Alpenrandes bzw. des Alpenvorlandes in der Steiermark und in Oberösterreich findet. Auch Braunkohle war nach dem Zweiten Weltkrieg ein Pfeiler der autonomen Energieversorgung des Staates. Ihre Bedeutung ging in den 1960er Jahren stark zurück, als sie durch die billigeren und effizienteren Kohlenwasserstoffe zunehmend substituiert wurde. In dieser für den Bergbau kritischen Zeit versuchte man die staatlichen

Bergwerke den verstaatlichten Industriekonzernen anzugliedern. Dadurch sollte der Absatz von Kohle an die Industriebetriebe durch langfristige Abnahmeverträge gesichert und gleichzeitig die Verluste im Bergbau aufgefangen werden. Die beiden „Erdölschocks" brachten eine kurzfristige Stabilisierung des Kohlebergbaues. Seither setzt sich der Rückgang der Produktion fort. Abgebaut wird heute nur noch im weststeirischen Revier um Köflach und Voitsberg (1998 u. 1999: 1,1 Mill. t). Dieser Bergbau soll aber wegen mangelnder Rentabilität bereits 2004 geschlossen werden. In zwei weiteren Bergbaustandorten, in Ampflwang im Hausruckviertel und Trimmelkam, nördlich von Salzburg, laufen noch die Endarbeiten zur Beseitigung bzw. Verhinderung von Bergschäden durch die dort jüngst aufgelassenen Kohlegruben. In Ampflwang hat überdies die Gesellschaft „in Liquidation" nunmehr „unter neuer Führung" im kleinen Rahmen wieder die Produktion aufgenommen und 1999 6 800 t produziert, die in „Marktnischen am heimischen Markt" abgesetzt werden sollen (Bundesministerium für wirtschaftliche Angelegenheiten – Oberste Bergbehörde 1999, S. 20; ÖSTAT 2000 a, S. 336).

Die österreichische Braunkohle wird fast zur Gänze nahe den Bergwerken verstromt. Ihr geringer Brennwert von 0,38 Steinkohleneinheiten je Kilogramm erlaubt keinen weiten Transport. Einige kalorische Kraftwerke, denen in den vergangenen Jahren ein nahe gelegenes Kohlebergwerk als Rohstoffbasis verloren gegangen ist, werden mit aus Polen importierter Steinkohle versorgt. Andere kalorische Kraftwerke verfügen über große Vorräte an Braunkohle, die aufgrund von langfristigen Verträgen angeliefert wurden. Der Verbrauch dieser Kohle zur Stromerzeugung geht jedoch aus wirtschaftlichen Gründen nur sehr schleppend vor sich.

Die Braunkohleressourcen Österreichs werden noch auf rund 340 Mill. t geschätzt; zu vertretbaren Kosten sind derzeit allerdings nur 25 Mill. t gewinnbar.

Magnesit

In der Schieferzone der Ostalpen finden sich zahlreiche Magnesitvorkommen. Dieser Rohstoff war durch Jahrzehnte das österreichische Bergbauprodukt, das international die höchste Bedeutung hatte. Die Produktion betrug viele Jahre um 1 Mill. t, und Österreich nahm damit den vierten bis sechsten Platz der Weltrangliste ein. Diese Spitzenposition war umso bedeutender, da als führende Produzenten die ehemalige UdSSR und Nord-Korea fungierten, die dem Block der „Sozialistischen" Staaten zuzurechnen waren. Auch die Volksrepublik China war immer in einer Spitzenposition zu finden. Diesseits des Eisernen Vorhanges war somit Österreich neben Griechenland und der Türkei einer der wichtigsten Magnesitproduzenten.

Das Produkt war strategisch wichtig; Magnesit wird zur Auskleidung von Hochöfen verwendet. Die Höhe der Nachfrage war daher u.a. eng mit der Stahlkonjunktur verbunden. Ging es der Stahlindustrie gut, stiegen auch die Produktionszahlen der österreichischen Magnesit-Bergbaubetriebe. Nach Ende des „Kalten Krieges" und in Zeiten des postindustriellen Strukturwandels ist die Magnesitindustrie in Schwierigkeiten gekommen und auf der Suche nach neuen Märkten. Die Produktion ist auf 750 000 t (1999) gefallen; rund 25 % davon können während des Sommers im Tagebau gewonnen werden. Da die Bergbauanlagen durchwegs relativ hoch liegen, ist im Winter wegen der schlechten klimatischen Bedingungen ein Tagebau nicht möglich.

In Betrieb stehen noch 6 Bergwerke, davon drei der Veitsch-Radex AG in Breitenau in der Steiermark, Radenthein in Kärnten und Hochfilzen in Tirol. Die Steirische Magnesit-Industrie Gesellschaft mbH (MAGINDAG) in Oberdorf in der Steiermark betreibt zwei weitere kleinere Magnesitbergwerke in diesem Bundesland. Da der Absatz an die Stahlwerke stark zurückgegangen ist, finden Magnesitmaterialien heute vielfach in der Baustoffindustrie Verwendung.

Wolfram

Im Jahre 1976 wurde im Felbertal bei Mittersill im Salzburger Pinzgau ein Bergbau mit Wolframerz eröffnet. Die Förderung entwickelte sich rasch zur zweitgrößten in Europa. Rund 400 000 t Wolframerz wurden jährlich produziert. Im Bereich des ehemaligen Braunkohlenbergbaues in Pölfing-Bergla in der Weststeiermark wurde das gewonnene Erz weiterverarbeitet und es ergaben sich 8 000 t Scheelitkonzentrat oder 1 400 t reines Wolfram (1992). Ein starker Verfall der Weltmarktpreise führte zur vorübergehenden Stilllegung des Bergbaues. Inzwischen konnte die Förderung wieder aufgenommen und die frühere Produktionsmenge (1999: 410 000 t Erz) erreicht werden.

Stilllegungen im Bergbau – Folgenutzungen

Weitere Bergbaubetriebe, deren Bedeutung teilweise über die nationale österreichische Wirtschaft hinausging, mussten in den letzten Jahrzehnten aus wirtschaftlichen Gründen aufgegeben werden. Ihre Verluste hatten derart zugenommen, dass eine Weiterführung, auch unter Berücksichtigung der hohen Sozialkosten einer Stilllegung, nicht mehr verantwortet werden konnte. Dazu zählen der Antimon-Bergbau im burgenländischen Schlaining sowie der Blei- und Zinkerzbergbau im südlichen Kärnten.

Die *Stilllegung eines Bergbaues* bringt in der Regel große wirtschaftliche Schwierigkeiten für die betroffene Region. In peripheren Gemeinden, die Standorte von Rohstoffvorkommen sind, können Ersatzarbeitsplätze nur schwer geschaffen werden. Andererseits haben die Bergleute, die relativ hohe Löhne ausbezahlt bekamen, in ihren Heimatorten viel investiert. Sie sind daher meistens nicht bereit, in zentrale Regionen abzuwandern, sich dort eine neue Beschäftigung zu suchen und ihre Eigenheime am alten Wohnort in Stich zu lassen. Dazu kommt noch eine starke Bindung an den Arbeitsplatz im Bergwerk, der in vielen Fällen Familientradition ist. Umschulungen von Bergleuten sind darum besonders schwierig.

Eine Sonderstellung in diesem Rahmen nimmt sicher der *Heilstollen* im ehemaligen Goldbergbau in Böckstein im Bereich der Ankogelgruppe der Hohen Tauern ein. Dieser Stollen, der während des Zweiten Weltkrieges zur Goldgewinnung im Bereich der bereits stillgelegten Bergwerke in den Hohen Tauern reaktiviert bzw. neu geschlagen wurde, fiel dadurch auf, dass die in ihm beschäftigten russischen Kriegsgefangenen während der Arbeit teilweise von ihren Krankheiten geheilt wurden. Heute dient der 2 600 m lange Stollen, in dem das Gas Radon mit einer Temperatur von 37 bis 42 °C austritt und dosiert für Heilzwecke angewendet wird, als wichtige Kurtherapie.

Es wurde schon beim Salzbergbau darauf hingewiesen, dass im Fremdenverkehrsland Österreich auch *Schaubergwerke* eine große touristische Attraktion darstellen. Das Österreichische Montanhandbuch verzeichnet insgesamt 41 derartiger Anlagen, von denen einige von noch produzierenden Bergwerksunternehmen betrieben werden. Andere konnten sofort nach Stilllegung des Abbaues als Fremdenverkehrsattraktion eingerichtet werden. In einigen Fällen jedoch hat man historische Abbaustätten und Stollenanlagen mit hohen Investitionskosten reaktiviert und für den Tourismus wieder in Betrieb genommen (Bundesministerium für wirtschaftliche Angelegenheiten – Oberste Bergbehörde 1999, S. 277–282).

In manchen Bergbauregionen ist der *Fremdenverkehr* ein möglicher Ausweg aus der regionalen Krise. In Ampflwang im Hausruckwald, z. B., wo 1906 der erste Braunkohlenstollen angeschlagen wurde, war der Bergbau durch Jahrzehnte der wichtigste Arbeitgeber. Im Dezember 1994 kam das endgültige „Aus" für die Kohleförderung. Zur Vermeidung eines regionalen Wirtschaftszusammenbruches wurde noch unter tatkräftiger Mithilfe der Wolfsegg-Traunthaler Kohlenwerks AG (WTK) und des Staates als

Bergbauunternehmer auf ehemaligem Kohleschüttgelände ein Robinson-Club geschaffen und bereits 1992 eröffnet. Dadurch konnten 120 Dauerarbeitsplätze geschaffen werden. Seit 1995 ist dem Robinson Club Ampflwang ein 9-Loch-Golfplatz angeschlossen. Im Übrigen wurde die bestehende Tourismusspezialisierung als Reiterdorf verstärkt und ein regionales Reitwegenetz ausgebaut. Gleichzeitig begannen Bestrebungen, den Bergbau museal zu erhalten. Diese Bemühungen waren jedoch bis heute nicht erfolgreich, weil der derzeitige Grundbesitzer den Bergbau nach Braunkohle teilweise wieder reaktiviert hat. Die ehemaligen Transportanlagen des Bergbaues, v.a. eine Schleppbahn, die dem Abtransport der Kohle zur Hauptstrecke der Westbahn nach Timelkam und zu den dort gelegenen Wärmekraftwerk diente, wurden von der „Österreichischen Gesellschaft für Eisenbahngeschichte" übernommen. Diese Gesellschaft möchte in den ehemaligen Verladeanlagen des Bergbaues und den Werkstätten der Kohlenbahn, ein Eisenbahnmuseum errichten und ihre zahlreichen Lokomotiven und Waggons zur Aufstellung bringen. Dazu hat die Gesellschaft 70 000 m² Grund von der WTK übernommen. Auf der Bahnstrecke nach Timelkam konnte bereits im Sommer 1997 der Museumsbetrieb aufgenommen werden. Neben dem „live"-Eisenbahnmuseum ist ferner noch auf dem Terrain des Bergbaues eine Kindererlebniswelt geplant. Karl-May-Spiele, ein Kinderbauernhof, ein Streichelzoo sowie die Möglichkeit zu einer Erlebnisbootsfahrt auf einem künstlichen Teich würden sich unter den kleinen Interessenten schnell herumsprechen. Man rechnet mit 40 000 jährlichen Besuchern. Damit kann zumindest teilweise ein Ersatz für die rund 2 000 Arbeitsplätze geschaffen werden, die durch die Schließung des Kohlenbergbaues verloren gegangen sind (BRANDSTÖTTER 1997, S. 9). Ähnliche Bestrebungen gibt es auch am Steirischen Erzberg, wo in der Eisenerzer Ramsau ein Wintersportzentrum zur Belebung der Region entsteht.

8.2 Energiewirtschaft

8.2.1 Primäre Energie

Durch die beiden „Erdölschocks" 1973/74 und 1980/81 ist die Energiewirtschaft in den Mittelpunkt des Interesses der Öffentlichkeit gerückt worden. War doch Erdöl vor der Krise an der österreichischen Energieversorgung mit mehr als 50% beteiligt. Durch die Preiserhöhung auf zuerst rund das Vierfache, im zweiten „Schock" aber für ein Jahr auf über das Zehnfache des Erdölpreises vom Anfang der 1970er Jahre wurde ein beachtlicher Teil der Wirtschaft stark beeinflusst. Aus Tabelle 8.3 ist ersichtlich, dass diese Preisschübe sich auf den Einsatz von Rohenergieträgern wesentlich ausgewirkt haben.

Der Einsatz an Kohle, der in den 1960er Jahren durch die Konkurrenz des Erdöls stark abgenommen hatte, wurde vorübergehend stabilisiert. Nach 1986 ist allerdings wieder ein Rückgang zu verzeichnen. Erdöl hatte in den letzten Jahren aufgrund der relativ günstigen Versorgungslage wieder etwas an Bedeutung gewonnen, erreicht jedoch die Spitzenanteile von vor 1980 nicht mehr. Die nunmehr (2000) wieder sehr hohen Rohölpreise werden zu einer neuerlichen Reduzierung des Erdölanteiles führen. Der Anteil von Naturgas blieb seit 1981 fast unverändert. Bei ungünstigen Wasserverhältnissen wird Naturgas teilweise zur Substitution von Wasserkraft herangezogen.

Alternative Energien sind im Österreichischen Montanhandbuch (Bundesministerium für wirtschaftliche Angelegenheiten – Oberste Bergbehörde 1999) nicht angeführt,

	1966	1976	1981	1986	1991	1994	1995	1996	1997	1998
Feste min. Brennstoffe (in %)	22	17	16	19	14	12	12	12	12	11
Flüssige Brennstoffe (in %)	35	53	47	44	46	47	46	46	42	44
Naturgas (in %)	20	18	22	20	23	22	23	25	22	22
Wasserkraft (in %)	23	12	15	17	17	19	19	17	24	23
Gesamtverbrauch (Index 1970 = 100)	·	109	119	126	156	153	152	172	180	181

Tab. 8.3: Rohenergieaufbringung 1966–1998
Quelle: Bundesministerium für wirtschaftliche Angelegenheiten – Oberste Bergbehörde

ein deutlicher Beweis dafür, dass trotz aller Initiativen in diese Richtung ein entsprechender Output noch nicht erreicht werden konnte. Insgesamt steigt der Energieverbrauch nur langsam. Er hat sich vom Wirtschaftswachstum abgekoppelt, was als Beweis für den Übergang in die postindustrielle Phase gewertet werden kann.

Nur *29 % der in Österreich eingesetzten Rohenergie wurden 1998 im Lande selbst produziert*. Somit mussten über drei Viertel der benötigten Energie importiert werden. Tabelle 8.4, die auf einer Äquivalenzziffern-Berechnung beruht, zeigt, dass im Inland Wasserkraft, Erdöl, Erdgas und Braunkohle produziert werden. Die höchsten Importe sind von Erdöl und Erdgas zu verzeichnen, gefolgt von Steinkohle. Die im unteren Tabellenteil angegebenen Benzinderivate werden vornehmlich für die westlichen und südlichen Teile Österreichs aus der Bundesrepublik Deutschland und Italien importiert, worauf im letzten Kapitel bereits hingewiesen wurde. Die Importe von Steinkohle erfolgen aus Tschechien und Polen. Die Herkunftsstaaten der Erdöl-Importe sind relativ weit gestreut und ändern sich von Jahr zu Jahr. Erdgas wird v. a. aus Russland importiert. Auf den

Tab. 8.4: Energiebilanz 1998 in Steinkohleneinheiten
Quelle: Bundesministerium für wirtschaftliche Angelegenheiten – Oberste Bergbehörde 1999, S. 102

[1] Bereits bei Steinkohle-Einfuhr berücksichtigt
[2] Bereits bei Erdöl berücksichtigt
[3] Einsatzmaterial in Raffinerien
[4] Auf Primärquellen reduziert
[5] Quelle: Statistik des Außenhandels Österreichs
[6] Exklusive Eigengebrauch, Verlust, Speicher

Energieträger	Einheit	Inländische Produktion	Einfuhr[5]	Ausfuhr[5]	dem inländischen Verbrauch zugeführt[4]
Steinkohle	t	–	3 583 102	290	3 582 812
Braunkohle	t	1 140 151	114 925	839	1 254 237
Koks	t	–[1]	615 632	202	615 430
Wasserkraft	GWh	57 394	10 304	10 467	57 231
Naturgas[6]	$10^3 m_n^3$	1 567 787	6 222 470	19 381	7 770 876
Erdöl, roh	t	959 285	8 268 718	43 735	9 184 268
Feedstocks[3]	t	–[2]	669 176	–	669 176
Heizöl	t	–[2]	548 711	18 096	530 615
Motorenbenzin	t	–[2]	759 386	523 598	235 788
Gasöl	t	–[2]	1 445 546	467 297	978 249
Petroleum	t	–[2]	9 099	7 888	1 211
Flüssiggas	t	–[2]	131 726	18 917	112 809
Leichtbenzin	t	–[2]	15 456	523	14 933
Flugbenzin	t	–[2]	3 049	446	2 603
Flugpetroleum	t	–[2]	9 099	512 173	–

Energiewirtschaft 199

	Eigenproduktion (in Mill. t)	Anteil der Eigenproduktion am Verbrauch (in %)	Energieverbrauch insgesamt (in Mill. t)	(kg/Ew.)
Belgien	15,76	22,7	69,44	6 857
Dänemark	20,40	81,0	25,18	4 820
Deutschland	199,96	43,4	461,02	5 650
Finnland	11,63	31,6	36,79	7 203
Frankreich	166,03	53,8	308,63	5 309
Italien	42,93	18,2	235,64	4 118
Niederlande	102,56	89,3	114,89	7 421
Norwegen	258,25	836,0	30,89	7 131
Österreich	8,70	25,2	34,46	4 283
Polen	135,48	99,1	136,66	3 544
Portugal	1,01	4,4	23,04	2 348
Schweden	34,58	58,4	59,19	6 736
Schweiz	13,67	43,2	31,67	4 401
Spanien	36,98	31,2	125,12	3 157
Großbritannien	364,15	117,5	309,87	5 315
Japan	132,62	20,7	638,45	5 105
Saudi Arabien	660,70	581,3	113,66	6 226
Vereinigte Staaten	2 444,22	80,9	3 021,58	11 312
Australien	261,02	185,4	140,77	7 879

Tab. 8.5: Energiewirtschaft ausgewählter Staaten 1995 (in Steinkohleneinheiten SKE)
Quelle: ÖSTAT 1998a, S. 540 – eigene Berechnungen

Außenhandel mit elektrischem Strom wird im nachfolgenden Abschnitt noch eingegangen.

Aus dieser Sachlage ergibt sich eine *strukturell hohe Auslandsabhängigkeit* an Energierohstoffen. Trotz der wertvollen heimischen Wasserkraft ist der Selbstversorgungsgrad Österreichs im europäischen Durchschnitt gering, wie Tabelle 8.5 nachweist. Die Tabelle zeigt auch, wer die großen Rohenergieproduzenten in der EU sind und wie weit man deren Produktion im außereuropäischen Vergleich relativieren muss.

8.2.2 Sekundäre Energie – Elektrizität

Das entscheidende Datum für die österreichische Elektrizitätswirtschaft ist immer noch der 26. März 1947. An diesem Tag gingen mit dem *zweiten Verstaatlichungsgesetz* alle größeren Anlagen für die Stromerzeugung und -verteilung in den Besitz des Staates bzw. der Länder über. Als Dachgesellschaft wurde die „Österreichische Elektrizitätswirtschafts-Aktiengesellschaft" („Verbundgesellschaft") gegründet, die in Zeiten des nationalen Wiederaufbaus eine kontinuierliche und wirtschaftlich effiziente Versorgung mit Strom sicherstellen sollte. Zur Erfüllung dieser Aufgabe wurden der Gesellschaft sieben (später acht) *Landesgesellschaften* sowie einige städtische Elektrizitätsversorgungsunternehmen (EVU) zur Seite gestellt, die neben ihrer Eigenproduktion v. a. die flächendeckende Erschließung und Belieferung übernahmen. Für die Stromerzeugung waren vornehmlich *regionale Sondergesellschaften* des Staates vorgesehen, deren Arbeitsgebiete oft Bundesländergrenzen überschreiten, weil Flusssysteme oder Gebirgsgruppen sinnvollerweise als Ganzes energiewirtschaftlich genutzt werden sollen.

Solche Sondergesellschaften sind beispielsweise die Österreichische Donaukraftwerke AG („Donaukraft"), die Tauernkraftwerke AG oder die Österreichische Draukraftwerke AG. Die Aktien dieser Gesellschaften befanden sich alle im Portefeuille des Staates bzw. der Bundesländer.

Diese Gliederung der Elektrizitätsgesellschaften blieb von 1947 bis zu Beginn der neunziger Jahre unverändert in Funktion und spielt auch beim derzeitigen Strukturwandel noch eine große Rolle. Das Verstaatlichungsgesetz wurde 1987 für alle diese Gesellschaften gelockert; lediglich ein Anteil von 51 % (in Ausnahmefällen nur 50 %) der Aktien muss in öffentlicher Hand verbleiben. Der Rest kann im Zuge einer Privatisierung an andere Interessenten abgegeben werden. Eine über diese Grenze hinausgehende Privatisierung der Elektrizitätsversorgungsunternehmen steht derzeit (2000) zur Diskussion.

Einen weiteren Einbruch in das starre Organisationsschema der Elektrizitätswirtschaft brachte der *Beitritt zur Europäischen Union* und damit die Übernahme der Verordnung, welche die Trennung von Leitungsdiensten und Elektrizitätsproduktion vorschreibt. Das Leitungsnetz muss jedem, auch ausländischen Stromlieferanten, gegen Entgelt zur Benutzung zur Verfügung stehen („Third Party Access"). Diese neue Sachlage, gleichzeitig mit dem Eintritt in einen europäischen Strombinnenmarkt, hat die Situation der Elektrizitätsversorgungsunternehmen (EVU) radikal verändert.

Das seit dem Zweiten Weltkrieg bestehende Quasi-Monopol hat einen auf lange Sicht geplanten Ausbau und eine Systementwicklung der österreichischen Elektrizitätswirtschaft ermöglicht, deren Ziel eine ausreichende, sichere und vollkommen störungsfreie Versorgung des gesamten Staatsgebietes war. Zudem war ein hoher Autarkiegrad der Stromerzeugung anzustreben, wobei der Ausbau von regenerierbarer Energie (Wasserkraft) Priorität erhielt. Diese sinnvollen Ziele konnten fast vollständig erreicht werden: Dazu war allerdings ein hoher Einsatz von Investitionskapital notwendig und auch die laufenden Betriebskosten lagen z. T. über dem europäischen Durchschnitt.

Zum gegenwärtigen Zeitpunkt, an dem die Elektrizitätswirtschaft für den gemeinsamen liberalisierten Strommarkt umstrukturiert werden muss, erweisen sich die bislang verfolgten Ziele als Hypothek. Denn im internationalen Vergleich war der Strompreis in Österreich, umgerechnet auf Kaufkraftparitäten, trotz der günstigen Vorkommen erneuerbarer Energie bisher relativ hoch. Er stand 1996 an fünfter Stelle in der Europäischen Union (15) (Abb. 8.3).

Nunmehr ist es für Inländer und Ausländer möglich geworden, Anteile der 1947 verstaatlichten Gesellschaften zu erwerben. Somit sind v. a. Elektrizitätsgesellschaften des In- und Auslandes auf der Suche nach neuen potenten Partnern, Strukturen und Marktanteilen. Landesgesellschaften schließen sich zusammen und beteiligen sich an Sondergesellschaften. Jahrzehntelang gemeinsam arbeitende Unternehmungen werden auf einmal zu Konkurrenten. Ausländische Produzenten drängen auf den österreichischen Strommarkt. Es ist anzunehmen, dass sich die Unternehmensstrukturen auf dem Elektrizitätssektor auch weiterhin stark ändern werden, mindestens solange, bis der geplante freie europäische Strommarkt Realität geworden ist und sich voll eingespielt hat. In einer ersten Etappe konnten ab Februar 1999 in Österreich Großverbraucher mit über 40 GWh Jahresbezug (rund 10 % der Nachfrage) ihre Lieferanten wählen, und mit billigeren Importstrom beachtliche Summen an Energiekosten (angeblich bis zu 30 %) einsparen. Die Wiener Stadtwerke-Elektrizitätswerke haben ab Februar 1999 10 % ihres Strombedarfes von einem deutsch-schweizerischen Konsortium gekauft.

Die Stromliberalisierung wurde ein Jahr später auf Verbraucher über 20 GWh im Jahr ausgedehnt. Für November 2001 ist schließlich die vollständige Liberalisierung geplant.

Energiewirtschaft

Abb. 8.3:
Wie teuer ist der Strom 1996
Quelle: Presse, Wien 20. Mai 1996, S. 18; mit Hinweis auf den Verband der Elektrizitätswerke, Wien

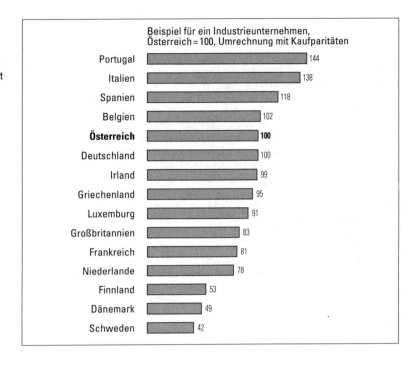

Abb. 8.4: Energie: Donaurahmenplan
Quelle: Österreichische Donaukraftwerke Aktiengesellschaft 1987, letzte Umschlagseite

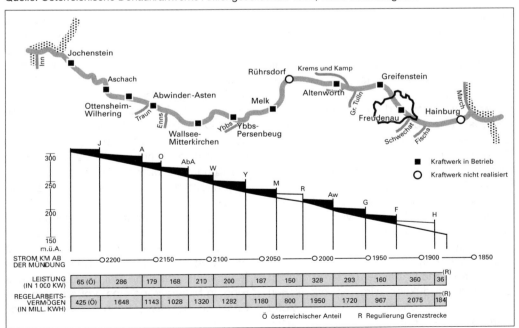

> **Donaurahmenplan**
> Der Donaurahmenplan wurde nach dem Zweiten Weltkrieg erstellt, um eine möglichst effiziente energiewirtschaftliche Nutzung der Donau sicherzustellen. Gleichzeitig sollten durch Aufstau die Strömungsverhältnisse verbessert und die von der Schifffahrt geforderte Wassertiefe von 2,70 m für den Europakahn, zweibahnig, erreicht und nach Möglichkeit das ganze Jahr über garantiert werden (vgl. Kap. 6.1.1). Das damals bereits vor der Fertigstellung stehende erste Donaukraftwerk in Ybbs-Persenbeug, das während des Krieges unter Heranziehung von Kriegsgefangenen zu bauen begonnen worden war, konnte voll in den Plan integriert werden. Die technische Weiterentwicklung, die größere Fallhöhen erlaubte und leistungsfähigere Turbinen gebracht hat, ermöglichte in späteren Jahren eine Änderung des Rahmenplans. Es waren nur mehr elf Kraftwerke vorgesehen, von denen heute zehn in Betrieb sind.
> Beim Baubeginn eines der geplanten Kraftwerke, bei Hainburg östlich von Wien, kam es im Dezember 1984 zu Demonstrationen der Bevölkerung, welche die Einstellung der Rodungsarbeiten in den Donau-Auen erzwangen. Am 19. Dezember 1984 standen rund 2 000 Polizisten 4 000 Aubesetzern gegenüber; beim Versuch, das Augelände für den Baubeginn zu räumen, wurden 26 Personen verletzt. In der Folge verfügte die Bundesregierung einen Rodungsstopp. Durch dieses Ereignis wurden die weiteren Ausbauplanungen der österreichischen Elektrizitätswirtschaft wesentlich beeinflusst. Seit 1997 besteht in diesem Bereich des Donaulaufes ein Nationalpark; die Errichtung eines Donaukraftwerkes unterhalb von Wien ist einstweilen ad acta gelegt worden.
> Langfristig werden sich allerdings Eingriffe in das Flussbett östlich von Wien nicht vermeiden lassen. Denn seit der Regulierung der Donau im Wiener Raum in den 1870er Jahren tieft sich der Fluss ständig ein. Diese Eintiefung wurde durch die Fertigstellung des zehnten Donau-Kraftwerkes in Wien-Freudenau im Jahre 1998 intensiviert, da der neue Staudamm den Geschiebehaushalt des Flusses im Nationalparkbereich stärker beeinträchtigt, als das in den letzten Jahrzehnten der Fall war. Überdies kann derzeit die notwendige Wassertiefe für die Schifffahrt nicht sichergestellt werden (Foto 12).

Produktion

Wie verhält es sich mit der Produktion heute? In Österreich wurden 1998 57,4 TWh, 1999 60,5 TWh elektrischer Strom erzeugt. Davon stammen im Durchschnitt der letzten Jahre etwa zwei *Drittel aus Wasserkraft*. Dieser Anteil ist, bedingt durch die klimatischen Gegebenheiten des jeweiligen Jahres und die Wasserführung der Flüsse schwankend. Österreich nimmt hier mit der Schweiz eine Spitzenstellung in Mitteleuropa ein. Etwa sieben Zehntel dieses Stromes werden in Laufkraftwerken, der Rest in Speicherkraftwerken erzeugt. Rund ein Viertel der gesamten österreichischen Stromproduktion stammt aus den Laufkraftwerken an der Donau (Abb. 8.4).

Das restliche Drittel der österreichischen Elektrizitätsproduktion wird mit *kalorischen Kraftwerken* durchgeführt. Als Rohstoffe werden v. a. Erdgas aber auch Gichtgase aus der Verkokung verwendet. Rund 5 % der eingesetzten kalorischen Energie sind Steinkohle und Erdöl. Der Einsatz von Braunkohle, der in früheren Jahren bedeutend war, ist aus wirtschaftlichen Gründen stark zurückgegangen (vgl. Kap. 8.2.1).

Die friedliche Nutzung der *Atomenergie* ist in Österreich durch das „Atomsperrgesetz" untersagt. Dieses Gesetz ist die Folge einer Volksabstimmung im Jahre 1978, in der sich knapp über die Hälfte der Österreicher gegen die Inbetriebnahme des fast fertiggestellten ersten österreichischen Atomkraftwerkes in Zwentendorf aussprachen. Österreich ist neben Liechtenstein heute der einzige Staat Mitteleuropas, der über kein Atomkraftwerk verfügt. Das bereits vor Jahren erklärte politische Ziel der Bundesregierung, in Mitteleuropa eine größere atomfreie Zone zu schaffen, konnte bisher jedoch nicht erreicht werden.

Energiewirtschaft

Versorgung

Die größte Schwierigkeit für eine *kontinuierliche Elektrizitätsversorgung* ergibt sich aus der Tatsache, dass Strom nicht lagerfähig ist. Die Produktion muss sich daher dem stark wechselnden Verbrauch anpassen. Dazu bedarf es seitens der Elektrizitätswirtschaft zahlreicher kostenintensiver Vorkehrungen, da die Verbrauchsschwankungen sehr groß sind, wie man aus Abbildung 8.5 ersehen kann.

Man unterscheidet zwischen jährlichen, wöchentlichen und täglichen Schwankungen des Stromverbrauches. Zur Deckung des Strombedarfes stehen Bandstrom, der (fast) kontinuierlich benötigt wird, und Spitzenstrom, mit dem Bedarfsspitzen abgedeckt werden können, zur Verfügung. Relativ regelmäßig auftretende Verbrauchsspitzen können durch Einsatz von „Trapezstrom" („Schwellbetrieb") bewältigt werden.

Für jede dieser Stromarten stehen der Elektrizitätswirtschaft andere Kraftwerkstypen mit unterschiedlichen Produktionskosten zur Verfügung. Zudem sind die Standortfaktoren für die einzelnen Kraft-

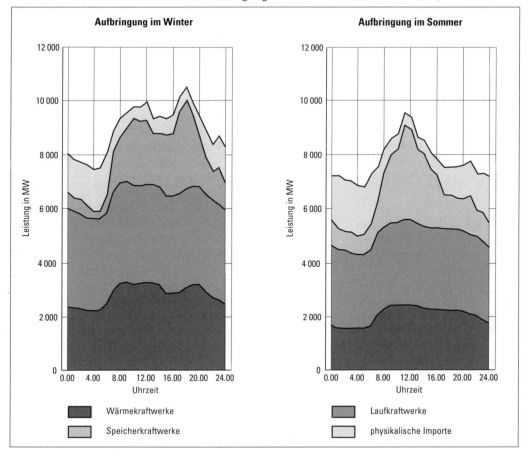

Abb. 8.5: Elektrizitätswirtschaft: Belastungsablauf der Öffentlichen Versorgung am 15. April (Sommer) und 9. Dezember 1998 (Winter) – („Höchstlasttage")
Quelle: Bundesministerium für wirtschaftliche Angelegenheiten – Bundeslastverteiler 2000, S. 113 und 115

Speicherkraftwerke (Jahressp. – teilw. mit Pumpspeicherbetrieb)	Bundesland	Gebirgsregion	Installierte Leistung (1 000 kW)	Produktion (1 000 MWh)	davon Anteil Pumpspeicherbetrieb (ca.)	Betriebsstundenklasse[1]
Malta	Kärnten	Hohe Tauern	730	630	$1/_5$	A
Silz	Tirol	Stubaier Alpen	500	475	$1/_3$	A
Prutz	Tirol	Ötztaler Alpen	392	677	–	B
Häusling	Tirol	Zillertaler Alpen	360	363	$1/_3$	A
Mayrhofen	Tirol	Zillertaler Alpen	345	699	–	B
Kühtai	Tirol	Stubaier Alpen	289	336	1	B
Rodund II	Vorarlberg	Montafon	276	207	$1/_3$	A
Kops	Tirol/Vorarlb.	Montafon	247	390	–	B
Lünersee	Vorarlberg	Montafon	232	190	1	A
Roßhag	Tirol	Zillertaler Alpen	231	380	$1/_5$	B

Laufkraftwerke (mit Schwellbetrieb am Beispiel der Enns)	Bundesland	Fluss	Installierte Leistung (1 000 kW)	Produktion (1 000 MWh)		Betriebsstundenklasse[1]
Großraming	Oberösterr.	Enns	66	218	–	C
Staning	Oberösterr.	Enns	42	168	–	C
Ternberg	Oberösterr.	Enns	40	145	–	C
Losenstein	Oberösterr.	Enns	38	140	–	C

Laufkraftwerke	Bundesland	Fluss	Installierte Leistung (1 000 kW)	Produktion (1 000 MWh)		Betriebsstundenklasse[1]
Altenwörth	Niederösterr.	Donau	328	1 743	–	D
Greifenstein	Niederösterr.	Donau	293	1 531	–	D
Aschach	Oberösterr.	Donau	287	1 397	–	D
Wallsee-Mitterkirchen	Niederösterr./Oberösterr.	Donau	210	1 173	–	E
Ybbs-Persenbeug	Niederösterr.	Donau	204	1 130	–	E
Melk	Niederösterr.	Donau	185	1 095	–	E

Kalorische Kraftwerke	Bundesland	Eingesetzte Rohenergie	Installierte Leistung (1 000 kW)	Produktion (1 000 MWh)	Bemerkung	Betriebsstundenklasse[1]
Simmering	Wien	Steinkohle	708	2 340	–	C
Theiß	Niederösterr.	Naturgas	552	290	Gasturbine	A
Dürnrohr I	Niederösterr.	Steinkohle	405	1 765	–	D
Dürnrohr II	Niederösterr.	Steinkohle	352	1 848	–	E
Voitsberg III	Steiermark	Braunkohle	330	1 570	–	E
Donaustadt	Wien	Steinkohle	324	1 293	–	D
Korneuburg II	Niederösterr.	Naturgas	285	510	–	B
Mellach	Steiermark	Steinkohle	246	1 083	–	D
Linz-Hütte	Oberösterr.	Steinkohle	220	909	Gegendruckturbine	E

[1] A = bis 1 000 Jahresbetriebsstunden
B = 1 001–2 000 Jahresbetriebsstunden
C = 3 001–4 000 Jahresbetriebsstunden
D = 4 001–5 000 Jahresbetriebsstunden
E = über 5 000 Jahresbetriebsstunden

Tab. 8.6: Elektrizitätswirtschaft: Österreichischer Kraftwerke 1991 (Auswahl)
Quelle: Bundesministerium f. wirtschaftliche Angelegenheiten – Bundeslastverteiler 1994 b – eig. Berechnungen

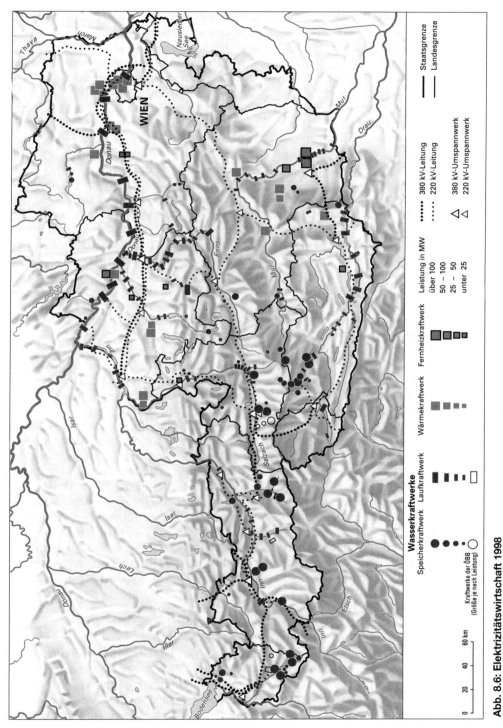

Abb. 8.6: Elektrizitätswirtschaft 1998
Quellen: HÖLZEL 1995b, S. 23; Bundesministerium für wirtschaftliche Angelegenheiten – Bundeslastverteiler 2000, S. 133, modifiziert

werkstypen verschieden. Produktionsgebundene Standorte bedingen mitunter weite Transportwege für Elektrizität und damit hohe Übertragungsverluste.

Für die Produktion von *Bandstrom* sind die großen Laufkraftwerke an den Flüssen zuständig. Hier wird mit relativ geringer Engpassleistung und einer hohen Zahl von Jahresbetriebsstunden eine große Jahresproduktion erzielt (Tab. 8.6). Viele dieser Kraftwerke befinden sich, wie man aus Abbildung 8.6 ersehen kann, im mittleren Bereich des Bundesgebietes. Im Winter, wenn die Wasserführung der Flüsse nachlässt, die Nachfrage nach elektrischer Energie aber steigt, müssen zusätzlich kalorische Kraftwerke eingesetzt werden. Sofern sie Braunkohle verarbeiten, mussten sie nahe bei den Braunkohlebergwerken errichtet werden. Der Standort der anderen bedeutenderen thermischen Kraftwerke richtet sich absatzbezogen nach den Verbrauchern: Somit werden Erdöl, Erdgas und Steinkohle zum Kraftwerk transportiert, der Strom von dort auf kurzem Wege dem Verbrauch zugeführt.

Zur Erzeugung von *Spitzenenergie* sind fast ausschließlich die Speicherkraftwerke in den Alpen zuständig. Auch auf thermischem Wege kann mit Gasturbinen Spitzenenergie erzeugt werden, die übrigen kalorischen Kraftwerkstypen scheiden aber wegen der langen Vorlaufzeit zur Inbetriebnahme aus. Die Standorte der Speicherkraftwerke befinden sich fast alle in den Hochalpen (vgl. Abb. 8.6). Von dort wird der Spitzenstrom nicht nur in die zentralen Räume Österreichs, sondern auch in die großen Industriezentren Europas, nördlich und südlich der Alpen geleitet.

Im Alpengebiet eignen sich die während der Eiszeit ausgeschürften Gletschertäler und -tröge besonders gut zur Anlegung großer Stauseen für die Jahresspeicherung. Die Wasserspeicher werden im Zuge des Winters entleert, und füllen sich im Frühjahr mit dem Einsetzen der Schneeschmelze langsam wieder an. Ihren höchsten Wasserstand erreichen sie im Spätsommer. Mit zwei übereinanderliegenden Stauseen kann ein „Pumpspeicherbetrieb" realisiert werden. In Spitzenzeiten verwendetes Wasser kann in Schwachlastzeiten vom unteren Staubecken in das obere zurückgepumpt und mehrmals abgearbeitet werden. Dazu bedient man sich desselben Maschinensatzes wie für die Stromerzeugung, der in die Gegenrichtung in Bewegung gesetzt wird (vgl. Tab. 8.6 und Foto 11).

Durch den „vollständigen" energiewirtschaftlichen Ausbau eines Flusslaufes, bei dem sich Kraftwerkstufe an Kraftwerkstufe reiht und das Unterwasser eines Kraftwerkes gleichzeitig das Oberwasser des nächsten ist, können Verhältnisse ähnlich einem Speicherkraftwerk geschaffen werden. Es ist dann möglich, den Fluss im so genannten „Schwellbetrieb" zu nutzen. Das regelmäßige Wasserangebot des Flusses wird durch den obersten Speicher zerhackt. Wasser wird dann nur zu gewissen Spitzenzeiten des Tages abgearbeitet. Dann sind alle Kraftwerksstufen in Betrieb. In den Schwachlastzeiten ist im Fluss kaum eine Bewegung zu bemerken („Trapezstrom").

Die Produktion im Pumpspeicher- oder Schwellbetrieb kann für die Elektrizitätsversorgungsunternehmen durchaus wirtschaftlich sein. Denn während die Kilowattstunde für den Abnehmer in der Regel immer den gleichen Preis kostet, ungeachtet des Zeitpunktes, zu dem sie abgerufen wird, unterscheiden die Kraftwerksgesellschaften in ihrer gegenseitigen Verrechnung nach Kontinuität und Saisonalität des Verbrauches. Bandstrom ist wesentlich billiger als „Trapezstrom", Spitzenstrom aus Speicherkraftwerken noch teurer. Das ist durch die geringere Kapazitätsauslastung der Speicherkraftwerke und durch deren höhere Investitionskosten betriebswirtschaftlich bedingt (Tab. 8.6). Bandstrom kann derzeit in Europa im Sommer aufgrund von Überkapazitäten französischer Atomkraftwerke angeblich schon fast zum „Null-Tarif" bezo-

Tab. 8.7:
Elektrizitätswirtschaft: Entwicklung der Stromproduktion und des Stromverbrauches (im Inland) 1955–1998
Quelle: Bundesministerium für wirtschaftliche Angelegenheiten – Bundeslastverteiler 2000, S. 40 und 50 – eigene Berechnungen

Jahr	Produktion (im Inland) GWh	Index 1955=100	Verbrauch GWh	Index 1955=100
1955	10751	100	9699	100
1960	15965	148	14062	145
1965	22241	207	18371	189
1970	30036	279	24622	254
1975	35205	327	30663	316
1980	41966	390	37994	392
1985	44534	414	42815	441
1990	50413	469	49954	515
1995	56587	526	54117	558
1996	54835	510	55787	575
1997	56851	527	56083	578
1998	57437	534	57274	591

gen werden. Abbildung 8.5 zeigt mit je einem Beispiel eines „Höchstlasttages im Sommerhalbjahr" (15. April 1998) und eines „Höchstlasttages im Winterhalbjahr" (9. Dezember 1998) an, wie die einzelnen Typen von Kraftwerken an der Bedarfsdeckung beteiligt sind.

Aus Tabelle 8.4 kann entnommen werden, dass 1998 fast die gleiche Menge Wasserkraft *exportiert und importiert* wurde. Der Ausdruck „Wasserkraft" ist hier allerdings missverständlich, weil ein großer Teil des importierten Stromes aus kalorischen Kraftwerken, vielleicht auch aus Atomkraftwer-

Abb. 8.7: Energie- und Stromverbrauch im Vergleich zum BIP 1955–1998. Index 100=1955
Quellen: Bundesministerium für wirtschaftliche Angelegenheiten – Bundeslastverteiler 2000, S. 50; Bundesministerium für wirtschaftliche Angelegenheiten – Oberste Bergbehörde 1980, S. 129; 1986, S. 104; 1997, S. 99; 1999, S. 106

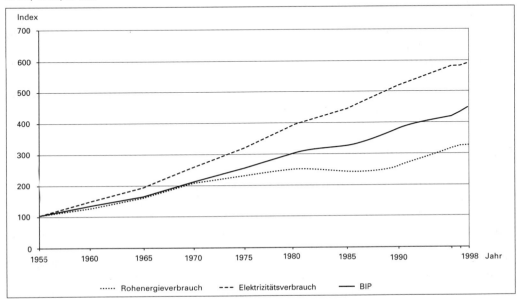

ken aus Osteuropa und der Bundesrepublik Deutschland stammte. 50 % der Importe aus der Bundesrepublik waren übrigens überschüssiger Bandstrom in Schwachlastzeiten für den Pumpspeicherbetrieb. Im Winter musste Bandstrom aus den östlichen Nachbarländern zugekauft werden. Die aus Tabelle 8.4 resultierende „physikalische" (mengenmäßige) Gleichwertigkeit entspricht somit nicht den tatsächlichen Wertverhältnissen. Denn es wurde teurer Spitzenstrom gegen billigen Bandstrom eingetauscht.

Exportiert wurde in die Bundesrepublik Deutschland (fast 40 % der Exporte), nach Italien, in die Schweiz und nach Slowenien.

Österreich ist daher aufgrund seiner Wasserkräfte und der hohen Reliefenergie ein wichtiger Stromexporteur in Zentraleuropa und versorgt die umliegenden Industriezentren mit Spitzenstrom. Nur durch enge Zusammenarbeit ist eine ausreichende und wirtschaftliche effiziente Stromversorgung im Bereich der „Union pour la coordination et du transport de l'électricité" (UCPTE) möglich.

Abbildung 8.7 zeigt deutlich, wie sehr sich die Entwicklung des Elektrizitätskonsums vom gesamten Energieverbrauch im Trend abgekoppelt hat. Es wird somit ein immer höherer Prozentsatz an Energie in Elektrizität umgewandelt und erst in dieser Form verbraucht. Das Ausmaß der Verstromung dient international als Entwicklungsindikator, der u. a. anzeigt, wieweit die Transformation zur postindustriellen Periode fortgeschritten ist.

Versucht man zu prognostizieren, wie sich der *gemeinsame Binnenmarkt* in Zukunft auf die österreichische Elektrizitätswirtschaft auswirken wird, so wurde schon festgestellt, dass gegenwärtig Importstrom in vielen Fällen billiger ist, als der derzeit in Österreich angebotene. Es ist daher mit einer Zunahme der Stromimporte zu rechnen.

Generell wird durch den größeren Markt der *internationale Stromaustausch* wesentlich intensiviert werden. Temporäre Spitzen können aufgrund unterschiedlicher Zeitzonen großräumig ausgeglichen werden, Reservekapazitäten dadurch eingespart werden.

Ein möglichst hoher Anteil erneuerbarer Energie war das prioritäre Ausbauziel der österreichischen Elektrizitätswirtschaft. Die Entwicklung der letzten Jahre zeigt jedoch, dass derzeit kalorische Kraftwerke wesentlich schneller gebaut werden und billiger produzieren können, als Wasserkraftwerke, die aus ökologischen Gründen zu bevorzugen wären. Dass es sich bei kalorischen Kraftwerken um nicht regenerierbare Energie handelt, die überdies mit Auswirkungen auf die Umwelt verbunden ist, bleibt bei den Kalkulationen derzeit außer Ansatz. Der hohe Anteil der Wasserkraft an Österreichs Elektrizitätserzeugung wird daher in den nächsten Jahren zurückgehen. Die Wasserkraftreserven, von denen gegenwärtig rund ein Drittel noch nicht ausgebaut ist, werden auf längere Zeit ungenutzt bleiben.

8.3 Entwicklung der Industrie

„Die ersten Ansätze zur Industrialisierung fallen in der Habsburgermonarchie bereits in die Zeit des Merkantilismus. Aufgeklärte Monarchen, wie MARIA THERESIA und JOSEF II., sicherten in einer Blütezeit staatlicher Förderungspolitik die Ausbildung eines relativ hochstehenden Manufaktur- und Verlagswesens und die Aufstellung eines disziplinierten Arbeitskräfteangebots" (MATIS/BACHINGER 1973, S. 112).

Die *Industrialisierung* begann somit um die Wende zum 19. Jahrhundert mit der Textilindustrie. Ihr folgte die Eisen-, Stahl- und Maschinenindustrie. Die Entwicklung der Eisenbahnen (vgl. Kap. 6.1.2) hat den Ausbau dieser Industrie ermöglicht und gleichzeitig die Nachfrage nach ihren Produkten wesentlich gesteigert. Die weitere Industrieentwicklung, an der sukzessive auch alle anderen Branchen teilnahmen, war durch die wechselnden politischen Situationen und Konjunkturschwankungen geprägt. Sie erreichte in den Jahren von 1867 bis 1873 zweifellos ihre stärkste Dynamik. Von der in Folge des „Schwarzen Freitags" (Börsenkrach am Freitag, den 9. Mai 1873) ausgebrochenen „Großen Depression" erholte sich die Industrie nur langsam. Die weitere positive Entwicklung brachte in den Jahren nach der Jahrhundertwende zweifellos einen neuen Höhepunkt und wurde durch den Ersten Weltkrieg unterbrochen.

Tabelle und Abbildung 8.8 zeigen deutlich, dass die räumliche Verteilung der Industrie, die damals entstanden ist, bis weit über die Hälfte des 20. Jahrhunderts hinaus erhalten geblieben ist. Das gilt besonders auch für die Verteilung nach Branchen. Beispielsweise waren in Vorarlberg 1910 die Textilbetriebe vorherrschend, neben dem damaligen Bezirk Mödling im Wiener Becken, dem Bezirk Waidhofen an der Thaya sowie dem anschließenden böhmischen Bezirk Neuhaus (Jindrichuv Hradec).

Weitere große Regionen mit Textilindustrie fanden sich an der Nordgrenze der Monarchie, v. a. in Schlesien. 1963 war für das Territorium Restösterreichs noch immer dieselbe Verteilung gegeben; über 45 % der in der österreichischen Textilindustrie Beschäftigten arbeiteten in Vorarlberg. Seither hat sich diese Situation allerdings radikal geändert: Zahlreiche Vorarlberger Betriebe mussten geschlossen werden; die Produktion von textilen Massengütern ist in den Fernen Osten abgewandert.

Ähnliches kann für die Kategorie Berg- und Hüttenwerke festgestellt werden, die vor dem Ersten Weltkrieg auf dem Territorium des heutigen Österreich in der Obersteiermark, in den damaligen Bezirken Bruck an der Mur, Leoben und Judenburg führend war. Es ist sicher kein Zufall, dass einige der hier erwähnten Regionen seit 1995 von der Europäischen Union als Ziel-2-Gebiet gefördert werden (vgl. Abb. 4.15).

Nach dem Ersten Weltkrieg war die wirtschaftliche Situation der Industrie schwierig, worauf bereits im Kapitel 3.5 hingewiesen wurde. Einer Überkapazität von Anlagen einiger Branchen stand ein Manko an Produzenten in jenen Bereichen gegenüber, deren

Tab. 8.8: Industriebetriebe („fabrikmäßige Betriebe"), nach Ländern und Branchen in der österreichischen Reichshälfte der österreichisch-ungarischen Monarchie 1911
Quelle: K. u. K. Statistische Zentralkommission 1912, S. 138 – eigene Berechnungen

Länder	Betriebe	in %	Wichtige Branchen (Auswahl)	Betriebe	in %
Niederösterreich (u. Wien)	3327	20,6	Stein-, Erde-, Ton- und Glasindustrie	2874	17,8
Oberösterreich u. Salzburg	617	3,8	Textilindustrie	2729	16,9
Steiermark	1044	6,5	Nahrungs- u. Genussmittelindustrie	2288	14,9
Kärnten	311	1,9	Metallverarbeitung	1570	9,7
Krain	145	0,9	Holz- u. Holz verarbeitende Industrie	1538	9,5
Küstenland-Dalmatien	503	3,1	Maschinen- u. Fahrzeugindustrie	1095	6,8
Tirol	334	2,1	Chemische Industrie	967	6,0
Vorarlberg	233	1,4	Papierindustrie	812	5,0
Böhmen	6203	38,3	Bekleidungsindustrie	694	4,3
Mähren	1615	10,0	Elektroindustrie	612	3,8
Schlesien	672	4,1	Graphisches Gewerbe	336	3,3
Galizien	1067	6,6	Leder- u. Leder verarbeitende Industrie	373	2,3
Bukowina	110	0,7	Sonstige	.	.
insgesamt	16181	100,0	insgesamt	16181	100,0

Vom Industriestaat zur postindustriell-peripheren Wirtschaft

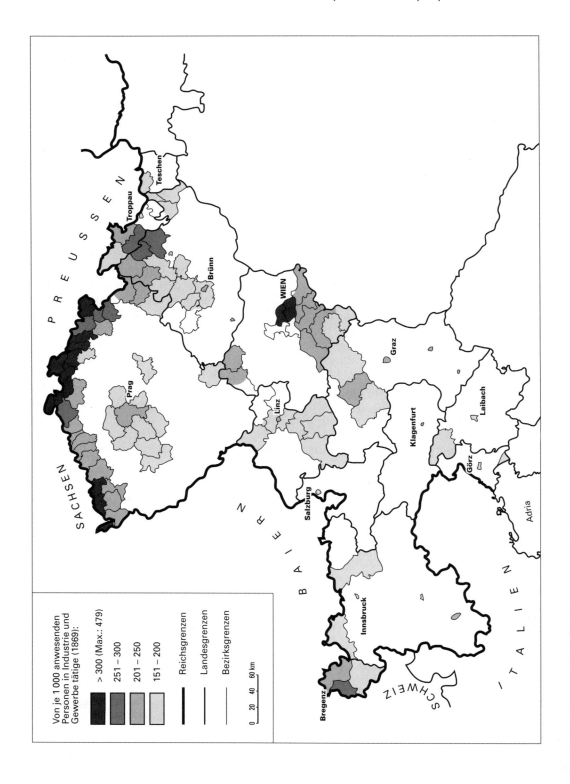

Produkte früher aus anderen Teilen der Monarchie angeliefert wurden. Die Anpassung an die neuen Marktverhältnisse konnte in der Zwischenkriegszeit nur begonnen werden.

Ausbau im Zweiten Weltkrieg

Die ungünstige Situation der Industrie änderte sich jedoch durch den Anschluss Österreichs an das Deutsche Reich 1938 schlagartig. Das größere Absatzgebiet und die laufenden Kriegsvorbereitungen brachten den bestehenden Betrieben viele neue Möglichkeiten. Gleichzeitig wurden aus sozialpolitischen und strategischen Gründen in Oberösterreich, im „Heimatgau des Führers", *vier Großbetriebe* gegründet, welche die österreichische Industrielandschaft durch Jahrzehnte, bis in unsere Zeit hinein, prägen sollten. Es handelte sich dabei um
- das Eisen- und Stahlwerk der heutigen VOEST-ALPINE, ehemaliger Zweigbetrieb der „Hermann-Göring-Werke" sowie
- die Chemie Linz, ehemalige Stickstoffwerke (heute in zahlreiche Einzelfirmen aufgeteilt),
- das Zellwollwerk in Lenzing, viele Jahre der größte Zellwolleerzeuger Europas, und schließlich
- das Aluminiumwerk in Ranshofen bei Braunau am Inn.

Neben vielen irrationalen Motiven spielten bei diesen Industriegründungen auch reale *Standortfaktoren*, die nach dem damaligen Wissensstand und Umfeld bewertet wurden, eine Rolle: Für das Stahlwerk waren der Steirische Erzberg als Rohstofflieferant, das Wasser der Donau als Transportmedium und Hilfsstoff sowie das Arbeitskräftepotential des Linzer Raumes entscheidend. Die benötigte Kohle sollte über den im Bau befindlichen Rhein-Main-Donau-Kanal oder auch aus der Ukraine und Russland mit Binnenschiffen angeliefert werden. Die Stickstoffwerke bezogen das Kokereigas von der benachbart gelegenen Kokerei des Stahlwerkes. Die Aluminumschmelze in Ranshofen verarbeitete die aus Bayern angelieferte Tonerde (damals teilweise noch auf Basis von Bauxit aus Laussa in Oberösterreich) mithilfe der in den neu errichteten Innkraftwerken erzeugten elektrischen Energie. Für das Zellwollewerk am Rande des Salzkammergutes schließlich war das Wasser des Attersees und das reiche Holzaufkommen des Hinterlandes maßgebend. Versucht man zu analysieren, wieweit diese Standortfaktoren heute noch Bedeutung haben, so ergibt sich ein Tatbestand, der für die österreichische Industrieverteilung geradezu als typisch bezeichnet werden kann.

Das Eisenerz ist aufgrund seines niedrigen Erzgehaltes nur beschränkt einsetzbar, der Erzabbau befindet sich in Österreich daher seit langem im Rückgang (vgl. Kap. 8.1). Der Rhein-Main-Donau-Kanal, dessen Fertigstellung für die volle Inwertsetzung der Donau als Verkehrsweg im Jahre 1938 als unbedingt notwendig angesehen wurde, konnte 1992 endlich eröffnet werden. Sein Frachtaufkommen entspricht bisher nicht den Erwartungen (vgl. Kap. 6.1). Der Rohstoffbeschaffungsraum der Linzer Industriebetriebe hat sich mittlerweile vollkommen gewandelt. Das Stahlwerk musste infolge des geänderten wirtschaftlichen Umfeldes seine Produktion stark differenzieren und, wie erwähnt, sich dem Finalsektor zuwenden, um überhaupt Überlebenschancen zu haben (Foto 14).

Die Stickstoffwerke bzw. deren Nachfolger sind schon lange von ihrem ehemaligen Spitzenprodukt, dem Kunstdünger, abgekommen und betätigen sich nunmehr auf dem Sektor der Feinchemie. Die Aluminium-

◄ **Abb. 8.8: Industrie: Anteil der in Industrie- und Gewerbebetrieben Tätigen nach politischen Bezirken an allen Berufstätigen 1910 (in der österreichischen Hälfte der Monarchie)**
Quelle: BACHINGER/MATIS 1973, S. 224, modifiziert

schmelze in Ranshofen hat aufgrund mangelnder Wirtschaftlichkeit und Umweltschäden die Elektrolyse auflassen müssen: Der von der Elektrizitätswirtschaft angebotene, stark ermäßigte Strompreis war zu teuer, um in Europa im Zeitalter der Globalisierung als Aluminiumproduzent noch konkurrenzfähig zu sein. Ebenso konnten die Mittel für die notwendigen teuren Umweltinvestitionen nicht aufgebracht werden. Die Aluminiumwerke beschäftigen sich heute mit der Weiterverarbeitung von recyceltem bzw. importiertem Aluminium. Chemiefaser Lenzing AG verwendet heute meist importierte Hölzer. Wasser- und Luftverschmutzung am Standort Lenzing haben sich als ein großes Problem herausgestellt, das man nur durch kostspielige Investitionen halbwegs in den Griff bekommen hat. So können die vier nach Anschluss Österreichs an das Deutsche Reich 1938/39 geschaffenen Großbetriebe als ein gutes Beispiel für die ständige Veränderung der Bedeutung von Standortfaktoren und für die Persistenz von Industriebetrieben im heutigen Österreich angesehen werden.

Während des Zweiten Weltkrieges kam es dann zu einem Aufschwung fast aller Betriebe. Zahlreiche Arbeitsstätten wurden auf kriegswichtige Produkte umgerüstet. Ihre Lage im Deutschen Reich war strategisch relativ günstig; die Produktion von Kriegsgerät konnte trotz teilweiser Zerstörung durch Bombenangriffe bis zum Kriegsende aufrecht erhalten werden. Manche strategisch wichtigen Fertigungen wurden unter die Erde in Höhlen und Bergwerke verlagert.

Verstaatlichung
Nach dem Zweiten Weltkrieg befand sich die österreichische Industrie in einer sehr schlechten Lage. Neben den beachtlichen Zerstörungen durch Bombenangriffe und die aus Westen und Osten vorrückende Front der alliierten Mächte, brachte die Erklärung vieler Betriebe zum „Deutschen Eigentum" großen wirtschaftlichen Schaden (vgl. auch Kap. 3.5). Als „Deutsches Eigentum" wurden von den Siegermächten alle Betriebe bezeichnet, in die während der nationalsozialistischen Zeit mit deutschem Kapital investiert worden war, ungeachtet der vor der Annexion Österreichs bestehenden Besitzverhältnisse. Da nun in die meisten Unternehmen investiert werden musste und viele Betriebe aus jüdischem Eigentum beschlagnahmt worden waren und daher im deutschen Besitz standen, fiel ein großer Teil der Industrie unter diesen Besitztitel.

Um den Abtransport von Maschinen und Einrichtungen aus den stark zerstörten Industrieanlagen zu verhindern und die Rohstoffversorgung für den Wiederaufbau sicherzustellen, beschloss die Österreichische Bundesregierumg am 26. Juli 1946 das Erste Verstaatlichungsgesetz. Mit diesem Gesetz wurden in Österreich die drei größten Banken, der gesamte Bergbau nach Kohle, Eisenerz, Bleierz, Kupfererz und Antimonerz, große Teile der Erdölförderung und -verarbeitung, die Hüttenindustrie, die Aluminiumbetriebe und die wichtigsten Unternehmen der chemischen und Elektroindustrie in das Eigentum des Staates übergeführt. Die anfangs erwähnten drei Banken spielten in den folgenden Jahren für die Industrie deswegen eine große Rolle, weil sie die Mehrheit der Aktien weiterer wichtiger Industriebetriebe im Portefeuille hatten. In der russischen Besatzungszone konnte das Verstaatlichungsgesetz bis zum Abschluss des Staatsvertrages 1955 allerdings nicht exekutiert werden. Die russische Besatzungsmacht verwaltete die in Rede stehenden Unternehmen selbst in einem eigenen Konzern – der „Uprawlenje Sowjetskim Imuschestwom w Awstrij" („USIA" – vgl. Kap. 3.5).

Die in den Jahren 1946 und 1947 durch die Verstaatlichung entstandene Grundstruktur hat der Industrie jahrzehntelang eine Sonderstellung in Europa gebracht. Wie in der Einleitung bereits erwähnt wurde, nahm Österreich, zwischen der planwirtschaftlichen Sphäre im Osten und dem Bereich der sozialen Marktwirtschaft im Westen gelegen, in der Organisation und Verwaltung seiner Industrie eine Zwischenposition ein. Nahezu die Hälfte der Industriebeschäftigten arbeitete in verstaatlichten oder im Besitz der öffentlichen Hand stehenden Betrieben.

Die Einteilung Österreichs in vier Besatzungszonen hatte noch eine andere, nicht unwesentliche Folge. Der größte Industrieraum im Österreich der Zwischenkriegszeit, das Wiener Becken (vgl. Kap. 3.5), fiel unter die Kontrolle der sowjetischen Besatzungsmacht. Die Zukunft des Osten Österreichs erschien aufgrund seiner geopolitischen Lage recht unsicher. Industrieinvestitionen von privater Hand blieben daher dort in den ersten zehn Jahren nach dem Zweiten Weltkrieg aus; auch Mittel der ERP-Hilfe (Marshallplan) wurden kaum in diese Region vergeben. Die Folge war die Gründung von ergänzenden neuen Unternehmen – v. a. der Grundindustrie – in den westlichen Besatzungszonen, um nicht auf Importe jener Güter angewiesen zu sein, die bislang nur auf dem Territorium der sowjetischen Besatzungszone erzeugt worden waren. Dadurch blieb die wirtschaftliche Entwicklung in der sowjetischen Besatzungszone zurück.

Auf dieser Basis erfolgte dann ab 1955 ein *Wiederaufbau der Industrie*, der sich in den sechziger Jahren zu einem kleinen „österreichischen Wirtschaftswunder" entwickelte. Dabei haben die verstaatlichten Betriebe zweifellos eine führende Rolle eingenommen, wenn sich auch unter dem Schutz des staatlichen Schirms manche Ineffizienz und Inkompetenz etablieren konnte.

Der Autor ist der Ansicht, dass die heutige Situation der Industrie nur aus ihrer Vergangenheit voll begriffen werden kann. Manche Probleme der industriellen Entwicklung unserer Zeit können nur dann richtig verstanden und bewertet werden, wenn man erkennt, aus welchen Motiven sie vor Jahrzehnten ihren Ausgang genommen haben. Eine Nichtbeachtung dieser Sachverhalte kann leicht zu Fehlbeurteilungen führen.

8.4 Industrie – heute und morgen

Derzeit befindet sich die Industrie infolge der großen Veränderungen im wirtschaftlichen Umfeld wieder in *starker struktureller Transformation*.

Die Tabellen 8.9, 8.10 und 8.11 versuchen einen Überblick über die Struktur der österreichischen Industrie im Jahre 1995 zu geben. Zur besseren Trendanalyse wird dabei auch auf das Jahr 1965 zurückgegriffen, ein Jahr, in dem das kleine „österreichische Wirtschaftswunder" noch voll im Gange war. Da mit dem Beitritt zur Europäischen Union 1995 die Industriestatistik „an die neuen Erfordernisse angepasst" werden musste (Österreich Version der Nomenclature des Activités de la Communauté Europeénne (ÖNACE)), sind langfristige Vergleiche für die Zeit vor und nach 1995 nicht möglich, was die Aussagekraft der Tabellen verringert (ÖSTAT 1996a, S. 261). Unter anderem wurde der „Betrieb" als traditionelle statistische Einheit aufgegeben und auf die „Unternehmung" umgestellt. Der Stand der Produktion der Unternehmungen aus dem Bergbau und Sachgüterbereich (Industrie und Gewerbe) für 1997 ist aus Tabelle 8.12 weiter unten ersichtlich.

Die österreichischen Industriebetriebe sind vorwiegend klein- und mittelbetrieblich strukturiert. Von den über 5 000 statistisch erfassten Einheiten mit mehr als fünf Mitarbeitern erreichten 1995 nur knapp 150 über 500 Berufstätige. Von den insgesamt noch rund 450 000 Personen, die auf dem Industriesektor tätig sind, arbeiteten fast 200 000 in den etwa 1 000 Betrieben in der Größen-

Ende des Jahres	Betriebe mit Beschäftigten					insgesamt	Beschäftigte insgesamt
	5–19	20–49	50–99	100–499	500 und mehr		
1965[1]	1300	1416	844	1006	215	4781	613000
1988	2144	1421	860	996	181	5602	538000
1995	1803	1238	782	950	143	5059	464000
Beschäftigte 1995	18872	39864	54684	198211	152296	–	–

[1] 1965 Unterteilung: 6–20, 21–50, 51–100, 101–500, über 500

Tab. 8.9: Industrie: Betriebe und Beschäftigte nach Betriebsgröße 1965, 1988 und 1995
Quellen: ÖSTAT 1966a, S. 91; 1989a, S. 266; 1996a, S. 266f. – eigene Berechnungen
Anmerkung: Wegen Änderung der Erhebungsmethode Zahlen ungenau und nur bedingt vergleichbar

ordnung von 100 bis 499 Mitarbeitern (vgl. Tab. 8.9). Es gibt somit nur wenige Großbetriebe. Diese verteilen sich v. a. auf die Branchen Schwerindustrie (Eisen und Stahl, Maschinen), Erdöl, Chemie, Papier- und Elektroindustrie. Das sind jene Branchen, bei denen in manchen Teilbereichen aus technologischen Gründen viele Produkte

Tab. 8.10: Industrie: Betriebe und Beschäftige nach Branchen 1965 und 1995 (auszugsweise)
Quellen: ÖSTAT 1966a, S. 91; 1996a, s. 216f.; eigene Berechnungen.
Anmerkung: Wegen Änderung der Erhebungsmethode Zahlen nur bedingt vergleichbar
[1] Nur Betriebe mit mehr als sechs Beschäftigten

Industriezweige	Ende des Jahres 1995										Ende des Jahres 1965			
	Betriebe							Beschäftigte			Betriebe[1]	Beschäftigte		
	Betriebsgrößenklassen (Beschäftigte)													
	1–19	20–49	50–99	100–499	500–999	über 1000	insgesamt	absolut	%		insgesamt	absolut	%	
insgesamt	5051	1238	782	950	96	47	8164	467271	100,0		4781	612593	100,0	
Bergbau	53	12	9	10	1	–	87	4321	0,9		49	25691	4,2	
Erdölindustrie	20	4	3	–	–	3	30	4425	0,9		17	7435	1,2	
Eisen erzeugende Industrie	1	2	–	8	1	3	15	14869	3,2		17	44355	7,2	
Fahrzeugindustrie	58	63	50	42	1	6	220	29425	6,3		100	24983	4,0	
Maschinen- und Stahlbau	322	175	135	144	21	7	804	71355	15,3		384	64731	10,6	
Elektroindustrie	155	76	45	104	17	12	409	66379	14,2		222	54158	8,8	
Eisen- und Metallwaren	354	151	93	118	11	1	728	46811	10,0		487	52038	8,5	
Chemische Industrie	273	134	82	102	8	6	605	48202	10,3		457	50221	8,2	
Papier- und Papierverarbeitende Industrie	55	37	18	47	7	1	165	18905	4,0		226	28946	4,7	
Säge- und Holz verarbeitende Industrie	1842	137	66	62	7	1	2113	33837	7,2		399	25161	4,1	
Textil- und Bekleidungsindustrie	275	137	87	84	10	1	594	36254	7,7		1138	117969	19,4	
Nahrungs- und Genussmittelindustrie	170	96	80	107	4	1	458	35833	7,7		502	53257	8,7	

Industriezweige	Beschäftigte	Produktionswert in Mill. ÖS	Produktionswert je Beschäftigten in 1 000 ÖS
Insgesamt	467 271	840 184	1 798
davon:			
Bergbau	4 321	6 636	1 536
Erdölindustrie	4 425	16 101	3 629
Eisen erzeugende Industrie	14 869	32 612	2 220
Fahrzeugindustrie	29 425	64 160	2 180
Maschinen- und Stahlbau	71 355	106 228	758
Elektroindustrie	66 379	91 483	1 378
Eisen- und Metallwaren	46 811	60 153	1 285
Chemische Industrie	48 202	92 726	1 924
Papier- und Papier verarbeitende Industrie	18 905	62 823	3 323
Säge- und Holz verarbeitende Industrie	33 837	51 584	1 524
Textil- und Bekleidungsindustrie	36 254	36 935	1 019
Nahrungs- und Genussmittelindustrie	35 833	86 895	2 397

Tab. 8.11: Industrie: Produktionswerte 1995 (auszugsweise)
Quelle: ÖSTAT 1996a, S. 266f. – eigene Berechnungen

wirtschaftlich effizient nur in Großbetrieben erzeugt werden können. (Tab. 8.11).

Nach Branchen verzeichneten der Maschinen- und Stahlbau sowie die Elektro- (und Elektronik-)industrie im Jahre 1995 die meisten Beschäftigten (Tab. 8.11). Dann folgten die Chemische sowie die Eisen- und Metallwarenindustrie. Bei den Produktionswerten führte zwar schon der Maschinen- und Stahlbau, jedoch lange nicht in jenem Ausmaß, wie das aufgrund der Beschäftigtenzahl zu erwarten gewesen wäre. Denn in dieser Sparte wird der bei weitem geringste Produktionswert pro Beschäftigten erreicht. Chemische und Elektroindustrie erreichen mit ihren Produktionswerten auf Rang zwei und drei ungefähr dasselbe Gesamtniveau. Auf den Beschäftigten bezogen, kann die Elektroindustrie allerdings nur rund zwei Drittel des Produktionswertes der Chemischen Industrie verzeichnen.

Regionale Verteilung
Die Industriebetriebe sind auf die einzelnen Bundesländer recht ungleichmäßig verteilt (Tab. 8.12). Vier Bundesländer, nämlich Wien, Oberösterreich, Niederösterreich und die Steiermark vereinigen zwei Drittel der Unternehmen auf ihr Territorium. Die fünf restlichen Bundesländer fallen demgegenüber stark ab. Im alpinen Bereich sind der Industrialisierung seit jeher Grenzen gesetzt gewesen.

Bei den Angaben zum Personalaufwand, zum Produktionswert und zur Bruttowertschöpfung erreicht das Burgenland die niedrigsten Werte. Das hängt auch mit der peripheren Lage zum zentralen Raum Wien und anderen europäischen Zentralräumen zusammen. In Vorarlberg ist der Industrie- und Gewerbesektor stärker entwickelt als in Tirol: Es werden annähernd dieselben Ergebnisse berichtet, obwohl Tirol über das Doppelte an Einwohnern und mehr als das Doppelte an Dauersiedlungsraum verfügt.

In der Abbildung 8.9 sind die wichtigsten Industrieregionen ersichtlich: Das südliche Wiener Becken; die Mur-Mürzfurche, verbunden mit dem Grazer Becken; das Alpenvorland mit Schwerpunkten um St. Pölten im Oberösterreichischen Zentralraum sowie im Flach- und Tennengau (südlich

Bundesland	Unter-nehmen	Beschäftigte		Personalaufwand		Produktionswert		Bruttowertschöpfung zu Faktorkosten	
		absolut	in %	absolut in Mill. ÖS	pro Beschäftigten in 1 000 ÖS	absolut in Mill. ÖS	pro Beschäftigten in 1 000 ÖS	absolut in Mill. ÖS	pro Beschäftigten in 1 000 ÖS
Burgenland	764	15 150	2,4	5 591	369	18 305	1 208	7 373	4 867
Kärnten	1 852	34 682	5,5	14 392	415	54 550	1 573	21 686	6 253
Niederösterreich	4 843	107 273	16,9	47 558	443	187 968	1 752	68 864	6 420
Oberösterreich	4 363	147 445	23,2	65 111	442	252 388	1 712	93 980	6 374
Salzburg	1 850	35 767	5,6	15 394	430	60 820	1 700	24 048	6 724
Steiermark	3 528	95 072	15,0	40 978	431	160 275	1 686	57 954	6 096
Tirol	2 321	45 343	7,1	18 740	413	71 196	1 570	29 741	6 559
Vorarlberg	1 963	41 389	6,5	18 493	447	65 093	1 573	25 440	6 147
Wien	3 979	112 930	17,8	66 612	590	259 725	2 300	90 889	8 048
Österreich insgesamt	25 767	635 050	100,0	294 869	464	1 130 319	1 780	419 975	6 613

Tab. 8.12: Industrie und Gewerbe (ÖNACE) 1997: Unternehmen, Beschäftigte, Personalaufwand, Produktionswert, Bruttowertschöpfung nach Bundesländern
Quelle: ÖSTAT 1999a, S. 337 – eigene Berechnungen

von Salzburg); das Unterinntal; das Alpenrheintal und Teile des Klagenfurter Beckens.

Immer weniger Arbeitsplätze
Die Abnahme der Industriebeschäftigten um ein Viertel seit 1980 (vgl. Tab. 8.13) darf dabei nicht überraschen; sie entspricht der im Kapitel 4.4 dargestellten Sachlage und auch der Theorie von JEAN FOURASTIÉ. Sie bringt uns aber zu einem Hauptproblem des laufenden Strukturwandels, den Rückgang von industriellen Arbeitsplätzen in den letzten Jahrzehnten. Bei diesem Rückgang handelt es sich nicht nur um eine Veränderung der Produktionsstrukturen, wie er in Altindustriestaaten üblich ist. Die Veränderung der Besitzstrukturen, besonders auch durch die im großen Rahmen erfolgte Privatisierung der ehemals verstaatlichten Industrie verstärkt diese Entwicklung. Hier hat das beharrende Element in den gemeinwirtschaftlich geführten Betrieben zu einem Rückstand an Innovations- und Rationalisierungsmaßnahmen geführt. Daher muss u. a. in vielen Betrieben die Zahl der Mitarbeiter stark reduziert werden. Von der heute bereits älteren Generation von Arbeitnehmern waren die verstaatlichten Betriebe noch als sichere Arbeitgeber besonders geschätzt gewesen.

Aus Tabelle 8.10 ist auch ersichtlich, welche Branchen seit 1965 die meisten Arbeitskräfte abbauen mussten: Die Bergwerke verloren über 85, die Eisenhütten über 66 % der Arbeitsplätze. Bei der Textilindustrie waren es über 70, bei der Nahrungsmittelindustrie immer noch über 30 %. Damit sind viele jener Grundindustrien betroffen, die vor rund 150 Jahren die Industrialisierung Österreichs eingeleitet haben. Dass gerade diese Branchen heute den stärksten Rückgang verzeichnen, deckt sich auch mit den Aussagen der Produktlebenszyklustheorie.

Die Öffnung nach Osten mit dem Fall des Eisernen Vorhanges und die fortschreitende europäische Integration haben das Einsetzen der postindustriellen Periode zweifellos weiter beschleunigt. Das zeigt besonders auch ein Vergleich der Beschäftigtenzahlen Ende des Jahres 1985 und 1995, wo in der Industrie innerhalb von nur zehn Jahren eine Abnahme an Mitarbeitern um fast 20 % zu verzeichnen war (Tab. 8.13).

Industrie – heute und morgen

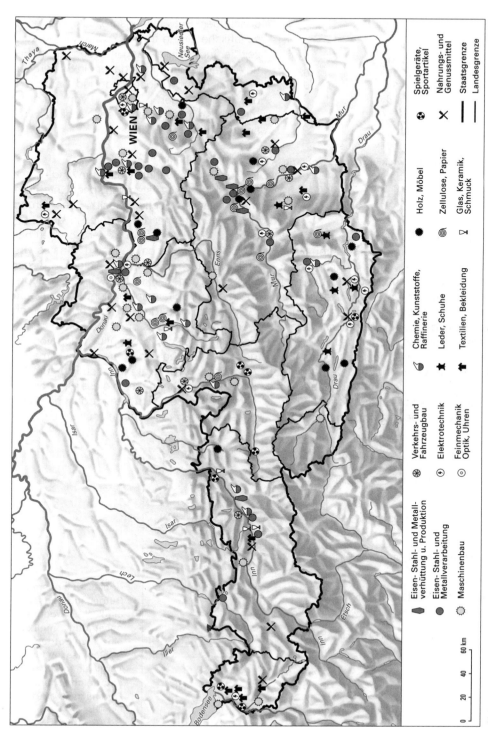

Abb. 8.9: Industriebetriebe 1995 (Auswahl)
Quelle: Diercke Weltatlas Österreich 1995, S. 32/33, modifiziert

Jahr	Beschäftigte[1]	Index
1965	612 593	100
1970	617 212	101
1975	622 109	102
1980	624 878	102
1985	575 786	94
1990	558 697	91
1995	467 271	76

[1] Beschäftigte jeweils am 31. Dezember

Tab. 8.13: Industrie: Entwicklung der Beschäftigten 1965–1995
Quelle: ÖSTAT a; (Index: 1965 = 100)

Die *Arbeitslosigkeit* hat v. a. in jenen peripheren Regionen, in denen die erwähnten Branchen stark vertreten waren, zugenommen, wie schon im Kapitel 4.2 festgestellt werden konnte. Dort kommt es auch zu einer verstärkten Abwanderung der Bevölkerung. Die Arbeiter, die in der Zeit der Industrialisierung vom freien Lande in die Industrieregionen gezogen sind, beginnen nunmehr – nach Ende der industriellen Periode – abzuwandern, vor allem in die zentralen Räume, wo sie sich für die Zukunft bessere Berufschancen erwarten. Dabei handelt es sich um einen folgerichtigen Entwicklungsprozess. Der wirtschaftliche Grund für die Zuwanderung zurzeit der Industrialisierung ist weggefallen. Eine Abwanderung bringt daher ein Sinken der regionalen Arbeitslosenrate und verringert die durch den Verlust von Industriearbeitsplätzen entstandenen regionalwirtschaftlichen Disparitäten.

Neue Unternehmer

Im Zuge des erwähnten Strukturwandels gehen zunehmend österreichische Unternehmen in ausländischen Besitz über. Grund dafür ist nicht nur das Interesse ausländischer Konzerne an dem bisher isolierten nationalen Markt eines neutralen Staates. Es stellt sich auch heraus, dass einige der bisher von Staat und Banken verwalteten Großbetriebe aus Kapitalmangel nicht von privaten Geldgebern aus dem Inland übernommen werden können. Das sieht man auch daran, dass der ausländische Einfluss sich vorwiegend in Großbetrieben bemerkbar macht. Abbildung 8.10 zeigt das deutlich für das Jahr 1991; seither hat sich dieser Trend noch verstärkt. „In der Sachgüterproduktion dominieren Firmen mit ausländischen Eigentü-

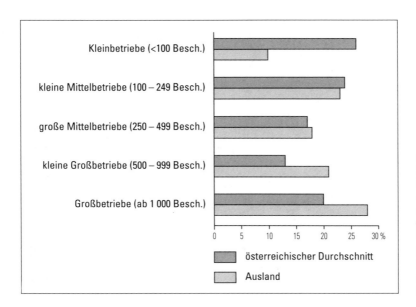

Abb. 8.10: Industrie: Betriebsgrößen ausländischer Produktionsstätten. Anteil der einzelnen Betriebsgrößenklassen im Vergleich mit dem österreichischen Durchschnitt 1991
Quelle: RAMMER 1996, S. 12

Industrie – heute und morgen

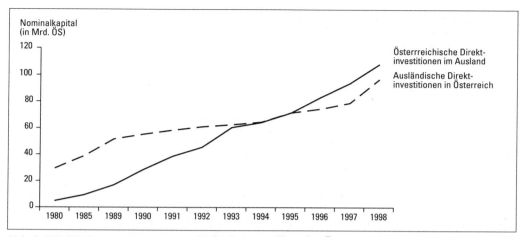

Abb. 8.11a: Direktinvestitionen 1980, 1985, 1989–1998 (in Mrd. ÖS)
Quelle: Österreichische Nationalbank 1998, S. 12 f.

mern mit einem Anteil von fast 60 Prozent der Beschäftigten. Insgesamt arbeiten Ende 1995 rund 580 000 Beschäftigte in 6 000 vom Ausland kontrollierten Unternehmen. Das sind bereits 20 Prozent aller Beschäftigten" (aus allen Branchen). (SCHENK 1998).

Andererseits bringt gerade die Ostöffnung auch eine verstärkte Investitionstätigkeit österreichischer Unternehmen auf osteuropäischen Märkten mit sich, wie Abbildung 8.11 zeigt.

Ein weiterer Grund für das Abwandern von Betrieben in das Ausland sind die *hohen Umweltstandards*, die in Österreich von der Industrie gefordert werden. Diese liegen z. T. über den von der EU generell vorgeschriebenen Anforderungen und sind wesentlich höher als in den Reformländern Osteuropas oder gar in Entwicklungsländern.

Gut eingeführte, im Laufe von Jahrzehnten, ja teilweise schon im letzten Jahrhundert entstandene Konzerne mussten in den

Abb. 8.11b: Direktinvestitionen nach Staaten 1990, 1995, 1998
Quelle Österreichische Nationalbank 1998, S. 12 f.

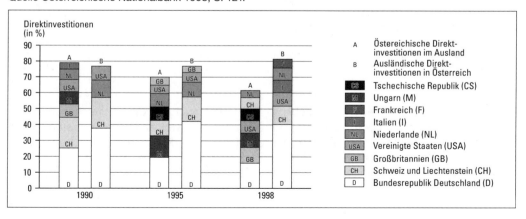

> „**Globalisierung der Wirtschaft oder Ausverkauf Österreichs.**
> Die Wirtschaftsschlagzeilen der letzten Wochen und Monate sind vor allem von einem Thema geprägt: dem Verkauf österreichischer Betriebe an das Ausland. SEMPERIT und BILLA sind nur die aktuellsten Beispiele. Denn immer öfter greift ausländisches Kapital auf österreichische Unternehmen zu und nicht selten kommt das Geld aus Deutschland. Allerdings gibt es auch Gegenbeispiele. ...
> Die Frage ist: Ist das, was derzeit in Österreich passiert der Ausverkauf heimischer Unternehmen oder eine Folge globaler wirtschaftlicher Vernetzungen. Ist es sozusagen die logische Folge eines einheitlicheren Europas?
> Die Wirtschaftsbeziehungen zwischen Deutschland und Österreich sind bereits über Jahrzehnte besonders eng. Um in einem immer härter werdenden Konkurrenzkampf bestehen zu können, haben sich vor allem zwei Strategien entwickelt. Entweder muß das Unternehmen groß sein oder eine Marktnische ausnützen. Da Marktnischen selten sind, verstärkt sich der Trend zu Firmenzusammenschlüssen immer mehr. Da in Deutschland oft Firmen sitzen, die ähnliche Produkte erzeugen, aber viel größer sind, ist der Aufkauf österreichischer Firmen durch deutsche Unternehmen fast eine logische Folge. ...
> Zum Beispiel die Papierindustrie: Leykam und die Papierfabrik in Hallein gehören deutschen bzw. niederländischen Eigentumern. Frantschach ist noch eine österreichische Firma. ... Ganz stark im Gerede ist derzeit der Reifenhersteller Semperit. Die österreichische Traditionsmarke ist seit 1985 im Besitz der deutschen Conti. Was einst Geld gebracht hat, wird jetzt zum Arbeitsplatzproblem. Etwas anders ist die Entwicklung bei den Autofirmen: BMW, Opel und Chrysler investieren Milliarden in Österreich. Geld kommt also in das Land, die Macht bleibt aber bei den ausländischen Firmenzentralen. Wenig übrig ist von der einst so traditionsreichen Schiindustrie. Wer seine Schwünge beispielsweise auf Kästle-Brettern zieht, fährt in Wahrheit ein italienisches Benetton-Produkt. Die letzte Schifirma in rein österreichischer Hand ist Kneissl-Dachstein. Und was tut sich in der Chemischen Industrie? Die OMV gehört uns, die Chemie Linz nicht mehr. Dort wanderte die Forschungsabteilung nach Norwegen. Ähnlich also wie bei Semperit, wo die Forschung schrittweise nach Deutschland übersiedelt ist. In Österreich bleibt nurmehr die Lohnfertigung. Und das geht eben in Tschechien billiger, argumentiert Conti.
> Arbeitet man sich durch die österreichische Wirtschaft gibt es aber auch Beispiele für den umgekehrten Geldfluß. Das Paradeunternehmen Wienerberger hat in den letzten Jahren ganz eifrig eine Baustoffirma nach der anderen gekauft. ...
> Klar ist hingegen der Trend. Viele österreichische Betriebe werden wohl hier im Lande bleiben, was mit ihnen geschieht werden aber immer öfter Konzerne im Ausland entscheiden: Eine Folge der Vernetzung der Wirtschaft, wo Kapitalkraft die entscheidende Größe ist. Und um die Kapitalausstattung vieler Firmen ist es im kleinen Österreich leider oft schlecht bestellt."
> Morgenjournal des Österreichischen Rundfunks („ORF") vom 18.7.1997,
> Redaktion ERNST WEINISCH
>
> ... „Man muß sich darüber im klaren sein, daß man die einheimische Wirtschaft nicht wirklich hindern kann, die niedrigeren Löhne jenseits der Grenze auszunützen. Bleibt die Grenze für die Arbeitskräfte aus dem Osten geschlossen, investieren die Betriebe eben auf der anderen Seite. Dann entstehen dort die Arbeitsplätze."
> „Die Presse" Wien, 13. 8. 1998, S. 19
> (unter Hinweis auf JAN STANKOVSKY
> Ostexperte des WIFO in Wien)

letzten Jahren aufgelöst werden, angeblich auch, weil sie zu groß, überorganisiert und zu wenig übersichtlich waren. Zu gleicher Zeit entstehen neue, manchmal fast ebenso große Einheiten, teilweise unter Übernahme von Betriebszellen der alten Unternehmen, oft jedoch unter ausländischer Führung.

Das trifft auch für die zahlreichen Betriebe der ehemals *verstaatlichten Industrie* zu, die derzeit von der „Österreichischen Industrieholding Aktiengesellschaft" (ÖIAG) als Dachgesellschaft verwaltet werden. Denn der Name dieser Gesellschaft ist auf politische Initiative im Laufe ihres Bestehens oftmals geändert worden, wenn man auch in den letzten Jahrzehnten die Kurzbezeichnung „ÖIAG" beibehalten hat.

Vor zwanzig Jahren, 1979, war die „Verstaatlichte" noch ein großer Industriekonzern, in dem fast 20 % der österreichischen Industriebeschäftigten arbeiteten. Beachtliche Teile der Schwerindustrie waren unter staatlicher Führung, so fast alle Eisen- und Stahlwerke, inklusive der weltweit bekannten Edelstahlerzeugung, ferner der Nicht-Eisenmetallsektor, fast alle Erdölproduzenten und große Teile der Grundchemie, im Maschinenbau die Werke der Simmering-Graz-Pauker AG sowie ein beachtlicher Anteil der Elektroindustrie. Heute sind einige der in Abbildung 8.12 dargestellten Unternehmen vollkommen aufgelöst, andere in viele kleine Geschäftseinheiten zerteilt worden. Nur wenige bestehen als Großbetriebe weiter.

Denn die Gesellschaft ist im Jahr 1993 per Gesetz verpflichtet worden, „die ihr unmittelbar gehörenden Beteiligungen an industriellen Unternehmungen in angemessener Frist mehrheitlich abzugeben. Gemäß diesem Gesetzesauftrag hat die ÖIAG 1994 ein erstes Privatisierungskonzept ausgearbeitet und in den Jahren seither entsprechend den Zielsetzungen dieses Gesetzes umfangreiche Privatisierungsmaßnahmen durchgeführt. Die Privatisierungen der Unternehmungen der ehemaligen verstaatlichten Industrie erfolgten zum Teil zu 100 Prozent, zum Teil hat die ÖIAG Restbeteiligungen behalten (vgl. Abb. 8.13). ... Ein Teil der Erlöse wurde für Zinsenzahlungen und Teilrückzahlungen des vom Bund der ÖIAG gewährten nachrangigen Gesellschafterdarlehens verwendet. ... Die Belastungen des Bundesbudgets aus den Refundierungsverpflichtungen wurden daher entsprechend verringert. ... Nach Erreichen der Zielsetzungen des ersten Privatisierungskonzeptes hat der Vorstand im Jahre 1997 ein zweites Privatisierungskonzept vorgelegt. ..." (ÖIAG 1999, S. 12 ff.).

Die beiden Privatisierungskonzepte haben den Staatsbesitz an Industrieunternehmen wesentlich reduziert. Übrig geblieben sind einige Minderheitsbeteiligungen bzw. Sperrminoritäten sowie Betriebe, die derzeit nicht privatisiert werden können, da sie in den „roten Zahlen" sind. Die Mitarbeiterzahl ist stark zurückgegangen: Da die ÖIAG in vielen ihrer ehemaligen Betriebe nur noch Minderheitsaktionär ist, erscheint es wenig sinnvoll, einen aktuellen Beschäftigungsstand anzugeben.

Die Bundesregierung hat im Frühjahr 2000 beschlossen, die Privatisierung der ehemaligen verstaatlichten Betriebe weiter zu beschleunigen. Auch aus diesen Erlösen sollen Schulden der Gesellschaft und des Staates getilgt und damit das bestehende Budgetdefizit weiter verringert werden. Damit wird es leichter, die von der Europäischen Union vorgegebenen Budgetziele zu erreichen. Es bleibt allerdings dahingestellt, ob der rasche Abverkauf von Unternehmen, bzw. Unternehmensanteilen, die viele Jahrzehnte im staatlichen Besitz waren, in allen Fällen für die gesamtwirtschaftliche Entwicklung positiv zu werten ist. Auch muss hinterfragt werden, ob angesichts der derzeit (2000) bestehenden Situation auf den Kapitalmärkten wirklich optimale Erlöse erzielt werden können.

Übrigens haben auch die drei ehemals verstaatlichten Banken die meisten in ihrem Portefeuille vorhandenen Großbetriebe abgegeben. Für die Banken selbst wurde dabei durch Fusion der beiden größten Institute zu einem neuen Konzern, der „Bank Austria" eine „österreichische Lösung" versucht. Diese sollte nur wenige Jahre Bestand haben. Denn im Frühjahr 2001 wird die „Bank Austria" von der Bayrischen HypoVereinsbank übernommen und im Rahmen dieses Bankkonzerns die Agenden in Österreich und Südosteuropa betreuen. Da sich die Bayrische HypoVereinsbank auf den Kernbereich des Bankgeschäftes kon-

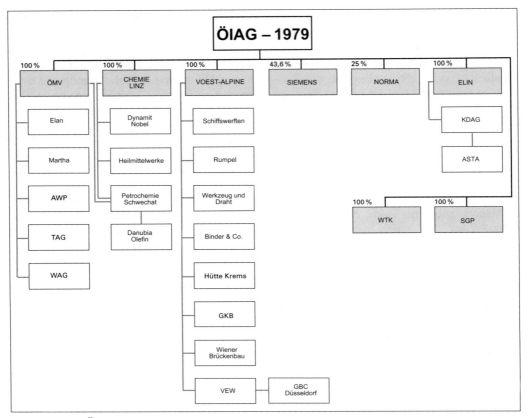

Abb. 8.12: Der ÖIAG-Konzern 1978 (Organigramm)
Quelle: ÖIAG 1979

zentrieren will, stehen nunmehr auch die restlichen Industrieaktien der „Bank Austria" zum Verkauf an.

Wie bereits ausgeführt, haben ausländische Investoren einen Teil der von den verstaatlichten Industrien und Banken abgegebenen Betriebe übernommen. Als Beispiel für diese Entwicklung soll hier die *Steyr-Daimler-Puch AG* angeführt werden, ein Konzern, der seit über einem Jahrhundert v. a. im Fahrzeugbau und in der Waffenproduktion erfolgreich tätig ist. Steyr-Daimler-Puch stand nach dem Zweiten Weltkrieg unter der Kontrolle der verstaatlichten Bank Creditanstalt-Bankverein. 1998 wurde das Unternehmen an den Magna-Konzern des Austro-Kanadiers FRANK STRONACH verkauft, einem Österreicher, der vor Jahrzehnten fast mittellos nach Nordamerika ausgewandert war. STRONACH konnte in Kanada ein Industrieimperium auf dem Automobil-Fahrzeugsektor aufbauen, das 2000 bereits 59 000 Beschäftigte in 18 Staaten zählte. Im Jahre 1988 kam es dann in Oberwaltersdorf im südlichen Wiener Becken zur Gründung der Europazentrale des „Magna"-Konzerns und seither verzeichnet das Unternehmen eine sehr dynamische Entwicklung. 1998 konnten in Europa bereits über 21 000 Mitarbeiter beschäftigt werden, davon 8 000 in sieben Standorten in Österreich. Weitere Investitionen sind geplant (siehe S. 224). Der Magna-Konzern

Industrie – heute und morgen

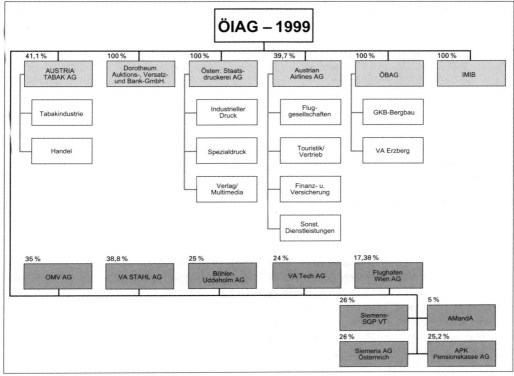

Abb. 8.13: Der ÖIAG-Konzern 1998 (Organigramm)
Quelle: ÖIAG 1999, S. 19

betreibt in Österreich außer seinen Aktivitäten auf dem Fahrzeugsektor noch eine Liegenschaftsverwaltung, eine Grundstücksentwicklungsgesellschaft, eine „Diversa" Beteiligungsgesellschaft sowie eine Projektentwicklungsgesellschaft, welche u.a. auch die Errichtung eines Themenparks „World of Wonders" mit einem Investitionsvolumen von rund 7 Mrd. ÖS verfolgt, der im Jahre 2005 vollkommen fertig gestellt sein soll. Darüber hinaus wurde FRANK STRONACH zum Präsidenten der Österreichischen Fußballliga gewählt und fungiert hier als Sponsor und Public Relations Manager (MAGNA 1999 und 2000).

In diesem Zusammenhang muss erwähnt werden, dass die Zulieferbetriebe der Automobilindustrie im „postindustriellen" Österreich in den letzten Jahren zum größten Industriezweig geworden sind. 1998 stiegen die direkten Zulieferungen an die Autoindustrie, die von mehreren Branchen getätigt werden, auf mehr als 60 Mrd. ÖS, was rund 10% der österreichischen Industrieproduktion entspricht. Rund 35 000 Personen sind in etwa 250 Firmen beschäftigt. Bei Autobestandteilen und -komponenten wird eine Exportquote von 90% erreicht. Räumlich verteilen sich die Auto-Zulieferbetriebe auf zwei „Cluster": den Raum Steyr in Oberösterreich, und die Region um Graz in der Steiermark. Beide Gebiete müssen als typische Altindustrieräume angesehen werden. Entsprechend ausgebildete Arbeitskräfte sind daher vorhanden (vgl. Abb. 4.21). Ein dritter „Cluster" ist im Wiener Raum im Entstehen (GOLLNER 2000).

> **BMW nimmt Kurs auf Graz**
> Nach langer Geheimhaltung ist es nun an die Öffentlichkeit geraten: BMW nimmt voraussichtlich Kurs auf Graz und will in Zusammenarbeit mit Frank Stronachs Magna-Puch-Konzern das neue Fahrzeug der Bayrischen Motorenwerke, das X3 heißen könnte, künftig in der Steiermark fertigen lassen.
> „Vor allem in Sachen Allrad sind die Grazer konkurrenzlos", nennt BMW-Entwicklungsvorstand Burkhard Göschel einen Grund für die Entscheidung. Die zum Magna-Konzern gehörende Steyr-Fahrzeugtechnik (SFT) profitiert von dem Auftrag in zweierlei Hinsicht: Einerseits durch das gewaltige Auftragsvolumen und andererseits bedeutet die Zusammenarbeit (mit BMW) ein zweites Standbein neben dem Daimler-Chrysler-Konzern. ...
> Der Milliarden-Großauftrag – BMW denkt an eine Jahresproduktion von bis zu 80 000 Fahrzeugen – sollte einige tausend Arbeitsplätze schaffen.
> ... Was den Standort des Montagewerks betrifft, darf man davon ausgehen, dass BMW auf einer „räumlichen" Abgrenzung zu Daimler-Chrysler besteht. Somit dürfte die Fertigung in Ilz erfolgen, wo Magna ein Industriegelände besitzt. Frank Stronach nahm hier vor wenigen Wochen den Spatenstich für ein neues Komponentenwerk vor.
> „Die Presse" Wien, 12.10.2000

Die gegenwärtige Transformation der österreichischen Industrie zeigt sich auch im Fall des *Lyocellwerkes* im burgenländischen Heiligenkreuz. Unter den im Kapitel 8.3 erwähnten vier Großbetrieben, die 1938 von der Regierung Adolf Hitlers gegründet wurden, befand sich auch die Lenzing AG, ehemals der größte Zellwolleproduzent Europas. Dieser Betrieb wurde seit 1946 von der (verstaatlichten) Österreichischen Länderbank geführt. Im Zuge einer Teilprivatisierung verblieben nur 51 % der Aktien bei österreichischen Banken. Das Unternehmen wurde sukzessive in einen weltweit agierenden Konzern umgewandelt und hat bei Viskosefasern einen Weltmarktanteil von 16 %. Im Zuge einer Erweiterung und Abrundung des Produktionsprogrammes wurde beschlossen, eine Lyocellfaserproduktion aufzunehmen. Als Standort für die neue Produktion wurde jedoch nicht der traditionelle Firmensitz in Lenzing gewählt, wie das u. a. auch von den Betriebsräten angesichts der laufenden Rationalisierungen und Entlassungen im Stammwerk gewünscht worden wäre, man entschied sich vielmehr für den Grenzort Heiligenkeuz, im peripheren Südburgenland, auch wegen des dort niedrigeren Lohnniveaus. Ausschlag für diese Standortwahl gab jedoch v. a. die Erklärung des Burgenlandes 1995 zum Ziel-1-Gebiet der Europäischen Union, und damit die Möglichkeit einer hohen öffentlichen Förderung der Investitionssumme, die mit 1,5 bis 1,8 Mrd. ÖS präliminiert war. Davon wurden 530 Mill. ÖS an Förderungen gewährt, 113 Mill. aus dem Fördertopf der Europäischen Union, 275 Mill. ÖS. von der Republik Österreich (Bund) und 142 Mill. ÖS vom Land Burgenland. Dazu kam aber noch, dass der Standort in einem grenzüberschreitenden Gewerbepark mit Ungarn liegt, sodass etwaige den Betrieb ergänzende Produktionen die niedrigen ungarischen Lohnkosten nutzen könnten. Das Werk wurde nach Fertigstellung der ersten Faserstraße im Oktober 1997 vom österreichischen Bundeskanzler feierlich eröffnet. Dabei wurde seine große Bedeutung für die Entwicklung der regionalen Wirtschaft in dem peripheren Raum besonders betont. Man hoffte die Abwanderung aus der Region zu verringern und den zahlreichen Fernpendlern aus dem Südburgenland in den Wiener Raum Arbeitsplätze in der Nähe ihres Wohnortes schaffen zu können (Berczkovics 1998).

Die „Österreichische Gesellschaft für Kritische Geographie" hatte allerdings schon vor der Eröffnung dieser Anlage schwere Bedenken, ob diese regionalpolitischen

Ziele wirklich erreicht werden könnten. Man stellte fest, dass die Fördergelder in einen wenig beschäftigungsintensiven Bereich eingesetzt und dadurch die Förderung anderer Projekte mit größeren Auswirkungen auf den Arbeitsmarkt verhindert werden würde. Das südliche Burgenland hätte obendrein keine Tradition in der Chemieindustrie; es gäbe daher auch keine Zulieferbetriebe. Ferner würde die stark zunehmende Arbeitslosigkeit von Frauen in der Region durch diesen Betrieb nicht entschärft werden. Überdies wären die Entwicklungsimpulse eines grenzüberschreitenden Wirtschaftsparkes mit Ungarn auf österreichischer Seite sehr gering (FASSMANN 1997, Bsp. 4).

Nach dem ersten Betriebsjahr mussten die Verantwortlichen feststellen, dass Produktion und Absatz die Erwartungen nicht erfüllt haben: Der Absatz ist mit rund 4000 t 1998 weit unter den Projektvorgaben geblieben. Überdies mussten vom österreichischen Ökologie-Institut Einwände wegen starker Umweltbelastungen erhoben werden. Die Fortführung der Investitionen mit einer zweiten oder dritten Faserstraße ist daher einstweilen unterblieben. Das hat dem Werk zusätzlich ein Untersuchungsverfahren der Europäischen Union eingebracht. Da die Fördermittel für das Gesamtinvestitionsvolumen bewilligt wurden, bisher jedoch nur ein Teil davon realisiert worden konnte, besteht der Verdacht, dass der Betrieb zu hoch subventioniert wurde.

Inzwischen muss die „Bank Austria", als Nachfolgerin der Österreichischen Länderbank, infolge der oben erwähnten Übernahme, ihre Anteile an der Lenzing AG verkaufen. Erfreulicherweise haben sich Lyocellproduktion und -absatz wesentlich erholt. Eine zweite Faserstraße, die für eine rentable Führung des Werkes unbedingt notwendig ist, befindet sich nun im Bau. In Zukunft sollen immerhin in Heiligenkreuz jährlich 40 000 t Lyocellfasern erzeugt werden, „obwohl die Marktakzeptanz der teueren Faser nach wie vor" gering ist. Die derzeit 150 Beschäftigten sollen um 20 bis 30 % aufgestockt werden („Kurier" Wien, 16.11. u. 27.11. 2000; LENZING 2001).

Zum Abschluss dieses Kapitels soll noch die „Erfolgsstory" der *Wienerberger Baustoffindustrie AG* vorgestellt werden, eines Konzerns, der sich seit 1986 mit geschickter Akquisitionspolitik zum führenden Ziegelfabrikanten Europas hochgearbeitet und 1999 durch Übernahme des zweitgrößten amerikanischen Ziegelproduzenten auch in den USA Fuß gefasst hat. Durch weitere Akquisitionen in den Staaten konnte bereits in diesem Jahr ein Marktanteil von 17 % bei Vormauerziegeln erreicht werden (WIENERBERGER 2000, S. 6).

Das 1819 gegründete Unternehmen besaß seine ersten Ziegelgruben am Wienerberg am südlichen Stadtrand von Wien und wurde bereits 1869 an der Wiener Börse notiert. Die überaus rege Bautätigkeit in der k. und k. Reichs- und Residenzstadt zur Gründerzeit in der zweiten Hälfte des 19. Jahrhunderts hat das Unternehmen damals schnell zum größten Ziegelproduzenten Europas werden lassen. Die Veränderung des politischen und wirtschaftlichen Umfeldes nach dem Ersten Weltkrieg führte zu einem starken Rückgang der Nachfrage nach Ziegeln; das völlig überschuldete Unternehmen musste durch Kapitalherabsetzung und Grundstücksverkäufe 1934 saniert werden. Der Wiederaufbau nach dem Zweiten Weltkrieg brachte nochmals Rekordumsätze. Da durch die Entwicklung der Bautechnologie neben Ziegeln zunehmend auch andere Baustoffe Verwendung fanden, wurde die Angebotspalette erweitert. Nach Beendigung des Nachkriegsbaubooms konnte das Unternehmen zwar seinen führenden Platz in der Branche in Österreich behaupten, schrieb aber bald wieder Verluste.

1986 begann unter neuem Management eine Expansion in das Ausland, zuerst in den westeuropäischen Raum, nach Fall des Eisernen Vorhanges jedoch verstärkt auch in die „Reformstaaten". Ende 1998 „besteht

Wienerberger aus 70 operativen Gesellschaften mit 212 Fabriken in 25 Ländern" (WIENERBERGER 2000, S. 10). Die Übernahme des US-Ziegelproduzenten „General Shale" im Juni 1999 um 260 Mill. US $ mit 25 Fabriken in acht US-Bundesstaaten macht den Konzern endgültig zum „Global Player" (FRITZL 1999b, S. 17). Eine Verlegung der Konzernzentrale in einigen Jahren nach Brüssel, aber auch ein Verkauf des Unternehmens steht seit neuestem (2000) zur Diskussion (FRITZL 1999c, S. 17).

Ob WIENERBERGER weiterhin eine „Erfolgsstory" schreiben wird, ist ungewiss. Denn auch bei dieser Unternehmung befindet sich ein größeres Aktienpaket im Portefeuille der „Bank Austria". Demnach dürfte der Wienerberger-Konzern bereits im Jahre 2001 an ausländische Interessenten verkauft werden. Das seit 1986 agierende Management ist bereits zum größeren Teil aus der Firma ausgeschieden.

Der Autor hat mit diesen Beispielen auf einige der zahlreichen Komponenten des *postindustriellen Transformationsprozesses* in Österreich hingewiesen: Persistenz und Remanenz dürften aus raum- und sozialwirtschaftlichen Gründen stärker wirksam sein als in anderen Altindustrieregionen. Aber auch die periphere Lage im europäischen Wirtschaftsraum, die sich durch den Beitritt zur Europäischen Union am 1. Januar 1995 verstärkt hat, trägt das Ihre zu dieser Situation bei: Dispositionskompetenz und auch Wertschöpfung verlagern sich in mehr zentral gelegene Regionen.

Land der Äcker, ...

9 Überproduktion und Landschaftspflege – Land- und Forstwirtschaft

Der *Anteil* der österreichischen Landwirtschaft am *Bruttoinlandsprodukt* ist, wie in fast allen entwickelten Staaten, in den letzten Jahrzehnten stark zurückgegangen. Waren 1961 noch 22,8 % der Bevölkerung in der Landwirtschaft tätig, die 11,4 % des Bruttoinlandsproduktes erbrachten, so ergaben die Erhebungen des Mikrozensus für 1999 nur noch 6,2 % an landwirtschaftlichen Beschäftigten. Die Angaben des Mikrozensus werden allerdings durch das Institut für Wirtschaftsforschung in Frage gestellt. Dieses Institut ist bei der Zurechnung von „mithelfenden Familienangehörigen" vorsichtiger vorgegangen und kam zu einem Anteil der landwirtschaftlichen Berufstätigen von nur 4,1 %. Ungeachtet der durch die unterschiedliche Art der statistischen Erhebung gegebenen Schwankungsbreite, liegt der Beitrag zum Bruttoinlandsprodukt 1999 mit 1,3 % sehr niedrig. Er ist absolut und relativ noch wesentlich stärker gesunken als die Beschäftigtenzahl (Bundesministerium für Land- und Forstwirtschaft 2000, S. 181 und 208).

Besonders dramatisch war dieser Rückgang zwischen den Jahren 1994 und 1995, als Österreich am 1. Januar 1995 dem Gemeinsamen Agrarmarkt der Europäischen Union beigetreten ist und sogleich dessen Bedingungen voll umsetzen musste (vgl. Tab. 9.1). Die bedeutenden Einkommensverluste der Bauern wurden durch erhöhte Förderungen in Form von Direktzahlungen abgegolten, sodass im ersten Jahr nach dem Beitritt manche landwirtschaftlichen Betriebe sogar Einkommenszuwächse verzeichnen konnten. Das änderte jedoch nichts an der negativen Einstellung der Bauern zu dieser Entwicklung, die zur Kenntnis nehmen mussten, dass ihre Produkte auf dem Markt auf einmal wesentlich weniger wert waren, sofern sie überhaupt gebraucht wurden. Überdies war ein großer Teil der Förderungen ab 1995 degressiv, sodass innerhalb von fünf Jahren auch das Gesamteinkommen der Landwirte dramatisch zurückging.

In allen Staaten der Europäischen Union liegt der Beitrag der Landwirtschaft zum Bruttoinlandsprodukt unter dem Anteil der Beschäftigten. Jeder landwirtschaftlich Beschäftigte in der Europäischen Union trägt daher weniger zum Nationalprodukt bei als seine in anderen Wirtschaftssektoren arbei-

Tab. 9.1: Landwirtschaft: Anteil am Bruttoinlandsprodukt und an den Erwerbspersonen 1961–1999
Quelle: Österreichisches Statistisches Zentralamt (ÖSTAT) 1989a, S. 206; Bundesministerium für Land- und Forstwirtschaft 1988, 1998 und 2000 – eigene Berechnungen

[1] des österreichischen Bruttoinlandsprodukts
[2] der gesamtösterreichischen Erwerbstätigen

Jahr	Bruttoinlandsprodukt		Berufstätige	
	(in Mrd. ÖS)	(in %)[1]	(in 1 000)	(in %)[2]
1961	20,6	11,4	767,6	22,8
1971	25,1	6,0	523,0	17,4
1980	44,3	4,7	323,7	10,3
1985	45,0	3,5	293,7	7,6
1990	56,7	3,3	271,0	7,7
1994	50,5	2,3	245,4	6,5
1995	35,9	1,6	243,7	6,7
1996	34,7	1,5	243,7	6,3
1997	34,9	1,4	229,9	6,3
1998	35,6	1,4	223,1	6,2
1999	35,5	1,3	223,1	6,2

Staat	Beschäftigte (in %)	Bruttowertschöpfung (in %)
Belgien	2,7	1,4
Dänemark	4,4	4,1
Deutschland	3,2	1,0
Finnland	7,5	4,1
Frankreich	4,9	2,5
Griechenland	20,5	14,2
Großbritannien	2,1	1,6
Irland	12,4	6,0
Italien	7,5	2,9
Luxemburg	3,0	1,0
Niederlande	3,6	3,3
Österreich	6,7	1,6
Portugal	11,5	3,7
Spanien	9,3	3,1
Schweden	3,0	2,2
EU (15)	5,1	2,3

Tab. 9.2: Landwirtschaft: Beschäftigte und Wertschöpfung in der Europäischen Union (15) 1995
Quelle: Eurostat (Statistisches Amt der Europäischen Gemeinschaften – Hrsg.) 1997, S. 214 und 298 – eigene Berechnungen
Anmerkung: Einige Angaben von Eurostat geschätzt; Rundungsungenauigkeiten

tenden Kollegen. Das hat aber bei einer „freien Wirtschaft" zur Folge, dass – ohne regulierende Maßnahmen – eine landwirtschaftliche Arbeitskraft auch ein geringeres Einkommen haben muss. Diese Einkommenseinbuße wird als „*externe Disparität*" der Landwirtschaft bezeichnet.

Mit dem oben erwähnten Anteil von 6,2 % der Erwerbstätigen in der Landwirtschaft liegt Österreich im Mittelfeld der Europäischen Union. Der Anteil an der Bruttowertschöpfung jedoch reiht Österreich 1995 mit nur 1,6 % an die drittletzte Stelle (Tab. 9.2). Somit ist das Ausmaß der externen Disparität in der Landwirtschaft in Österreich im europäischen Vergleich besonders hoch. Es beträgt im langjährigen Durchschnitt rund 15 bis 20 %, könnte aber in den nächsten Jahren noch weiter ansteigen. Dass dies im täglichen Leben der Landwirte eine Fülle von soziologischen und ökonomischen Problemen mit sich bringt, braucht nicht besonders betont zu werden. Wesentliche Gründe für diese Sachlage sind die landwirtschaftliche Betriebsstruktur und die von der Natur vorgegebenen, z. T. recht ungünstigen Wirtschaftsbedingungen.

Die natürlichen Voraussetzungen für die Landwirtschaft beruhen zu einem beachtlichen Teil auf den *Großlandschaften* (vgl. Abb. 2.2). Die von einem Landwirt erzielbaren Erträge hängen daher sehr von seinem Standort bzw. von der Lage seiner Betriebsflächen ab. Eine Reihe von Naturfaktoren (regionales und lokales Klima, Bodenbeschaffenheit, Höhenlage, Hangneigung etc.) beeinflusst das wirtschaftliche Potential des Betriebes. Aber auch allgemeine Standortfaktoren, wie Absatznähe oder Verkehrserschließung, können eine Rolle spielen. Die Landwirte versuchen daher mit unterschiedlichen Formen der Bodennutzung sich den natürlichen Gegebenheiten anzupassen und ein Optimum an Ertrag zu erzielen.

Abbildung 9.1 zeigt diese Unterschiede für die einzelnen Bundesländer auf. Man erkennt deutlich, dass der Anteil des Ackerlandes (das allerdings durchaus nicht immer als Acker genutzt wird) von Osten nach Westen abnimmt. Einflüsse des illyrischen und mediterranen Klimabereichs lassen diese Abnahme südlich des Alpenhauptkammes weniger ausgeprägt erscheinen als im Norden. Der beachtliche Anteil am alpinen Grünland in den westlichen Bundesländern, auf dessen wirtschaftliche Bedeutung im Folgenden noch eingegangen werden wird, geht aus der Abbildung deutlich hervor. Ebenso sind die waldreichen Bundesländer Steiermark (über die Hälfte der Fläche Waldanteil) und Kärnten deutlich erkennbar. Unter der Rubrik „Sonstiges" sind Bau- und Verkehrsflächen, Gewässer sowie das Ödland des Hochgebirges zusammengefasst. In der Abbildung sieht man daher im rechten Randbereich ein Kontinuum an Bauland-

Überproduktion und Landschaftspflege – Land- und Forstwirtschaft

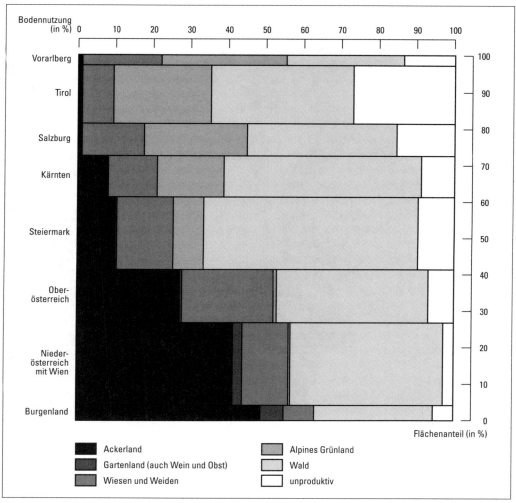

Abb. 9.1: Kulturarten nach Bundesländern 1997
Quellen: SCHEIDL/LECHLEITNER 1987, S. 110; Bundesministerium für Land- und Forstwirtschaft 1999, S. 107 – eigene Berechnungen
Anmerkung: Da in der Kulturartenstatistik Flächen seit 1983 unter 1 ha nicht erfasst werden, ergeben sich kleine Abweichungen und Rundungsdifferenzen

und Verkehrsflächen. Im Burgenland wird dieser Bereich durch die relativ große Fläche des Neusiedlersees erweitert, in den anderen Bundesländern spielt das Ödland des Hochgebirges eine prägende Rolle. So sind in Tirol über ein Viertel der Landesfläche Ödland.

Acht Produktionsgebiete
Um die von der Natur vorgegebenen wirtschaftlichen Voraussetzungen für den einzelnen Landwirt richtig einschätzen zu können, wurde in einer kombinierenden Bewertung verschiedener Faktoren eine Einteilung Österreichs in acht Produktions-

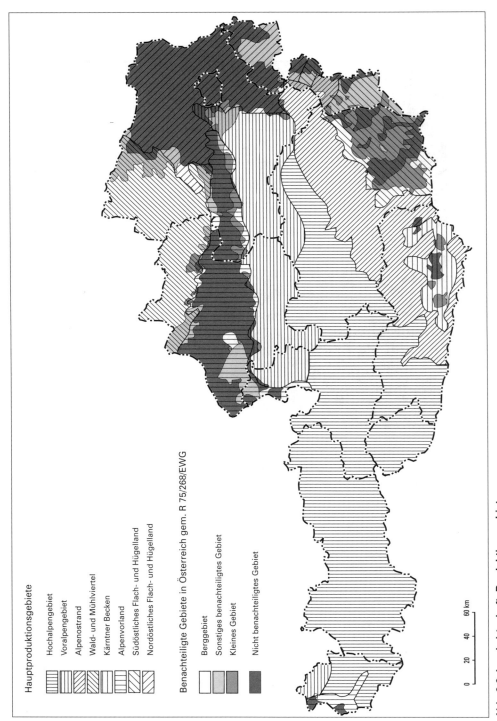

Abb. 9.2: Landwirtschaft: Produktionsgebiete
Quelle: Bundesministerium für Land- und Forstwirtschaft 1999, S. 126; Österreichische Raumordnungskonferenz (ÖROK) 1987a, S. 76, modifiziert

Überproduktion und Landschaftspflege – Land- und Forstwirtschaft

Abb. 9.3: Landwirtschaft: Gesamteinkommen je Betrieb 1998
Quelle: Bundesministerium für Land- und Forstwirtschaft 1999, S. 106, modifiziert

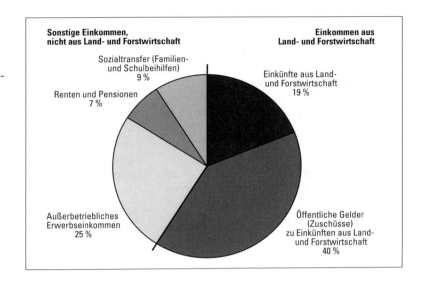

gebiete getroffen, die in Abbildung 9.2 dargestellt ist. Innerhalb dieser Zonen findet der Landwirt annähernd vergleichbare Produktionsbedingungen vor; sie dienen somit als Grundlage für die Berechnung der „internen Disparität" in der Landwirtschaft.

Das Produktionsgebiet nordöstliches Hügelland umfasst dabei im Wesentlichen die im pannonischen Klimabereich liegenden Gebiete, ungeachtet ihrer Zugehörigkeit zu verschiedenen Großlandschaften. Die Großlandschaft Alpen- und Karpatenvorland wird somit getrennt; das Alpenvorland bildet für die feuchteren Gebiete südlich der Donau ein eigenes Produktionsgebiet. Diesem werden auch die klimatisch begünstigten

Abb. 9.4: Landwirtschaft: Agrarwirtschaftliches Einkommen je Betrieb nach Produktionsgebieten 1998 (in 1 000 ÖS)
Quelle: Bundesministerium für Land- und Forstwirtschaft 1999, S. 234 – eigene Berechnungen

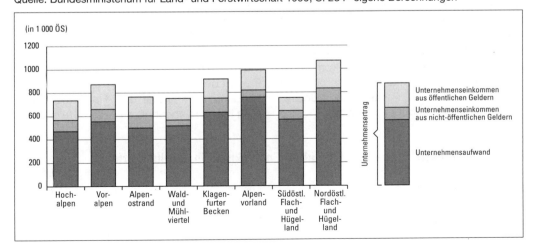

Teile des Vorarlberger Alpenrheintales im äußersten Westen Österreichs zugerechnet. Im Produktionsgebiet südöstliches Flach- und Hügelland sind jene Teile des Vorlandes im Osten zusammengefasst, in denen das illyrische Klima vorherrscht. Wegen des abweichenden jahreszeitlichen Verlaufes und der größeren Gesamtmenge der Niederschläge war es notwendig, für die Produktionsbedingungen der Landwirtschaft dieses Gebiet gesondert auszuweisen. Auch das Klagenfurter Becken, als größtes inneralpines Becken, wurde als eigenes Produktionsgebiet vom umgebenden Alpenostrand ausgenommen. Die geschützte Lage des Beckens einerseits, die Neigung zur Bildung von Kälteseen im Winter andererseits, beeinflussen die landwirtschaftlichen Erträge. Unter den übrigen Produktionsgebieten steht das Hochalpengebiet trotz intensiver Förderungen hinsichtlich des Gesamteinkommens immer an letzter Stelle.

Nur geringe Erträge
Das Gesamteinkommen eines landwirtschaftlichen Betriebes setzt sich aus agrarwirtschaftlichen und nichtagrarwirtschaftlichen Komponenten zusammen (Abb. 9.3). Es kam 1998 nur zu 59 % aus der Tätigkeit in der Land- und Forstwirtschaft. Davon waren jedoch mehr als zwei Drittel für die Landwirtschaft budgetierte öffentliche Gelder (Bundesministerium für Land- und Forstwirtschaft 1999, S. 106). Abbildung 9.4 bezieht sich nur auf diesen landwirtschaftlichen Anteil des Gesamteinkommens. Außerbetriebliche (nichtagrarwirtschaftliche) Erwerbseinkommen, Renten und Sozialtransfers bleiben somit außer Ansatz.

Die Unternehmenserträge in den einzelnen *Produktionsgebieten* wechseln jährlich, auch die Reihenfolge der einzelnen Produktionsgebiete nach Gesamtertrag ändert sich laufend. Hauptrisiko des Landwirtes sind dabei die natürlichen Bedingungen des Jahres, v.a. die Witterung, die sich in den einzelnen Produktionszonen oft unterschiedlich auswirken kann. In Jahren, wo Ertrag und Absatz von Ackerbauprodukten („Cash-Crops") günstig sind, werden jene Zonen den höchsten Unternehmensertrag haben, in denen diese Produkte die Hauptrolle spielen. In anderen Jahren schneiden Viehzuchtgebiete besser ab. Manche Jahre sind wiederum durch höhere Erträge aus der Forstwirtschaft gekennzeichnet, was Verschiebungen zugunsten waldreicher Gebiete bzw. Betriebe bringt. Auch die Unternehmensaufwände variieren nach Produktionsgebieten und Ernteperioden. Ein geringerer Aufwand pro Betrieb, z.B. durch Rationalisierungs- und Extensivierungsmaßnahmen, kann die Einkommensrangfolge der Produktionsgebiete verschieben.

Ihrem Unternehmensertrag nach lautet die Rangfolge der Produktionsgebiete in etwa folgendermaßen (Abb. 9.4): Im Spitzenfeld liegt das Nordöstliche Flach- und Hügelland, vor dem Alpenvorland und dem Klagenfurter Becken. Das südöstliche Flach- und Hügelland, das in Regeljahren auch unter dieser Spitzengruppe zu finden ist, hatte im Jahr 1998 schlechte Ergebnisse. Bei den übrigen vier Produktionsgebieten macht sich schon die geomorphologische Gestalt und die Höhenlage als stark ertragsmindernd bemerkbar. Die Hochalpen nehmen hier, wie erwähnt, die letzte Stelle ein.

9.1 Betriebsstruktur – Ergebnis einer Entwicklung in Jahrhunderten

Traditionelle Flursysteme
Die österreichische Agrarlandschaft hat sich seit dem späten Mittelalter kontinuierlich entwickelt. Teilweise konnte man bis in unser Jahrhundert hinein die einzelnen Regionen nach Flurformen den verschiedenen Kolonisationsperioden zuordnen (vgl. Kap. 3.3). Erst die technologischen Innovationen der

Industrialisierung und die damit verbundene Mechanisierung der Landwirtschaft hat den dringenden Bedarf nach einer Verbesserung der bewährten Flurformen ausgelöst. Daher hat man in den letzten Jahrzehnten begonnen, durch *Kommassierungen* (Flurbereinigungen) die Wirtschaftsflächen den neuen Produktionsbedingungen anzupassen. Da solche Kommassierungen die Einwilligung aller betroffenen Besitzer verlangen, kommen sie nur langsam voran. Für die Situation der Landwirtschaft typisch erscheint dem Autor, dass sie v. a. in jenen Regionen durchgeführt wurden, die günstige landwirtschaftliche Betriebsbedingungen hatten. In Regionen, wo die Lage der Landwirtschaft kritisch ist und eine Kommassierung daher umso dringender notwendig wäre, blieben weitflächig die traditionellen Flurstrukturen erhalten (Abb. 3.3 und Foto 17).

Andererseits sind manche Gemeinden in diesem Jahrhundert bereits zum zweiten Mal kommassiert worden, weil die erste Flurbereinigung infolge der vielen Änderungen im Produktionsumfeld bereits wieder überholt war. Angesichts der starken Steigerung der Flächenproduktivität in den letzten Jahrzehnten (vgl. Tab. 9.6) ist es heute möglich, weniger geeignete oder ungünstig gelegene Agrarflächen aus der Bewirtschaftung zu nehmen. Daher werden zunehmend bei der Kommassierung auch ökologische Zielsetzungen verfolgt. Die hierfür benötigten Grundstücke werden den Bauern abgelöst (Niederösterreichische Agrarbezirksbehörde, Baden 1999).

Dieser Tatbestand zeigt wie kein zweiter, welche Dynamik in unserer Zeit von außen in die landwirtschaftlichen Betriebe hineingetragen wird. Denn jahrhundertelang wurde stets in ähnlicher Weise produziert; die reichen Erfahrungen mit dem eigenen landwirtschaftlichen Betrieb wurden von Generation zu Generation weitergegeben. Heute sind bereits während einer Generation mehrere substantielle Änderungen der Produktionsweise notwendig. Es ist daher nicht erstaunlich, dass die Bauern, die eher dem traditionsverbundenen Teil der Bevölkerung zugerechnet werden müssen, mit dieser Entwicklung nur schwer zurecht kommen.

In Österreich können wir zwei Arten der *erblichen Weitergabe* von Bauernhöfen feststellen, die Realteilung und das Anerbenrecht. Erbteilung finden wir in den von Alemannen, Walsern und Rhätoromanen besiedelten Teilen im Westen und in vielen Regionen im Osten, während v. a. die von bayrischen Siedlern bewohnten Gebiete bereits seit Jahrhunderten das Anerbenrecht eingeführt haben. Während bei der Realteilung der landwirtschaftliche Betrieb unter den Erben aufgeteilt wurde, bekam bei der Erbteilung der älteste oder jüngste Sohn den ganzen Bauernhof. Er musste dann seine „weichenden" Geschwister auszahlen. Eine solche Auszahlung war natürlich für den Alleinerben relativ schwierig, aber die Ertragskraft des Hofes und somit seine Lebensfähigkeit blieben voll erhalten. Heute scheinen die Gehöfte, die in Gebieten liegen, wo das Anerbenrecht üblich war und ist, wirtschaftlich stabiler zu sein, als die in jenen Regionen, in denen jahrhundertelang Erbteilung betrieben wurde. Die „weichenden Erben" verzichten in unserer Zeit meistens auf ihren Erbteil oder verlangen nur eine ganz geringe Abfertigung. Der Alleinerbe ist ohnehin meistens schwer belastet, wenn er den ererbten Hof mit Erfolg weiter bewirtschaften will.

Zu kleine Betriebe

Die Gesamtzahl der landwirtschaftlichen Betriebe geht zurück. PENZ (1995, S. 26) hat einen langjährigen Durchschnitt von 1 % Abnahme der landwirtschaftlichen Betriebe pro Jahr errechnet. Dieser Prozentsatz dürfte sich allerdings nach dem Beitritt zur Union im Jahre 1995 markant erhöht haben. Rückgänge können wir vor allem bei den Kleinst- und Kleinbetrieben beobachten; die größeren Einheiten haben sich konsolidiert.

Betriebsgröße	1960	1997
ohne Fläche	–	1 881
unter 5 ha	167 245	84 611
5 bis und 10 ha	72 106	41 922
10 bis unter 20 ha	78 205	46 805
20 bis unter 50 ha	60 587	57 291
50 bis unter 100 ha	11 571	12 693
100 bis unter 200 ha	6 816	3 691
200 ha und mehr		3 215
insgesamt	396 530	252 110

Tab. 9.3: Landwirtschaft: Größenstruktur der Betriebe 1960, 1997
Quellen: ÖSTAT 1966a, S. 59; Bundesministerium für Land- und Forstwirtschaft 1999, S. 196, modifiziert

Wenn wir aber diese Umstrukturierung mit den Veränderungen auf dem Agrarmarkt in Verbindung bringen, dann müssen wir feststellen, dass dieser Anpassungsprozess viel zu lange dauert. Um am europäischen Markt konkurrenzfähig zu sein, müsste Österreich über wesentlich größere Einheiten verfügen.

Denn die Säulen in der Abbildung 9.5 täuschen, da sie nichts über die Qualität der landwirtschaftlichen Fläche aussagen, sondern nur über deren Größe. Würde man aber zum Größenvergleich die so genannte „reduzierte" landwirtschaftliche Nutzfläche heranziehen, so wäre aufgrund der natürlichen Gegebenheiten in Österreich das Ausmaß der Reduktion wesentlich umfangreicher als in den anderen Staaten der Union.

Eine Folge dieser kleinbetrieblichen Struktur der österreichischen Landwirtschaft ist, dass ein immer größerer Teil von ihnen zum *Nebenerwerb* übergeht (Tab. 9.4). Unter Nebenerwerbsbetrieb wird dabei ein Betrieb verstanden, wo der Betriebsleiter bzw. das Betriebsleiterehepaar weniger als 50 % des Einkommens aus der Landwirtschaft erarbeitet (Bundesministerium für Land- und Forstwirtschaft 1999, S. 316). Im Jahre 1997 wurden bereits fast „zwei Drittel der österreichischen Land- und Forstwirt-

Abb. 9.5: Landwirtschaft: Durchschnittliche Betriebsgröße in der Europäischen Union (15) 1995
Quelle: Bundesministerium für Land- und Forstwirtschaft 1998, S. 214 und 215
Anmerkung: In Abbildung 9.5 wird zur besseren internationalen Vergleichbarkeit nur die landwirtschaftliche Betriebsfläche angegeben. Tabelle 9.4 enthält hingegen die land- und forstwirtschaftliche Betriebsfläche. Die Werte sind daher nicht vergleichbar.

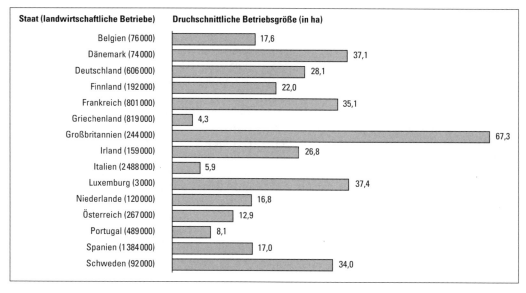

schaftsbetriebe im Nebenerwerb geführt. ..." Die relativ meisten Haupterwerbsbetriebe gibt es in Wien (61 %: Gärtnereien und Weinbau: ‚Heurige') und Niederösterreich (42 %). Burgenland hält mit 78 % den höchsten Anteil an Nebenerwerbsbetrieben, gefolgt von Kärnten mit 69 und der Steiermark mit 65 % (Bundesministerium für Land- und Forstwirtschaft 1998, S. 65).

Aus der letzten Spalte der Tabelle 9.4 geht deutlich hervor, dass es einen engen Zusammenhang zwischen Betriebsfläche und Erwerbsart gibt. Je kleiner ein landwirtschaftlicher Betrieb ist, desto eher ergibt sich die Notwendigkeit eines Nebenerwerbs. Demgegenüber steht die überaus große Fläche der Betriebe juristischer Personen, v. a. forstliche Großbetriebe.

Die Betriebsform des landwirtschaftlichen Nebenerwerbes besteht in manchen Wirtschaftsbereichen in Österreich schon seit Jahrhunderten. Bergleute und Holzfäller haben als Teil ihres Einkommens immer schon kleine Agrarflächen (Zulehen) zur Bewirtschaftung bekommen, mit denen sie die Ernährungsbasis ihrer Familie sichern konnten. Die große Zahl der heutigen Nebenerwerbsbetriebe ist aber durch die Abnahme des Betriebsertrages aus der Landwirtschaft entstanden. Viele Betriebsinhaber waren einfach gezwungen, einem Erwerb außerhalb der Landwirtschaft nachzugehen, um ihre Familie ernähren zu können. Bei diesen Bauern stellt sich sehr wohl die Frage, ob ihre Nachkommen den elterlichen Betrieb noch übernehmen werden. Es wäre durchaus möglich, dass es hier in relativ kurzer Zeit zu einer starken Abnahme oder einem Wüstfallen von Betrieben kommt.

Dafür spricht auch die *Überalterung der Betriebsinhaber*. In Abbildung 9.6 sieht man, dass es in den peripheren Gebieten des südlichen Burgenlandes, aber auch in den intensiven Fremdenverkehrsgebieten Westösterreichs politische Bezirke gibt, in denen über 40 % der Betriebsinhaber landwirtschaftlicher Betriebe über 55 Jahre sind, was bedeutet, dass es äußerst unsicher ist, ob die folgende Generation den Betrieb noch übernehmen wird. Dies mag man auch daran erkennen, dass fast alle Stadtbezirke die gleiche Überalterung der Betriebsinhaber aufweisen. Die derzeit tätige Generation betreibt, soweit das möglich ist, im neuen städtischen Umfeld den Betrieb noch weiter, die nächste Generation wird die Agrarflächen endgültig der städtischen Siedlungstätigkeit zur Verfügung stellen. In den intensiven Fremdenverkehrsgebieten Westösterreichs wiederum sind die regionalen

Tab. 9.4: Landwirtschaft: Betriebe nach Erwerbsarten 1970–1997
Quelle: ÖSTAT 1996a, S. 227; 1999a, S. 286 – eigene Berechnungen
Anmerkung: Die Gesamtfläche beinhaltet die land- und forstwirtschaftliche Betriebsfläche. Sie kann daher mit den Angaben auf Graphik 9.5 nicht verglichen werden.
[1] Durchschnittliche Betriebsfläche in ha
[2] Anteil an den Gesamtbetrieben
[3] Zuerwerbsbetriebe werden seit 1994 mit den Vollerwerbsbetrieben zusammen ausgewiesen
[4] Betriebsfläche (Land- u. Forstwirtschaft) in ha

Erwerbsart	1970		1980		1990		1993		1995		1997			
	Betriebe	DB[1]	Betriebe	DB[1]	Betriebe	DB[1]	Betriebe	DB[1]	Betriebe	DB[1]	Betriebe	%[2]	BF[4]	DB[1]
Vollerwerbsbetriebe[3]	169308	26,0	115806	31,7	83158	37,1	78494	34,3	81128	35,3	77691	31,0	2810537	36,2
Zuerwerbsbetriebe[3]	42747	11,7	17555	23,9	23065	23,1	30051	19,6						
Nebenerwerbsbetriebe	118719	9,6	164605	10,8	162646	12,7	149860	10,6	169262	11,5	164110	65,6	1929254	11,8
Betriebe juristischer Personen	5873	242,4	4613	316,1	4341	355,3	9039	292,0	8816	314,6	8428	3,4	2801657	332,9
Betriebe insgesamt	336647	22,2	302579	24,2	273210	26,4	267444	28,1	259206	29,2	250229	100,0	7541448	30,1

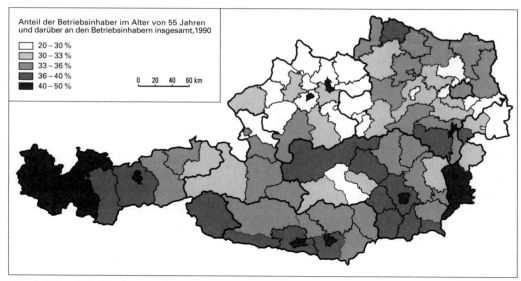

Abb. 9.6: Anteil der Betriebsinhaber im Alter von 55 Jahren und darüber nach politischen Bezirken 1990
Quelle: Österreichische Raumordnungskonferenz (ÖROK) 1996a/a, S. 51

wirtschaftlichen Disparitäten zwischen landwirtschaftlichem und Fremdenverkehrsbetrieb derart groß geworden, dass die Jugend in den Tourismussektor oder in zentrale Räume abwandert.

In diesem Zusammenhang muss noch einmal auf einen Sachverhalt hingewiesen werden, der bereits bei der Flurbereinigung angesprochen wurde:

Innovationen haben in Gunstlagen der Landwirtschaft eher eine Chance realisiert zu werden, als in abgelegenen, peripheren, benachteiligten Gebieten. Der Bauer ist in Gunstlagen eher bereit und auch finanziell in der Lage seine Betriebsweise zu ändern und sich einem neuen Umfeld anzupassen. Wertvolle Innovationsmöglichkeiten werden dort auch schneller bekannt. In Regionen mit geringerer Eignung für die Landwirtschaft, wo Verbesserungen aus ökonomischer Sicht zum Weiterbestand einer Landwirtschaft überaus dringend wären, finden sie nicht statt. Auf diese Weise werden aber sukzessive die regionalen Disparitäten in der Landwirtschaft verstärkt.

Das Grundmuster der Größenstruktur der landwirtschaftlichen Betriebe in Österreich ist, wie erwähnt, vor Jahrhunderten entstanden. Diese Struktur hat sich wohl im Laufe der Zeit verändert, teilweise auch einem neuen Umfeld angepasst. Zu radikalen Änderungen, wie in den ehemaligen Planwirtschaftsländern oder in den überseeischen europäischen Neusiedelländern ist es aber nicht gekommen. Die Aufgabe der Betriebe bestand in früheren Zeiten darin, die Familie des Hofbesitzers und die mit ihm dort lebenden Menschen zufriedenstellend zu ernähren. Eine Produktion für den Markt war – wenn überhaupt vorhanden – sekundär. Heute sollen diese Betriebe ihre Produkte auf dem internationalen Markt anbieten und sich gegen Konkurrenten aus ganz Europa und Übersee behaupten. Das muss wegen der historisch vorgegebenen Betriebsstruktur zu großen Schwierigkeiten führen.

Hoher Anteil an Bergbauern

Fast 40 % (1999: 97 884 Betriebe, Bundesministerium für Land- und Forstwirtschaft

2000, S. 197) der österreichischen landwirtschaftlichen Betriebe werden aufgrund ihrer Produktionsbedingungen als Bergbauernbetriebe eingestuft. Gemäß den Einstufungskriterien (Hangneigung, Höhenlage, Erreichbarkeit usw.) liegen sie durchaus nicht nur im Alpenraum, sondern über das ganze Land verstreut in jenen Räumen, die sich durch ein kupiertes Gelände auszeichnen. Das sind außer den Alpen v. a. das Granit- und Gneishochland, aber auch Teile des Alpenvorlandes. Nach den Bewirtschaftungserschwernissen ist das Bergbauerngebiet in vier Zonen eingeteilt. Die vierte Zone wurde erst in den 1970er Jahren gebildet. Hier hat man versucht, jene Betriebe zusammenzufassen, für welche die Förderungen der dritten Zone infolge ihrer ungünstigen Lage nicht ausreichend waren. Es handelt sich somit um echte Grenzbetriebe in peripherer Lage: Wieweit dort die Aufrechterhaltung einer marktwirtschaftlichen Erzeugung von Agrarprodukten sinnvoll ist, kann angezweifelt werden. Bezogen auf den einzelnen Betrieb erreichten die öffentlichen Gelder dort bereits 85,8 % des Einkommens aus der Land- und Forstwirtschaft. Diese Einkünfte lagen aber 1998 trotzdem um ein Fünftel unter denen eines durchschnittlichen landwirtschaftlichen Betriebes (Bundesministerium für Land- und Forstwirtschaft 1999, S. 254).

Generell gehören die Bergbauernbetriebe zu jenen Betrieben der Landwirtschaft, die in der Entwicklung zurückgeblieben sind. Innovationen sind nur wenige möglich und diese setzen sich auch nur recht zögernd durch. Der Mechanisierung sind aus physikalischen und ökonomischen Gründen enge Grenzen gesetzt: Landmaschinen für den Bergbauern müssen extra konstruiert werden und sind nur begrenzt verwendbar. Sie kommen daher bezogen auf die Leistungseinheit in Anschaffung und Betrieb teurer als die Geräte des Flachlandbauern. Daher ist auch zur Betriebsführung mehr Personal notwendig; die Agrarquote ist im Berggebiet höher als im Flachland. Eine Weiterführung der Berglandwirtschaft hat daher nicht nur ökologische, sondern auch soziale Bedeutung (Foto 15).

Abnahme der landwirtschaftlichen Nutzfläche

Die landwirtschaftliche Nutzfläche hat seit 1960 ständig leicht abgenommen (Tab. 9.5). Demgegenüber steht eine Zunahme der forstlichen Fläche. Bei den „Sonstigen Flächen" ergibt sich kein einheitliches Bild, was u. a. auf eine Änderung in der statistischen Erfassung zurückzuführen ist. Der jährliche Rückgang von rund 15 000 bis 20 000 ha betrifft sowohl sehr günstige als auch sehr schlechte landwirtschaftliche Produktionsflächen. Die günstigen Flächen werden verbaut bzw. anderen Produktionszweigen zur Verfügung gestellt. Moderne Verkehrsanlagen, Industrie- und Gewerbeparke sowie Großmärkte entstehen z. T. auf den für den Landwirt am besten geeigneten Flächen. Besonders in den Längstalzügen der Alpen gehen dadurch oft die ertragreichsten landwirtschaftlichen Böden im Gebirge verloren, ohne dass die Landwirtschaft aufgrund ihrer niedrigen Ertragskraft die Möglichkeit hätte, sich gegenüber anderen Raumnutzungen zu behaupten.

Andererseits werden Grenzertragsböden aufgeforstet. Wo dies nicht möglich ist, entsteht „nicht mehr genutztes Grünland". Besondere Aufmerksamkeit verdient hier die Entwicklung der „Almen und Bergmähder". Sie machen fast ein Viertel der landwirtschaftlichen Grundfläche aus, erreichen somit eine Dimension, die leicht unterschätzt wird. Dieses Grünland hat nach starker Abnahme seit 1983 seine Ausdehnung behalten; auch hat sich seither die Fläche des „nicht mehr genutzten Grünlandes" kaum verändert. Das heißt, dass es nach starkem Rückgang gelungen ist, durch entsprechende subventionierende Maßnahmen die Bewirtschaftung der Almzone aufrechtzuerhalten. Diese erfolgt freilich wesentlich extensiver als in früheren Jahrhunderten

	1960	1983[1]	1990	1997
Ackerland	16 468	14 220	14 064	13 973
Wirtschaftsgrünland	7 807	8 879	8 841	9 383
Extensives Grünland	15 172	10 959	10 687	10 051
davon Almen und Bergmähder	9 210	8 475	8 456	8 511
Sonstige Kulturarten	1 071	946	989	817
davon Weingärten	356	578	582	525
Nicht mehr genutztes Grünland	–	379	400	370
Landwirtschaftlich genutzte Fläche	40 519	35 400	34 981	34 224
Forstwirtschaftlich genutzte Fläche	31 417	32 211	32 270	32 743
Sonstige Flächen	11 119	8 184	8 078	8 078
Gesamtfläche	83 056	75 795	75 330	75 414

[1] Anhebung der Erfassungsgrenze auf 1 ha
Tab. 9.5: Landwirtschaft: Kulturarten (in km^2) 1960, 1983, 1990 und 1997
Quelle: Bundesministerium für Land- und Forstwirtschaft 1999, S. 197
Anmerkung: Rundungsdifferenzen möglich

(vgl. Foto 16). Es wird vornehmlich Jungvieh gesömmert, das sich durch den Aufenthalt auf der Alm besser entwickelt, kräftiger und gegen Krankheiten resistenter wird. Eine ökologische Katastrophe, die zweifellos die Folge einer Nichtbewirtschaftung der Almen nach sich gezogen hätte, konnte aber vermieden werden.

9.2 Produktion – vom Mangel zum Überschuss

Als die Republik Österreich von den Siegermächten des Ersten Weltkrieges aus den Resten der österreichisch-ungarischen Monarchie gebildet wurde (vgl. Kap. 3.5), glaubte niemand daran, dass der neue Staat sich je selbst würde ernähren können. Politisches Ziel war vielmehr einen von Importen abhängigen Staat zu schaffen. Auf diese Weise sollten der wirtschaftlichen Entwicklung des neuen Staatswesens enge Grenzen gesetzt und künftige Kriege verhindert werden. Die Entwicklung in der Zwischenkriegszeit scheint diese Meinung bekräftigt zu haben. Am Ende des Zweiten Weltkrieges, als die kriegswirtschaftliche Versorgung des Deutschen Reiches zusammengebrochen war, herrschte Hunger im Land. Es schien unmöglich, die eigene Bevölkerung mit heimischen Produkten zu ernähren.

Inzwischen hat sich die *Flächenproduktivität* der Landwirtschaft weltweit erhöht. Galt es in den ersten Jahrzehnten nach dem Krieg noch, die Versorgung der eigenen Bevölkerung sicherzustellen, so ist nunmehr die Beseitigung und Vermarktung von Überschüssen das vorrangige Problem.

Tabelle 9.6 zeigt nicht nur auf, in welchem – auch von Experten damals nicht erwartetem – Ausmaß die Flächenproduktivität seit dem Zweiten Weltkrieg zugenommen hat. Die Tabelle lässt ebenso erahnen, wie sich die österreichische Landwirtschaft im globalen Produktionsmuster einordnet. Wenn man die naturgeographischen Faktoren berücksichtigt, die sich auf den Flächenertrag auswirken, muss festgestellt werden, dass die österreichischen Ergebnisse von einer hohen Intensität der Bewirtschaftung zeugen. Die Daten der Niederlande, welche die wohl intensivste Landwirtschaft in Europa betreiben, werden nicht erreicht. An den Zahlen Ungarns, in Zeiten der Monarchie *der Agrarstaat*, erkennt man, wieweit das planwirtschaftliche Regime die Produktivität der

Produktion – vom Mangel zum Überschuss

Staat	Weizen				Kartoffeln				Zuckerrüben			
	1948/49 –1952/53	1964/65	1979 –1981	1996	1948/49 –1952/53	1964/65	1979 –1981	1996	1948/49 –1952/53	1964/65	1979 –1981	1996
Österreich	17,1	26,5	37,8	50,1	130	218	254	302	234	419	499	560
Frankreich	18,3	31,5	49,9	71,3	122	167	285	364	279	382	524	672
Italien	15,2	19,5	26,7	33,0	70	107	183	236	273	345	486	444
Niederlande	36,4	47,1	62,8	89,6	251	329	378	437	418	490	493	548
Ungarn	13,8	18,5	40,1	32,9	68	79	159	143	166	268	383	378
USA	11,7	17,7	22,9	29,2	161	207	303	391	329	376	462	450
UdSSR (1996 Russ. Förderation)	8,4	10,9	15,1	14,0	104	110	111	125	151	195	197	159

Tab. 9.6: Landwirtschaft: Hektarerträge ausgewählter Agrarprodukte 1948–1996 (Hektarertrag/100 kg)
Quelle: ÖSTAT 1966a, S. 437ff., 1989a, S. 454ff., 1998a, S. 532ff.

Landwirtschaft negativ beeinflussen konnte. Im letzten Jahrzehnt der kommunistischen Herrschaft war es Ungarn gelungen, in einem begrenzten Rahmen seine Wirtschaft autonom zu gestalten. Die Auswirkungen auf den Flächenertrag der Landwirtschaft sind in der Tabelle deutlich ersichtlich. Damit hebt sich Ungarn stark von der Entwicklung in der ehemaligen Sowjetunion (1996: Russische Föderation) ab. Bei den USA besteht kein Zweifel, dass aufgrund der vorhandenen natürlichen Vorbedingungen und des agrartechnischen Know-hows ähnliche Produktionswerte erreicht werden könnten, wie in Frankreich. Allein, eine weitere Intensivierung der Produktion rentiert sich für die amerikanischen Landwirte nicht. Der Weltmarkt würde die zusätzlich eingesetzten Produktionsmittel nicht vergüten. Man bleibt daher aus Kostengründen auf einer niedrigeren Intensitätsstufe. In Europa erscheint eine intensive Produktion möglich, weil der Agrarmarkt der Union derzeit noch ein Hochpreissegment des Weltmarktes bildet.

Die Endproduktionswerte der österreichischen Landwirtschaft (Abb. 9.7) werden zu knapp zwei Dritteln mit der Viehwirtschaft erzielt. Der Ackerbau trägt nur mit

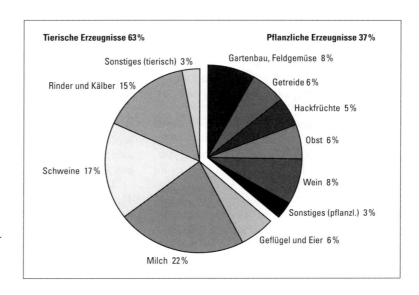

Abb. 9.7:
Landwirtschaft: Endproduktion 1998
Quelle: Bundesministerium für Land- und Forstwirtschaft 1999, S. 11

einem Drittel dazu bei. Vergleicht man die für die Produktion eingesetzten Flächen, so ergibt sich, dass für beide Produktionszweige ungefähr die gleiche Fläche benötigt wird. Somit ist die Wertschöpfung je Flächeneinheit in der Viehzucht wesentlich höher als im Ackerbau, nämlich ungefähr das Doppelte.

Ackerbau
Beim *Getreidebau* beherrschen Weizen, Körnermais und Gerste zu ungefähr gleichen Teilen die Produktion. Roggen, Hafer und Menggetreide fallen demgegenüber stark zurück. Mais wird in Österreich nicht überall reif. Nur in klimatisch günstigen Gebieten kann Körnermais geerntet werden; der Rest, immerhin $^3/_4$ der gesamten Ernte, wird als Silo- oder Futtermais verfüttert.

Bei den *Hackfrüchten* dominiert die Zuckerrübe. Ihr Anbau wird von den Zuckerfabriken kontingentiert. Wegen der hohen finanziellen Hektarerträge und der guten Eignung der Zuckerrübe als Zwischenfrucht im Fruchtwechsel ist das Zuckerrübenkontingent von den Bauern sehr begehrt. Bei den Beitrittsverhandlungen mit der Europäischen Union hat Österreich nicht das erhoffte Zuckerkontingent zugesprochen bekommen. Daher wird in den nächsten Jahren der Anbau von Zuckerrüben zurückgehen. Bei der zweiten bedeutenden Hackfrucht, der Kartoffel, haben sich in den letzten Jahrzehnten die Konsumgewohnheiten geändert; die Produktion nimmt daher seit Jahren ab.

Feldgemüsekulturen befinden sich meist im Umland von Städten und dichtbesiedelten Gebieten. Fast jede Bevölkerungsagglomeration hat in ihrer Umgebung ihr regionales Feldgemüseanbaugebiet. In diesem Zusammenhang sollen nur die Gärtnereien im direkten Umland von Wien erwähnt werden, die mit dem Wachsen der Stadt in die Außenbezirke und auch in die benachbarten Gemeinden Niederösterreichs verdrängt wurden.

Der Feldgemüseanbau ist eine Spezialkultur. Obwohl er nur ein Prozent der Anbaufläche von Getreide einnimmt, sind Gemüse und Getreide im Gesamtertrag annähernd gleich. Daher kann die Landwirtschaft sich auch im städtischen Umfeld gegen den hohen Siedlungsdruck behaupten und höhere Erträge erzielen als vor der Urbanisierung.

Überdies wird Gemüsebau auch im Marchfeld und im nördlichen Burgenland intensiv betrieben. Abnehmer ist hier die regionale Konserven- und Tiefkühlindustrie. Die Gemüseproduktion auf relativ kleinen Flächen kommt der Agrarstruktur des nördlichen Burgenlandes entgegen. Nur so kann auf den kleinen, aus der Erbteilung hervorgegangenen Flächen ein zufriedenstellender Ertrag erwirtschaftet werden.

Wohl kaum eine Kulturpflanze bringt in Österreich so stark wechselnde Erträge wie der *Wein*. Abbildung 9.8 zeigt jährliche Schwankungen von über der Hälfte des Ertrages und ist ein guter Beweis für das hohe Naturrisiko der österreichischen Weinwirtschaft. Dieses Risiko ist auch deswegen so groß, weil Österreich – im weltweiten Vergleich – in einer klimatischen Grenzzone für den Weinbau liegt. Die Weingartenfläche ist bis 1980 stetig gestiegen, da Weingärten ihren Besitzern einen relativ hohen Flächenertrag bringen. Daher wurde die Fläche trotz behördlicher Verbote auch erweitert. Die Verbote erwiesen sich allerdings als unvermeidbar, da es der Weinwirtschaft nicht mehr möglich war, die erzielten Produktionsüberschüsse zu wirtschaftlich vertretbaren Preisen zu verkaufen. Absatzstrategen warteten damals sehnsüchtig auf ein Jahr mit schlechtem Ertrag, um die Lagerbestände etwas abbauen zu können.

Der signifikante Produktionsrückgang im Jahre 1985 ist jedoch nicht auf ungünstige Witterungsverhältnisse zurückzuführen. Damals hat der „Glykolskandal" der österreichischen Weinwirtschaft einen schweren Schlag versetzt. Der durch Jahrzehnte mühevoll aufgebaute Exportmarkt ist voll-

Produktion – vom Mangel zum Überschuss

Abb. 9.8: Landwirtschaft: Weingartenfläche und Weinernte 1947–1998
Quelle: ÖSTAT 1999a, S. 296; Bundesministerium für Land- und Forstwirtschaft 1999, S. 222, ergänzt

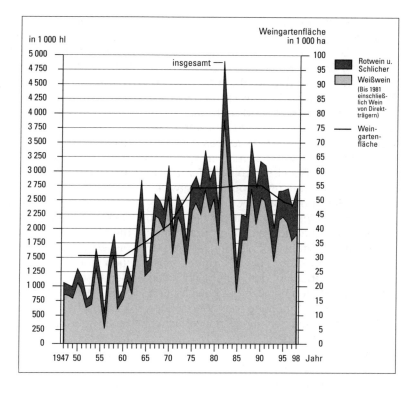

kommen zusammengebrochen. Die Ausfuhr sank von 360 000 hl im Weinjahr 1984/85 auf unter 50 000 hl im folgenden Jahr. Bis heute sind die Exportwerte des Jahres 1984/85 nicht wieder erreicht worden. Der Beitritt zur Europäischen Union und damit ein gemeinsamer Markt mit den größten und besten Weinproduzenten der Erde bedeutet für die österreichische Weinwirtschaft eine große Herausforderung.

Viehzucht

Bei der Viehzucht überrascht, dass der *Rinderbestand*, trotz der zunehmenden Überproduktion an Milch- und Fleischprodukten im Wesentlichen bis zum Beitritt zur Union gleich geblieben ist.

In Tabelle 9.7 ist allerdings ab 1995 eine generelle Verringerung des Viehbestandes ersichtlich. Was aber schon längere Zeit abgenommen hat, ist die Zahl der Viehzüchter;

Tab. 9.7: Landwirtschaft: Viehbestand 1950–1998
Quelle: ÖSTAT 1998a, S. 264; 1999a, S. 30
[1] ab 1995 nur Schlachtkälber

Tiergattung	1950	1960	1970	1980	1990	1995	1998
Pferde	283	150	47	40	49	74	75
Rinder	2 281	2 387	2 468	2 517	2 584	2 198	2 172
davon Kühe	1 144	1 150	1 070	974	952	891	883
Kälber[1]	168	240	270	271	275	59	52
Schweine	2 523	2 990	3 445	3 706	3 688	3 680	3 810
Schafe	363	175	113	191	309	384	361
Ziegen	323	162	62	32	37	58	54
Hühner	6 661	9 788	12 140	14 160	13 139	13 950	13 540
Truthühner	–	–	–	147	525	693	645

die Viehbestände der Bauern, v. a. in den Vollerwerbsbetrieben sind größer geworden, liegen aber noch weit unter den Werten westeuropäischer Staaten.

Die aus der Tabelle 9.7 ersichtlichen Schwankungen sind mit Veränderungen in der Wirtschaftsweise und bei den Konsumgewohnheiten leicht zu erklären. Der Rückgang des *Pferdebestandes* erfolgte synchron mit der Motorisierung in der Landwirtschaft. Die Renaissance der Pferde seit 1980 geht auf die stetige positive Entwicklung des Reitsportes zurück.

Der *Schweinebestand* ist bis heute fast kontinuierlich gewachsen. Denn Schweinefleich war und ist billiger als Rindfleisch. Die Schweineproduktion als Kuppelprodukt zum Getreidebau in den österreichischen Ackerbaugebieten hat sich gut bewährt und wesentlich zur Erhöhung der Wertschöpfung in den dortigen landwirtschaftlichen Betrieben beigetragen.

Unerwartet und interessant erscheint die Entwicklung des *Schafbestandes*. Diese Tierart wurde in den Alpen vorwiegend für die Wollproduktion gehalten und auf die Grenzflächen des Agrarraumes, auch an der Vegetationsgrenze in großer Höhe, getrieben. Bis zum Jahre 1970 ist der Bestand stark zurückgegangen. Seither nimmt die Zahl der Tiere wieder zu. Trotz dieser Entwicklung müssen nach wie vor Schafe oder Schaffleisch eingeführt werden. Denn der Bedarf an dieser Fleischart ist stark gestiegen, die Wolle ist heute bestenfalls ein Kuppelprodukt. Die Gastarbeiter aus Südosteuropa und der Türkei, die aus religiösen Gründen Schaffleisch bevorzugen, haben traditionelle Gerichte aus ihrer Heimat mitgebracht. Nach und nach sind diese Gerichte, wie z. B. Cevapcici, salonfähig geworden. Heute ist Schaf- und Lammfleisch von den österreichischen Speisekarten nicht mehr wegzudenken.

Auch die stark expandierende Nachfrage bei den *Hühnern* hat mit den Essgewohnheiten zu tun: „Weißes" Fleisch wird „dunklem" vorgezogen, weil es gesünder ist. Tabelle 9.7 weist aber nach, dass auch die Hühnerproduktion 1980 ihren Zenit erreicht hat. Seither sind beim Absatz von Hühnerfleisch keine Zuwächse mehr zu verzeichnen; Putenfleisch (von Truthühnern) ist als neuer Konkurrent am Markt aufgetreten.

Überschüsse

Trotz vielfältiger Kontingentierungsmaßnahmen übersteigt die Produktion der österreichischen Landwirtschaft in vielen Positionen den heimischen Bedarf (Abb. 9.9). Besonders stark zeigt sich dieses Phänomen bei Weizen und Rindfleisch, Produkte, die wegen ihrer Menge eine hohe Bedeutung für den Markt haben. Eine volle Bedarfsdeckung wurde 1983/84 nur bei jenen Positionen nicht erreicht, die aus klimatischen Gründen im Inland nur sehr teuer oder überhaupt nicht erzeugt werden können. Dazu gehören u. a. gewisse Positionen von Gemüse und Obst, v. a. Südfrüchte, alle Genussmittel und pflanzliche Öle. Im Jahre 1993/94 war es gelungen, den Überschuss an Weizen teilweise abzubauen, auch bei einigen anderen Produkten konnte die Produktion der Nachfrage angepasst werden. Das Jahr 1997/98 zeigt aber, dass die Öffnung des österreichischen Agrarmarktes sich besonders bei jenen Produkten auswirkt, die Österreich auch bisher teilweise importieren musste. Hier sind die Importe angestiegen und der Selbstversorgungsgrad gesunken.

Bemerkenswert erscheint die Entwicklung bei den pflanzlichen Fetten. Durch Fördermaßnahmen war es gelungen, den Deckungsgrad 1993/94 wesentlich zu erhöhen. Als Alternativprodukt wurde bis zum Beitritt 1995 v. a. der Rapsanbau hoch subventioniert. Seither musste die Förderung allerdings stark zurückgenommen werden.

Aus Abbildung 9.9 kann man auch ersehen, dass die Überschussmengen in den einzelnen Jahren schwanken. Die Ursache

Produktion – vom Mangel zum Überschuss

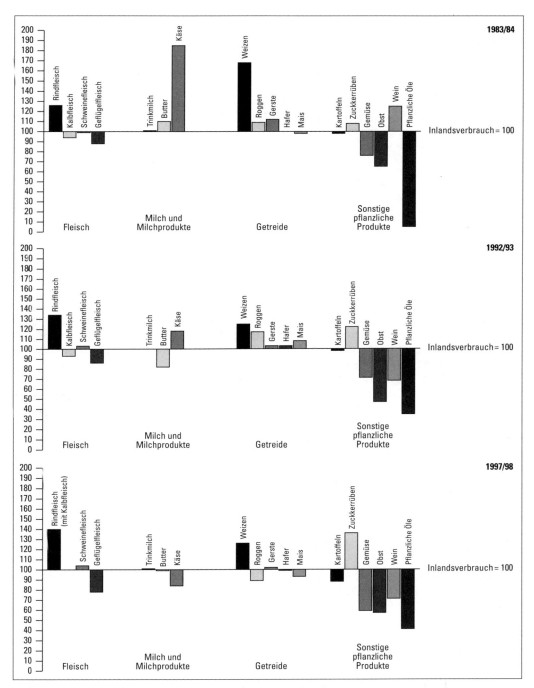

Abb. 9.9: Landwirtschaft: Anteil der Inlandsproduktion am -verbrauch 1983/84, 1993/94, 1997/98
Quelle: Bundesministerium für Land- und Forstwirtschaft 1988, S. 123; 1995, S. 175; 1998, S. 222; Angaben der Bundesanstalt für Agrarwirtschaft, Wien 1999

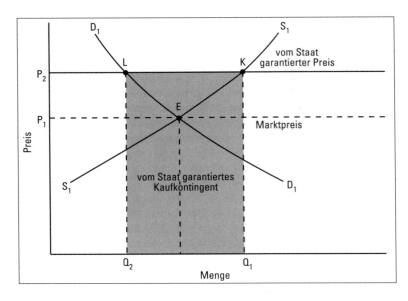

Abb. 9.10:
Landwirtschaft: Auswirkungen von garantierten Preisen auf Angebot und Nachfrage
Quelle:
DE SOUZA/STUTZ 1994, S. 296, modifiziert

D = Nachfrage (demand)
Q = Menge (quantity)
S = Angebot (supply)

für diese Entwicklung sind neben den jährlich sich ändernden Witterungsverhältnissen eine Reihe von Kontingentierungsmaßnahmen, wobei eine gewisse Referenzmenge zu einem fixen Preis abgenommen wird. Bei Überproduktion gibt es progressiv steigende Abzüge. Es tritt somit in der Landwirtschaft eine Situation ein, an die sich die Manager in anderen Wirtschaftszweigen nur schwer gewöhnen könnten. Je produktiver der Landwirt arbeitet, je höher seine Produktionsmengen sind, desto geringer wird sein Ertrag.

Wie schwer es ist, einen optimalen fixen Preis für landwirtschaftliche Produkte zu finden, erkennt man in Abbildung 9.10, die einer US-amerikanischen Wirtschaftsgeographie entnommen wurde (DE SOUZA/STUTZ 1994, S. 296). Auch in den Vereinigten Staaten, wo bekanntlich „freie" Marktverhältnissen herrschen, besteht die Notwendigkeit, den Agrarmarkt mit fixen Preisen zu regulieren. Diese Preise liegen zwar unter dem Niveau der EU, sind aber trotzdem verantwortlich für eine Überproduktion, die auch in den USA der Staat abnehmen muss.

9.3 Agrarmarkt Europa – die große Herausforderung

Seit dem 1. Januar 1995, dem Tag des Beitrittes Österreichs zur Europäischen Union, hat sich in der heimischen Landwirtschaft vieles verändert. Denn mit diesem Tag mussten die Bestimmungen des Gemeinsamen Agrarmarktes sofort vollständig übernommen werden. Als Übergangsregelung waren fast nur degressive Ausgleichszahlungen für fünf Jahre vorgesehen, somit für einen viel zu kurzen Zeitraum, um die Betriebsführung eines landwirtschaftlichen Betriebes nachhaltig verändern zu können.

Es wurde in diesem Kapitel bereits darauf hingewiesen, dass es naturbedingte und strukturelle betriebswirtschaftliche Faktoren sind, welche der österreichischen Landwirtschaft in einem gemeinsamen Markt, der überdies noch durch Überschüsse geprägt ist, zu schaffen machen. Dazu kommt noch eine Reihe von Faktoren innerhalb der Organisation der Vermarktung und des Absatzes. Letztere dürfen allerdings nicht nur als österreichisches Spezifikum der Landwirtschaft betrachtet werden; sie treten auch in anderen Staaten und in vielen Wirtschaftssektoren auf. Ein Vorteil von Integrationsvorgängen scheint aber auch die Tatsache zu sein, dass sich im Zuge des Transformationsprozesses die Möglichkeit ergibt, etablierte Strukturen, die sich im Laufe der Zeit überholt haben, aufzugeben.

Die Umstellung der österreichischen Landwirtschaft auf die neuen Marktverhältnisse wird noch dadurch erschwert, dass man es – im Gegensatz zu manch anderem europäischen Staat – versäumt hat, diesen Wirtschaftszweig rechtzeitig auf die neuen Verhältnisse entsprechend vorzubereiten. Ein Bedarf zur Strukturverbesserung war in Österreich schon seit Jahrzehnten gegeben; die vor 1995 nur sehr zaghaft in diese Richtung vorgenommenen Anpassungsschritte haben jedoch nur geringe Erfolge gebracht. Vor allem politische Motive haben hier verzögernd gewirkt: Um Härten zu vermeiden, hat man jahrelang unpopuläre Maßnahmen unterlassen. Damit sind aber die Probleme für die Landwirtschaft mit dem Beitritt zur Europäischen Union größer geworden: Es handelt sich nicht nur um die Anpassungsschwierigkeiten an einen größeren Wirtschaftsraum mit zahlreichen potenten Konkurrenten; es ist auch notwendig Entwicklungsversäumnisse nachzuholen.

Preisverfall und Förderungen

Der Übergang zum „freien" und „gemeinsamen" Agrarmarkt brachte für die Landwirte als Erzeuger zwischen 1993 und 1996 einen *starken Preisverfall*, in größerem Ausmaß als man das eigentlich erwartet hatte (Tab. 9.8). Die Preise sind auch nach 1996 auf dem niedrigen Niveau geblieben; sie erreichten 1999 nicht einmal drei Viertel des Standes von 1986 (Bundesministerium für Land- und Forstwirtschaft 2000, S. 230). Die Konsumenten als Endverbraucher haben von diesem Preisverfall allerdings bis heute (2000) nur wenig zu spüren bekommen.

Angesichts dieser Preisentwicklung musste die *Förderung* der Landwirtschaft mit dem Beitritt zur Europäischen Union *radikal umgestellt* werden. Anstelle von Agrarpreisstützungen traten Direktzahlungen an die Landwirte. Abbildung 9.11 zeigt, dass diese im ersten Jahr nach dem Beitritt insgesamt fast doppelt so hoch waren, wie die nationalen Förderungen des Vorjahres. Dadurch wurde der Verdienstverlust der Landwirte im Durchschnitt ausgeglichen; zahlreiche Betriebe konnten sogar Mehreinnahmen verzeichnen. Abbildung 9.11 zeigt aber auch, dass ein beachtlicher Teil dieser

Tab. 9.8: Landwirtschaft: Erzeugerpreise netto 1993–1996
Quelle: ORTNER 1997, S. 128
[1] EU-Beitritt Österreichs am 1.1.1995

Produkt	Erzeugerpreise (in ÖS/t)				Änderung 1994–1995[1] (in %)
	1993	1994	1995	1996	
Weizen	3238	3086	1493	1740	-52
Grobgetreide	2734	2388	1669	1717	-30
Zuckerrüben	662	678	616	644	-9
Ölsaaten	1640	2044	2010	–	-2
Obst	5976	5452	4746	–	-13
Wein	13294	14422	13542	–	-6
Milch	5470	5425	3744	3768	-31
Rind- und Kalbfleisch	44770	46523	38832	33484	-17
Schweinefleisch	24479	24506	19764	21591	-19
Geflügelfleisch	22493	19678	14096	14995	-28
Eier	18890	16912	13180	15629	-22

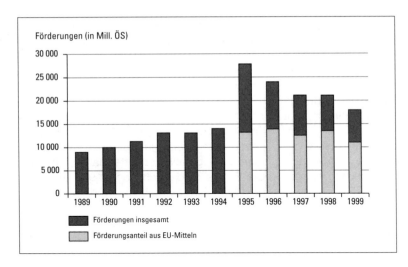

Abb. 9.11:
Landwirtschaft: Förderungen 1989–1999 (in Mill. ÖS.)
Quelle: Bundesministerium für Land- und Forstwirtschaft 1999, S. 268

Direktzahlungen mit dem Ende der Fünf-Jahres-Periode 1999 ausgelaufen ist. Das Gesamtförderungsvolumen nähert sich somit wieder dem nationalen Förderungsrahmen vor dem Beitritt, ohne dass es zu einem Ausgleich der Verluste bei den Erzeugerpreisen gekommen wäre.

Die Reform der Gemeinsamen Agrarpolitik der Europäischen Union im Rahmen der Agenda 2000 sieht weitere wesentliche Einschränkungen bei den europäischen Agrarförderungen vor. Diese erweisen sich als unabwendbar, weil die Europäische Union derzeit im Rahmen ihres Budgets die Landwirtschaft überproportional stark subventioniert und andererseits von der World Trade Organisation (WTO) verpflichtet wurde, die Preise des Gemeinsamen Agrarmarktes sukzessive dem Weltmarktpreis anzunähern. Gleichzeitig wurden Maßnahmen beschlossen, die über den Sektor der Land- und Forstwirtschaft hinausgehen und eine integrative Entwicklung des ländlichen Raumes in der Europäischen Union fördern sollen (vgl. auch GREIF 1999).

Trotz dieser abfedernden Vorkehrungen bedeutet die Agenda 2000 für die österreichische Landwirtschaft, dass die Schwierigkeiten, welche der EU-Beitritt für die Bauern gebracht hat, sich in Zukunft fortsetzen und noch verstärken werden. Dazu kommen noch die Chancen und Risiken der bevorstehenden Osterweiterung der Union. „Kurz- und mittelfristig dürfte die Ostintegration (zwar) weniger einschneidende Folgen haben als der EU-Beitritt Österreichs; längerfristig wird sie die (negative) Entwicklung der heimischen Landwirtschaft allerdings stärker prägen als die Mitgliedschaft in der Europäischen Union (15)" (SCHNEIDER 2000, S. 559).

Beide Autoren (GREIF 1999 und SCHNEIDER 2000) kommen zu dem Ergebnis, dass Prognosen für die Zukunft des ländlichen Raumes zum gegenwärtigen Zeitpunkt „riskant" seien. Von wesentlicher Bedeutung wird jedoch die Tatsache sein, wieweit die „traditionellen nichtproduktiven Leistungen" der Landwirtschaft in Zukunft anerkannt und bewertet werden.

Die Europäische Union hat die naturbedingten Erschwernisfaktoren der österreichischen Landwirte anlässlich des Beitrittes 1995 zu einem großen Ausmaß anerkannt. Die in Abbildung 4.15 ausgewiesenen *landwirtschaftlichen Fördergebiete* entsprechen weitgehend den Vorschlägen des österreichischen Verhandlungsteams. Teilweise konnten diese Vorschläge im Laufe der Bei-

Tab. 9.9:
Landwirtschaft: Allgemeine Wirtschaftslage der Ziel-5b-Gebiete 1991
Quelle:
WAGNER 1995, S. 157

	Ziel-5b-Gebiete	Gesamtstaat
Gesamtbeschäftigte 1991:		
Land- und Forstwirtschaft	123 000 (= 16,9 %)	211 000 (= 6,1 %)
Gaststätten, Beherbergung	52 000 (= 7,2 %)	197 000 (= 5,7 %)
Entwicklung der Beschäftigten 1981–1991 (in % von 1981)		
Land- und Forstwirtschaft	-28,9	-27,0
Gaststätten, Beherbergung	+12,5	+22,0
Arbeitsplatzdefizit 1991 (in % der Beschäftigten am Wohnort)	-26,0	.
Gemeindesteuer/Einwohner (in % des Österreichdurchschnitts)	63,7	100,0

trittsverhandlungen sogar noch erweitert werden, sodass insgesamt 68,6 % der landwirtschaftlichen Nutzfläche bis Ende 1999 in „benachteiligten" Gebieten lagen. Neben den Ziel-1-Gebieten waren für die Landwirtschaft v. a. die Ziel-5b-Gebiete von Bedeutung, die übrigens in großem Ausmaß auch als peripher einzustufen sind (Tab. 9.9).

Ab dem Jahr 2000 mussten diese Fördergebiete zurückgenommen werden, worauf bereits im Kapitel 4.1.3 eingegangen wurde. Ein Teil der bisher geförderten Gebiete erhielt den Status von so genannten „Übergangsgebieten", in denen die Förderung bis zum Jahre 2006 auslaufen wird. Darunter fallen auch extrem periphere Lagen.

Auswirkungen des Beitrittes zur EU auf einen landwirtschaftlichen Großbetrieb in einem regional nicht geförderten Gebiet (vgl. Tab. 9.10)
„Der Betrieb umfaßt 100 ha Ackerland (der Anteil der Zupachtung beträgt circa zwei Drittel) und liegt im Raum St. Pölten (Niederösterreichisches Alpenvorland). ... Auf der Ackerfläche wurden im Jahr 1994 und 1995 45 ha Mais, 15 ha Weizen, 4 ha Zuckerrüben, 11 ha Gerste, 13 ha Industrieraps und 12 ha Rapsvermehrung angebaut. Neben der Ackerwirtschaft gibt es auf dem Hof noch 400 Mastplätze und 40 Zuchtplätze für Schweine. ... Jedes Jahr wurden rund 1 000 Schweine mit einem durchschnittlichen Lebendgewicht von 110 kg verkauft. Die überdurchschnittlich hohe Qualität der Schweine macht sich im Verkaufspreis bemerkbar.

Aufgrund der angeführten Daten zählt der Betrieb nach den hierzulande angewendeten Maßstäben zu den Großbetrieben, was bei der Einschätzung der Daten zu berücksichtigen ist. Weiter sei vorausgeschickt, daß der Kulturartenanbau des Betriebes in beiden Jahren so ausgerichtet war, daß es zu einer maximalen Ausschöpfung aller Förderungen kam. ... Im Betrieb waren im Durchschnitt der beiden Jahre drei Familienarbeitskräfte (mit ca. 50 Wochenstunden) beschäftigt. ... Eine Eigenkapitalverzinsung ist in Tabelle 9.10 nicht enthalten. ...

Wie aus der Tabelle zu entnehmen ist, war auf dem pflanzlichen Sektor ein empfindlicher Preisrückgang zu verspüren. Am stärksten war hier der Weizenpreis betroffen, der einen Rückgang von 60 Prozent hinnehmen mußte. Aufgrund des Anstiegs der Förderungen, 250 Prozent gegenüber 1994, konnte der Gesamtrückgang in den pflanzlichen Erzeugerpreisen auf 22 Prozent gedrückt werden. Bei den Förderungen ist jedoch zu beachten, daß die degressiven Ausgleichszahlungen über vier Jahre hinweg abgebaut werden, was im Klartext heißt, daß dann die Förderungen wieder um ein Drittel kleiner sein werden als jetzt. Bei den Produktionskosten war der Rückgang im pflanzlichen Bereich vor allem auf die Preissenkung der Dünge- und Schädlingsbekämpfungsmittel zurückzuführen. ..."
(KARNER 1996, S. 180 ff., gekürzt)

Bezeichnung	Situation 1994 (in ÖS)	Situation 1995 (in ÖS)	Veränderung (in %)
Gesamteinnahmen im pflanzlichen Bereich			
Markterlös	2 995 000	1 610 000	-46 %
Förderungen vor EU			
Flächenprämie und Fruchtfolgeförderung	265 000	–	
Förderungen nach EU			
Degr. Preisausgleich	–	320 000	
GAP-Prämien	–	426 500	
Umweltförderungen	–	200 000	
Summe der Gesamteinnahmen incl. aller Förderungen des pflanzlichen Sektors	3 260 000	2 556 500	-22 %
Gesamteinnahmen im tierischen Bereich			
Verkaufserlös	2 650 000	1 900 000	-28 %
Förderungen vor EU	–	–	
Förderungen nach EU			
Degr. Preisausgleich für Zucht- und Mastschweine	–	136 000	
Summe der Gesamteinnahmen incl. Förderungen des tierischen Sektors	2 650 000	2 036 000	-23 %
Summe aller Einnahmen	5 910 000	4 592 500	-22 %
– Produktionskosten			
Gesamtkosten des pflanzlichen Sektors	1 995 000	1 820 000	-9 %
Gesamtkosten des tierischen Sektors	1 730 000	1 290 000	-25 %
Kostensumme ohne Abschreibungen	3 725 000	3 110 000	-16 %
– Abschreibungen	700 000	700 000	0 %
Einnahmenüberschuss	1 485 000	782 500	-47 %

Tab. 9.10: **Landwirtschaft: Einnahmen- und Ausgabenvergleich eines Betriebes zwischen 1994 und 1995**
Quelle: KARNER 1996, S. 181 ff.

Durch diese Zonierungen sind zwei Kategorien österreichischer landwirtschaftlicher Nutzflächen entstanden, nämlich jene, die regionalen strukturellen Hilfsmaßnahmen der Union teilhaftig werden können, und solche, denen diese Hilfsmaßnahmen nicht gewährt wurden. Das bringt aber mit sich, dass die „nicht benachteiligten Gebiete" dem Wettbewerb stärker ausgesetzt sind und es dort somit schneller zu wirtschaftlichen Strukturveränderungen kommen wird.

Produktionsalternativen

Der frühere österreichische Landwirtschaftsminister und spätere Agrarkommissar der Europäischen Union, FRANZ FISCHLER, hat den österreichischen Bauern den Rat gegeben, sich im Falle eines Beitrittes nach *Marktnischen* umzusehen sowie die Wertschöpfung auf den Bauernhöfen nach Möglichkeit zu erhöhen. In der Realität scheint es allerdings schwer möglich, für einen ganzen Berufsstand Nischen zu finden und über 250 000 Betriebe dort geschützt unterzubringen.

Ein Versuch in diese Richtung war die Förderung des Anbaus von *alternativen Kulturen*, eine Strategie, die schon seit den 1970er Jahren verfolgt wurde, um die Überschüsse in der Produktion zu verringern. Im Ackerbau waren das Raps, Sonnenblumen, Sojabohnen, Ackerbohnen und Körnererbsen sowie Mohn, Ölkürbis und Hopfen als Kleinkulturen. Mit nationalen Förderungen konnte v. a. die Rapsanbaufläche fühlbar vergrößert werden (1994: immerhin 71 400 ha). Sie erreichte damit fast das

Ausmaß der Roggenanbaufläche. Im Landschaftsbild war dies durch die blühenden gelben Rapsfelder, die Abwechslung in die bäuerliche Kulturlandschaft brachten, unübersehbar. Auch Sonnenblumen, Sojabohnen und Körnererbsen erreichten eine Anbaufläche von rund 40 000 ha. Dies liegt im Bereich der für den Anbau von Zuckerrüben und Hafer verwendeten Flächen; die Werte für den Kartoffelanbau waren sogar darunter. Die Bilanz an pflanzlichen Fetten konnte auf diese Weise fühlbar verbessert werden (vgl. Abb. 9.10). Allerdings lagen die Produktionskosten dieser alternativen Produkte über den in der Europäischen Union üblichen Preisen. Das bedeutete aber, dass die Rapsfläche ab 1995 wieder zurückgenommen werden musste, 1997 waren es nur noch 55 000, 1998 sogar nur 52 100 ha.

Auch der Versuch aus Raps Biosprit zu erzeugen, war nicht sehr erfolgreich. Hier zeigt sich, dass industriell erzeugter Biosprit mit herkömmlichen Treibstoffen auch auf längere Sicht kostenmäßig noch nicht konkurrieren kann. Wesentlich besser haben sich kleine dörfliche Produktionsanlagen bewährt, wo Biosprit im geschlossenen Wirtschaftskreislauf in der Landwirtschaft eingesetzt wird. Eine weitere Anwendungsmöglichkeit für Biosprit ist in sensiblen Bereichen durch die hohe Umweltverträglichkeit von Rapsprodukten gegeben (z. B. Einsatz bei Pistenpflegegeräten in Gletscherskigebieten) (vgl. WU-GEDITSCH 1995).

Auch in der Viehzucht hat man nach Alternativen gesucht. Neben der Erweiterung des Tierbestandes um spezielle Rinderrassen und semidomiziertes Wild soll hier die Förderung der *Mutter- oder Ammenkuhhaltung* durch die Europäische Union besonders erwähnt werden. Da der Milchertrag pro Kuh ständig steigt, die Zahl der Kühe aber insgesamt durch die letzten Jahrzehnte nur wenig zurückgegangen ist (vgl. Tab. 9.7), ergibt sich die Notwendigkeit, den produktiven Milchkuhbestand einzuschränken. Das geschieht dadurch, dass ein Teil der Mutterkühe gewissermaßen aus der Produktion herausgenommen wird, wobei die Milch dieser Kühe ausschließlich zur Fütterung ihres Nachwuchses dient, zweifelsohne eine qualitätsverbessernde Maßnahme in der Kalbfleischproduktion. Im Jahre 1998 wurden bei einem Gesamtbestand von rund 880 000 Kühen bereits für über 255 000 Kühe Mutterkuhprämien ausbezahlt.

Die in Abbildung 9.11 ausgewiesenen Fördermittel werden v. a. in folgenden Bereichen eingesetzt:
– Ausgleichszahlungen und Prämien,
– Strukturmaßnahmen, besonders auch für das Berggebiet und
– umweltschonende Maßnahmen.

Unter letzteren spielt das „Österreichische Programm einer umweltgerechten, extensiven und den natürlichen Lebensraum schützenden Landwirtschaft" (ÖPUL), das den Umweltrichtlinien der Europäischen Union entspricht, eine besondere Rolle. Denn dieses Programm bot für relativ viele Betriebe die Möglichkeit, ohne besondere Voraussetzungen und Investitionen in eine Nischenproduktion einzusteigen. Die Zahl der geförderten *Biobetriebe* (die von der Europäischen Union anerkannt werden müssen) nahm rasant zu (Tab. 9.11). Das

Tab. 9.11: Landwirtschaft: Betriebe mit biologischem Landbau 1990–1999
Quelle: Bundesministerium für Land- und Forstwirtschaft 2000, S. 199

Jahr	Geförderte Biobetriebe
1990	300
1991	1 170
1992	5 782
1993	8 414
1994	11 568
1995	15 917
1996	18 322
1997	18 485
1998	18 820
1999	18 962

Interesse unter den Landwirten war so groß, dass die Ansuchen die budgetierten Subventionsmittel überstiegen. Nach einem vorübergehenden Einstiegsstopp konnte 1998 ein zusätzliches Programm gestartet werden. Im Rahmen der ÖPUL-Programme wurden 1999 7,6 Mill. ÖS ausbezahlt, die nicht nur den in der Tabelle angeführten „Biobetrieben", sondern auch insgesamt 86 % der landwirtschaftlichen Fläche in Österreich zugute kamen, auf denen mindestens eine der insgesamt 25 angebotenen Maßnahmen der Programme umgesetzt wurde.

Markt- und Preisregelung haben durch viele Jahrzehnte die quantitative Komponente der Nahrungsmittelerzeugung in den Vordergrund gestellt. Nun wird man sehen müssen, wieweit bessere Qualität durch das Bezahlen höherer Preise von den Konsumenten honoriert werden wird. Die ÖPUL-Aktion konnte bislang nur deswegen so erfolgreich verlaufen, weil es gelungen ist, mehrere große Einzelhandelsketten für biologische Produkte zu interessieren. Nunmehr vertreibt in Österreich jeder größere Einkaufsmarkt neben den „normalen" landwirtschaftlichen Produkten auch solche aus biologischem Landbau zu einem angehobenen Preis. Die Konsumenten haben diese Entwicklung positiv aufgenommen. Dadurch entsteht bei landwirtschaftlichen Produkten ein neues Hochpreissegment, welches manchem Produzenten das Überleben sichern kann. Es wird in Zukunft interessant zu beobachten sein, wieweit die Nachfrage nach Erzeugnissen aus biologischem Anbau mit dem steigenden Angebot Schritt halten kann.

Interessant ist die räumliche Verteilung der Biobetriebe (Abb. 9.12): Eindeutig überwiegen Produktionsgebiete mit geringem landwirtschaftlichen Einkommen. Hier sind die Landwirte oft nicht in der Lage, das Geld zum Einkauf teurer Betriebsmittel aufzubringen und versuchen statt dessen, ihren Betrieb als Biobetrieb weiterzuführen. Man hofft auf diese Weise den geringeren Flächenertrag durch höhere Marktpreise ausgleichen zu können.

Mehr Wertschöpfung in den Betrieben

Es wird versucht, die wirtschaftliche Situation der landwirtschaftlichen Betriebe durch eine Erhöhung der Wertschöpfung auf dem Bauernhof zu verbessern. Die direkte Verbindung zwischen Produzenten und Konsumenten ist im Laufe des letzten Jahrhunderts fast vollkommen verloren gegangen. Die Vermarktung obliegt seither speziellen Unternehmen, denen die Bauern ihre Rohprodukte zur weiteren Verarbeitung liefern. Diese Unternehmen waren ursprünglich in vielen Fällen bäuerliche Genossenschaften, im Laufe der Jahre sind sie aber funktional und teilweise auch nominal zu gewinnorientierten Verarbeitungs- und Handelsbetrieben geworden.

Regelungen zur zufriedenstellenden Nahrungsmittelversorgung der Bevölkerung, die v. a. während des Zweiten Weltkrieges notwendig waren, haben der landwirtschaftlichen Absatzorganisation zunehmend den Nimbus einer Behörde gegeben. Auch unter den geänderten Produktionsbedingungen der Nachkriegszeit, wo an Stelle des Mangels sukzessive eine Überproduktion entstanden ist, hat sich dieses Establishment bis in die Zeit des Beitrittes zur Union gehalten.

Es entspricht den Zielen einer solchen Verteilungsorganisation, dass sie nach Möglichkeiten sucht, Warenströme monopolartig und zentral zu verwalten. Das heißt aber, dass in Österreich durch Jahrzehnte die Direktvermarktung von landwirtschaftlichen Produkten nicht gerne gesehen wurde und daher nur im lokalen Rahmen stattfand. Eine Ausnahme bildeten ganz wenige Produkte, z. B. Wein. Denn von der Weinproduktion wird rund ein Drittel bereits seit Jahrzehnten von den Bauern direkt an Konsumenten abgegeben, ein wesentlicher Beitrag zur wirtschaftlichen Stabilität der Weinbaubetriebe in Zeiten des Gemeinsamen Agrarmarktes.

Agrarmarkt Europa – die große Herausforderung

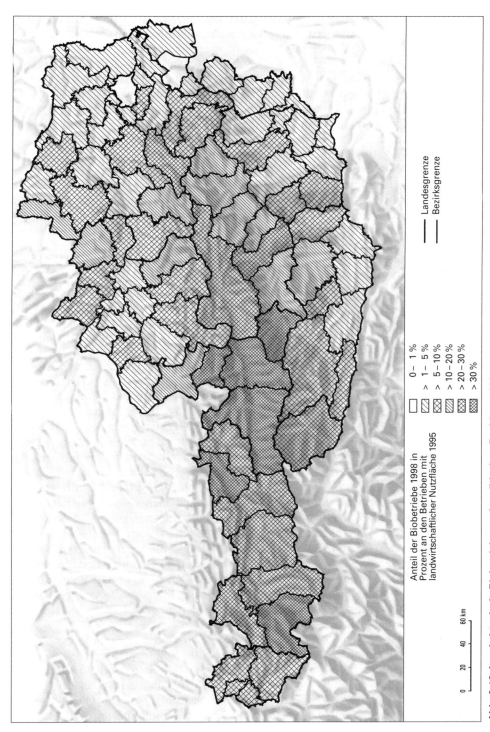

Abb. 9.12: Landwirtschaft: Biobetriebe nach politischen Bezirken 1998
Quelle: Bundesministerium für Land- und Forstwirtschaft 1999, S. 90, modifiziert

Die triste Lage der landwirtschaftlichen Betriebe einerseits und eine latente Unzufriedenheit der Konsumenten mit manchem Einkauf am Ende der Handelskette andererseits, haben nunmehr eine Fülle von Einzelinitiativen zur Direktvermarktung entstehen lassen. Die eigenen Produkte werden am Bauernhof z.T. weiter verarbeitet und als Fertigerzeugnisse (Brot, Bäckerei etc.) direkt an den Verbraucher verkauft. Dadurch wird nicht nur der Kontakt zwischen Produzenten und Konsumenten wiederhergestellt; es gelingt auch die Wertschöpfung am Hof zu erhöhen und damit das Einkommen des Bauernhofes zu steigern bzw. seinen weiteren Bestand zu sichern. Allerdings verlangt die höhere Wertschöpfung auch einen vermehrten Arbeitseinsatz der am Bauernhof Tätigen, der oft zu einer dramatischen Überbelastung führt.

Die Direktvermarktung hat sich zwar gut eingeführt; bezogen auf den gesamten landwirtschaftlichen Umsatz wird allerdings nur ein Marktanteil von wenigen Prozenten erreicht. Ob dies ein Teil eines Weges sein könnte, Landwirtschaftsprodukte aus dem „Feinkostladen Europas" in größeren Mengen am Gemeinsamen Markt abzusetzen, darf bezweifelt werden.

Eine weitere Möglichkeit, die finanzielle Situation der landwirtschaftlichen Betriebe zu verbessern, sind die *„Ferien auf dem Bauernhof"*, auf die im Kapitel 7.3 schon kurz eingegangen wurde. Fremdenverkehr und Landwirtschaft sind in Österreich schon immer eng verbunden gewesen. Die Erschließung peripherer Räume für den Tourismus, v.a. in den Alpen, wäre ohne die landschaftsprägende Tätigkeit der Landwirtschaft nicht möglich gewesen. Die Bauern haben aber nicht nur eine Basisinfrastruktur für die Touristen geschaffen; sie haben ihnen auch gastfreundlich Quartiere zur Verfügung gestellt.

Es ist unbestritten, dass in weiten Teilen des Alpenraumes der Fremdenverkehr der einzige Wirtschaftszweig ist, der auf breiter Basis eine umfassende Aufbesserung von landwirtschaftlichen Einkommen bringen kann, nachdem die traditionellen Nebenerwerbsmöglichkeiten, wie Bergbau oder Verkehr (z. B. Säumen von Gütern über die hochgelegenen Übergänge) weggefallen sind.

In den Fremdenverkehrsregionen ist aus dem Tourismusnebenerwerb sukzessive ein Haupterwerb geworden; dann ist die Landwirtschaft nur mehr Zubrot, der bäuerliche Betrieb wird zum Nebenerwerb. Faktisch findet man alle Übergangsformen von der Landwirtschaft über den Herbergsbauern zur bäuerlichen Herberge bis hin zum von der Familie des ehemaligen Landwirtes geführten mondänen Hotel.

Wie bereits im Kapitel 7.3 erwähnt, hat die geförderte Aktion „Urlaub am Bauernhof" in den letzten Jahren einen leichten Rückgang zu vermelden gehabt. Das hängt sicher mit einer generellen Flaute im österreichischen Tourismus zusammen, aber auch mit anderen Problemen, die sich erst im Laufe der Jahre bei der Beherbergung von Besuchern auf Bauernhöfen ergeben haben: Große Schwierigkeiten für den bäuerlichen Betrieb brachte die zusätzliche Arbeit mit der Gästebeherbergung für das ohnehin schon überlastete Personal. Dass die Sommerhochsaison im Fremdenverkehr mit der bäuerlichen Hauptarbeitszeit zusammenfällt, macht dieses Problem noch gravierender. So mancher Bauernhof hat darum seine Fremdenzimmer zu einer Ferienwohnung zusammengelegt, deren Vermietung für die Bauersleute weniger arbeitsintensiv ist. Andere Landwirte mussten nach einigen Jahren die Vermietung überhaupt aufgeben, weil sie keine Möglichkeit gesehen haben, langfristig den zusätzlichen Arbeitsaufwand zu bewältigen.

Über Erfolg oder Misserfolg der Aktion entscheiden somit nicht nur die wirtschaftliche Situation des Hofes und die Attraktivität der Region. Wichtig sind auch eine Reihe subrationaler Faktoren: Die Gäste werden teilweise als Fremdkörper in der geschlossenen Gesellschaft des Hofes empfunden. Daher ist die Aktion in manchen Regionen über ein formales Grundangebot nicht hinausgekommen. Dem stehen Regionen gegenüber, in denen sichtlich ein harmonisches Zusammenleben zwischen Gastgebern und Gästen entstanden ist, das allen Beteiligten neue interessante Erfahrungen gebracht hat.

Im Jahre 1997 erreichte die Zahl der Übernachtungen auf Bauernhöfen fast 7 % der Gesamtnächtigungen. Absolut gesehen, erscheint das wenig. Ein Vergleich mit den Nachbarstaaten beweist aber, dass Österreich in dieser Hinsicht im Alpenraum eine führende Stellung einnimmt.

Landschaftspflege – Dienstleistung der Zukunft?
Sucht man im „Grünen Bericht" 1999 (Bundesministerium für Land- und Forstwirtschaft 2000), einer jährlich erscheinenden, sehr umfangreichen Publikation, nach dem Schlagwort „Landschaftspflege", so muss man feststellen, dass dieses Stichwort (oder auch ein Synonym) im Register gar nicht vertreten ist. Die alpine Kulturlandschaft könnte aber ohne die ständige pflegliche Betreuung seitens der Landwirte nicht erhalten werden. Diese Pflege kommt nicht nur dem Fremdenverkehr als wichtige Attraktion zugute. Denn der Gast sucht bekanntlich die naturnah gepflegte und erschlossene Landschaft; an einem gefährlichen und unzugänglichen Gestrüpp ist er nicht interessiert. Die Kulturlandpflege ist aber auch Basis für das gesamte regionale Wirtschaftsgeschehen im gebirgigen Gelände. Das ökologische Gleichgewicht wäre in weiten Gebieten des österreichischen Alpengebietes nicht aufrechtzuerhalten, würden nicht seitens der Landwirtschaft dauernd Maßnahmen zur Erhaltung der Stabilität des Geländes gesetzt. Alpentäler müssten entsiedelt werden, wenn nicht die Bergbauern durch ihre Bewirtschaftung die Gefahr von Muren, Hangrutschungen und Lawinen in hohem Ausmaße verringern würden.

Ein starker Rückgang der Intensität der Bewirtschaftung, wie er z. B. in peripheren Agrargebieten Schwedens in Vorbereitung und als Folge des Beitrittes zur Union beobachtet werden kann, würde im Steilgelände der Alpen zu einer Instabilität der Landschaft führen. Schweizer Untersuchungen haben ergeben (WYDER 1989), dass die kontinuierliche Landschaftspflege durch den Bauern für die Volkswirtschaft wesentlich billiger kommt als fast alle technischen Maßnahmen zur Stabilisierung, und zwar sowohl in Hinblick auf die Investitionskosten als auch auf den Aufwand der ständigen Erhaltung.

Es wird daher in Zukunft unvermeidbar sein, den Bauern gegen entsprechendes Entgelt die Landschaftspflege in ökologisch sensiblen Gebieten zu übertragen. Für die Realisierung dieser Maßnahmen müssen jedoch vorrangig zwei Probleme gelöst werden:

– Die Finanzierung muss langfristig gesichert werden. Das Interesse der Allgemeinheit an der Vermeidung von Umweltkatastrophen, an einer Sicherheit der Verkehrswege und einer für die Besucher unseres Landes attraktiven Kulturlandschaft sollte genug Argumente für die Bereitstellung der notwendigen finanziellen Ressourcen liefern.

– Ferner muss aber der Landwirt, dessen Hauptaufgabe seit Gründung seines Hofes war, v. a. Nahrungsmittel für sich und auch den Markt zu produzieren, davon überzeugt werden, dass sein Betriebszweck sich radikal gewandelt hat. Das verlangt eine völlige Neupositionierung der Funktion des Bauern, die gerade in der traditionellen Denkweise der ländlichen Bevölkerung schwer Eingang finden wird. Somit ist die wichtige Aufgabe der bäuerlichen Landschaftspflege zur Bewahrung der Kulturlandschaft, erst in der Anfangsphase. Wenn sie in das Stadium der Reife kommt, wird sich die Bewirtschaftung des ländlichen Raumes wesentlich verändert haben.

9.4 Über 40% des Staates sind Wald

Obwohl Österreich keiner der beiden großen Holzproduktionszonen der Erde, der borealen oder der tropischen Zone zuzurechnen ist, findet sich der kleine Staat jedes Jahr unter den ersten 20 der Weltrundholzproduktion. Denn der Waldanteil an der Staatsfläche beträgt 44,8% (vgl. Abb. 9.1 und Tab. 9.5).

In der gemäßigten Klimazone in Europa wurden große Teile des ursprünglich über weite Flächen vorhandenen Waldes für die landwirtschaftliche Nutzung gerodet, um die ansässige Bevölkerung ernähren zu können. Dies geschah, obwohl von der natürlichen Eignung her gute Vorbedingungen für die Holzgewinnung gegeben sind (hohe Zuwachsraten). Da aber der Rodung nur die für den Betrieb in der Landwirtschaft besser geeigneten Grundstücke anheim fielen, ist in Österreich bis heute eine relativ große Waldfläche erhalten geblieben. Somit sind Flächen mit starker Hangneigung, geringer Sonnenexposition, in Höhenlage, oder auf wenig ertragreichen Böden nach wie vor mit Wald bedeckt. Diese Lagefaktoren bedeuten aber auch im Vergleich zur nordischen Konkurrenz wesentlich höhere Bringungskosten für das Holz. Zur Verbesserung der Qualität der Holzlieferungen und um die Transportkosten zu verringern, wurden die österreichischen Wälder durch ein umfangreiches Forststraßennetz erschlossen. Strenge gesetzliche Bestimmungen verhindern die weitere Rodung von Waldflächen. Ist diese aus funktionalen Gründen unvermeidlich, werden meist Ersatzaufforstungen vorgeschrieben.

Die Forstwirtschaft wird in Österreich mit relativ *hoher Intensität* betrieben. Ein weltweiter Vergleich beweist, dass dieselbe Intensität nur noch in einigen eng begrenzten Gebieten Mitteleuropas, z. B. im süddeutschen Raum, und in ganz kleinen absatzortnahen Bereichen der USA erreicht wird. In allen anderen Waldregionen der Welt erlauben die Erträge aus der Forstwirtschaft keine Intensivierung der Bewirtschaftung in diesem Ausmaß.

Somit erklärt sich auch, dass Österreich bei Produktion und Export von Papier in Mitteleuropa eine bedeutende Stellung einnimmt (vgl. Tab. 8.10, 8.11 und Foto 13). Dabei ist das im Lande verarbeitete Industrieholz (v. a. zu Papier und Zellulose) durchaus nicht immer inländischer Provenienz. Denn Ausfuhren von 31 Mrd. ÖS, das sind immerhin rund 40 % der land- und forstwirtschaftlichen Exporte, standen 1999 Einfuhren von 19 Mrd. ÖS gegenüber, somit fast ein Viertel der Importe (Bundesministerium für Land- und Forstwirtschaft 2000, S. 183). Trotzdem ist in der traditionell passiven Außenhandelsbilanz mit land- und forstwirtschaftlichen Produkten Holz seit langem ein wichtiger Aktivposten.

Mit den 44,8% österreichischer Waldfläche steht Österreich nach Finnland und Schweden in Europa an dritter Stelle. Allerdings sind nur 38% forstwirtschaftlich nutzbar (HARMS 1983, S. 65). Der Rest fällt auf Schutz- und Bannwälder, wo eine Nutzung stark eingeschränkt oder gänzlich untersagt ist. Dieser Anteil unterstreicht die große Bedeutung des Waldes für die ökologische Stabilität weiter Landesteile.

Besitzstruktur

Rund 20 % des österreichischen Waldes sind in öffentlichem Besitz, der größte Teil davon im Eigentum des Staates. Die restlichen 80 % teilen sich unter Privatbesitzern auf; drei Fünftel gehören Bauern im Kleinbesitz, der Rest Großgrundbesitzern, meist der Kirche, dem früheren Adel oder Großindustriellen.

Es ist interessant, die Entstehungsgeschichte dieser Besitzerkategorien zu verfolgen. Die *österreichischen Bundesforste* sind aus dem ehemaligen „k. und k. Forstärar" hervorgegangen. Im kaiserlichen

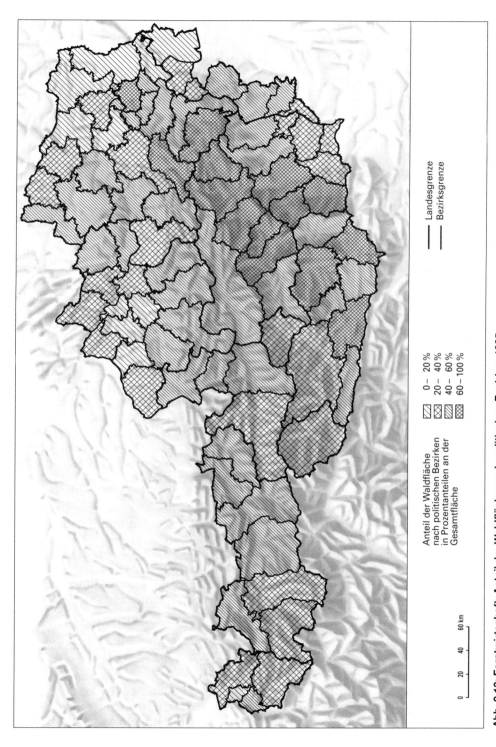

Abb. 9.13: Forstwirtschaft: Anteil der Waldfläche nach politischen Bezirken 1995
Quelle: Bundesministerium für Land- und Forstwirtschaft 1998, S. 60

Besitz befanden sich damals im Wesentlichen zwei Kategorien von Wäldern:
- Wälder, deren Besitz für den Staat strategisch wichtig war; das waren Wälder im Einzugsbereich von Bergwerken und wichtiger Schwerindustrie.
Dieser Bereich erstreckte sich beispielsweise auf den Oberlauf von Flüssen, auf denen geflößt oder getriftet werden konnte. Durch die Übernahme in das staatliche Eigentum wurde sichergestellt, dass für den Abbau von Rohstoffen genug Holz zum Grubenbau vorhanden war, und dass Schmelzanlagen und Industriebetriebe mit genügend Energie aus Holzkohle versorgt werden konnten. Diese Funktion der Wälder hat nach dem Übergang zur mineralischen Kohlefeuerung abgenommen, die Besitzstruktur ist jedoch erhalten geblieben.
- Wälder mit großer Bedeutung für die Jagd. Vor allem in der Umgebung ehemaliger kaiserlicher Wohnsitze befinden sich heute umfangreiche Waldflächen im Staatsbesitz, welche der kaiserlichen Familie als Jagdrevier vorbehalten waren.
Natürlich können beide Funktionen der Wälder zusammenfallen. Während die Hochlagen des Salzkammergutes gerne zur Gemsenjagd aufgesucht wurden, war durch die Unterschutzstellung der tieferen Lagen, die einen guten Holzzuwachs aufweisen, der Betrieb der Salzbergwerke und der Salinen sichergestellt. Große Reviere der Bundesforste finden wir vom Wienerwald ausgehend in den nördlichen Kalkalpen bis in den Raum von Innsbruck, in den Kitzbühler Alpen, den Zillertaler Alpen, den Hohen Tauern, im Lungau und in Osttirol.

Die Österreichischen Bundesforste befinden sich zwar nach wie vor im Staatseigentum; sie wurden aber 1996 aus dem Staatsbudget ausgegliedert und bilden als Aktiengesellschaft einen autonomen Wirtschaftskörper. Im Zuge der Bestrebungen zur Budgetsanierung wurden sie im Jahr 2000 von der Regierung verpflichtet, zu ihren laufenden Gewinnen, in den Jahren 2001 und 2002 zusätzlich jeweils 1,5 Mrd. ÖS an den Staat abzuführen. Diese Beträge sollen aus dem Verkauf von 10 bis 15 % (30 000 – 50 000 ha) des Wirtschaftswaldes gewonnen werden. Als Ersatz dafür bekommt die Österreichische Bundesforste AG Wasserflächen (Seen) übertragen, die sich derzeit noch im Staatsbesitz befinden. Bei dieser Aktion handelt es sich um den ersten größeren Verkauf von Staatswald seit vielen Jahrzehnten.

Unter den privaten Großgrundbesitzern spielt die *katholische Kirche* eine bedeutende Rolle. Die Stifte erhielten anlässlich ihrer Gründung im Mittelalter große Ländereien, die teilweise bis heute mit Wald bestanden sind. Forstwirtschaft und die Verarbeitung des Holzes zu Fertigprodukten dienen auch in unserer Zeit noch der klösterlichen Wirtschaftsführung. Ohne diese Einkünfte könnten diese Institutionen ihren Aufgaben nicht mehr gerecht werden. Auch die Erhaltung des wertvollen, denkmalgeschützten Baubestandes, wäre in Frage gestellt.

Die forstlichen Großgrundbesitze der *Adligen* waren zurzeit der Bauernbefreiung von der Bodenreform ausgenommen worden und sind daher bis heute erhalten geblieben. Ihre Wirtschaftskraft ist lange nicht mehr so bedeutend wie in früheren Jahrhunderten.

Die Forstgüter der *Industriellen* sind hingegen teilweise erst in der Gründerzeit entstanden. Damals waren viele der von der Grundherrschaft befreiten Bauern in hohem Maße verschuldet, da ihre kleinen Güter nur geringe Erträge brachten. Sie waren nicht gewohnt, selbst die volle Verantwortung über ihr Eigentum zu übernehmen und u. a. auch rechtzeitig Steuern und Abgaben zu zahlen. Die Folge war, dass es zum so genannten „Bauernlegen" kam. Eigentümer großer Industriebetriebe kauften in der zweiten Hälfte des 19. Jahrhunderts die verschuldeten kleinen Bauernhöfe auf; die Bauern verließen hierauf ihre Heimat und wanderten in die Städte und neuen Industriegebiete ab. Die neuen Grundbesitzer versuchten bald ihren Besitztum zu arrondieren, forsteten das Gebiet auf und es entstanden große, herrschaftlich betriebene Forst- und Jagdgüter. In diesen Bereichen findet heute eine sehr effiziente Forstwirtschaft statt. Die Wälder sind gut erhalten. Teilweise wird versucht, das Gebot der Wegefreiheit im Walde, das in Österreich mit dem neuen Forstgesetz 1976 eingeführt wurde, zu umgehen. Es sind jene Gebiete, wo es in den Reiseführern heißt: „Früher bezeichnete Wege wurden abgebracht" oder: „Touristischer Besuch aus Jagdgründen unerwünscht!" (TIPPELT/BAUMGARTNER 1977, S. 167 und 204). Zu den forstwirtschaftlichen Großbetrieben gehören auch noch Gemeinschaftswälder von Agrargemeinschaften, Erwerbs- und Wirtschaftsgenossenschaften und ähnlichen Institutionen. Diese befinden sich vorwiegend im Westen Österreichs, z.T. im von Alemannen besiedelten Bereich.

Über die Hälfte der österreichischen Wälder sind *Kleinprivatwälder* (unter 200 ha). Sie gehören meistens Bauern und dienen bzw. dienten der Versorgung des Hofes mit Nutz- und Brennholz. Nebenbei übernehmen sie die Funktion einer „bäuerlichen Sparkasse". Schlechte Ernten, Investitionen oder einfach Schulden aus dem landwirtschaftlichen Betrieb können bis zu einem gewissen Ausmaß durch Holzeinschlag und -verkauf abgedeckt werden. Diese Tatsache wird auch durch die Erträge der Forstwirtschaft bewiesen. Der Gesamteinschlag bei den Großbesitzern, die über rund zwei Fünftel der Waldfläche verfügen, liegt im langjährigen Durchschnitt über dem Einschlag der Kleinbesitzer mit einem Flächenanteil von drei Fünfteln.

Eine Erstverarbeitung des Nutzholzes erfolgt in der *Sägeindustrie*. Diese befindet sich im Stadium der Umstrukturierung. Anstelle vieler regionaler, rohstoffständiger Betriebe entstehen einige wenige, deren wesentlicher Standortfaktor die Verkehrslage ist. Von diesen Großsägewerken wird über die Hälfte der österreichischen Nutzholzproduktion exportiert, mit 65% ein großer Anteil nach Italien. Holzfertigprodukte, z.B. Möbel kommen dann aus diesem Staat wieder nach Österreich zurück. Die hohe Wertschöpfung der Verarbeitung erfolgt somit im Ausland.

Die starken Schwankungen in der Einschlagstatistik spiegeln die Entwicklung der *Holzpreise* wider. In Jahren höherer Holzpreise wird mehr Holz geschlagen werden; auch das Fällen von Bäumen in ökonomischen Grenzlagen kann dann interessant werden. In Jahren mit niedrigen Marktpreisen, wird man den Einschlag verringern. Allerdings kann sich hier vermehrter Schadholzanfall nach Naturkatastrophen (bis zu 40% am jährlichen Holzeinschlag – PITTERLE

Tab. 9.12: Holzeinschlag nach Besitzerkategorien, 1950–1998
Quelle: ÖSTAT 1999a, S. 305; 1996a, S. 242; 1989a, S. 243 – Rundungsdifferenzen möglich

Jahr	Gesamteinschlag (1 000 Festmeter)	davon (in %)		
		Österreichische Bundesforste	Privatbesitz über 200 ha	unter 200 ha
1950	9 539	–	–	–
1960	10 016	–	–	–
1970	11 123	–	–	–
1980	12 733	16,2	34,2	49,6
1985	11 626	17,4	38,9	43,7
1990	15 711	13,0	33,2	53,8
1995	13 806	14,8	33,5	51,7
1997	14 726	16,4	33,9	49,8
1998	14 034	13,9	33,9	52,1

1990, S. 9) für die Marktentwicklung schädlich auswirken. Schadholz muss wegen der Gefahr von vermehrtem Schädlingsbefall rasch aufgearbeitet werden. Die auf diese Weise zusätzlich auf den Markt geworfenen Holzmengen bringen jedoch einen Verfall der Preise.

Der Bestand des Waldes und damit die Zukunft der Forstwirtschaft ist auch durch *zahlreiche Schadstoffe* gefährdet. Das Waldschadenbeobachtungssystem, das im gesamten Bundesgebiet durchgeführt wird, hat ergeben, dass rund 40 % der Wälder geschädigt sind. Experten halten diese Ergebnisse für zu niedrig; die Situation dürfte viel ernster sein. Die Erhebungen der Österreichischen Waldinventur machen besonders auf die Gefährdung von Schutzwaldflächen aufmerksam. Diese Wälder, welche seit Jahrhunderten bestehen und in der Zeit der Kaiserin MARIA THERESIA zu Bann- und Schutzwäldern erklärt worden sind, haben den Standort von manchem Erbhof in Tirol durch Jahrhunderte gesichert. Es hat der Luftverschmutzung unserer Tage bedurft, die Widerstandskraft des Waldes derart zu schwächen, dass die Sicherheit einiger Höfe nicht mehr garantiert werden kann. Ein besonderes Schutzwaldkonzept soll die Sanierung dieser Bestände beschleunigen und somit die Gefährdung des Dauersiedlungsraumes in den Alpen fühlbar verringern (Bundesministerium für Land- und Forstwirtschaft 1999, S. 54).

10 Zusammenfassung – Versuch einer Bilanz

Der Autor möchte im Folgenden versuchen, die Ausführungen dieses Buches zusammenzufassen. Im Einklang mit der geographischen Konzeption des Buches stehen hierbei v. a. raumrelevante Aspekte im Vordergrund.

Das österreichische *Bruttoinlandsprodukt (BIP)* erreichte nach den Angaben des Statistischen Zentralamtes im Jahre 1997 den beachtlich hohen Wert von 2 514,37 Mrd. ÖS zu laufenden Preisen. Es ist seit dem Ende des Zweiten Weltkrieges stetig gewachsen. Die Zuwachsraten waren nach Unterzeichnung des Staatsvertrages, während des „kleinen österreichischen Wirtschaftswunders" besonders hoch und sind dann im Laufe der Jahre langsam zurückgegangen. Kleinere Rückschläge in einigen wenigen Jahren (1975, 1978 und 1981) kommen in den 5-jährigen Intervallen, wie sie in Abbildung 10.1 dargestellt sind, nicht zur Geltung. Die obere Linie dieser Abbildung ist inflationsbereinigt. Ein Vergleich des Bruttoinlandsproduktes „zu laufenden Preisen" mit dem „zu Preisen von 1997" zeigt das Ausmaß der Inflation, die sich seit den 1980er Jahren beruhigt hat.

Abb. 10.1: Bruttoinlandsprodukt: Entwicklung 1955–1996 (in Mrd. ÖS.)
Quelle: Österreichisches Statistisches Zentralamt (ÖSTAT) 1999a, S. 267 ff.; 1990a, S. 212 ff. – eig. Berechn.
Anmerkung: Ungenauigkeiten durch Änderungen in der Statistischen Erfassung und Rundungsdifferenzen

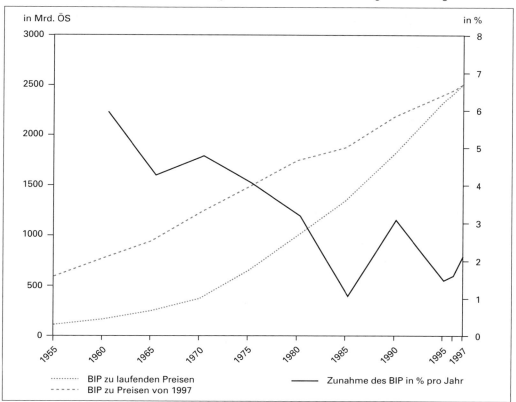

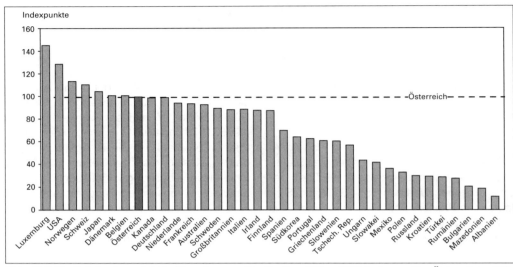

Abb. 10.2: Bruttoinlandsprodukt je Einwohner zu Kaufkraftparitäten 1997, Indexpunkte: Österreich = 100
Quelle: ÖSTAT 1998a, S. 525, modifiziert

Das Bruttoinlandsprodukt lag damit je Einwohner nach Kaufkraft und nach Wechselkursen über dem Durchschnitt der Staaten der Europäischen Union und auch der Mitglieder der OECD (Abb. 10.2). Stellt man nur nach diesem einen Kriterium eine Weltrangliste auf, würde Österreich in den letzten Jahren um die zehnte Stelle gereiht werden. Damit nimmt der kleine Alpenstaat zweifellos einen Spitzenrang ein.

Abb. 10.3: Bruttoinlandsprodukt: Steuerquoten – Steuereinnahmen in Prozent des BIP 1997
Quelle: ÖSTAT 1999a, S. 540

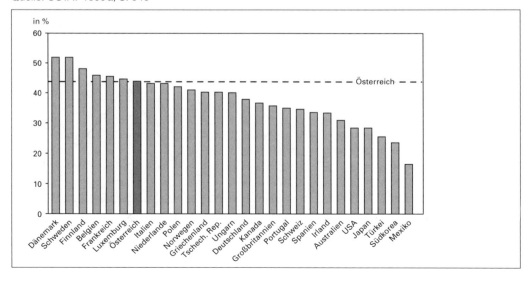

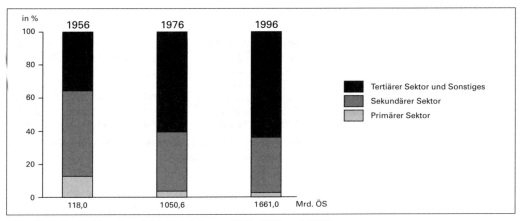

Abb. 10.4: Bruttoinlandprodukt: Entstehung 1956, 1976 und 1996
Quelle: ÖSTAT 1997 a, S. 215; 1966 a, S. 322, modifiziert

Die in der Abbildung zusätzlich angeführten Staaten im östlichen Mitteleuropa erreichten nicht einmal die Hälfte der österreichischen Werte. Dieser Umstand allein gibt schon einen Hinweis auf die großen Unterschiede in den Kaufkraftparitäten zwischen Österreich und seinen Nachbarländern jenseits des ehemaligen Eisernen Vorhanges.

Abbildung 10.3 beschäftigt sich mit den Steuerquoten der OECD-Staaten, somit mit der Frage, wieviel Prozent des Bruttoinlandsproduktes (BIP) als Steuern an Bund, Länder und Gemeinden abzuführen sind. In der Abbildung (Stichjahr 1997) befindet sich Österreich mit 44,4 % an achter Stelle. 1995 war die Steuerquote noch um 2,1 Prozentpunkte geringer gewesen; im Jahre 2001 wird sie allerdings über 46 % betragen. Dieser Anstieg ist die Auswirkung von drei Sparpaketen, welche von der Bundesregierung zur Einhaltung der Maastricht-Kriterien erlassen wurden. Vor drei Jahrzehnten, 1965, war die Quote mit 34,7 % noch wesentlich niedriger gewesen, lag aber auch damals im internationalen Vergleich schon sehr hoch. Denn unter den in Abbildung 10.3 verzeichneten Staaten stand Österreich damals an zweiter Stelle gleich nach dem wegen seines hohen Sozialstandards führenden Schweden.

Die Verteilung des Bruttoinlandsproduktes auf die einzelnen Wirtschaftssektoren entspricht der im Kapitel 4.1.2 dargestellten Theorie von FOURASTIÉ. Der starke Rückgang der Wertschöpfung des primären Sektors muss in Zusammenhang mit der externen Disparität der Landwirtschaft gesehen werden, wie sie am Anfang des Kapitels 9 dargestellt wurde: Der Arbeitsertrag pro Person in diesem Wirtschaftssektor liegt weiterhin zunehmend unter den Ergebnissen in den anderen Wirtschaftssektoren.

Im Warenverkehr mit dem Ausland verzeichnet Österreich strukturell eine *passive Außenhandelsbilanz*. Dieses Passivum lässt sich bis in die Zeiten der österreichisch-ungarischen Monarchie zurückverfolgen, ist aber seit der Gründung des „Reststaates" 1918 besonders ausgeprägt. Tabelle 10.1 weist nach, dass die Defizite in der Handelsbilanz stark schwanken. Die Außenhandelspolitik der Regierung, die in den vergangenen Jahrzehnten immer wieder versucht hat, durch importrestringierende Maßnahmen das steigende Defizit unter Kontrolle zu bekommen, spiegelt sich hier wider.

Das Handelsbilanzpassivum wurde bis in die 1990er Jahre v. a. durch die Dienstleistungen im Fremdenverkehr weitgehend aus-

Jahr	Saldo aus dem Außenhandel „Handelsbilanz"	Saldo aus Dienst- leistungen	davon Reiseverkehr			Saldo „Leistungs- bilanz"	Saldo Kapital- verkehr
			Einnahmen	Ausgaben	Saldo		
1975	−31 000	+28 000	48 000	22 000	+26 000	−3 000	+20 000
1980	−87 000	+42 000	83 000	43 000	+40 000	−21 000	+40 000
1985	−77 000	+43 000	105 000	56 000	+49 000	−2 000	+2 000
1990	−90 000	+53 000	152 000	87 000	+65 000	+14 000	−1 000
1995	−88 000	+32 000	147 000	118 000	+30 000	−47 000	+65 000
1996	−100 000	+14 000	147 000	125 000	+23 000	−44 000	+45 000

Tab. 10.1: Zahlungsbilanz (Auszug): 1975, 1980, 1985, 1990, 1995, 1996 (in Mrd. ÖS zu laufenden Preisen)
Quelle: ÖSTAT 1997 a, S. 228; 1989 a, S. 221 – eigene Berechnungen

geglichen (s. Einleitung zu Kap. 7, Abb. 7.1). Von der Unterzeichnung des Staatsvertrages an bis zum Jahre 1990 hat somit die Entwicklung der Fremdenverkehrsbilanz mit dem auf längere Sicht steigenden Trend der Außenhandelsdefizite Schritt gehalten. Seit-

her steigen die Einnahmen aus dem Fremdenverkehr nur noch langsam und gleichzeitig ist eine starke Zunahme der touristischen Ausgaben von Österreichern im Ausland zu verzeichnen. Die daraus resultierende Schere hat zu einer starken Verringerung des po-

Abb. 10.5: Außenhandel 1988–1998 mit der Europäischen Union und osteuropäischen Staaten
Quelle: ÖSTAT 1999 a, S. 368, modifiziert

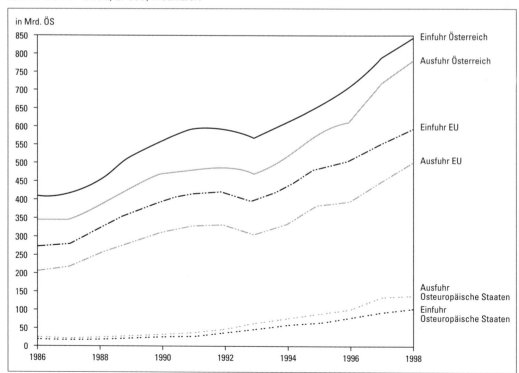

sitiven Saldos der Dienstleistungsbilanz geführt und damit auch die gesamtösterreichische Leistungsbilanz fühlbar verschlechtert.

In die *Leistungsbilanz* werden noch Dienstleistungen, die nicht direkt zugerechnet werden können, einbezogen. Dabei handelt es sich um verschiedene Leistungen, z. B. die Montage von exportierten Anlagen, Know-how-Exporte sowie Transferleistungen, die in Tabelle 10.1 nicht angeführt wurden. Ein meist positiver Gesamtsaldo des Kapitalverkehrs hebt Defizite in der Leistungsbilanz weitgehend auf. Der endgültige Ausgleich der Zahlungsbilanz erfolgt dann über die Währungsreserven.

Fragt man nach Österreichs *Außenhandelspartnern*, so muss grundsätzlich festgestellt werden, dass diese sich seit langem im Nahbereich in Europa befinden. Rund 65 % der Exporte und Importe gehen in die Nachbarstaaten Deutschland, Italien, Schweiz, Frankreich, Ungarn, Tschechien, Slowenien, Slowakei, Kroatien und Liechtenstein. Die Bundesrepublik Deutschland allein vereinigte 1999 41,9 % der Importe und 34,9 % der Exporte auf sich (ÖSTAT 2000a, S. 383), aus handelspolitischer Sicht eine beachtliche Konzentration. Das Handelsbilanzdefizit gegenüber Deutschland allein belief sich 1999 auf über 87 Mrd. ÖS. Nur ein verschwindend kleiner Teil des österreichischen Außenhandels geht nach Übersee, wie im Kapitel 6 bereits erwähnt wurde. Vergleicht man den österreichischen Außenhandel mit dem der Schweiz, so sind die Schweizer Handelspartner räumlich wesentlich weiter auf der Welt verteilt, der Anteil des Überseehandels ist daher höher.

Abbildung 10.5 zeigt, wie sich die Außenhandelsströme aufgrund der politischen Veränderungen in den letzten zehn Jahren, nach dem Fall des Eisernen Vorhanges und dem Beitritt zur Europäischen Union, verändert haben. Man sieht deutlich die Zunahme des Handels innerhalb der Union, der für die Entwicklung des Gesamtwertes maßgeblich ist. Andererseits hat es seit dem Fall des Eisernen Vorhanges auch einen starken Zuwachs

Tab. 10.2: Außenhandel nach wichtigen Herkunfts- und Zielländergruppen 1936 und 1996
Quellen: Österreichisches Statistisches Landesamt 1938, S. 123; ÖSTAT 1997a, S. 306
Anmerkung: Die Angaben in Tabelle 10.1 wurden auf Milliardenbeträge gerundet. Ungenauigkeiten infolge von Rundungsdifferenzen und Veränderungen in der Erfassung

[1] 1996: Ausfuhren: Slowenien, Kroatien, Deutschland, Bundesrepublik Jugoslawien, Bosnien und Herzogowina, Mazedonien; Einfuhren: Slowenien und Kroatien (Rest unbedeutend)
[2] 1996: Tschechien und Slowakei

Herkunfts-/Zielland	Ausfuhren 1936 in Tsd. ÖS	Ausfuhren 1996 in Mill. ÖS	Einfuhren 1936 in Tsd. ÖS	Einfuhren 1996 in Mill. ÖS	Handelsbilanz 1936 in Tsd. ÖS	Handelsbilanz 1996 in Mill. ÖS
Insgesamt	967 000	612 190	1 268 000	712 760	−301 000	−101 000
	in %	in %	in %	in %		
OECD	−	77,1	−	82,8		
EU	−	64,1	−	70,8		
Deutschland	16,3	37,4	17,1	42,9		
Italien	13,4	8,3	4,7	8,8		
Jugoslawien[1]	5,1	3,3	6,1	1,2		
Polen	5,0	1,5	5,8	0,8		
Rumänien	6,9	0,5	8,0	0,3		
Schweiz	4,8	5,0	3,1	3,5		
Tschechoslowakei[2]	7,3	4,2	11,4	2,9		
Ungarn	9,8	4,0	9,3	2,7		

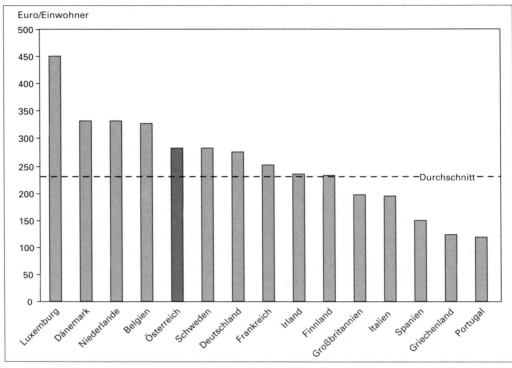

Abb. 10.6 Beitragszahlungen pro Kopf zur Europäischen Union (laut Haushaltsentwurf) 1999
Quelle: BARATTA 1999, S. 1070; Europäische Union – Informationsbüro für Österreich–eigene Berechnungen

des Handels mit den osteuropäischen Ländern gegeben, v. a. auf der Exportseite.

Zieht man jedoch das Gesamtergebnis 1996 heran und vergleicht es mit den Handelsbeziehungen in der Zwischenkriegszeit, so muss man feststellen, dass die Aufteilung der Handelsströme auf die Nachbarländer vor dem Zweiten Weltkrieg regional wesentlich ausgeglichener war (Tab. 10.2). Sicher ist die heutige wirtschaftliche Situation aller europäischen Staaten mit der von 1936 nicht direkt zu vergleichen. Auch haben für Österreich vor dem Zweiten Weltkrieg die traditionellen Handelsbeziehungen mit den Diadochenstaaten der Donaumonarchie noch eine größere Rolle gespielt. Die in Abbildung 10.5 deutlich erkennbaren Zuwachsraten der osteuropäischen Länder werden sich aber einige Jahre fortsetzen.

Innerhalb der Europäischen Union ist Österreich aufgrund seines hohen wirtschaftlichen Entwicklungsstandes ein Nettozahler. Bezogen auf die Zahl der Einwohner, bedeutet dies, dass Österreich unter den 15 Staaten der EU mit seinen Beiträgen zum Haushalt der Europäischen Union derzeit an fünfter Stelle gereiht ist (Abb. 10.6). Allerdings sind gerade in letzter Zeit große Schwierigkeiten aufgetreten, langfristig ein Budgetkonzept zu erstellen, das den Vorstellungen der Europäischen Wirtschafts- und Währungsunion (EWWU) entspricht. Dies deutet u. a. auch darauf hin, dass große Anstrengungen notwendig sein werden, um angesichts der fortschreitenden europäischen Integration diesen hohen Entwicklungsstand in Zukunft erhalten zu können.

> *Mutig in die neuen Zeiten,*
> *frei und gläubig sie uns schreiten,*
> *arbeitsfroh und hoffnungsreich.*

11 Ausblick – zwischen Zentrum und Peripherie

Die Entwicklung von Kultur- und Wirtschaftsräumen erfolgt in sehr langen Zeitperioden. Daher kann das heutige Raummuster Österreichs rational in vielen Belangen nur aus der Vergangenheit erklärt werden. Remanenz und Persistenz bringen ein Beharren einer Raumstruktur über lange Zeiträume hinweg, die weit über die Perioden des etablierten politischen Denkens aber auch der betriebswirtschaftlichen Disposition und Kalkulation hinausgehen. Darum wurde auch versucht, in dieses Buch Vergleichsdaten über eine möglichst lange Periode aufzunehmen, selbst auf die Gefahr hin, dass durch mehrmalige Veränderungen in den statistischen Erfassungsmethoden Ungenauigkeiten in den Tabellen hingenommen werden müssen.

Es ist zwar richtig, dass Anpassungen von Raumstrukturen an neue Umfeldbedingungen in den letzten beiden Jahrhunderten sich zunehmend beschleunigt haben; trotzdem verlaufen die Prozesse in z. T. wesentlich längeren Zeitperioden, als in den meisten Fällen bei Planungen berücksichtigt wird. Zudem handelt es sich um Prozesse „mit fliegendem Start und fliegendem Ziel". Neue wichtige und nicht vorhersehbare Einflussfaktoren greifen in den laufenden überaus komplexen Prozess ein und verändern dessen Richtung.

Der Autor möchte daher auch keine konkrete Prognose oder gar mehrere Zukunftsszenarien erarbeiten. Er möchte aber doch auf die Ausführungen des ersten Kapitels dieses Buches zurückkommen. Dort wurde darauf hingewiesen, dass die Lage Österreichs im europäischen Zentrum-Peripherie-Gefälle sich im Laufe der Geschichte ständig verändert hat, eine Tatsache, die sich in der wirtschaftlichen Entwicklung des Landes stark niedergeschlagen hat. Seit dem 1. Januar 1995, dem Beitritt Österreichs zur Europäischen Union, liegt der Staat wieder an der Außenperipherie. Die Grenzmark des Hochmittelalters gegen Osten wurde zur „Schengen-Außengrenze" Europas.

Für einen Ausblick in die ferne Zukunft erscheint es daher wichtig, die Frage nach der zukünftigen Positionierung Österreichs und seiner Teilregionen auf der europäischen Ordinalskala zwischen Zentren, Kernräumen und peripheren Räumen zu stellen. Im Kapitel 1 wurde schon darauf hingewiesen, dass die in Diskussion stehende Osterweiterung der Europäischen Union einer der Hauptfaktoren sein wird, welche diese Positionierung bestimmen werden.

Es sind daher Überlegungen darüber anzustellen, wohin und wie intensiv sich der derzeit ablaufende Integrationsprozess Europas entwickeln könnte. Wie lange beispielsweise auch die „neoliberale" Strömung, die diesen Prozess derzeit begleitet, in Zukunft anhält. Denn Gebiete mit von der Natur vorgegebenen wirtschaftlichen Restriktionen (vgl. Kap. 2) sind bei großräumigen Integrationsprozessen, auf lange Sicht gesehen, immer benachteiligt. Restriktionen wirken sich im großen integrierten Raum für die benachteiligten Regionen auf jeden Fall stärker aus, als bei kleinen Raumeinheiten, in denen ein regionaler Ausgleich leichter gefunden werden kann, sowohl aus politischer als auch aus wirtschaftlicher Sicht. Daher sind Integrationsverhandlungen mit Staaten mit benachteiligten Gebieten auch besonders langwierig und schwierig.

Die Europäische Union hat weite Gebiete Österreichs als benachteiligt anerkannt (vgl. Abb. 4.15 und 9.2). In diesen Räumen wird es sicher auch in Zukunft Hemmnisse bei der weiteren Entwicklung geben. Denn die Disparitäten zwischen nicht benachteiligten und benachteiligten Gebieten dürften auch in Zukunft noch weiter zunehmen.

Dieser Trend betrifft jedoch nicht nur den primären Sektor. Angesichts der weitgehenden Erschöpfung der Bodenschätze sind auch große Teile des sekundären Sektors, vor allem im Bereich der Schwerindustrie, betroffen. Die „Deindustrialisierung" wird v. a. in den peripher eingestuften Räumen weitergehen, eventuell sogar noch weiter zunehmen (vgl. Abb. 5.5). Dies wird auch für große Teile des Dienstleistungssektors in diesen Regionen zutreffen, obwohl mancherorts eine hohe Fremdenverkehrsattraktivität gegeben ist und die Zukunftsaussichten dieses Wirtschaftszweiges nicht ungünstig beurteilt werden.

Geht man vom Territorium der heutigen Republik Österreich aus, so scheint eine entscheidende Frage zu sein, wieweit politische Grenzen in Europa künftig noch eine funktionelle Bedeutung haben werden; inwiefern somit eine Zugehörigkeit zu einem Mitgliedstaat der Europäischen Union die räumlichen Komponenten von Identität, sozialem Leben und wirtschaftlichem Handeln noch beeinflussen wird.

In Kapitel 3.5 wurde darauf hingewiesen, dass die heutigen Grenzen der Republik Österreich eher zufällig entstanden sind: ein Reststaat mit deutscher Muttersprache, übrig geblieben nach der Aufteilung der Donaumonarchie auf die verschiedensten Nationalitäten. Es muss in diesem Zusammenhang kurz daran erinnert werden, dass sich vor 80 Jahren, nach dem Ende des Ersten Weltkrieges, Vorarlberg der benachbarten neutralen Schweiz anschließen wollte. Auch im Osten waren Abgrenzung und Status des Burgenlandes für einige Jahre umstritten.

Die westlichen Gebiete Österreichs tendieren mit ihren hochrangigen zentralörtlichen Beziehungen schon heute nicht nur zur Bundeshauptstadt Wien, sondern auch nach Zürich, München, Frankfurt und anderen Metropolen. Diese Tendenz wird in einem „Europa der Regionen" noch wesentlich zunehmen. Sollten die neuen Regionen auch weitere politische und administrative Kompetenzen erhalten, so sind vollkommen neue Zentrum-Peripherie-Bindungen zu erwarten, die u. a. auch eine Aufspaltung des bisherigen österreichischen Territoriums bringen könnten.

In den östlichen Teilen Österreichs werden diese Veränderungen geringer sein. Hier erscheint der Status der Region Wien als Kernraum ein wesentlicher Bestimmungsfaktor zu sein. Die instabile politische Lage im Südosten Europas macht es zum gegenwärtigen Zeitpunkt allerdings schwer, Aussagen darüber zu treffen, wie weit sich der Einfluss der Region Wien in diese Richtung verstärken könnte; ob es möglich ist, in etwa wieder dieselbe Einflusssphäre zu erreichen, die vor dem Ausbruch des Ersten Weltkrieges bestand; ob eine solche metropolitane Aufgabe in Zukunft nicht allein, sondern in Funktionsteilung mit den Hauptstädten Budapest und Prag zu erfüllen sein wird. In diesem Zusammenhang wird auch interessant sein, ob und welche höchstrangigen zentralen Funktionen die Stadt München künftig langfristig an sich ziehen kann. Auf jeden Fall scheint die Positionierung Wiens in einem Kernraum zweiter oder dritter Ordnung wahrscheinlich, ebenso die Funktion großer Teile des Alpenvorlandes als „Entwicklungskorridor" zwischen der Wiener Region und Kernräumen in Westeuropa.

Die bereits erwähnte Osterweiterung der Union spielt hier eine große Rolle: Entscheidend wird sein, ob diese Erweiterung nur auf politischer Ebene vor sich gehen wird oder ob die notwendigen Vorbedingungen zur Etablierung von gemeinsamen Wirtschaftsräumen geschaffen werden können. In den Kapiteln 4 und 5 wurde auf das niedrige Lohnniveau und die unterschiedlichen Kaufkraftparitäten diesseits und jenseits der österreichischen Grenze am ehemaligen Eisernen Vorhang hingewiesen. Auch die damit verbundenen regionalwirtschaftlichen Folgen wurden teilweise erwähnt. Besonders seitens der österreichischen Landwirtschaft und hier v. a. der Ackerbaubetriebe wird auf mögliche negative Folgen hingewiesen (GREIF 1999, S. 84 f., KNIEPERT 1999, S. 61–80). Die Industrie steht einer Osterweiterung wesentlich positiver gegenüber.

Die Bildung von funktionsfähigen Wirtschaftsräumen an der oder über die Grenze hinweg scheint nur dann sinnvoll, wenn es gelingt, die Unterschiede in Lohnniveau und Kaufkraftparität weitestgehend abzubauen. Sollte dies nicht der Fall sein, dann dürfte die derzeitige Entwicklung in Richtung Peripherie im östlichen Grenzbereich fortschreiten, auch wenn es zu einer Osterweiterung im politischen Sinne kommt. Solange derartige Disparitäten bestehen, bleibt der Osten Österreichs ein exponierter peripherer Randposten des westeuropäischen Hochlohn- und Hochpreissegmentes.

Für die weitere Entwicklung der *Teilregionen* des heutigen Österreich scheint entscheidend zu sein, ab welcher Größe (Bevölkerungszahl, Fläche, Dauersiedlungsraum) ein eigenständiger regionaler Wirtschaftsraum in einem „Europa der Regionen" auf lange Sicht bestehen kann. Einer der Bestimmungsfaktoren für die Größe einer optimalen oder zumindest lebensfähigen Region wird die Mobilität von Personen und Gütern sein. Steigen die Transportkosten überproportional, was – auf lange Sicht gesehen – der Autor aus ökonomischen und ökologischen Motiven durchaus für möglich hält, werden viele Transporte nicht mehr wirtschaftlich sein und daher auch nicht durchgeführt werden. Die im Kapitel 6 erwähnte Verkehrsvermeidung würde dann Realität. Der großräumigen Arbeitsteilung der Wirtschaft wären Grenzen gesetzt; kleinere räumliche Einheiten erhielten wieder eine Chance.

Denn durch die Größe von Teilregionen wird in beachtlichem Ausmaße bestimmt werden, wie stark sich die weiter oben erwähnten Restriktionen benachteiligter Gebiete auf die künftige wirtschaftliche Entwicklung auswirken können. Das betrifft im Besonderen die alpinen Bereiche. Schweizer Untersuchungen haben nachgewiesen (Geographisches Institut Bern 1991), dass bereits heute die Alpengebiete von den benachbarten Vorländern in hohem Maße ausgebeutet werden. Dass den Landwirten ihre Arbeiten im Steilgelände der Alpen nicht mit entsprechenden Einnahmen vergütet werden, ist erwiesen. Aber auch die Einnahmen aus der Produktion von hochwertigem Spitzenstrom verbleiben bei den Lastverteilern in den Vorländern. Die Transittransporte über den Brenner auf der Straße werden zu einem beachtlichen Teil von deutschen und italienischen Unternehmern durchgeführt. Die Transitregion selbst erhält nur einen minimalen Anteil an den Verkehrseinnahmen. Industrieunternehmen aus den Vorländern kaufen konkurrierende Betriebe in den Alpentälern auf. Viele dieser Werke werden, sofern sie nicht extrem standortabhängig sind, aufgegeben. Die Produktion im großen Maßstab ist außerhalb des Gebirges wesentlich rationeller und effizienter durchzuführen.

Daher scheint es wesentlich zu sein, ob und wieweit sich im Alpengebiet wirtschaftlich autonome Subregionen bilden und als Einheit langfristig bewähren können. Ist es z. B. möglich, dass eine nunmehr von der Europäischen Union geförderte Euregio Nord- und Südtirol (mit Einschluss des Trentino) in Zukunft eigenständig überleben kann. Dasselbe könnte auch den Bereich Bodensee – Alpenrheintal – Teile der Ostschweiz oder den Lungau und die westliche Obersteiermark betreffen.

Sollten nämlich im Alpenraum keine funktionsfähigen Regionen entstehen können, so droht dort eine Positionierung in der extremen Peripherie, gewissermaßen am negativen Ende der eingangs erwähnten Ordinalskala. Die Grenze der Einflusssphären zwischen den Kernregionen im Alpenvorland und der Poebene könnte dann beispielsweise in Tirol über den Alpenhauptkamm verlaufen. Die zugehörigen Kernräume würden sich außerhalb des Gebirges befinden. Im Alpenraum selbst würde in diesem Falle die Besiedlung zurückgehen, ein beachtlicher Teil der Bevölkerung müsste abwandern, eine flächenhafte Bewirtschaftung durch die Landwirtschaft wäre nicht mehr gesichert. Von wirtschaftlicher Bedeutung wären dann nur noch Hauptverkehrsrouten und Regionen mit hochentwickeltem Tourismus.

Weiterentwicklung und Intensität der europäischen Integration werden somit für die Rolle des heutigen Österreich und seiner Teilregionen im europäischen Zentrum-Peripherie-Gefälle entscheidend sein. Je kleinräumiger sich in Zukunft regionale Subeinheiten entwickeln können, desto besser wird das v. a. für die wirtschaftlich benachteiligten Teile des heutigen österreichischen Territoriums sein. Wieweit dieses weiterhin als funktionale wirtschaftliche Einheit bestehen kann, wird die Zukunft eines Vereinigten Europas zeigen.

Österreich

Fakten, Zahlen, Übersichten

1 Staat und Territorium

Fläche: 83 858,28 km²
Einwohner: 8 108 036 (Fortschreibung 1.1.2000)
Amtssprache: deutsch (relativ kleine Minderheiten mit kroatischer, slowenischer, ungarischer und tschechischer Sprache, ferner Roma)
Flagge: rot-weiß-rot (längsgestreift)
Währung:
bis 2002: Österreichische Schilling:
    1 ÖS=100 Groschen
ab 2002: Euro:
    1 Euro = 100 Cents
    1 Euro = 13,7603 ÖS

Mitgliedschaften (Auswahl): Europäische Union (EU) mit Schengener Abkommen und Europäischer Wirtschafts- und Währungsunion (Euro, Maastricht), aber nur Beobachterstatus in der Westeuropäischen Union (WEU) – neutraler Staat; ferner UNO, OSZE, OECD, und WTO.

Mit einer *Fläche* von rund 84 000 km² zählt Österreich zu den kleineren Staaten Europas. Es erreicht nur knapp ein Sechstel der Fläche Frankreichs und fast ein Viertel der Fläche der Bundesrepublik Deutschland. Ungarn oder Portugal sind etwas größer als Österreich, die Tschechische Republik bzw. Irland etwas kleiner.

Das österreichische Territorium erstreckt sich über 753 km in West-Ost-Richtung. Die Nord-Süd-Ausdehnung ist mit 294 km an der breitesten Stelle wesentlich kürzer. Zusätzlich ist das Staatsgebiet im Westen durch zwei Wespentaillen eingeengt: Nur 45 km in Nord-Süd-Richtung im gebirgigen Grenzraum zwischen Vorarlberg und Tirol, nur 60 km im Bereich Birnlücke – Kufstein (vgl. Abb. im Nachsatz).

Lage im Gradnetz:

Grenzpunkt	Östliche Länge von Greenwich	Nördliche Breite
Westlicher:	9° 32'	47° 16'
Östlicher:	17° 10'	48° 00'
Nördlicher:	15° 01'	49° 01'
Südlicher:	14° 34'	46° 22'

Österreich ist ein *Gebirgsland*, die Alpen nehmen fast zwei Drittel der Landesfläche ein und bedecken den ganzen Westen des Landes. Dort erreichen sie auch größere Höhen als im Osten (Abb. 2.1). Höchster Berg ist der Großglockner mit 3 798 m in den Hohen Tauern, im Dreiländereck zwischen Kärnten, Salzburg und (Ost)tirol. Der zweithöchste Gipfel dieser Gebirgsgruppe, der Großvenediger erreicht 3 674 m.

Im Folgenden sind die Gebirgsgruppen, deren höchste Gipfel 3 000 m überragen, angeführt:

Hohe Tauern (Kärnten, Salzburg, Tirol):
    Großglockner   3 798 m
Ötztaler Alpen (Tirol):
    Wildspitze   3 768 m
Zillertaler Alpen (Tirol):
    Hochfeiler   3 509 m
Stubaier Alpen (Tirol):
    Zuckerhütl   3 507 m

Tuxer Alpen (Tirol):
  Olperer   3 456 m
Silvretta (Vorarlberg):
  Piz Buin   3 312 m
Lechtaler Alpen (Tirol):
  Parseierspitze   3 036 m
(ÖSTAT 1999 a, S. 33)

Nur 32 % der Landesfläche liegen tiefer als 500 m (SCHEIDL/LECHLEITNER 1978, S. 15). Allerdings wohnen rund 56 % der Bevölkerung in Gebieten unter 400 m NN. 28 % der Bevölkerung haben ihren Wohnsitz zwischen 400 und 600 m, 10 % zwischen 600 und 800 m und nur 6 % in Lagen über 800 m (ÖSTAT 1999 a, S. 33).

Auch die *Verkehrswege* erreichen im Westen Österreichs beachtliche Höhen:

Die drei höchsten Pässe, über die Straßen führen, sind das Hochtor (Großglockner-Hochalpenstraße, vgl. Abb. 6.8), das Timmelsjoch zwischen dem Ötztal und dem Passeiertal (Südtirol) sowie die Bielerhöhe im Zuge der Silvretta-Hochalpenstraße zwischen Vorarlberg und Tirol.

Hochtor   Salzburg   2 504 m
Timmelsjoch   Tirol/Italien   2 474 m
Bielerhöhe   Tirol/Vorarlberg   2 037 m

Diese drei Passstraßen können im Winter nicht geräumt werden und sind daher unpassierbar. Die weiteren Passverbindungen werden nach Möglichkeit ganzjährig für den Verkehr offen gehalten. Erwähnt werden sollen folgende wichtige Verkehrswege, deren Scheitelpunkt über 1 200 m liegt:

Arlbergpass   Tirol/Vorarlberg
  (Passstraße)   1 793 m
  (Straßentunnel)   1 340 m
  (Bahntunnel)   1 284 m
Flexenpass   Vorarlberg
  (Passstraße)   1 773 m
Radstädter Tauern Salzburg
  (Passstraße)   1 738 m
  (Straßentunnel)   1 340 m
Turracher Höhe   Kärnten/Steiermark
  (Passstraße)   1 720 m
Hochtannberg   Vorarlberg
  (Passstraße)   1 703 m
Katschberg   Kärnten/Salzburg
  (Passstraße)   1 641 m
  (Straßentunnel)   1 195 m
Felbertauern   Tirol/Salzburg
  (Straßentunnel)   1 632 m
Gaberl   Steiermark
  (Passstraße)   1 547 m
Gerlospass   Salzburg/Tirol
  (Passstraße)   1 531 m
Reschenpass   Tirol/Italien
  (Passstraße)   1 504 m
Brenner   Tirol/Italien
  (Bahn und Passstraße)   1 374 m
Loiblpass   Kärnten/Slowenien
  (Straßentunnel)   1 367 m
Plöckenpass   Kärnten/Italien
  (Straßentunnel)   1 357 m
Rottenmanner Tauern Steiermark
  (Passstraße)   1 278 m
Pass Thurn   Salzburg/Tirol
  (Passstraße)   1 274 m
Präbichl   Steiermark
  (Passstraße)   1 232 m
Tauern   Kärnten/Salzburg
  (Bahntunnel)   1 220 m
Fernpass   Tirol
  (Passstraße)   1 215 m
Seebergsattel   Kärnten/Slowenien
  (Passstraße)   1 215 m
Iselsberg   Kärnten/Tirol
  (Passstraße)   1 209 m
(ÖSTAT 1999 a, S. 34, Österreich-Lexikon 1996, Bd. 2, S. 176).

Zur Bewältigung des Verkehrs im Gebirge mussten zahlreiche Tunnel angelegt werden. Mehr als fünf Kilometer lang sind:

Arlbergtunnel (Straße)   13,9 km
Umfahrung Innsbruck (Bahn)   12,7 km
Arlbergtunnel (Bahn)   10,3 km
Plabutschtunnel, Graz (Straße)   9,6 km
Tauerntunnel (Bahn)   8,6 km
Gleinalmtunnel (Straße)   8,3 km
Karawankentunnel (Bahn)   8,0 km
Karawankentunnel (Straße)   7,9 km
Pfändertunnel, Bregenz (Straße)   6,7 km
Tauerntunnel (Straße)   6,4 km

Fluss	Länge (in km)	davon in Österreich (in km)	Einzugsgebiet in Österreich (in km²)
Rhein	1 320	[1]	1 320
Donau	2 848	350[2]	80 566
Lech	250	90	1 336
Inn	510	280	15 913
Salzach	225	225	5 544
Traun	153	153	4 277
Enns	254	254	6 080
Ybbs	126	126	1 293
Kamp	152	163	1 753
March	352	80	3 675
Thaya	290	135	2 249
Leitha	191	167	2 148
Raab	283	84	4 550
Rabnitz	177	60	2 111
Drau	749	261	11 828
Gail	122	122	1 209
Gurk	158	158	2 584
Mur	444	348	10 321
Mürz	85	85	1 513
Elbe	1 144		918[3]

[1] Der Rhein war früher Grenzfluss zwischen Österreich und der Schweiz. Im Zuge der Internationalen Rheinregulierung ist der Rheinlauf verkürzt worden. Das neue Rheinbett bildet nur noch teilweise die Staatsgrenze. Teilweise wechselt der Rhein zwischen den Territorien der beiden Anrainerstaaten.
[2] Durchschnittswert. Auch die Donau ist teilweise Grenzfluss (vgl. Kap. 6.1.1).
[3] Einzugsgebiet der Lainsitz im Waldviertel. Dieser Fluss mündet in die Moldau, einem Nebenfluss der Elbe.

Tab. 12.1: Flüsse und ihr Einzugsgebiet (Auswahl)
Quelle: ÖSTAT 1999a, S. 34

Katschbergtunnel (Straße)	5,4 km
Bosrucktunnel (Bahn)	5,4 km
Felbertauerntunnel (Straße)	5,3 km
Roppentunnel, Imst (Straße)	5,1 km

(Österreich-Lexikon 1996, Bd. 2, S. 518)

Gewässer

Die Donau ist der wichtigste Fluss Österreichs, der fast das ganze Land entwässert und in das Schwarze Meer mündet. Allerdings fließt das Wasser von zwei wichtigen Zubringerflüssen, Drau und Mur, erst im Unterlauf bei Belgrad in die Donau.

Österreich verfügt über zahlreiche Seen, die im Tourismus eine große Rolle spielen. Besonders müssen erwähnt werden:

– Der Bodensee, mit 538,5 km² und bis zu 252 m Tiefe, an den Deutschland, die Schweiz und Österreich angrenzen.
– Der Neusiedlersee, mit 276,4 km² (mit Schilfgürtel, ohne Schilfgürtel 156,9 km²), ein Steppensee, mit nur knapp 2 m Tiefe. Rund 15 % des Sees liegen auf ungarischem Staatsgebiet.

Weitere große Seen sind:

Attersee	45,9 km²
Traunsee	24,5 km²
Wörther See	19,3 km²
Mondsee	14,2 km²
Ossiacher See	13,5 km²
Millstätter See	13,3 km²
Hallstätter See	8,4 km²
Achensee	6,8 km²
Weißensee	6,4 km²
Wallersee	6,4 km²

(ÖSTAT 1999a, S. 34)

	Österreich	Burgenland	Kärnten	Niederösterreich	Oberösterreich	Salzburg	Steiermark	Tirol	Vorarlberg	Wien
Fläche (in km²)	83 858	3 966	9 533	19 174	11 980	7 154	16 388	12 647	2 601	415
Flächenanteil (in %)	100,0	4,7	11,4	22,9	14,3	8,5	19,5	15,1	3,1	0,5
Bodennutzung (in %)										
Baufläche	0,9	1,7	0,5	1,1	1,0	0,5	0,8	0,3	0,8	13,9
Landw. Nutzung	32,6	52,3	21,3	51,1	49,9	17,0	26,4	10,2	18,7	21,2
Weingärten	0,7	5,0	–	1,8	–	–	0,2	–	–	1,7
Alpines Grünland	10,8	–	17,0	0,2	0,4	26,0	7,3	27,0	32,6	–
Wald	42,0	29,6	50,7	38,8	37,6	39,3	54,8	35,9	31,5	16,7
Dauersiedlungsraum (in %)	38,1	63,7	25,1	59,1	55,8	20,2	31,0	12,3	23,2	77,7
nicht dauernd besiedelt (in %)	61,9	34,3	74,9	40,9	44,2	79,8	69,0	87,7	76,8	22,3

Tab. 12.2: Bodennutzung nach Bundesländern (Auswahl) 1998
Quelle: ÖSTAT 1999a, S. 37

Bodennutzung

Über 60 % des österreichischen Staatsgebietes werden nicht zum Dauersiedlungsraum gerechnet und sind somit Wälder, Gewässer, alpine Weiden und Ödland des Hochgebirges. Der Prozentsatz des nicht besiedelbaren Landes ist v. a. in jenen Bundesländern, die im Gebirge liegen oder daran großen Anteil haben, beachtlich. In Tabelle 12.2 sind neben der allgemeinen „landwirtschaftlichen Nutzfläche", das sind Äcker, Wiesen und Weiden (in Tallagen), Weingärten und Alpen gesondert angeführt (vgl. auch Abb. 9.1).
Tabelle 12.3 enthält zwei Dichtewerte für die Bevölkerung:

1. Die arithmetische Dichte, bezogen auf die Katasterfläche, und
2. die physische Dichte, berechnet auf Basis des Dauersiedlungsraumes. Für die physische Dichte werden in einigen Bundesländern recht hohe Werte angegeben: In der Großstadt Wien ist ein Dichtewert von 5 000 Einwohnern pro km² nicht erstaunlich. Aber auch die Gebirgsländer: Vorarlberg, Tirol und Salzburg liegen weit über dem österreichischen Durchschnitt. Die Siedlungen sind dort auf den relativ kleinen Flächenanteil des Dauersiedlungsraumes konzentriert (vgl. auch Kap. 4, Abb. 4.1).

Tab. 12.3: Bevölkerung und Bevölkerungsdichte nach Bundesländern 1999
Quelle : ÖSTAT 1999a, S. 42 und S. 474 – eigene Berechnungen

	Österreich	Burgenland	Kärnten	Niederösterreich	Oberösterreich	Salzburg	Steiermark	Tirol	Vorarlberg	Wien
Fläche am 1.1.1998 (in km²)	83 858	3 966	9 533	19 174	11 980	7 154	16 388	12 647	2 601	415
Einwohner 1999 (in 1 000)	8 086	280	564	1 534	1 372	514	1 205	662	345	1 610
Arithmetische Dichte (in Ew./km²)	96	71	59	80	115	72	74	52	133	3 879
Physische Dichte (in Ew./km²)	253	111	238	135	205	355	238	426	572	4 999

	Österreich	Burgenland	Kärnten	Niederösterreich	Oberösterreich	Salzburg	Steiermark	Tirol	Vorarlberg	Wien
Politische Bezirke	99	9	10	25	18	6	17	9	4	1
davon Land	84	7	8	21	15	5	16	8	4	–
davon Stadt	15	2	2	4	3	1	1	1	1	1
Politische Gemeinden	2359	171	132	373	445	119	543	279	96	1
davon Städte	180	13	17	71	25	4	33	11	15	1
davon Märkte	715	57	37	318	132	30	113	18	10	–
Gerichtsbezirke	188	7	11	46	43	16	33	15	6	11
NUTS 3	35	3	3	7	5	6	3	5	2	1

Tab. 12.4: Administrative Einteilung 1999
Quelle ÖSTAT 1999a, S. 36f. und S. 473f.

Administrative Gliederung

Österreich besteht aus neun Bundesländern mit durchaus unterschiedlicher Größe (Tab. 12.2). Die Bundesländer gliedern sich in politische Bezirke, insgesamt 99 im gesamten Staat. Bezirkshauptmannschaften haben allerdings nur administrative und keine legislativen Kompetenzen. Die kleinsten politischen Einheiten stellen die 2359 Ortsgemeinden (1999) dar, denen in der Verfassung ein hohes Ausmaß an Autonomie zugesichert ist.

Mit dem Beitritt zur Europäischen Union mussten auch deren räumliche statistische Einheiten übernommen und für Österreich neu definiert werden. Kleinste Einheit ist auch in der Europäischen Union die Gemeinde (NUTS 5). Als nächste Größe wären NUTS 4-Einheiten vorgesehen, die derzeit jedoch von Eurostat nicht verwendet werden (ÖSTAT 1999a, S. 472). Von großer Bedeutung für regionale Analysen und Programme sind aber die NUTS 3-Einheiten. Diese sind deshalb auch in Tabelle 12.4 aufgenommen worden. Sie mussten 1995 neu gebildet werden: Politische Bezirke, in einigen Fällen auch Gerichtsbezirke wurden zu 35 Einheiten zusammengefasst (vgl. auch Kap. 5.1, Abb. 5.2).

2 Geschichte (Übersicht)

15 v. Chr.:
Der römische Feldherr TIBERIUS erobert das Gebiet südlich der Donau. Das Territorium des heutigen Österreich wird Teil des Römischen Reiches und gehört zu drei Provinzen: Rätien, Noricum und Pannonien

ca. 400 n. Chr.:
Die römischen Legionen werden abgezogen, die Völkerwanderung beginnt. Das weströmische Reich endet 476

696
Benediktinerkloster St. Peter in Salzburg gegründet: Erste bairische Kolonisation

955
Einfall der Magyaren aus dem Osten. Sie werden „am Lechfelde" besiegt und siedeln sich im heutigen Ungarn an

962
OTTO I. wird in Rom zum ersten Kaiser des „Heiligen Römischen Reiches Deutscher Nation" gekrönt. Österreich sollte diesem Reiche bis 1806 angehören

976–1246
Das Land wird von den BABENBERGERN regiert und planmäßig nach Osten erweitert. Zweite fränkische Kolonisation

996
Name Österreich erstmals erwähnt: „Ostarrichi"

1156
Österreich wird Herzogtum. „Privilegium minus"

1257–1273
Interegnum, „die kaiserlose Zeit"

1273–1918
Die HABSBURGER regieren Österreich

1358–1365
RUDOLF IV., der „Stifter", wird als Herrscher eingesetzt. Er verschafft dem Land eine besondere Stellung im Deutschen Reich durch das gefälschte „Privilegium maius". Unter anderem gründet RUDOLF IV. 1365 die Wiener Universität

1493–1519
Kaiser MAXIMILIAN, „der letzte Ritter". Unter seiner Herrschaft wird durch mehrere Verheiratungen das Territorium Österreichs wesentlich vergrößert. Seit 1526 ist das heutige Staatsgebiet mit Ausnahme des Erzbistums Salzburg unter einer Herrschaft vereinigt

1517
MARTIN LUTHER verfasst 95 Thesen zur Kirchenreform. In der Folge kommt es zur Gründung und Ausbreitung der evangelischen Religion (Protestanten)

1529
Erste Türkenbelagerung Wiens. Die Türken können jedoch rasch wieder nach Osten zurückgeschlagen werden

1530–1556
Kaiser KARL V.: größte Ausdehnung des Habsburger Reiches – das Reich, „in dem die Sonne nie unterging". Nach seiner Abdankung wird das Reich geteilt

1618–1648
Dreißigjähriger Krieg. Schwedische Heere stoßen bis nach Österreich vor. 1648 wird dieser Religionskrieg durch den westfälischen Frieden beendet

1683
Zweite Türkenbelagerung Wiens. Ein Entsatzheer unter dem polnischen König JAN SOBIESKI und KARL V. von Lothringen rettet die Stadt im letzten Augenblick vor der Niederlage. In der Folge werden die Türken durch den österreichischen Feldherrn Prinz EUGEN VON SAVOYEN weit nach Südosten zurückgeschlagen. Das Habsburger Reich weitet sich in diese Richtung aus (1717: Eroberung Belgrads)

1740–1780
MARIA THERESIA übernimmt die Herrschaft über Österreich. Mit ihrem Sohn JOSEPH II., der ab 1765 mitregiert, werden in Österreich zahlreiche Reformen durchgeführt: Schulpflicht für

alle Kinder, Toleranzpatent (Protestanten erlaubt), Untertanenpatent (Aufhebung der Leibeigenschaft)

1792–1815
Napoleonische Kriege: Die Franzosen dringen viermal nach Österreich vor. Es kam zu mehreren kurzfristigen Umgestaltungen der territorialen Gliederung

1806
Kaiser Franz II. legt die Kaiserkrone des „Heiligen Römischen Reiches Deutscher Nation" nieder und regiert als Kaiser Franz I. von Österreich weiter

1814–1815
Wiener Kongress: Die Staaten Europas werden neu geordnet. Diese Ordnung hatte im Wesentlichen bis zum Ausbruch des Ersten Weltkrieges Bestand. Das Erzbistum Salzburg kommt zu Österreich

1848–1916
Franz Josef I., Kaiser von Österreich: Er übernimmt nach Bürgerunruhen die Macht

1867
Teilung des Habsburgerreiches in eine österreichische und ungarische Reichshälfte. Franz Josef bleibt Kaiser von Österreich und ist zugleich König von Ungarn. Die Ungarn gewährte Autonomie führt zu einer unterschiedlichen Entwicklung der beiden Staatsteile in der folgenden Periode der Industrialisierung

1914–1918
Erster Weltkrieg. Die österreichisch-ungarische Monarchie zerfällt in zahlreiche Nationalstaaten. Die deutschsprachigen Gebiete werden zur Republik Österreich zusammengefasst.

1918–1938
Erste Republik, in den ersten Jahren unter der Bezeichnung: Deutsch-Österreich

1919
Friedensvertrag mit den Siegermächten von Saint Germain. Gebietsverluste v. a.: Südtirol und das Kanaltal an Italien, die Untersteiermark an Jugoslawien. Gebietsgewinne: die deutschsprachigen Gebiete Westungarns (das Burgenland). Der Friedensvertrag enthält das Verbot, Deutsch-Österreich dem Deutschen Reich anzuschließen.

1921
Nach einer Volksabstimmung fällt Ödenburg (Sopron) mit einigen Nachbargemeinden wieder an Ungarn

1922
Die Bundesländer Wien und Niederösterreich werden getrennt

1933–1936
Tausend-Mark-Sperre Deutschlands für Reisende nach Österreich

1934
Bürgerkrieg in Österreich. Nationalsozialistischer Putschversuch

1938
Einmarsch deutscher Truppen nach Österreich

1938–1945
Österreich ist als „Ostmark" mit den „Alpen- und Donaugauen" Teil des Deutschen Reiches

1939–1945
Zweiter Weltkrieg

ab 1945
Nach der bedingungslosen Kapitulation Deutschlands wird Österreich wieder errichtet: Zweite Republik

1945–1955
Besetzung durch alliierte Truppen: Das Territorium ist in vier Besatzungszonen aufgeteilt.

1955
Unterzeichnung des österreichischen Staatsvertrages. Er enthält u.a. die Verpflichtung zur „immerwährenden" Neutralität. Aufnahme in die Vereinten Nationen (UNO)

1956
Aufstand in Ungarn gegen die Sowjetunion: Nach dessen Niederschlagung Flüchtlingsstrom nach Österreich

1960
Österreich tritt der Europäischen Freihandelsorganisation (EFTA) bei. Ein Beitritt zur Europäischen Wirtschaftsgemeinschaft (EWG) wird zwar wegen der engen wirtschaftlichen Verflechtungen in Erwägung gezogen, erweist sich aber aufgrund des Neutralitätsstatus als unmöglich

1968
Aufstand in der Tschechoslowakei gegen die Warschauer Paktstaaten. Nach dessen Niederschlagung Flüchtlingsstrom nach Österreich

1978
Bei einer Abstimmung über die friedliche Nutzung der Atomkraft gewinnen die Atomkraftgegner. Seither ist die friedliche Nutzung der Atomenergie (mit kleinen Ausnahmen) in Österreich verboten

1989–1990
Fall des Eisernen Vorhanges. Eine jahrzehntelange Abschottung gegenüber den Nachbarstaaten an den Ostgrenzen Österreichs hat damit ein Ende

1994
Beitritt zum Europäischen Wirtschaftsraum (EWR). Abstimmung über einen Beitritt zur Europäischen Union, die mit 66,5 % Ja-Stimmen ein überraschend eindeutiges Ergebnis bringt

1995
Beitritt als Vollmitglied zur Europäischen Union, gleichzeitig Austritt aus der EFTA

Quellen für Kap. 12.2: HEILSBERG/KORGER 1954; 1955; 1957; 1961; KUSCHNIGG 1996; Österreich-Lexikon 1995; WEISSENSTEINER 1976

3 Bevölkerung

Am 1.1.2000 zählte Österreich 8 108 036 Einwohner (Fortschreibung). Seit der ersten Volkszählung 1869 hat sich die österreichische Bevölkerung fast verdoppelt, wobei die Zuwachsraten bis zum Ersten Weltkrieg recht hoch waren. Verschiedene Prognosen lassen in den ersten beiden Jahrzehnten des 21. Jahrhunderts ein Maximum erwarten, danach wird mit einer leichten Abnahme der Bevölkerung gerechnet (vgl. Tab. 4.5).

Die Bevölkerungszunahme ist u.a. auch darauf zurückzuführen, dass sich die Lebenserwartung in den letzten 150 Jahren beachtlich erhöht hat. Sie hatte 1998 mit durchschnittlich 74,7 Jahren bei den Männern und sogar 80,9 Jahren bei den Frauen einen sehr hohen Wert erreicht (Tab. 12.5).

In Tabelle 12.6 ist die Bevölkerung nach Altersstufen angeführt. Aus der Tabelle ergibt sich generell, dass zwei Drittel der Einwohner im erwerbsfähigen Alter zwischen 15 und 65 Jahren sind. Das restliche Drittel teilt sich zu fast gleichen Teilen auf Kinder und Jugendliche sowie alte Personen auf (vgl. auch Kap. 4.1). Der Anteil an Personen unter 15 Jahren nimmt von Osten nach Westen zu und erreicht in Vorarlberg immerhin 19,7 %. Vorarlberg hat mit über 12 ‰ auch die höchste Geburtenrate. Insgesamt war die Geburtenbilanz für Österreich 1998 mit 0,4 ‰ im Gesamtstaat nur knapp positiv. Ein leichtes Plus aus den Wanderungen bringt einen Saldo von + 1,4 ‰ in der Bevölkerungsbilanz.

Der relativ hohe Altersdurchschnitt der Bevölkerung wird auch in Tabelle 12.7 nachgewiesen. Diese verwendet Daten aus der letzten Vollerhebung, der Volkszählung 1991. Die Rubrik „Sonstige" enthält v.a. Pensionisten und Rentner. Fast 29 % der Wiener Bevölkerung entfallen darauf.

Die Agrarquote, bezogen auf die Bevölkerung, erreicht in Österreich nur mehr knapp 5 %. Die Bundesländer mit vorwiegendem Ackerbau: Niederösterreich, Steiermark, Oberösterreich und Burgenland liegen hier über dem österreichischen Durchschnitt. Der tertiäre Sektor ist in der Bundeshauptstadt Wien am stärksten entwickelt: Über die Hälfte der Wiener Bevölkerung kann diesem Sektor zugerechnet werden.

Knapp die Hälfte der österreichischen Bevölkerung sind Erwerbspersonen. Die Erwerbsquote betrug 1998 48,1 % (Männer 56,5 %, Frauen 40,3 %). Sie ist in 50 Jahren bei den Männern um etwa 7 % gesunken, bei den Frauen jedoch um über 5 % gestiegen.

1998 waren rund 17 % der unselbständig Beschäftigten im öffentlichen Dienst tätig, somit beim Bund, bei den Ländern und den Gemeinden. In diesen Prozentsätzen sind die Eisenbahner nicht enthalten. Sie würden die obige Prozentzahl um zwei Punkte erhöhen; die Österreichischen Bundesbahnen sind aber 1994 aus dem Budget ausgegliedert worden.

1998 waren 7,2 % der österreichischen Bevölkerung arbeitslos. Die höchsten Werte der Arbeitslosenquote wurden im Burgenland, Kärnten, Wien und der Steiermark festgestellt (vgl. Kap. 4.2).

Tab. 12.5: Bevölkerung: Entwicklung und Lebenserwartung 1869–2000
Quelle: ÖSTAT 1999 a, S. 40 und S. 76
[1] geschätzt
[2] 1998

Jahr	Einwohner (in 1 000)	Lebenserwartung Männer	Frauen
1869	4 498	32,7	36,2
1900	6 004	40,6	43,4
1910	6 648	43,5	46,8
1923	6 535	47,0[1]	50,5[1]
1934	6 760	54,5	58,5
1951	6 934	62,4	67,8
1961	7 074	66,5	72,8
1971	7 492	66,6	73,7
1981	7 555	69,3	76,4
1991	7 796	72,4	79,5
2000	8 108	74,7[2]	80,9[2]

	Österreich	Burgenland	Kärnten	Niederösterreich	Oberösterreich	Salzburg	Steiermark	Tirol	Vorarlberg	Wien
Bevölkerungsverteilung (in %)	100,0	3,4	7,0	19,0	17,0	6,4	14,9	8,2	4,3	19,8
nach Altersstufen (in %)										
bis unter 15 Jahren	17,1	15,5	17,4	17,1	18,3	18,1	16,5	18,8	19,7	15,0
von 15 bis unter 40 J.	37,1	35,7	36,7	35,4	37,5	38,3	37,2	39,2	39,0	37,2
von 40 bis unter 65 J.	30,4	30,7	30,0	31,1	29,5	30,2	29,9	28,9	29,2	31,7
65 Jahre und mehr	15,4	18,1	15,9	16,4	14,7	13,4	16,4	13,1	12,1	16,1
	100,0	100,0	100,0	100,0	100,0	100,0	100,0	100,0	100,0	100,0
Geburtenrate (in ‰)	10,1	8,4	9,7	9,6	10,7	11,1	9,3	11,6	12,1	9,5
Sterberate (in ‰)	9,7	11,1	9,2	10,6	8,9	8,0	9,8	7,7	7,2	11,3
Geburtenbilanz (in ‰)	+0,4	−2,7	+0,5	−0,4	+1,8	+3,1	−0,5	+3,9	+4,9	−1,8
Wanderungsbilanz (in ‰)	+1,0	+1,0	−0,7	+3,5	−0,1	−2,6	0	+0,9	−0,4	+2,6
Bevölkerungsbilanz (in ‰)	+1,4	−1,7	−0,2	+3,1	+1,7	+0,5	−0,5	+4,8	+4,5	+0,6

Tab. 12.6: Bevölkerung: Altersstufen und Bilanz nach Bundesländern 1998
Quelle: ÖSTAT 1999a, S. 50, S. 52, S. 65 und S. 86

Tab. 12.7: Bevölkerung: Zuordnung nach Wirtschaftssektoren und Bundesländern 1991 (Volkszählung)
Quelle: ÖSTAT 1999a, S. 54f. – eigene Berechnungen
[1] Pensionisten, Rentner und ähnliche

	Österreich	Burgenland	Kärnten	Niederösterreich	Oberösterreich	Salzburg	Steiermark	Tirol	Vorarlberg	Wien
Bevölkerung (in 1 000)	7 796	271	548	1 474	1 333	482	1 185	631	331	1 540
Zuordnung nach Wirtschaftssektoren (in %)										
primär	4,9	5,8	5,3	7,2	6,0	4,6	6,8	4,1	2,5	0,6
sekundär	26,4	29,0	25,6	26,0	32,2	23,3	27,4	25,2	38,9	19,6
tertiär	42,0	36,3	41,1	39,7	36,8	49,0	37,4	47,5	39,1	50,5
sonstige[1]	26,7	28,9	27,7	27,1	25,0	23,1	28,4	23,2	19,5	29,3
Insgesamt	100,0	100,0	100,0	100,0	100,0	100,0	100,0	100,0	100,0	100,0

Tab. 12.8: Beschäftigung und Arbeitsmarkt nach Bundesländern 1998
Quelle: ÖSTAT 1999a, S. 50, S. 161, S. 165f. und S. 173

	Österreich	Burgenland	Kärnten	Niederösterreich	Oberösterreich	Salzburg	Steiermark	Tirol	Vorarlberg	Wien
Bevölkerung (in 1 000)	8 078	277	564	1 535	1 375	514	1 204	663	346	1 599
Erwerbpersonen (in 1 000)	3 888	131	251	728	667	258	565	314	169	806
Erwersquote (in %)	48,1	47,3	44,5	47,4	48,5	50,2	46,9	47,4	48,8	50,4
Unselbständig Beschäftigte (in 1 000)	3 076	78	189	511	518	210	420	253	129	769
Arbeitslose (in 1 000)	238	8	18	38	28	11	37	17	8	73
Arbeitslosenquote (in %)	7,2	9,0	8,8	6,9	5,1	4,9	8,1	6,3	5,8	8,7

4 Bildung

Das österreichische Schulwesen ist wegen seines hohen Leistungsstandards international anerkannt. Es baut auf einer vierjährigen Volksschule auf, an der die Hauptschule anschließt, in der die neun Jahre Schulpflicht vollends erfüllt werden können. Es ist jedoch auch möglich nach der Volksschule gleich in eine weiterführende höhere Schule überzutreten.

Volks- und Hauptschulen sind in den Gemeindezentren bzw. Marktorten konzentriert worden. Dadurch konnten beachtliche Synergieeffekte erzielt und die Qualität des Unterrichtes angehoben werden. Die Schulkinder werden mit Autobussen zu den Schulen befördert. In manchen peripheren Gebieten ist dieser Schulbus die einzig existierende öffentliche Verkehrsverbindung. Nur in einigen sehr entlegenen Siedlungen im Gebirge, wo die Schulwege zu weit und im Winter auch nicht sicher offen zu halten sind, haben sich noch kleine Landvolksschulen erhalten, wo auch Kinder mehrerer Jahrgänge in einer Klasse unterrichtet werden müssen.

Zu den Universitäten und Kunsthochschulen sind seit 1995 sukzessive Fachhochschulstudiengänge, die im Ausbildungsniveau den Universitäten nahe stehen, hinzugekommen. Sie bieten eine moderne, praxisrelevante Ausbildung an, die jedoch hoch spezialisiert und auf enge Berufsfelder bezogen ist. Ihre Zahl wird weiter steigen; man rechnet, dass in Zukunft sich die Studenten im Verhältnis zwei zu eins zwischen Universitäten und Fachhochschulen aufteilen könnten. In Tabelle 12.10 sind Fachhochschulkurse noch nicht enthalten, da die Daten auf der Volkszählung 1991 beruhen. Durch die Gründung der Fachhochschulstudiengänge ist es auch zu einer räumlichen Dezentralisierung der akademischen Ausbildung gekommen. Während die Universitäten auf die Städte Wien, Graz, Linz, Salzburg, Innsbruck und Klagenfurt sowie Leoben (Montanuniversität) beschränkt sind, verteilen sich die Fachhochschulkurse auf viele Standorte, die teilweise eng mit dem speziellen Ausbildungsziel verbunden sind.

Im Schul- und Studienjahr 1997/98 wurden an Österreichs Lehranstalten 1,2 Mill. Schüler und Studenten unterrichtet. Davon hatte rund ein Drittel die neunjährige Pflichtschule bereits absolviert und befand sich in weiterer Ausbildung.

Tab. 12.9:
Bildungs- und Erziehungswesen 1997/98
Quelle:
ÖSTAT 1999a, S. 117

	Anzahl	Schüler/Studenten
Schulen:		
allgemeinbildend:		
Pflichtschulen (Volks- und Hauptschulen)	5018	685208
Höhere Schulen	324	184007
Sonstige	47	5380
berufsbildend:		
Pflichtschulen	193	126676
Mittlere Schulen	724	67629
Höhere Schulen	328	113394
lehrerbildend (mittlere und höhere)	52	13272
Hochschulverwandte Lehranstalten:		
berufsbildende Akademien	55	4137
lehrerbildende Akademien	31	7607
Universitäten und Kunsthochschulen	18	212247
Fachhochschul-Studiengänge	39	5773
Summe	6772	1207310

Bildungsabschluss	Österreich	Burgenland	Kärnten	Niederösterreich	Oberösterreich	Salzburg	Steiermark	Tirol	Vorarlberg	Wien
Pflichtschule	41,5	51,3	40,0	41,0	45,9	39,6	42,9	43,5	48,0	34,9
Lehre	32,1	27,7	34,4	33,9	32,6	33,8	33,8	30,4	27,7	30,0
Fachschule	11,4	10,2	11,9	12,1	9,6	11,8	10,2	12,2	13,3	12,1
Matura	9,8	7,5	9,3	8,9	7,8	9,4	8,4	9,0	7,0	14,8
Hochschulverwandte Ausbildung	1,2	1,2	1,2	1,1	1,2	1,3	1,3	1,1	1,2	1,0
Hochschule/Universität	4,0	2,1	3,2	3,0	2,9	4,1	3,4	3,8	2,8	7,2
Summe (Bevölkerung 15 Jahre und älter)	100,0	100,0	100,0	100,0	100,0	100,0	100,0	100,0	100,0	100,0

Tab. 12.10: Bildungsabschluss der Bevölkerung, 15 Jahre und älter nach Bundesländern 1991 (Volkszählung) in %
Quelle: ÖSTAT 1999a, S. 55 – eigene Berechnungen, Rundungsdifferenzen

Tabelle 12.10 gibt Auskunft über den Ausbildungsstand der Bevölkerung. Generell kann angenommen werden, dass es seit 1991 zu einer Zunahme dieses Ausbildungsstandes gekommen ist. Die Zahl der abgelegten Reifeprüfungen (Matura, Abitur) ist seit 1991 um rund ein Drittel gestiegen, die Zahl der Studenten an den Universitäten und Hochschulen um mehr als ein Achtel.

Tabelle 12.10 zeigt aber auch auf, dass es im Bildungsstand der Bevölkerung regionale Unterschiede gibt. In der Großstadt Wien ist der Anteil der Maturanten und Studenten beachtlich über dem österreichischen Durchschnitt. Bei der Akademikerquote spielt das Vorhandensein einer regionalen Universität mit umfassenden Fachbereichen eine gewisse Rolle.

5 Wirtschaft

Das österreichische Bruttoinlandsprodukt erreichte im Jahr 1997 den hohen Wert von 2 514,37 Mrd. ÖS, das wären 210 956 ÖS pro Kopf der Bevölkerung.

Zu diesem Ergebnis haben u. a. beigetragen:
Landwirtschaft mit 1,4 %
Sachgütererzeugung mit 20,4 %
Energie- und Wasserversorgung mit 2,8 %
Bauwesen mit 7,2 %
Handel mit 13,1 %
Beherbergungs- und
  Gaststättenwesen mit 3,9 %
Verkehr und Nachrichtenübermittlung mit 6,2 %
Öffentliche Dienste mit 11,3 %
(ÖSTAT 1999 a, S. 267 f. und S. 274).

Es muss hier gleich angemerkt werden, dass das Beherbergungs- und Gaststättenwesen nur einen Teil der Einnahmen aus dem Fremdenverkehr erhält. Insgesamt trug der Tourismus 1997 rund 6 % zum Bruttoinlandsprodukt bei. Dieser Anteil ist allerdings seit dem Jahr 1990 (8,5 %) gesunken, v. a. deswegen, weil die Reisen der Österreicher in das Ausland stark zugenommen haben. Trotzdem liegt Österreich im Anteil des Tourismus am Bruttoinlandsprodukt nach wie vor im globalen Spitzenfeld (Wirtschaftskammer 1999 a, S. 63).

Land- und Forstwirtschaft

Der Beitrag der österreichischen Landwirtschaft zum Bruttoinlandsprodukt ist mit 1,4 % (1999 nur mehr 1,3 %) auch im internationalen Vergleich sehr gering (vgl. Tab. 9.2). Das hängt u. a mit den Bewirtschaftungserschwernissen zusammen, die im Gebirgsland Österreich von der Natur vorgegeben sind und zu relativ hohen Produktionskosten führen. Dadurch wird die Konkurrenzfähigkeit der Landwirtschaft beeinträchtigt.

Tab. 12.11: Landwirtschaft: Struktur und Produktion nach Bundesländern 1997 (Auswahl) (Vgl. auch Tabellen 9.3, 9.4, 9.6 und 9.7)
Quellen: ÖSTAT 1999 a, S. 286; Bundesministerium für Land- und Forstwirtschaft 1999, S. 196 und S. 212; Rundungsdifferenzen
[1] inkl. Alpines Grünland

	Österreich	Burgenland	Kärnten	Niederösterreich	Oberösterreich	Salzburg	Steiermark	Tirol	Vorarlberg	Wien
Betriebe (in 1 000)	252	21	24	62	48	12	57	20	7	1
Betriebsfläche (in 1 000 ha)	7 541	316	849	1 678	1 089	664	1 510	1 194	213	28
durchschnittliche Betriebsfläche (in ha)	30,1	15,0	35,4	27,1	22,7	55,3	26,5	59,7	30,4	27,6
Ackerland (in 1 000 ha)	1 386	154	66	699	293	7	148	12	3	6
davon Getreide	840	96	33	434	176	2	96	1	0,3	4
Zuckerrüben	50	5	–	37	7	–	0,2	–	–	0,4
Wein	17	–	–	31	–	–	3	–	–	0,7
Wirtschaftsgrünland	938	13	91	190	252	85	188	85	32	1
Extensives Grünland[1]	1 005	13	169	28	22	206	157	327	83	0,8
Waldfläche	3 274	98	440	671	437	258	853	435	65	17
Rinder (in 1 000)	2 172	28	198	507	654	168	362	194	61	–
Schweine (in 1 000)	3 810	111	206	1 107	1 250	22	1 058	38	17	0,1

	Getreide insgesamt	Weich- weizen	Hart- weizen	Roggen	Gerste	Hafer	Körner- mais
Erzeugung (in 1 000 t)	5 009	1 302	50	207	1 258	197	1 842
Hektarertrag (in 100 kg/ha)	–	50,7		39,9	45,6	40,5	96,1
Inlandsverwendung (in 1 000 kg)	4 889	996	80	233	1 232	198	1 975
davon Nahrungsmittelverbrauch (netto)	637	420	52	88	2	7	55
Selbstversorgungsgrad (in %)	102	131	63	89	102	99	93

Tab. 12.12: Landwirtschaft: Versorgungsbilanz Getreide 1997/98 (Auswahl)
Quelle: ÖSTAT 1999 a, S. 289 und S. 292

	Fleisch insgesamt	Rind und Kalb	Schwein	Geflügel	Konsum- milch	Butter	Käse
Bruttoeigenerzeugung (in 1 000 t)	866	210	488	107	627	42	117
Inlandsverbrauch (in 1 000 t)	790	149	464	140	605	41	137
Selbstversorgungsgrad (in %)	110	141	105	77	104	104	86

Tab. 12.13: Landwirtschaft: Versorgungsbilanz Viehzucht 1998 (Auswahl)
Quelle: ÖSTAT 1999 a, S. 289

Trotzdem weisen die Tabellen 12.12 und 12.13 nach, dass es weitgehend gelungen ist, den heimischen Bedarf an Landwirtschaftsprodukten zu decken. Problem ist vielmehr die Überproduktion, v. a. an Weizen, Rindfleisch und auch Zuckerrüben, welche zu Absatzschwierigkeiten und weiteren Einnahmeverlusten der Landwirte führt. Ein in vergangenen Jahrzehnten vorhandener „Butterberg" konnte durch Kontingentierungsmaßnahmen weitgehend abgetragen werden. In den kommenden Jahren ist infolge von Veränderungen in der Gemeinsamen Agrarpolitik (GAP) der Europäischen Union eine Extensivierung in der Landwirtschaft zu erwarten. Die Zahl der Betriebe wird relativ stark abnehmen, ihre Größe zunehmen. Einer solchen Extensivierung sind im Ge-

Tab. 12.14: Forstwirtschaft Holzeinschlag nach Bundesländern, 1998 (in 1 000 Festmetern ohne Rinde)
Quelle: ÖSTAT 1999 a, S. 287 und S. 304 f.
[1] 1997
[2] (in 1 000 Festmetern ohne Rinde)

	Öster- reich	Burgen- land	Kärnten	Nieder- öster- reich	Ober- öster- reich	Salz- burg	Steier- mark	Tirol	Vorarl- berg	Wien
Waldfläche (in 1 000 ha)[1]	3 236	98	440	670	436	258	852	435	65	18
Holzeinschlag[2]	14 033,5	459,9	1 971,0	3 148,1	2 172,1	997,2	3 831,7	1 162,0	270,7	20,9
Laubholz[2]	759,8	48,9	21,2	329,1	193,8	33,7	97,6	9,5	10,6	15,2
Nadelnutzholz[2]	10 098,0	274,9	1 646,9	1 917,6	1 403,1	769,7	2 935,5	938,7	212,0	0,1
Brennholz[2]	3 175,6	136,0	302,9	901,7	575,1	193,7	798,6	213,8	48,1	5,6
davon: Österr. Bundesforste[2]	1 956,3	12,8	80,2	351,8	513,3	494,5	282,9	220,8	–	–
privater Großbesitz[2] (über 200 ha)	4 763,7	221,3	670,2	1 250,9	470,7	168,0	1 455,1	391,6	115,4	20,3
privater Besitz[2] (unter 200 ha)	7 313,5	225,8	1 220,6	1 545,4	1 188,1	334,6	2 093,7	549,6	155,3	0,6

Bundesland	Unternehmen	Beschäftigte		Personalaufwand		Produktionswert		Bruttowertschöpfung zu Faktorkosten	
		absolut	in %	absolut in Mill. ÖS	pro Beschäftigten in 1 000 ÖS	absolut in Mill. ÖS	pro Beschäftigten in 1 000 ÖS	absolut in Mill. ÖS	pro Beschäftigten in 1 000 ÖS
Burgenland	764	15 150	2,4	5 591	369	18 305	1 208	7 373	4 867
Kärnten	1 852	34 682	5,5	14 392	415	54 550	1 573	21 686	6 253
Niederösterreich	4 843	107 273	16,9	47 558	443	187 968	1 752	68 864	6 420
Oberösterreich	4 363	147 445	23,2	65 111	442	252 388	1 712	93 980	6 374
Salzburg	1 850	35 767	5,6	15 394	430	60 820	1 700	24 048	6 724
Steiermark	3 528	95 072	15,0	40 978	431	160 275	1 686	57 954	6 096
Tirol	2 321	45 343	7,1	18 740	413	71 196	1 570	29 741	6 559
Vorarlberg	1 963	41 389	6,5	18 493	447	65 093	1 573	25 440	6 147
Wien	3 979	112 930	17,8	66 612	590	259 725	2 300	90 889	8 048
Österreich insgesamt	25 767	635 050	100,0	294 869	464	1 130 319	1 780	419 975	6 613

Tab. 12.15: Industrie und Gewerbe (ÖNACE), 1997: Unternehmen, Beschäftigte, Personalaufwand, Produktionswert, Bruttowertschöpfung nach Bundesländern
Quelle: ÖSTAT 1999a, S. 337 – eigene Berechnungen

birge aus ökologischen Gründen allerdings enge Grenzen gesetzt.

Mit über 40 % forstwirtschaftlich genutzter Fläche spielt die *Holzwirtschaft* in Österreich eine nicht zu unterschätzende Rolle. Große Holzproduzenten sind die beiden Bundesländer Niederösterreich und Steiermark; es wird v. a. Nadelnutzholz produziert (Tab. 12.14). Dieses wird u. a. zu Papier und Pappe verarbeitet, was zur Folge hat, dass Österreich bereits seit Jahren in der globalen Papierproduktion den 11. bis 15. Rang einnimmt. Viel Nutzholz geht auch in den Export: 1998 waren das über 4,7 Mill. m^3.

Sachgütererzeugung (Gewerbe und Industrie)

Insgesamt steuert die Sachgüterproduktion rund ein Fünftel zum österreichischen Bruttoinlandsprodukt bei. Regional sind die Bundesländer Ober-

Tab. 12.16: Industrie und Gewerbe (ÖNACE): Unternehmen, Beschäftigte, Produktionswert und Bruttowertschöpfung nach Branchen 1997 (Auswahl)
Quelle: ÖSTAT 1999a, 336 f. – eigene Berechnungen

Branche („Abschnitte, Abteilungen")	Unternehmen	Beschäftigte	Produktionswert	Bruttowertschöpfung zu Faktorkosten	Produktionswert je Beschäftigten
Österreich insgesamt (in Mill. ÖS)	25 767	635 050	1 130 319	419 975	(in 1 000 ÖS) 1 780
	in %				in 1 000 ÖS
Österreich insgesamt	100,0	100,0	100,0	100,0	1 780
Nahrungs- und Genussmittel	17,9	12,8	13,1	10,5	1 820
Textil- und Lederwaren	8,9	6,9	5,0	4,9	1 274
Holz, Papier, Pappe (ohne Möbel)	13,9	9,0	6,1	9,3	1 956
Chemikalien, Gummi und Kunststoff	3,4	8,3	10,6	10,6	2 280
Glas, Steine und Erden	4,7	5,5	5,5	7,0	1 797
Metallerzeugung und -verarbeitung, Maschinenbau	19,5	26,3	23,0	24,3	1 560
Kraftfahrzeuge und -bestandteile	0,9	4,1	6,8	5,2	2 968

	Österreich	Burgenland	Kärnten	Niederösterreich	Oberösterreich	Salzburg	Steiermark	Tirol	Vorarlberg	Wien
Produktionsindex										
1995	100,0	100,0	100,0	100,0	100,0	100,0	100,0	100,0	100,0	100,0
1996	100,9	109,6	101,2	99,5	103,1	105,3	101,5	99,6	97,7	99,6
1997	107,8	116,6	114,7	108,1	109,4	111,4	112,0	101,0	100,5	95,9
1998	118,1	122,2	119,9	115,1	116,2	126,3	120,5	112,0	108,9	102,6
davon u.a.										
1998: Sachgüter	117,8	117,2	116,9	114,3	116,5	128,8	119,3	110,5	108,9	98,6
1998: Bauwesen	125,3	133,5	128,8	123,2	122,6	111,8	137,4	119,8	114,8	105,3

Tab. 12.17: Bergbau, Industrie und produzierendes Gewerbe (ÖNACE): Produktionsindizes 1995–1998 nach Bundesländern, Indexwerte: 1995=100
Quelle: ÖSTAT 1999a, 334ff.

österreich, Wien, Niederösterreich und die Steiermark von größerer Bedeutung. Diese Länder erreichen die höheren Produktionswerte (Tab. 12.15, inhaltsgleich mit Tab. 8.12). Das gilt auch für die Bruttowertschöpfung zu Faktorkosten.

In Tabelle 12.16 wird auf die wichtigsten Branchen eingegangen. Der Eisen- und Metallsektor führt hier vor der Nahrungs- und Genussmittelindustrie. Textil- und Lederwaren, die in der ersten Phase die Industrialisierung eingeleitet haben, sind stark zurückgegangen. Kraftfahrzeuge und -bestandteile wurden als kleine, aber wichtige Abteilung in der Tabelle gesondert ausgewiesen, da sich im Laufe der letzten dreißig Jahre im Rahmen des industriellen Transformationsprozesses in zwei Regionen typische Automobil-Cluster gebildet haben (vgl. auch Kap. 8.4, S. 221ff.).

Mit dem Beitritt zur Europäischen Union musste die österreichische Industriestatistik vollständig umgestellt werden. Seit 1995 werden Unternehmen und nicht mehr Betriebe statistisch erfasst. Industrie und Gewerbe sind zur Sachgütererzeugung zusammengefasst, neu abgegrenzt und definiert worden. Dies erleichtert die internationale Vergleichbarkeit statistischer Angaben; Entwicklungstrends können derzeit aber nicht dargestellt werden.

Dadurch war es notwendig in diesem Buch mit zwei Erhebungsmethoden zu arbeiten:
– der neuen, von der Europäischen Union unterstützten „ÖNACE" (Nomenclature des activités de la Communauté Européennes für Österreich: Tab. 12.15, entspricht Tab. 8.12 sowie die Tab. 12.16, 12.17) und
– der alten österreichischen, die im Wesentlichen auf der Systematik der österreichischen Wirtschaftskammer beruhte (Tab. 8.9 bis 8.11 sowie 8.13).

Produktionsindizes stehen somit derzeit nur für den relativ kurzen Zeitraum von vier Jahren zur Verfügung und haben daher nur geringe Aussagekraft. Immerhin wird deutlich, dass die Produktion in der Bundeshauptstadt Wien stagniert, teilweise sogar zurückgeht.

Die Zahl der Industriebeschäftigten hat seit 1980 in nur 15 Jahren um mehr als ein Viertel abgenommen. Weitere Rückgänge werden folgen (vgl. Tab. 8.13).

Verkehr

Die geopolitische Lage Österreichs bringt es mit sich, dass der Staat stark in das internationale Verkehrsgeschehen eingebunden ist. So werden auf Österreichs Verkehrswegen relativ große Leistungen erbracht, wie Tabelle 12.18 (inhaltsgleich mit Tab. 6.10) nachweist. Demnach weisen Schiene, Straße und Rohrleitungen fast dieselben Verkehrsleistungen auf. Wesentlich kleiner ist der Anteil der Binnenschifffahrt, da das Verkehrsvolumen auf der Donau aus verschiedensten Gründen, recht gering ist (vgl. Kap. 6.1.1).

Verkehrsträger	1955		1996		1997	
	Mill. tkm	x%	Mill. tkm	x%	Mill. tkm	x%
Schiene	13 160	25	13 333	25	14 199	23
Straße	*14 879*	*3¹*	*15 458*	*3¹*	*15 670*	*3¹*
Rohrleitungen	11 575	67	11 819	67	12 711	67
Binnenschifffahrt (Donau)	2 046	49	2 101	29	2 087	44

x% = Transitanteil je Verkehrsträger in Prozent
¹ Da diese Tabelle nur Leistungen inländischer Lastkraftwagen enthält, der Transitverkehr aber vorwiegend von ausländischen Fahrzeugen durchgeführt wird, liegt der Transitanteil auf der Straße in Wirklichkeit wesentlich höher (vgl. S. 132, letzter Absatz).
Tab. 12.18: Gütertransport: Transportleistungen im Inland ohne Luftverkehr, 1995–1997, in Mill. tkm
Quelle: ÖSTAT 1997a, S. 326; 1998a, S. 357; 1999a, S. 389

Die auf der Straße durchgeführten Verkehre übersteigen aber die in Tabelle 12.18 gemachten Angaben um ein Vielfaches, weil nur die „repräsentativ aufgearbeiteten" Fahrten inländischer Unternehmen enthalten sind. Die Leistungen der zahlreichen ausländischen Lastkraftwagen, die täglich in und durch Österreich unterwegs sind, tauchen hier nicht auf. Der starke Güterverkehr auf der Straße bringt v.a. auch Probleme im ökologisch sensiblen Gelände des Hochgebirges.

Die 4 200 österreichischen Frachtführer verfügten 1998 über fast 20 000 Lastkraftwagen (mit mehr als 1 t Nutzlast) und 11 250 Sattelfahrzeuge. Dazu kommt noch der Güterwerkverkehr, bei dem über 43 000 Lastkraftwagen (mit mehr als 2 t Nutzlast) und 4 400 Sattelschlepper eingesetzt waren.

Fremdenverkehr
Österreich erreicht mit 10,8 Übernachtungen pro Einwohner die höchste Fremdenverkehrsintensität aller Staaten der Europäischen Union. Mit einem Ausländeranteil von 71,2 % in den Beherbergungsbetrieben steht es nach Griechenland an zweiter Stelle.

Die Touristen verteilen sich auf Österreich relativ unregelmäßig. Über ein Drittel der Fremdennächtigungen werden aus nur einem Bundesland, Tirol, gemeldet. Ein weiteres Drittel vereinigen Salzburg und Kärnten auf sich. Im Winterhalbjahr erreicht Tirol sogar 41,7 % der österreichischen Fremdenübernachtungen. Die Fremdenverkehrsintensität ist im Westen des Staates wesentlich höher als im Osten (vgl. Abb. 7.9).

44,5 % der Jahresnächtigungen fielen im Berichtsjahr 1997/98 auf den Winter. Damit ergibt sich – bezogen auf das ganze Bundesgebiet – ein relativ gutes Gleichgewicht zwischen den beiden Saisonen. Das war nicht immer so. Anfangs der 1960er Jahre lag das Verhältnis Winter zu Sommer noch bei 22 zu 78. Dadurch hat sich die Auslastung und somit auch die Rentabilität der österreichischen Fremdenverkehrsbetriebe wesentlich verbessert. Differenziert man jedoch nach Bundesländern, so fallen sofort die Bundesländer Kärnten, Burgenland, Nieder- und Oberösterreich durch ein starkes Überwiegen der Sommersaison auf. In Kärnten werden rund $^3/_4$ der Nächtigungen im Sommerhalbjahr verzeichnet. Mehr als die Hälfte der Jahresnächtigungen werden dort in den Monaten Juli und August gemeldet (vgl. Kap. 7.3.2).

1999 entfielen 27 % der Gesamtnächtigungen auf Inländer, der Rest auf Besucher aus dem Ausland. Mit 48 % aller Übernachtungen waren die Gäste aus der Bundesrepublik Deutschland führend. Alle anderen Nationen fallen demgegenüber stark ab (vgl. auch Tab. 7.5).

Über ein Fünftel der Nächtigungen wurden in Privatunterkünften gezählt. Ihr Anteil am Tourismus hat sich in den letzten Jahren spürbar verringert.

Mit den Deviseneinnahmen aus dem Fremdenverkehr kann ein Teil des strukturell bedingten Handelsbilanzdefizits des Staates abgedeckt werden (vgl. Abb. 7.1). Allerdings ist der Beitrag des Tourismus zur Leistungsbilanz in den letzten Jahren zurückgegangen, da die Reisen der Österreicher ins Ausland zugenommen haben.

	Öster-reich	Burgen-land	Kärnten	Nieder-öster-reich	Ober-öster-reich	Salz-burg	Steier-mark	Tirol	Vorarl-berg	Wien
				(In absoluten Werten)						
Angebot[1]										
Hotels										
Betriebe	15 780	365	2 521	1 201	1 311	2 408	1 773	4 950	907	344
Betten	584 889	12 736	80 703	41 231	43 081	93 507	53 068	188 295	32 059	40 209
Sonstige Beher-bergungsbetriebe										
Betriebe	4 658	85	748	249	358	852	501	1 524	329	12
Betten	133 888	3 047	23 242	9 667	13 570	30 003	14 286	32 148	6 612	1 313
Privatunterkünfte										
Betten	372 298	5 624	67 557	11 870	19 421	70 890	32 043	133 513	31 074	306
Betten insgesamt	1 091 075	21 407	171 502	62 768	76 072	194 400	99 397	353 956	69 745	41 828
Nachfrage										
Übernachtungen[3]	111 131	2 199	13 196	5 606	6 650	20 256	9 077	38 816	7 662	7 669
Inländer[3]	29 273	1 562	4 662	3 658	3 638	5 027	5 856	2 929	825	1 123
davon aus Wien[3]	7 653	509	1 222	1 280	833	1 257	1 795	629	128	–
Ausländer[3]	81 853	637	8 534	1 948	3 011	15 229	3 222	35 888	6 838	6 547
davon aus[3]										
Deutschland[3]	52 783	517	6 298	1 071	2 105	9 918	2 111	23 770	5 220	1 772
				(In %)						
Angebot[1]										
Betten insgesamt	100,0	1,9	15,7	5,8	7,2	17,6	9,3	32,5	6,4	3,6
Nachfrage										
Übernachtungen insgesamt	100,0	2,0	11,9	5,0	6,0	18,2	8,2	34,9	6,9	6,9
davon im Winter[2]	100,0	0,9	5,8	3,7	4,0	21,7	7,6	41,7	8,8	5,8
davon im Sommer[2]	100,0	2,8	16,9	6,2	7,5	15,4	8,7	29,5	5,3	7,7
davon Inländer	100,0	5,4	15,9	12,5	12,4	17,2	20,0	10,0	2,8	3,8
davon Ausländer	100,0	0,8	10,4	2,4	3,7	18,6	3,9	43,8	8,4	8,0

[1] Sommer 1998
[2] Berechnet auf Basis des Berichtsjahres 1997/98
[3] in 1 000

Tab. 12.19: Fremdenverkehr: Angebot und Nachfrage nach Bundesländern, 1998
Quelle: Wirtschaftskammer 1999a; ÖSTAT 1999c – eigene Berechnungen (vgl. auch Tabellen 7.4 unf 7.5)

6 Statistische Übersichten

Tab. 12.20: Österreich und seine Nachbarstaaten

Staat	Fläche (in km²)	Bevölkerungs- dichte (Ew./km²)	Bevölke- rung, Fort- schreibung, Stand Mitte 1998 (in 1000)	Lebens- erwartung in Jahren 1998	Geburten- rate 1998 (in ‰)	Sterbe- rate 1998 (in ‰)	Erwerbs- tätigkeit 1997: Landwirt- schaft (in %)	Erwerbs- tätigkeit 1997: Industrie (in %)	Erwerbs- tätigkeit 1997: Dienst- leistungen (in %)	Arbeits- losenrate 1998 (in %)	BSP pro Kopf 1997 (in US $)	BIP pro Kopf 1998 zu Kaufparitäten (Index: Österreich =100)	BIP pro Kopf 1998 zu Wechsel- kursen (Index: Österreich =100)	Energie- verbrauch pro Kopf 1996 (in Erdöl- einheiten)
Österreich	83859	96	8077	78	10,1	9,7	6,6	30,4	63,0	5,5	27920	100,0	100,0	3373
Deutschland	356978	230	82133	77	9,6	10,4	2,9	35,0	62,1	9,8	28280	93,8	99,7	4267
Schweiz	41284	177	6874	79	10,9	8,7	4,6	26,8	68,6	3,9	43060	110,3	141,9	3622
Liechtenstein	160	200	29	72	14,0¹	6,0¹	1,5	46,0	52,5	1,8	.	110,3	141,9	.
Italien	301247	190	57369	79	9,0	9,9	6,6	32,0	61,5	12,0	20170	88,7	75,9	2808
Slowenien	20256	98	1966	75	9,0	9,5	12,0	40,6	47,3	14,9	9840	61,8	37,6	3098
Ungarn	93032	109	10375	71	9,6	13,9	7,9	33,1	59,0	7,8	4510	43,9	18,0	2499
Slowakei	49012	110	5274	72	10,7	9,9	5,1	35,1	59,8	13,7	3680	41,7	40,3	3266
Tschechien	78864	130	10302	75	8,8	10,6	5,6	40,7	53,7	7,5	5240	54,8	20,4	3917

¹ 1993
BSP = Bruttosozialprodukt
BIP = Bruttoinlandsprodukt

Quelle: ÖSTAT 1999 a, S. 535 ff.; BARATA 1999 (Fischer-Weltalmanach) – eigene Berechnungen

Staat	Fläche (in km²)	Bevölkerungsdichte (Ew./km²)	Bevölkerung, Fortschreibung, Stand Mitte 1998 (in 1000)	Lebenserwartung in Jahren 1998	Geburtenrate 1998 (in ‰)	Sterberate 1998 (in ‰)	Erwerbstätigkeit 1997: Landwirtschaft (in %)	Erwerbstätigkeit 1997: Industrie (in %)	Erwerbstätigkeit 1997: Dienstleistungen (in %)	Arbeitslosenrate 1998 (in ‰)	BSP pro Kopf 1997 (in US $)	BIP pro Kopf 1998 zu Kaufkraftparitäten (Index: Österreich =100)	BIP pro Kopf 1998 zu Wechselkursen (Index: Österreich =100)	Energieverbrauch pro Kopf 1996 (in Erdöleinheiten)
Österreich	83859	96	8077	78	10,1	9,7	6,6	30,4	63,0	5,5	27920	100,0	100,0	3373
EU (15)														
Belgien	30519	332	10141	78	11,2	10,2	2,4	26,1	71,5	11,8	26730	100,4	93,1	5552
Deutschland	356978	230	82133	77	9,6	10,4	2,9	35,0	62,1	9,8	28280	93,8	99,7	4267
Dänemark	43094	122	5270	76	12,5	11,0	3,7	26,4	69,7	11,9	34890	108,3	126,5	4346
Finnland	338145	15	5154	77	11,1	9,6	6,5	27,7	66,9	13,2	24790	89,8	94,7	6143
Frankreich	551500	106	58683	78	12,6	9,2	4,4	25,1	70,5	12,1	26300	92,2	93,0	4355
Griechenland	131957	80	10600	78	9,6	9,6	19,8	22,5	57,7	11,7	11640	61,5	43,5	2328
Irland	70284	52	3681	75	14,4	8,4	10,0	29,0	61,0	9,1	17790	95,9	85,8	3293
Italien	301247	190	57369	79	9,0	9,9	6,6	32,0	61,5	12,0	20170	88,7	73,9	2808
Luxemburg	2586	163	422	77	12,6	9,1	2,5	25,9	71,6	2,8	.	152,1	153,5	8291
Niederlande	41526	378	15678	77	12,7	8,8	3,6	22,3	71,8	4,4	25830	95,2	91,1	4885
Portugal	91905	107	9869	74	11,4	10,7	13,5	36,4	50,2	4,6	11010	63,7	40,4	1928
Schweden	449964	20	8875	79	10,1	10,5	2,6	25,7	71,6	8,9	26210	88,3	98,3	5944
Spanien	505992	78	39628	78	9,2	8,9	8,0	30,4	61,6	18,9	14490	71,1	55,2	2583
Großbritannien	244101	240	58649	77	12,1	10,6	1,7	26,6	71,5	6,2	20870	87,2	87,3	3992
Island	103000	3	262	79	15,3	7,0	8,6	25,5	65,9	2,9	26476	110,1	107,2	8408
Liechtenstein	160	200	29	72	14,0[1]	6,0[1]	1,5	46,0	52,5	1,8	.	110,3	141,9	.
Norwegen	323878	14	4248	78	13,2	11,0[2]	4,7	23,4	71,9	3,6	36100	114,5	124,7	5284

[1] 1993
[2] 1997

Tab. 12.21: Österreich und die Europäische Union (EU) sowie der Europäische Wirtschaftsraum (EWR)
Quelle: ÖSTAT 1999 a, S. 535 ff.; BARATTA 1999 (Fischer-Weltalmanach) – eigene Berechnungen

Staat	Fläche (in km²)	Bevölke-rungs-dichte (Ew./km²)	Bevölke-rung, Fort-schreibung, Stand Mitte 1998 (in 1000)	Lebens-erwartung in Jahren 1998	Geburten-rate 1998 (in ‰)	Sterbe-rate 1998 (in ‰)	Erwerbs-tätigkeit 1997: Landwirt-schaft (in %)	Erwerbs-tätigkeit 1997: Industrie (in %)	Erwerbs-tätigkeit 1997: Dienst-leistungen (in %)	Arbeits-losenrate 1998 (in ‰)	BSP pro Kopf 1997 (in US $)	BIP pro Kopf 1998 zu Kaufkraftpari-täten (Index: Österreich =100)	BIP pro Kopf 1998 zu Wechsel-kursen (Index: Österreich =100)	Energie-verbrauch pro Kopf 1996 (in Erdöl-einheiten)
Österreich	83859	96	8077	78	10,1	9,7	6,6	30,4	63,0	5,5	27920	100,0	100,0	3373
Bulgarien	110912	75	8473	71	7,9	14,3	24,3	32,2	43,5	12,2	1170	20,7	5,8	2705
Estland	45100	32	1566	70	8,5	13,4	10,0[2]	34,0[2]	56,0[2]	9,6	3360	33,3	13,5	3834
Lettland	64589	38	2667	70	10,0	14,0	18,0[2]	26,0[2]	56,0[2]	9,1	2430	24,7	9,9	1374
Litauen	65301	57	3675	72	10,0	11,0	13,9	.	.	6,4	2260	27,3	11,0	2414
Malta	316	1215	345	77	11,9	8,1	1,9	26,3	71,8	5,1	9330	.	.	2398
Polen	322577	120	37879	73	10,2	9,7	20,5	31,9	47,5	10,4	3590	35,1	15,4	2807
Rumänien	238391	94	22810	69	10,5	12,0	37,5	32,0	30,5	10,3	1410	24,7	6,4	2027
Slowakei	49012	110	5274	72	10,7	9,9	5,1	35,1	59,8	13,7	3680	41,7	14,3	3266
Slowenien	20256	98	1966	75	9,0	9,5	12,0	40,6	47,3	14,9	9840	61,8	37,6	3098
Tschechien	78864	130	10302	75	8,8	10,6	5,6	40,7	53,7	7,5	5240	54,8	20,4	3917
Türkei	779452	83	56473	69	21,1	7,0[3]	39,5	25,0	35,5	6,8	3130	28,0	12,6	1045
Ungarn	93032	109	10375	71	9,6	13,9	7,9	33,1	59,0	7,8	4510	43,9	18,0	2499
Zypern	9251	83	602	78	16,0[3]	8,0[3]	9,9	23,5	66,6	3,0	1009	.	.	2868
Albanien	28748	108	3182	71	22,0	6,0	50,0[1]	30,0[1]	20,0[1]	13,5	760	12,1	3,3	362
Kroatien	56538	72	4784	73	11,0[3]	12,0[3]	10,3	.	.	17,6	4060	28,6	17,2	1418

[1] 1993
[2] 1996
[3] 1997

Tab. 12.22: Österreich und die mittelosteuropäischen Staaten (MOEL) (Auswahl)
Quelle: ÖSTAT 1999 a, S. 535 ff.; BARATTA 1999 (Fischer-Weltalmanach) – eigene Berechnungen

Staat	Fläche (in km²)	Bevölke-rungs-dichte (Ew./km²)	Bevölke-rung, Fort-schreibung, Stand Mitte 1998 (in 1000)	Lebens-erwartung in Jahren 1998	Geburten-rate 1998 (in ‰)	Sterbe-rate 1998 (in ‰)	Erwerbs-tätigkeit 1997: Landwirt-schaft (in %)	Erwerbs-tätigkeit 1997: Industrie (in %)	Erwerbs-tätigkeit 1997: Dienst-leistungen (in %)	Arbeits-losenrate 1998 (in ‰)	BSP pro Kopf 1997 (in US $)	BIP pro Kopf 1998 zu Kauf-kraftparitä-ten (Index: Österreich =100)	BIP pro Kopf 1998 zu Wechsel-kursen (Index: Österreich =100)	Energie-verbrauch pro Kopf 1996 (in Erdöl-einheiten)
Österreich	83859	96	8077	78	10,1	9,7	6,6	30,4	63,0	5,5	27920	100,0	100,0	3373
G 7/8														
Deutschland	356978	230	82133	77	9,6	10,4	2,9	35,0	62,1	9,8	28280	93,8	99,7	4267
Frankreich	551500	106	58683	78	12,6	9,2	4,4	25,1	70,5	12,1	26300	92,2	93,0	4355
Großbritannien	244101	240	58649	77	12,1	10,6	1,7	26,6	71,5	6,2	20870	87,2	87,3	3992
Italien	301247	190	57369	79	9,0	9,9	6,6	32,0	61,5	12,0	20170	88,7	75,9	2808
Japan	377819	334	125570	79	10,3	7,9	5,3	32,0	62,7	4,4	38160	100,5	114,8	4058
Kanada	9970610	3	28847	78	12,5[1]	7,2[1]	3,7	22,4	73,9	8,3	19640	102,0	73,2	7880
Russland	17075400	9	147022	67	10,0[2]	14,0[2]	15,7	33,7	46,7	11,5	2680	27,9	7,1	4169
USA	9363520	29	248710	76	14,4	8,8	2,7	23,6	73,7	4,2	29080	127,2	116,6	8051
China	9596961	131	1153915	70	16,0[3]	7,0[3]	49,9	23,7	26,4	7,0	860			902
Australien	7682300	2	17892	78	13,7[1]	7,0[1]	5,7	22,1	72,3	8,3	20650	94,6	71,4	5494

[1] 1996
[2] 1997
[3] 1993

Tab. 12.23: Österreich im weltweiten Vergleich (Auswahl)
Quelle: ÖSTAT 1999 a, S. 535 ff.; BARATTA 1999 (Fischer-Weltalmanach – eigene Berechnungen

Literatur

Weiterführende Literatur

BÄHR, J. (1997):
Bevölkerungsgeographie, 3. Aufl., Stuttgart

BÄTZING, W. (1997):
Kleines Alpen-Lexikon (Umwelt – Wirtschaft – Kultur), München

BEER, E. / EDERER B. / GOLDMANN W. / LANG R. / PASSWEG M. / REITZNER R. (1991):
Wem gehört Österreichs Wirtschaft wirklich?, Wien

BOBEK, H. / FESL, M. (1978):
Das System der Zentralen Orte Österreichs. Eine empirische Untersuchung, Wien / Köln

BOBEK, H. / FESL, M. (1983):
Zentrale Orte Österreichs II, Wien

BOESCH, M. (1989):
Engagierte Geographie. Zur Rekonstruktion der Raumwissenschaft als politikorientierte Geographie, Stuttgart

BUTLER, R. (1980):
The Concept of a tourist area cycle of evolution. Implication for managements of resources. In: Canadian Geographer, Tome 24, H. 1, S. 5–12, Ottawa

CHRISTALLER, W. (1968):
Die Zentrale Orte Süddeutschlands, Darmstadt [Jena 1933, unveränd. Nachdruck]

FASSMANN, H. (1989):
Die Zukunft des österreichischen Arbeitsmarkts: Modellrechnungen zur Angebotsentwicklung und zum sektoralen Strukturwandel auf dem Arbeitsmarkt bis 2011. In: LICHTENBERGER, E. [Hrsg.]: Österreich – Raum und Gesellschaft zu Beginn des 3. Jahrtausends, S. 119–145, Wien

FASSMANN, H. (1995):
Regionale Disparitäten gesellschaftlichen Wandels in Österreich in der Nachkriegszeit. In: Mitteilungen der Österreichischen Geograph. Gesellschaft, Bd. 137, S. 377–392, Wien

FASSMANN, H. / HINTERMANN, CH. / KOHLBACHER, J. / REEGER, U. (1999):
Arbeitsmarkt Mitteleuropa, Wien

FASSMANN, H. / KOHLBACHER, J. / REEGER, U. (1993): „Suche Arbeit" – eine empirische Analyse über Stellensuchende aus dem Ausland, Wien

FASSMANN, H. / KOHLBACHER, J. / REEGER, U. (1995): Die „Neue Zuwanderung" aus Ostmitteleuropa – eine empirische Analyse am Beispiel der Polen in Österreich, Wien

FASSMANN, H. / KYTIR, J. / MÜNZ, R. (1996):
Bevölkerungsprognosen für Österreich 1991 bis 2021 (= Österreichische Raumordnungskonferenz, 126), Wien

FASSMANN, H. / MÜNZ, R. (1995):
Einwanderungsland Österreich? Historische Migrationsmuster, aktuelle Trends und politische Maßnahmen, Wien

FASSMANN, H. / MÜNZ, R. [Hrsg.] (1996):
Migration in Europa. Historische Entwicklung, aktuelle Trends, politische Reaktionen, Frankfurt / New York

FASSMANN, H. / MÜNZ, R. [Hrsg.] (2000):
Ost-West-Wanderung in Europa, Wien

FRIEDMANN, J. (1966):
Regional development policy: A case study of Venezuela, Cambridge / London

FRIEDMANN, J. (1973):
A Theory of Polarized Development. In: FRIEDMANN, J.: Urbanization, planning and national development, S. 41–64, London

FOURASTIÉ, J. (1954):
Die große Hoffnung des 20. Jahrhunderts, Köln

GAEBE, W. / HAGEL, J. / MAIER, J. / SCHÄTZL, L. (1984): Sozial und Wirtschaftsgeographie (= Harms Handbuch der Geographie), Bd. 3, München

HAGGETT, P. (1983):
Geographie, eine moderne Synthese, New York

HAGEL, J./MAIER, J./SCHLIEPHAKE, K. (1982):
Sozial- und Wirtschaftsgeographie (= Harms Handbuch der Geographie), Bd. 2, München

HAGEL, J./ROTHER, L./SCHULTZ, J./ZIMPEL, H.-G. (1980):
Sozial- und Wirtschaftsgeographie (= Harms Handbuch der Geographie), Bd. 1, München

HEINRITZ, G. (1979):
Zentralität und zentrale Orte, Stuttgart

JÜLG, F. (1976):
Die Fremdenverkehrsentwicklung der Gemeinde Heiligenblut. Ein Beispiel für die vielfältigen Veränderungen der Wirtschaftsstruktur im alpinen ländlichen Raum. In: Wiener Geograph. Schriften, Bd. 46/47/48, II. Teil, S. 51–85, Wien

JÜLG, F./MÜLLER, G. (1995):
Die Fremdenverkehrsentwicklung der Gemeinde Heiligenblut (Österreich). Ein Beispiel für die vielfältigen Veränderungen der Wirtschaftsstruktur im alpinen ländlichen Raum (2. Bericht). In: Wirtschaftsgeographische Studien, Bd. 19/20, S. 25–57, Wien

KASPAR, C. (1991):
Die Tourismuslehre im Grundriss, St. Gallen

KREBS, N. (1928):
Die Ostalpen und das heutige Österreich, eine Länderkunde, Bd. 1/2, Stuttgart

LEIDLMAIR, A. (1983):
Österreich, München

LICHTENBERGER, E. (1986):
Stadtgeographie, Begriffe, Konzepte, Modelle, Prozesse, Bd. 1, Stuttgart

LICHTENBERGER, E. [Hrsg.] (1989):
Österreich – Raum und Gesellschaft zu Beginn des 3. Jahrtausends, Wien

LICHTENBERGER, E. (1997):
Österreich. Geschichte, Wirtschaft, Politik, Darmstadt

LICHTENBERGER, E. (2000):
Austria, society and regions, Wien

LUTZ, W. [Ed.] (1996):
The Future Population of the World. What Can We Asume Today?, Revised edition, London

MACKENROTH, G. (1953):
Bevölkerungslehre. Theorie, Soziologie und Statistik der Bevölkerung, Berlin

MACKENROTH, G. (1972):
Grundzüge einer historisch soziologischen Bevölkerungstheorie. In: KÖLLMANN, W./MARSCHALCK, P. [Hrsg.]: Bevölkerungsgeschichte, S. 76–83, Köln

MAYER, J. u. a. (1977):
Sozialgeographie. Das Geographische Seminar, Braunschweig

MOSE, I. (1989):
Sanfter Tourismus – Alternative der Tourismusentwicklung. In: Österreichischer Alpenverein [Hrsg.]: Sanfter Tourismus – Theorie und Praxis (= Alpine Raumordnung, 3), S. 9–24, Innsbruck

Österreichische Gesellschaft für Kritische Geographie [Hrsg.] (1996):
Auf in die Moderne! Österreich vom Faschismus bis zum EU-Beitritt, Wien

Österreichische Raumordnungskonferenz [ÖROK] (1975) a:
Erster Raumordnungsbericht, Wien

Österreichische Raumordnungskonferenz [ÖROK] (1978a) a:
Zweiter Raumordnungsbericht, Wien

Österreichische Raumordnungskonferenz [ÖROK] (1981) a:
Dritter Raumordnungsbericht, Wien

Österreichische Raumordnungskonferenz [ÖROK] (1984) a:
Vierter Raumordnungsbericht, Wien

Österreichische Raumordnungskonferenz [ÖROK] (1987) a:
Fünfter Raumordnungsbericht, Wien

Österreichische Raumordnungskonferenz [ÖROK] (1990) a:
Sechster Raumordnungsbericht, Wien

Österreichische Raumordnungskonferenz [ÖROK] (1993) a:
Siebenter Raumordnungsbericht, Wien

Österreichische Raumordnungskonferenz [ÖROK] (1996a) a:
Achter Raumordnungsbericht, Wien

Österreichische Raumordnungskonferenz [ÖROK] (1999) a:
Neunter Raumordnungsbericht, Wien

Österreichische Raumordnungskonferenz [ÖROK] (1978b) b: Raumordnung in Österreich, Wien

Österreichische Raumordnungskonferenz [ÖROK] (1996b) c:
Position Österreichs im Rahmen der Europäischen Raumentwicklungspolitik, Wien

Österreichische Raumordnungskonferenz [ÖROK] (1985):
Trends im Tourismus, Wien

Österreich Lexikon (1966): hrsg. v. BAMBERGER, R. / MAIER-BRUCK, F., 2 Bde., Wien

Österreich Lexikon (1995): hrsg. v. BAMBERGER, R. u. M. / BRUCKMÜLLER, E. / GUTKAS, K., 2 Bde., Wien

PENZ, H. (1995):
Österreichs Landwirtschaft in der Herausforderung der EU. In: Geographische Rundschau, 47. Jg., H. 1, S. 25–29, Braunschweig

RAMMER, CH. (1996):
Ausverkauf Österreichs? Ausländische Unternehmen in der österreichischen Wirtschaft. In: Materialien zu Gesellschaft, Wirtschaft und Umwelt im Unterricht, H. 0, S. 2–15, Wien

RICHTER, U. (1994):
Geographie der Arbeitslosigkeit in Österreich. Theoretische Grundlagen – Empirische Befunde, Wien

RITTER, W. (1991):
Allgemeine Wirtschaftsgeographie, eine systemtheoretisch orientierte Einführung, München

SAPPER, A. (1997):
Regionalpolitik in Österreich vor dem Hintergrund der Strukturfonds- und Regionalpolitik der Europäischen Union. In: Geographischer Jahresbericht aus Österreich, 54. Bd., S. 9–27, Wien

SCHÄTZL, L. (1996):
Wirtschaftsgeographie 1, Theorie, 6. Aufl., Paderborn

SCHEIDL, L. / LECHLEITNER, H. (1987):
Österreich, Land – Volk – Wirtschaft in Stichworten, 4. neubearb. Aufl., Unterägeri

DE SOUZA, A. R. / STUTZ, F. P. (1994):
The world economy, New York

WIESE, B. (1993):
Unser Nachbar Österreich, Braunschweig

WIRTH, E. (1981):
Kritische Anmerkungen zu den wahrnehmungszentrierten Forschungsansätzen in der Geographie. In: Geographische Zeitschrift, H. 3, S. 161–198, Frankfurt

WIRTH, E. (1999):
Handlungstheorie als Königsweg einer modernen Regionalen Geographie? Was 30 Jahre Diskussion um die Länderkunde gebracht haben. In: Geographische Rundschau, 51. Jg., S. 57–64, Braunschweig

Statistische und kartographische Quellen

BARATTA, M. v. [Hrsg.] (jährl.):
Der Fischer Weltalmanach,
Frankfurt am Main

BOBEK, H. / FESL, M. (1986):
Karten zur Regionalstrukter Österreichs.
Ein Nachtrag zum Atlas der Republik
Österreich, Wien

Bundesamt für Statistik (1931):
Statistisches Handbuch für die Republik
Österreich, Wien

Bundesministerium für Bauten und Technik
(1970): Funktionelle Straßenbewertung,
verfaßt für die Neubewertung des
Bundesstraßennetzes, Wien

Bundesministerium für Land- und Forstwirtschaft [Hrsg.] (1988):
Grüner Bericht 1987, Wien

Bundesministerium für Land- und Forstwirtschaft [Hrsg.] (1995):
Grüner Bericht 1994, Wien

Bundesministerium für Land- und Forstwirtschaft [Hrsg.] (1996):
Grüner Bericht 1995, Wien

Bundesministerium für Land- und Forstwirtschaft [Hrsg.] (1998):
Grüner Bericht 1997, Wien

Bundesministerium für Land- und Forstwirtschaft [Hrsg.] (1999):
Grüner Bericht 1998, Wien

Bundesministerium für Land- und Forstwirtschaft [Hrsg.] (2000):
Grüner Bericht 1999, Wien

Bundesministerium für wirtschaftliche Angelegenheiten – Bundeslastverteiler [Hrsg.]
(1994a): Betriebsstatistik 1993, Wien

Bundesministerium für wirtschaftliche Angelegenheiten – Bundeslastverteiler [Hrsg.]
(1994b): Betriebsstatistik 1991,
Einzelangaben, Wien

Bundesministerium für wirtschaftliche Angelegenheiten – Bundeslastverteiler [Hrsg.]
(1997): Betriebsstatistik 1996, Wien

Bundesministerium für wirtschaftliche Angelegenheiten – Bundeslastverteiler [Hrsg.]
(2000): Betriebsstatistik 1998, Wien

Bundesministerium für wirtschaftliche Angelegenheiten – Oberste Bergbehörde (1980):
Österreichisches Montanhandbuch 1980,
Wien

Bundesministerium für wirtschaftliche Angelegenheiten – Oberste Bergbehörde (1986):
Österreichisches Montanhandbuch 1986,
Wien

Bundesministerium für wirtschaftliche Angelegenheiten – Oberste Bergbehörde (1995):
Österreichisches Montanhandbuch 1995,
Wien

Bundesministerium für wirtschaftliche Angelegenheiten – Oberste Bergbehörde (1997):
Österreichisches Montanhandbuch 1997,
Wien

Bundesministerium für wirtschaftliche Angelegenheiten – Oberste Bergbehörde (1999):
Österreichisches Montanhandbuch 1999,
Wien

Bundesministerium für Wissenschaft und
Verkehr [Hrsg.] (1998):
Eisenbahnstatistik 1997/98 der Republik
Österreich, Wien

Diercke Weltatlas Österreich (1995): Wien

Hölzel-Atlas (1995a): 5. bis 8. Schulstufe,
Wien

Hölzel-Weltatlas (1995b): Oberstufe, Wien

Hydrographischer Dienst in Österreich
[Hrsg.] (1973):
Die Niederschläge, Schneeverhältnisse
und Lufttemperaturen in Österreich:
Im Zeitraum 1961–1970, Wien

Hydrographischer Dienst in Österreich
[Hrsg.] (1983):
Die Niederschläge, Schneeverhältnisse
und Lufttemperaturen in Österreich:
Im Zeitraum 1971–1980, Wien

Hydrographischer Dienst in Österreich
[Hrsg.] (1993):
Die Niederschläge, Schneeverhältnisse
und Lufttemperaturen in Österreich:
Im Zeitraum von 1981–1990, Wien

Literatur

K. und K. Statistische Zentralkommission (1911): Österreichisches Statistisches Handbuch

Österreichische Akademie der Wissenschaften [Hrsg.] (1960–1980):
Atlas der Republik Österreich, Wien

Österreichische Donaukraftwerke Aktiengesellschaft [Hrsg.] (1987):
Strom aus dem Strom – die österreichischen Donaukraftwerke, Wien

Österreichische Raumordnungskonferenz [ÖROK] (seit 1984) d:
Atlas zur räumlichen Entwicklung Österreichs, Wien

Österreichischer Atlas für höhere Schulen (1977): 103. Aufl., Wien

Österreichischer Städtebund [Hrsg.] (1998):
Statistisches Jahrbuch Österreichischer Städte 1997, Wien

Österreichisches Statistisches Landesamt [Hrsg.] (1938): Statistisches Jahrbuch für Österreich 1938, Wien

Österreichisches Statistisches Zentralamt [Hrsg.], [ÖSTAT] (1973):
Kennst Du Österreich?, Wien

Österreichisches Statistisches Zentralamt [Hrsg.], [ÖSTAT] (1966, 1989, 1990) a:
Statistisches Handbuch für die Republik Österreich, Wien

Österreichisches Statistisches Zentralamt [Hrsg.], [ÖSTAT] (1993, 1995, 1996, 1997, 1998, 1999) a:
Statistisches Jahrbuch für die Republik Österreich, Wien

Österreichisches Statistisches Zentralamt [Hrsg.], [ÖSTAT] (2000) a:
Statistisches Jahrbuch Österreichs, Wien

Österreichisches Statistisches Zentralamt [Hrsg.], [ÖSTAT] (seit 1987) b:
Statistik-Atlas Österreich, Wien

Österreichisches Statistisches Zentralamt [Hrsg.], [ÖSTAT] (jährl., seit 1954) c:
Der Fremdenverkehr in Österreich im Kalenderjahr ..., Wien

Österreichisches Statistisches Zentralamt [Hrsg.], [ÖSTAT] (1992) d: Ergebnisse der Volkszählung 1991: Wohnbevölkerung nach Gemeinden (mit der Bevölkerungsentwicklung seit 1869), Wien

Österreichisches Statistisches Zentralamt [Hrsg.], [ÖSTAT] (1994) d: Ergebnisse der Volkszählung 1991, Hauptergebnisse II – Österreich, Wien

Österreichisches Statistisches Zentralamt [Hrsg.], [ÖSTAT] (1995) d: Ergebnisse der Volkszählung 1991: Berufspendler, Wien

Statistisches Amt der Europäischen Gemeinschaften [Eurostat] [Hrsg.] (1997):
Eurostat Jahrbuch '97, Luxemburg

Verbindungsstelle der Bundesländer [Hrsg.] (1998): Steuereinnahmen der Gemeinden im Jahre 1996, Wien

Wirtschaftskammer Österreich, Bundessektion Tourismus und Freizeitwirtschaft [Hrsg.] (jährl.) a: Tourismus (Fremdenverkehr) in Zahlen, Wien

Weitere verwendete Quellen

ABEGG, B. (1996):
Klimaänderung und Tourismus. Klimafolgenforschung am Beispiel des Wintertourismus in den Schweizer Alpen, Zürich

Amt der Salzburger Landesregierung [Hrsg.] (1982): Luftgüteuntersuchungen mit Bioindikatoren im Land Salzburg. Ergebnisse der Untersuchungen 1975–1981, S. 1–35, Salzburg

ANDREAUS, B. (1999):
Die Rolle der Landesausstellungen für die Förderung des Fremdenverkehrs in der Stadt und Region Steyr, Wirtschaftsuniversität Wien, Wien [Diplomarbeit]

BAUMHACKL, H. (1989):
Szenario und Modellrechnungen zur Entwicklung des Zweitwohnungswesens in Österreich bis zum Jahr 2011.
In: LICHTENBERGER, E. [Hrsg.]: Österreich – Raum und Gesellschaft zu Beginn des 3. Jahrtausends, Wien

BERNECKER, P. (1956):
Die Stellung des Fremdenverkehrs im Leistungssystem der Wirtschaft, Wien

BERCZKOVICS, P. (1998):
Wirtschaftliche Auswirkungen durch die Errichtung eines Lyocell-Werkes auf das südliche Burgenland, Wien [unveröffent. Referat an der Wirtschaftsuniversität Wien]

BLÜTHGEN, J. (1964):
Allgemeine Klimageographie, Berlin

BOBEK, H. (1966):
Aspekte der Zentralörtlichen Gliederung Österreichs. In: Berichte zur Raumforschung und Raumplanung, 10. Jg., H. 2, S. 114–129, Wien

BOBEK, H. (1968):
Die Versorgung mit Zentralen Diensten: In: Mitteilungen der Österreichischen Geographischen Gesellschaft, Bd. 110, H. II/III, S. 143–158, Wien

BOBEK, H. (1970):
Die Zentralen Orte und ihre Versorgungsbereiche. In: Strukturanalyse des Österreichischen Bundesgebietes, Bd. 2, S. 473–504, Wien

BÖHEIM, M. (1999):
Marktchancen für die österreichische Industrie. In: WIFO-Monatsberichte, H. 6, S. 405–417, Wien

BRANDL, M. (1997):
Ein Herz für die Waldviertler. In: Kurier, Beilage: Motor und Reise, S. 1, Wien

BRANDSTÖTTER, S. (1997):
Die Nachnutzungen der Einrichtungen des Hausruck-Kohle-Bergbaus in Ampflwang für den Fremdenverkehr und ihre wirtschaftliche Bedeutung, Wien [unveröffent. Referat an der Wirtschaftsuniversität]

BRICKNER, I. (2000):
Wien prüft „Nebenwohnsitzer": Erbsenzählen im Ministerium. In: Der Standard, Wien

Bundesministerium für Verkehr [Hrsg.] (1978): Österreichisches Seilbahnkonzept, Bd. 1: Konzept, Bd. 2: Grundlagen, Wien

Bundesministerium für Wissenschaft und Verkehr (1999):
Statistische Angaben der Abteilung II/C/23, Wien

DAX, T. (1999):
Agenda 2000 und die Politik zur Entwicklung des ländlichen Raums. In: Österreichische Gesellschaft für Kritische Geographie [ÖGKG]: Landwirtschaft und Agrarpolitik in den 90er Jahren, S. 44–60, Wien

DELAPINA, F. (1998):
Land der Hämmer – und doch zukunftsreich. In: Raum, Nr. 31, S. 10–13, Wien

DIEPENSEIFEN, G. (1998):
Belastungen des Österreichischen Luftstraßennetzes durch regionalen und internationalen Flugverkehr, Wien [unveröffent. Seminarreferat an der Wirtschaftsuniversität Wien]

DRENNIG, A. (1988):
Die II. Wiener Hochquellenwasserleitung, Wien [Festschrift]

DUJMOVITS, W. (1992):
Die Amerikawanderung der Burgenländer, Pinkafeld

EMBLETON-HAMANN, C. (1997):
Naturgefahren in Österreich – Ursachen, Verbreitung, Schäden und Schutzmaßnahmen. In: Mitteilungen der Österreichischen Geographischen Gesellschaft, Bd. 129, S. 197–230, Wien

FASSMANN, H. (1997):
Raumordnung, Raumplanung und Regionalpolitik in Österreich. In: Materialien zur Gesellschaft, Wirtschaft und Umwelt, H. 2, Wien

FRITZL, M. (1999a):
Nahverkehr: Die Bahn will aus den Verkehrsverbünden aussteigen. In: „Die Presse", 8. Januar 1999, S. 15, Wien

FRITZL, M. (1999b):
Wienerberger auf dem Weg zum „Global Player". In: „Die Presse", 22. Juni 1999, S. 17, Wien

FRITZL, M. (1999c):
Wienerberger bald in Brüssel? Zentrale könnte abwandern. In: „Die Presse", 22. Oktober 1999, S. 17, Wien

FORMAYER, H. / NEFZGER, H. / KROMP-KOLB, H. (1998): Auswirkungen möglicher Klimaänderungen im Alpenraum – Eine Bestandsaufnahme, Wien

Geographisches Institut der Universität Bern [Hrsg.] (1991):
Die Alpen – eine Welt in Menschenhand, Bern

Gesellschaft für Verkehrspolitik [Hrsg.] (1996): Info 81, Wien

GOLLEGGER, K. (1993):
Großglocknerstraße und Nationalpark – Konfrontation oder Symbiose. In: Wiener Geographische Schriften, Bd. 64, S. 43–55, Wien

GOLLNER, J. (2000):
Die Entwicklung der Industrie für Automobilbestandteile, ihre räumliche Verteilung und Zukunftsaussichten, Wien [unveröffent. Seminarreferat an der Wirtschaftsuniversität Wien]

GREIF, F. (1999):
Österreich und die Europäische Politik für den Ländlichen Raum. In: Mitteilungen der Österreichischen Geographischen Gesellschaft, Bd. 141, S. 67–90, Wien

GURGISER, F. (1999):
Am Beispiel Alpentransit: Gnadenlos, Innsbruck

HAGER, CH. (1992):
Die Eisenbahnen im Salzkammergut, Steyr

HANREICH, G. (1990):
Europäische Transitländer vor dem Verkehrsinfarkt. Grundzüge nationaler Verkehrspolitiken im Kontext des Binnenmarkts. In: Österreichische Zeitschrift für Verkehrswissensschaft, H. 1, S. 5–18, Wien

HEILSBERG, F. / KORGER, F. [Hrsg.] (1954):
Lehrbuch der Geschichte für Oberstufen der Mittelschulen – Allgemeine Geschichte der Neuzeit von der Mitte des 17. bis zur Mitte des 19. Jahrhunderts, Bd. 3, 2. Aufl., Wien

HEILSBERG, F. / KORGER, F. [Hrsg.] (1955):
Lehrbuch der Geschichte für Oberstufen der Mittelschulen – Allgemeine Geschichte des Altertums, Bd. 1, 4. Aufl., Wien

HEILSBERG, F. / KORGER, F. [Hrsg.] (1957):
Lehrbuch der Geschichte für Oberstufen der Mittelschulen – Allgemeine Geschichte des Mittelalters und der Neuzeit bis zum Westfälischen Frieden, Bd. 2, 4. Aufl., Wien

HEILSBERG, F. / KORGER, F. [Hrsg.] (1961):
Lehrbuch der Geschichte für Oberstufen der Mittelschulen – Allgemeine Geschichte der Neuzeit von der Mitte des 19. Jahrhunderts bis zur Gegenwart, Bd. 4, 3. Aufl., Wien

HIEBL, U. (1997):
Freizeitwohnsitze auf dem Immobilienmarkt in Österreich. Eine Analyse zur Geographie des österreichischen Immobilienmarktes.
In: Mitteilungen der Österreichischen Geographischen Gesellschaft, Bd. 139, S. 145–170, Wien

HIMMLER, R. (1991):
Die Bedeutung der österreichischen Flughäfen für den Fremdenverkehr. Stand und Entwicklungsmöglichkeiten, Wien [Diplomarbeit, Wirtschaftsuniversität]

HOFMANN, J. (1987):
Strukturanalyse von Fremdenverkehrsgemeinden im Wiener Umland unter besonderer Berücksichtigung des Einflusses der Stadt Wien, Wien [Diplomarbeit Wirtschaftsuniversität Wien]

HOFMAYER, A. / JÜLG, F. (1989):
Typisierung von Fremdenverkehrsgemeinden Österreichs. Ein Beitrag zur kartographischen Darstellung des Fremdenverkehrs aufgrund der Ergebnisse einer Clusteranalyse.
In: ASCHE, H. / TOPEL, T.: Beiträge zur Geographie und Kartographie, S. 132–149, Wien

HUTTER, C. M. (1990):
Mehr als nur Straße. Die Geschichte der Großglockner-Hochalpenstraßen AG, Salzburg

Institut für touristische Raumplanung (1999):
Transportkapazität der österreichischen Seilbahnen (Gesamtwerte), Wien

JÜLG, F. (1966):
Die Seilbahnen Österreichs und ihre Auswirkungen auf die Wirtschaft, Wien

JÜLG, F. (1993):
Die Fremdenverkehrsgemeinde Heiligenblut, als Fallbeispiel für das Ineinandergreifen ökologischer, ökonomischer und sozialer Probleme des Tourismus im Hochgebirge. In: Wiener Geographische Schriften, Bd. 64, S. 25–42, Wien

JÜLG, F. (1999):
Der Wintertourismus im Gebirge. Historische Entwicklung. In: Thomas-Morus-Akademie [Hrsg.]: Der Winter als Erlebnis. Zurück zur Natur oder Fun, Action und Mega-Events? Neue Orientierungen im Schnee-Tourismus, S. 9–38, Bergisch-Gladbach

KARNER, M. (1996):
Die Österreichische Landwirtschaft im Spannungsfeld zwischen EU und GATT, Wien [Diplomarbeit, Wirtschaftsuniversität Wien]

KERSCHNER, H. / PETROVITSCH, H. (1998):
Alpentransit auf der Schiene – das Beispiel Brennerachse. In: Geographische Rundschau, H. 10, S. 580–586, Braunschweig

KNIEPERT, M. (1999):
EU-Osterweiterung und die österreichische Landwirtschaft. In: Österreichische Gesellschaft für Kritische Geographie [ÖGKG]: Landwirtschaft und Agrarpolitik in den 90er Jahren, S. 61–80, Wien

KOHLBACHER, J. / REEGER, U. (1999):
Ethnische Segregation und Fremdenfeindlichkeit in Wien.
In: Mitteilungen der Österreichischen Geographischen Gesellschaft, Bd. 141, S. 19–52, Wien

KUSCHNIGG, W. (1996):
Was war wann?, Wien

LANTHALER, W. (1998):
Ein falsches Bild von Verantwortung.
In: Industrie, Nr. 48, S. 3, Wien

LARCHER, A. (1994):
Die Auswirkungen des Transitverkehrs – das Beispiel Wipptal. In: GW Unterricht, Nr. 56, S. 33–50, Wien

LEITNER, H. (1981):
Struktur und Determinanten der räumlichen Wohnsegregation der Gastarbeiter in Wien. In: Mitteilungen der Österreichischen Geographischen Gesellschaft, Bd. 121, S. 92–118, Wien

LILL, E. (1891):
Das Reisegesetz und seine Anwendung für den Eisenbahnverkehr, Wien

Magna Europa AG [Hrsg.] (1999):
Mitarbeiter-Jahresbericht 1998, Oberwaltersdorf

Magna Europa AG [Hrsg.] (1999):
Diverses Prospektmaterial, Oberwaltersdorf

Magna [Hrsg.] (1999):
1998 Annual Report, Aurora, Ontario

Magna [Hrsg.] (2000):
1999 Annual Report, Aurora, Ontario

MAHRINGER, P. (1991):
Das Grundwasser der Mitterndorfer Senke – eine mögliche Versorgungsquelle für die Wasserwirtschaft der Bundeshauptstadt Wien, Wien [Diplomarbeit, Wirtschaftsuniversität Wien]

MARTIN, P. / WIDGREN, J. (1996):
International Migration: A Global Challenge. In: Population Bulletin, Vol. 51, Nr. 1, Washington D.C.

MATIS, H. / BACHINGER, K. (1973):
Österreichs industrielle Entwicklung. In: BRUSATTI, A. [Hrsg.]: Die Habsburgermonarchie 1848–1918, Die wirtschaftliche Entwicklung, Bd. I., S. 105–232, Wien

MAULER, N. (1998):
Aufbruch an der NÖ Eisenstraße. In: Ländlicher Raum, H. 2, S. 23–27, Wien

MERRICK, TH. W. (1992):
Global Population: Toward the 21st Century. Short Course SC. 1, 27th International Geographic Congress, Washington D.C.

Nationalparkplanung Thayatal / Betriebsgesellschaft Marchfeldkanal / ÖAR-Regionalberatung (1995):
Nationalpark Thayatal – Abschätzung der regionalwirtschaftlichen Effekte, Wien

Niederösterreichische Agrarbezirksbehörde [Hrsg.] (1999):
Dokumentation über Grundzusammenlegungen in Niederösterreich, Baden

ÖLLER, A. (1997):
Heliskiing in Österreich, Wien [unveröffent. Seminarreferat an der Wirtschaftsuniversität Wien]

ORTNER, K. M. (1997):
Auswirkungen des EU-Beitrittes auf die Landwirtschaft und ausgewählte Sektoren. In: GREIF, F.: Österreichs Landwirtschaft im EU-Agrarsystem, S. 115–147, Klosterneuburg

OSTERMANN, B. (1996):
Die Karriere Wiens zu einer der wichtigsten Kongreßstädte der Welt, Wien [unveröffent. Seminarreferat an der Wirtschaftsuniversität Wien]

Österreichische Industrie Aktiengesellschaft [ÖIAG] (1979):
ÖIAG 79, Zahlen, Daten, Fakten – Folder, Wien

Österreichische Industrieholding Aktiengesellschaft [ÖIAG] (1999):
Geschäftsbericht 1998, Wien

Österreichische Gesellschaft für Europapolitik (2000):
Die Europäische Union und Österreich – Argumente und Graphiken, Wien

Österreichische Gesellschaft für Natur- und Umweltschutz [ÖGNU] [Hrsg.] (1990):
Künstliche Beschneiung – Dokumentation eines Fachgespräches am runden Tisch, Wien

Österreichische Nationalbank (1998):
Österreichische Direktinvestitionen im Ausland und Ausländische Direktinvestitionen in Österreich. In: Statistisches Monatsheft, Nr. 6, S. 1–48, Wien

Österreichisches Statistisches Zentralamt [ÖSTAT] (1999) e:
Zusammenstellung zur Handelsbilanz, Wien [unveröffent.]

PAULIK, M. (1997):
Das zyklische Phänomen im Fremdenverkehr anhand ausgewählter Gemeinden des Ötscherlandes, Wien [Diplomarbeit Wirtschaftsuniversität Wien]

PITTERLE, A. (1990):
Forstliche Integralplanung in Österreich als Grundlage geordneter, zukunftsorientierter Forstwirtschaft im Gebirge. In: BOKU Raumplanung Reihe „extracts", Nr. 24, IRUB, S. 8–26, Wien

Redaktionsgruppe des studentischen Fachverbandes Geowissenschaften (1970): Bestandsaufnahme zur Situation der deutschen Schul- und Hochschulgeographie. In: Tagungsbericht, 37. Deutscher Geographentag Kiel, S. 191–207, Wiesbaden

SCHEIDL, L. [Hrsg.] (1969):
Luftbildatlas Österreich, Wien

SCHENK, W. (1998):
Strategisches Eigentum – Perspektiven für die österreichische Wirtschaftspolitik, Wien

SCHNEIDER, M. (2000):
Folgen der Osterweiterung für die österreichische Landwirtschaft. In: WIFO-Monatsberichte, H. 9, S. 559–574, Wien

SCHROLL, W. (1996):
Park & Ride. In: Raumordnung Niederösterreich aktuell, Nr. 4, S. 18–19, Wien

Seehafenbilanz (1980). In: Verkehr, die internationale Wochenzeitung für Verkehrswirtschaft, H. 30, S. 989–1011, Wien

Seehafenbilanz (1988). In: Verkehr, die internationale Wochenzeitung für Verkehrswirtschaft, H. 31, S. 4–23, Wien

Seehafenbilanz (1998). In: Verkehr, die internationale Wochenzeitung für Verkehrswirtschaft, H. 37a, S. 13–20, Wien

Seehafenbilanz (1999). In: Verkehr, die internationale Wochenzeitung für Verkehrswirtschaft, H. 37a, S. 1–8, Wien

SEGER, M./KOFLER, A. (1998):
Flurgefüge- und Relieftypen Österreichs – Merkmal der Kulturlandschaft nach Gemeinden. In: Mitteilungen der Österreichischen Geographischen Gesellschaft, Bd. 140, S. 53–72, Wien

SLEZAK, J. (1952):
Da staunt das Vorsignal, Wien

STEINBAUER, J. (1997):
Liegst dem Erdteil Du ... In: „Die Presse", 15. Februar 1997, Spektrum S. III, Wien

STRZYGOWSKI, W. (1956):
Autobahnprobleme in Österreich. In: Raumforschung und Raumplanung, H. 1, S. 36–42, Remagen

STRZYGOWSKI, W. (1959):
Europa braucht Naturparke, Horn

TIPPELT, W./BAUMGARTNER, B. (1977):
Mariazeller Bergland mit Schneealpe, Veitsch und Hochschwab, St. Pölten

Verkehrsclub Österreich [VCÖ] [Hrsg.] (1996):
Alpentransit – Güterzüge statt Lkw-Kolonnen, Wien

Verkehrsclub Österreich [VCÖ] [Hrsg.] (2000):
Alpenquerender Güterverkehr, Wien

WAGNER, K. (1995):
Ziel-5b-Gebiete in Österreich, Abgrenzung und Strukturdaten. In: Bundesministerium für Landwirtschaft: Grüner Bericht (Bericht über die Lage der Landwirtschaft) 1994, S. 156–157, Wien

WALLACK, F. (1949):
Die Großglockner-Hochalpenstraße. Die Geschichte ihres Baues, Wien

WEISSENSTEINER, F. (1976):
Österreich und die Welt, Historischer Atlas, Wien

Wienerberger (1999):
„Building value", Geschäftsbericht 1998, Wien

Wienerberger (2000):
„Building value", Geschäftsbericht 1999, Wien

WIRTH, E. (1998):
Die Wasserstraßen Bayerns. In: Geographische Rundschau, 50. Jg., H. 9, S. 501–507, Braunschweig

Wirtschaftskammer Österreich, Fachverband Seilbahnen Österreichs [Hrsg.] (1999) b:
Seilbahnen Österreichs, Leistungsbericht 1997/98, Wien

WUGEDITSCH, R. (1995):
Wirtschaftliche Möglichkeiten der Produktion und des Absatzes von Methylester als Treibstoff – unter besonderer Berücksichtigung der Landwirtschaft in Österreich, Wien [Diplomarbeit, Wirtschaftsuniversität Wien]

WYDER, J. [Schweizerische Arbeitsgemeinschaft für Berggebiete] (1989): Berglandwirtschaft als Teil einer ganzheitlichen Entwicklung im Berggebiet. Vortrag anläßlich einerExpertentagung: Alpenraum – Herausforderung und Verpflichtung für Europa, Wildbad Kreuth [unveröffent.]

ZWITTKOVITS, F. (1983): Klimatypen – Klimabereiche – Klimafacetten. Erläuterungen zur Klimatypenkarte von Österreich. Beiträge zur Regionalforschung, H. 5, Wien

Internetadressen

Eurostat (2000):
http://europa.eu.int/eurostat.html;
Luxemburg, schriftliche Auskünfte

Lenzing AG (2001):
http://www.Lenzing.com
http://www.lenzing.com/d/fasern/lyocell/lfsly_standorte.html;
Lenzing, telefonische Auskünfte

Magna [Hrsg.] (2000):
http://www. magnaint. com;
Aurora, ferner telefonische Auskünfte

Österreichische Nationalbank (2000):
http://www.oenb.at; Wien, tel. Auskünfte

Wirtschaftskammer Österreich Fachverband Seilbahnen Osterreichs (2000):
http://www.seilbahnen.at; Wien

Verzeichnis der Abbildungen

Abb. 0. 1:	Nationalbewusstsein der Österreicher 1965–2000	8
Abb. 1. 1:	Modell der Veränderung der Raumstruktur im Entwicklungsverlauf nach J. FRIEDMANN	11
Abb. 2. 1:	Mitteleuropa	13
Abb. 2. 2:	Großlandschaften	14
Abb. 2. 3:	Geologische Übersichtskarte	23
Abb. 2. 4:	Nord-Süd-Profil durch die Alpen	24
Abb. 2. 5:	Wiener Fernwasserleitungen	27
Abb. 2. 6:	Jahresniederschlag – Mittlere Mengen in der Periode 1901–1980	31
Abb. 2. 7:	Klima: Lage der ausgewählten Stationen	33
Abb. 2. 8:	Schema des alpinen Südföhns	34
Abb. 2. 9:	Wirkliche Sonnenscheindauer im Winter in Prozenten der möglichen Dauer (1928–1950)	36
Abb. 2.10:	Klima: Jahresmittel der Lufttemperatur 1767–1997	38
Abb. 3. 1:	Straßennetz zur Römerzeit	40
Abb. 3. 2:	Klostergründungen im Mittelalter	42
Abb. 3. 3:	Rezente Flurformen sowie Flurformengruppen (nach Gemeinden) 1991	43
Abb. 3. 4:	Österreichisch-ungarische Monarchie 1900	47
Abb. 3. 5:	Aufteilung in Besatzungszonen (1945–1955) und Frontverlauf am 7. Mai 1945	50
Abb. 3. 6:	Ost-Grenzgebiete: Gewerblich-industrielle Ausbaustandorte, Eignung für den Fremdenverkehr	52
Abb. 4. 1:	Bevölkerungsdichte 1991, bezogen auf die Siedlungsfläche	56
Abb. 4. 2:	Bevölkerungsbilanzen 1869–1991 nach Komponenten	57
Abb. 4. 3:	Bevölkerung: Die vier Phasen im Bevölkerungszyklus am Beispiel von England	59
Abb. 4. 4:	Bevölkerung: Geburten- und Sterbeziffern 1869–1997 in Österreich	59
Abb. 4. 5:	Bevölkerung: Szenarios zur Entwicklung der Weltbevölkerung im 21. Jahrhundert nach UNO	60
Abb. 4. 6:	Alterspyramiden Österreichs von 1910, 1961, 1971, 1981, 1991 sowie Vorausschätzung 2030	61
Abb. 4. 7:	Bevölkerungspyramiden aus dem U. S. Population Census	63
Abb. 4. 8:	Bevölkerung: Zahl der unter 15-jährigen nach politischen Bezirken 1991	64
Abb. 4. 9:	Bevölkerung: Wanderungsbilanz nach politischen Bezirken 1981–1991	67
Abb. 4.10:	Das Modell von FOURASTIÉ	69
Abb. 4.11:	Erwerbstätige: Entwicklung nach Wirtschaftssektoren 1910–2000	69

Verzeichnis der Abbildungen 303

Abb. 4.12:	Erwerbstätige: Anteil der Beschäftigten in der Industrie 1961 und 1991		70
Abb. 4.13:	Erwerbstätige: Anteil der Beschäftigten im Dienstleistungssektor 1961 und 1991		71
Abb. 4.14:	Erwerbstätige: Einkommen der unselbständig Beschäftigten nach politischen Bezirken 1995		73
Abb. 4.15:	Nationale Regionalförderungsgebiete 1995–1999 und 2000–2006		75
Abb. 4.16:	Auspendler 1961–1991		77
Abb. 4.17:	Index des Pendlersaldos 1991		78
Abb. 4.18:	Anteil der bewilligungspflichtigen Beschäftigten aus Tschechien, Ungarn, Polen und der Slowakei an allen bewilligungspflichtig beschäftigten Ausländern 1997		79
Abb. 4.19:	Arbeitslosigkeit: Unselbständig Beschäftigte und Arbeitslose, Inländer und Ausländer 1970, 1980, 1988–1998		81
Abb. 4.20:	Arbeitslosigkeit: Verschiedene Arten der Berechnung von Arbeitslosenraten: Österreich, OECD, EU „neu"		81
Abb. 4.21:	Regionale Arbeitslosigkeit nach NUTS-3-Gebieten 1997		83
Abb. 4.22:	Gastarbeiter: Stellung der in- und ausländischen Wohnbevölkerung im Beruf 1993		84
Abb. 5. 1:	Administrative Gliederung 1996		88
Abb. 5. 2:	Gliederung nach NUTS-Einheiten 1996		89
Abb. 5. 3:	Zentrale Orte: Mittlere und oberer Stufe 1981		94
Abb. 5. 4:	Zentrum-Peripherie-Gefälle: Versorgung mit wirtschaftlichen Diensten 1981		95
Abb. 5. 5:	Zentrum-Peripherie-Gefälle: Kernräume und Bruttoinlandsprodukt 1996		96
Abb. 5. 6:	Größenverteilung der 15 führenden Städte 1991		98
Abb. 5. 7:	Städte: Bevölkerungsentwicklung 1869–1998		102
Abb. 5. 8:	Städte: Zentrum-Peripherie-Gefüge 1998		103
Abb. 6. 1:	Schifffahrt: Transportaufkommen auf dem Rhein-Main-Donau-Kanal, Schleuße Kehlheim 1992–1997		108
Abb. 6. 2:	Pferdeeisenbahn Budweis–Linz–Gmunden		111
Abb. 6. 3:	Eisenbahnnetz 1997		115
Abb. 6. 4:	Auswahl europäischer Bahnen: Entwicklung des Personen- und Güterverkehrs 1970–1996		118
Abb. 6. 5:	Planung der Reichsautobahnen 1938		119
Abb. 6. 6:	Planung der Europastraßen 1950		119
Abb. 6. 7:	Straßennetz 1997		123
Abb. 6. 8:	Großglockner-Hochalpenstraße Karte und Profil		124
Abb. 6. 9:	Großglockner-Hochalpenstraße: Frequenzen seit Eröffnung		125
Abb. 6.10:	Straßenverkehr: Aufkommen an automatischen Dauerzählstellen, insgesamt 1997		127
Abb. 6.11:	Straßenverkehr: Aufkommen an automatischen Dauerzählstellen, Lastkraftwagen 1997		127

Abb.	6.12:	Flugverkehr: Anzahl der Passagiere im planmäßigen Luftverkehr von und nach Wien 1998	128
Abb.	6.13:	Flugverkehr: Anzahl der Passagiere im planmäßigen Luftverkehr von und nach Wien 1988	129
Abb.	6.14:	Pipelinenetz 1999	132
Abb.	6.15:	Gütertransit durch Österreich und die Schweiz 1994	134
Abb.	6.16:	Alpenquerender Güterverkehr: Österreich, Schweiz, Frankreich 1980–1998	135
Abb.	6.17:	Umwegtransit über den Brenner	136
Abb.	6.18:	Güterverkehr über den Brenner 1960–1998	137
Abb.	6.19:	Gesamtverkehr auf der Brennerautobahn 1985–1999	137
Abb.	6.20:	Brennerverkehr: Lärmdorf Schönberg	139
Abb.	6.21:	Brennerverkehr: Schädigung der Bäume unterhalb der Brennerautobahn 1986	139
Abb.	6.22:	Verkehrsverbünde 1999	141
Abb.	6.23:	Seilbahnen: Entwicklung der Anlagen und der Transportkapazität 1955–1998	147
Abb.	7. 1:	Tourismus: Entwicklung der Übernachtungen und Abdeckung des Außenhandelsdefizites 1952/53–1997/98	150
Abb.	7. 2:	Evolution einer Tourismusregion – Tourist Area Cycle	153
Abb.	7. 3:	Tourismus: Nächtigungen in der Zwischenkriegszeit und nach dem Zweiten Weltkrieg	154
Abb.	7. 4:	Freizeitwohnsitze: Regionale Verteilung 1991 nach Nuts-3-Einheiten	158
Abb.	7. 5:	Tourismus: Übernachtungen nach Bundesländern 1997/98	160
Abb.	7. 6:	Tourismus: Durchschnittliche Aufenthaltsdauer in wichtigen Fremdenverkehrsorten 1998	162
Abb.	7. 7:	Tourismus: Saisonschwankungen nach Bundesländern 1997	163
Abb.	7. 8:	Tourismus: Saisonverlauf in Fremdenverkehrsorten 1983	164
Abb.	7. 9:	Intensität nach Tourismusgebieten 1995/96	167
Abb.	7.10:	Konzentration im Wintertourismus 1996/97	173
Abb.	7.11:	Luftgüte in der Stadt Salzburg und im Gasteinertal	175
Abb.	7.12:	Tourismus: Europa Sport Region: Seilbahnanlagen, Stand 1998	176
Abb.	7.13:	Nationalparke 1998	180
Abb.	7.14:	Tourismus: Die Gemeinden an der Eisenstraße 1998	181
Abb.	7.15:	Heiligenblut: Die Zyklen	183
Abb.	7.16:	Heiligenblut: Einige Grunddaten der Gemeinde 1951–1991	183
Abb.	7.17:	Heiligenblut: Baualter der Häuser im Ortszentrum von Heiligenblut 1991	185
Abb.	8. 1:	Bergbau: Rohstoffhoffnungsgebiete 1981	190
Abb.	8. 2:	Bergbau: Betriebe 1998	191
Abb.	8. 3:	Wie teuer ist der Strom 1996	201
Abb.	8. 4:	Energie: Donaurahmenplan	201
Abb.	8. 5:	Elektrizitätswirtschaft: Belastungsablauf der Öffentlichen Versorgung am 15. April und 9. Dezember 1998 („Höchstlasttage")	203

Verzeichnis der Abbildungen 305

Abb.	8. 6:	Elektrizitätswirtschaft 1998	205
Abb.	8. 7:	Energie- und Stromverbrauch im Vergleich zum BIP 1955–1998	207
Abb.	8. 8:	Industrie: Anteil der in Industrie- und Gewerbebetrieben Tätigen nach politischen Bezirken an allen Berufstätigen 1910	210
Abb.	8. 9:	Industriebetriebe 1995	217
Abb.	8.10:	Industrie: Betriebsgrößen ausländischer Produktionsstätten. Anteil der einzelnen Betriebsgrößenklassen im Vergleich mit dem österreichischen Durchschnitt 1991	218
Abb.	8.11a:	Direktinvestitionen 1980, 1985, 1989–1998	219
Abb.	8.11b:	Direktinvestitionen nach Staaten 1990, 1995, 1998	219
Abb.	8.12:	Der ÖIAG-Konzern 1978	222
Abb.	8.13:	Der ÖIAG-Konzern 1998	223
Abb.	9. 1:	Kulturarten nach Bundesländern 1997	229
Abb.	9. 2:	Landwirtschaft: Produktionsgebiete	230
Abb.	9. 3:	Landwirtschaft: Gesamteinkommen je Betrieb 1998	231
Abb.	9. 4:	Landwirtschaft: Agrarwirtschaftliches Einkommen je Betrieb nach Produktionsgebieten 1998	231
Abb.	9. 5:	Landwirtschaft: Durchschnittliche Betriebsgröße in der Europäischen Union (15) 1995	234
Abb.	9. 6:	Anteil der Betriebsinhaber im Alter von 55 Jahren und darüber nach politischen Bezirken 1990	236
Abb.	9. 7:	Landwirtschaft: Endproduktion 1998	239
Abb.	9. 8:	Landwirtschaft: Weingartenfläche und Weinernte 1947–1998	241
Abb.	9. 9:	Landwirtschaft: Anteil der Inlandsproduktion am -verbrauch 1983/84, 1993/94, 1997/98	243
Abb.	9.10:	Landwirtschaft: Auswirkungen von garantierten Preisen auf Angebot und Nachfrage	244
Abb.	9.11:	Landwirtschaft: Förderungen 1989–1999	246
Abb.	9.12:	Landwirtschaft: Biobetriebe nach politischen Bezirken 1998	251
Abb.	9.13:	Forstwirtschaft: Anteil der Waldfläche nach politischen Bezirken 1995	255
Abb.	10. 1:	Bruttoinlandsprodukt: Entwicklung 1955–1996	259
Abb.	10. 2:	Bruttoinlandsprodukt je Einwohner zu Kaufkraftparitäten 1997	260
Abb.	10. 3:	Bruttoinlandsprodukt: Steuerquoten – Steuereinnahmen in Prozent des BIP 1997	260
Abb.	10. 4:	Bruttoinlandsprodukt: Entstehung 1956, 1976 und 1996	261
Abb.	10. 5:	Außenhandel 1988–1998 mit der Europäischen Union und osteuropäischen Staaten	262
Abb.	10. 6:	Beitragszahlungen pro Kopf zur Europäischen Union 1999	264

Verzeichnis der Tabellen

Tab.	2. 1:	Großlandschaften	14
Tab.	2. 2:	Klima: Temperaturen und Niederschläge ausgewählter Stationen, im Durchschnitt 1901–1990	32
Tab.	2. 3:	Klima: Entwicklung der Winterdecke und der durchschnittlichen Schneemengen in ausgewählten Stationen. Dekaden 1961–1970, 1971–1980, 1981–1990 und 1901–1990	38
Tab.	3. 1:	Bevölkerung: Religionszugehörigkeit 1991	45
Tab.	4. 1:	Volkszählungen – Fortschreibungen und Revisionen für Wien und Niederösterreich 1971–1999	57
Tab.	4. 2:	Altersstruktur der österreichischen Bevölkerung 1869, 1910, 1951, 1961, 1971, 1981, 1991 und 1998	62
Tab.	4. 3:	Bevölkerungsentwicklung in Wien, Niederösterreich und im Gesamtstaat 1869–1998	65
Tab.	4. 4:	Bevölkerung: Wanderungsbilanzen nach Bundesländern, 1951–1991	66
Tab.	4. 5:	Bevölkerungsprognose nach Bundesländern 1991–2021	67
Tab.	4. 6:	Erwerbstätige nach Bundesländern und Wirtschaftssektoren 1991	72
Tab.	4. 7:	Nationale Regionalförderungsgebiete (RFG) in Österreich gemäß EU/EWR-Wettbewerbsregeln und Zielgebiete in Österreich gemäß EU-Strukturfonds 1995–1999	74
Tab.	4. 8:	Förderungen der Europäischen Union nach Bundesländern 1995–1999	76
Tab.	4. 9:	Arbeitslosigkeit: Europäische Union 1990, 1995, 1997 und 1999	81
Tab.	5. 1:	Politische und administrative Gliederung, 1966 und 1996	86
Tab.	5. 2:	Gemeinden: Anzahl nach Gemeindegrößenklassen 1934, 1966, 1996	89
Tab.	5. 3:	Zentrale Orte: 1959 und 1991	91
Tab.	5. 4:	Städte: Einwohner und Berufstätige 1991	104
Tab.	6. 1:	Seehafenverkehr 1978, 1986, 1996–1998	106
Tab.	6. 2:	Schifffahrt: Prognosen des Güterverkehrs auf dem Rhein-Main-Donau-Kanal zwischen Nürnberg und Kehlheim	109
Tab.	6. 3:	Schifffahrt: Güterverkehr auf der Donau 1980–1998	109
Tab.	6. 4:	Schifffahrt: Personenverkehr auf der Donau 1975–1999	110
Tab.	6. 5:	Österreichische Bundesbahnen (ÖBB): Strecken und Leistungen 1960–1998	116
Tab.	6. 6:	Europäische Staatsbahnen 1997 – ein Vergleich	117
Tab.	6. 7:	Straßennetz 1937, 1948, 1971, 1981, 1994	122
Tab.	6. 8:	Flugverkehr: Flughafen Wien (Vienna International Airport/VIE) 1955–1998	128
Tab.	6. 9:	Flugverkehr: Österreichische Regionalflughäfen 1980, 1990, 1997 und 1998	130

Verzeichnis der Tabellen

Tab.	6.10:	Gütertransport: Transportleistungen im Inland ohne Luftverkehr 1995–1997	133
Tab.	6.11:	Gütertransit: Verbrauch von Ökopunkten 1994–1999	140
Tab.	6.12:	„Wiener Linien": Entwicklung der Fahrgastzahlen 1985–1999	142
Tab.	6.13:	Seilbahnen: Anlagen nach technischen Systemen 1955–1998	147
Tab.	7. 1:	Tourismus: Die volkswirtschaftliche Bedeutung – ein Vergleich 1980, 1995	149
Tab.	7. 2:	Phaseneinteilung und Charakteristika des Tourist Area Cycle	152
Tab.	7. 3:	Tourismus: Nächtigungen nach Bundesländern 1929/30, 1936/37, 1955/56, 1975/76, 1995/96	155
Tab.	7. 4:	Tourismus: Unterkünfte und Betten 1970–1998	158
Tab.	7. 5:	Tourismus: Übernachtungen nach Bundesländern und Herkunftsländern 1997/98	161
Tab.	7. 6:	Tourismus: Kaufkraft einer Urlaubs-DM im Ausland 1970–1998	166
Tab.	7. 7:	Tourismus: Besucherzahlen von Sehenswürdigkeiten 1997	169
Tab.	7. 8:	Tourismus in Wien: Entwicklung der Bettenkapazität und der Übernachtungen 1975–1998	170
Tab.	7. 9:	Konzentration im Tourismus 1997/98	172
Tab.	7.10:	Konzentration im Wintertourismus 1979/80–1997/98	172
Tab.	7.11:	Tourismus: Europa Sport Region: Seilbahnanlagen, Stand 1998	177
Tab.	7.12:	Nationalparke: Zusätzliche Effekte durch den Nationalpark Thayatal auf der österreichischen Seite	180
Tab.	8. 1:	Bergbau: Betriebe und Beschäftigte seit 1965	192
Tab.	8. 2:	Bergbau: Produktion 1965, 1975, 1985, 1990, 1995, 1997, 1998	192
Tab.	8. 3:	Rohenergieaufbringung 1966–1998	198
Tab.	8. 4:	Energiebilanz 1998 in Steinkohleneinheiten	198
Tab.	8. 5:	Energiewirtschaft ausgewählter Staaten 1995	199
Tab.	8. 6:	Elektrizitätswirtschaft: Österreichischer Kraftwerke 1991	204
Tab.	8. 7:	Elektrizitätswirtschaft: Entwicklung der Stromproduktion und des Stromverbrauches (im Inland) 1955–1998	207
Tab.	8. 8:	Industriebetriebe („fabrikmäßige Betriebe"), nach Ländern und Branchen in der österreichischen Reichshälfte der österreichisch-ungarischen Monarchie 1911	209
Tab.	8. 9:	Industrie: Betriebe und Beschäftigte nach Betriebsgröße 1965, 1988 und 1995	214
Tab.	8.10:	Industrie: Betriebe und Beschäftige nach Branchen 1965 und 1995 (auszugsweise)	214
Tab.	8.11:	Industrie: Produktionswerte 1995 (auszugsweise)	215
Tab.	8.12:	Industrie und Gewerbe (ÖNACE) 1997: Unternehmen, Beschäftigte, Personalaufwand, Produktionswert, Bruttowertschöpfung nach Bundesländern	216
Tab.	8.13:	Industrie: Entwicklung der Beschäftigten 1965–1995	218
Tab.	9. 1:	Landwirtschaft: Anteil am Bruttoinlandsprodukt und an den Erwerbspersonen 1961–1999	227

Tab.	9. 2:	Landwirtschaft: Beschäftigte und Wertschöpfung in der Europäischen Union (15) 1995	228
Tab.	9. 3:	Landwirtschaft: Größenstruktur der Betriebe 1960, 1997	234
Tab.	9. 4:	Landwirtschaft: Betriebe nach Erwerbsarten 1970–1997	235
Tab.	9. 5:	Landwirtschaft: Kulturarten (in km^2) 1960, 1983, 1990 und 1997	238
Tab.	9. 6:	Landwirtschaft: Hektarerträge ausgewählter Agrarprodukte 1948–1996	239
Tab.	9. 7:	Landwirtschaft: Viehbestand 1950–1998	241
Tab.	9. 8:	Landwirtschaft: Erzeugerpreise netto 1993–1996	245
Tab.	9. 9:	Landwirtschaft: Allgemeine Wirtschaftslage der Ziel-5b-Gebiete 1991	247
Tab.	9.10:	Landwirtschaft: Einnahmen- und Ausgabenvergleich eines Betriebes zwischen 1994 und 1995	248
Tab.	9.11:	Landwirtschaft: Betriebe mit biologischem Landbau 1990–1999	249
Tab.	9.12:	Holzeinschlag nach Besitzerkategorien 1950–1998	257
Tab.	10. 1:	Zahlungsbilanz (Auszug): 1975, 1980, 1985, 1990, 1995, 1996	262
Tab.	10. 2:	Außenhandel nach wichtigen Herkunfts- und Zielländergruppen 1936 und 1996	263

Ortsregister

Bei mehreren Seitenhinweisen geben fett gedruckte Seitenzahlen jene Stellen im Buch an, bei denen das angeführte Schlagwort ausführlicher behandelt wird.

Bei Bundesländern und politischen Bezirken sind nur jene Textstellen aufgenommen worden, bei denen über den allgemeinen Zusammenhang hinaus für das entsprechende Gebiet spezielle Aussagen gemacht wurden.

Zur besseren Information wird bei Ortsnamen auch das Bundesland angegeben: B = Burgenland, K = Kärnten, N = Niederösterreich, O = Oberösterreich, S = Salzburg, St = Steiermark, T = Tirol, V = Vorarlberg und W = Wien.

Alpenvorland 16f., 231f.
Altaussee (St) 192
Ampflwang (O) 195f.
Arlberg (T, V) 29, 33, 97, 174

Bad Hofgastein (S) 172
Bad Ischl (O) 154, 192
Bad Gastein (S) 154, 172, 175
Baden (N) 154
Baumgarten an der March (N) 132, 193f.
Belvedere (W) 46
Böckstein (S) 196
Böhmerwald (O) 15
Bratislava (Preßburg) 40f., 43
Bregenzerwald (V) 24, 97
Breitenau (St) 195
Brenner (Pass) (T) 28, 112, **137ff.**
Burgenland 48, 65f., 86, 224f., 240, 266, 272ff., II, VIII

Carnuntum (N) 40f.

Donau 15f., 19, 40, **106ff.**, 201f., 271, VI
Donauauen (N) 18f., 202
Donawitz (Leoben) (St) 194
Drau 29, 271

Erzberg (St) 181, **194**, 197

Feuchte Ebene (N) 19

Gneishochland (N) 15f.
Granithochland (N, O) 15f.
Grasberge (S, T) 27, 178
Graz (St) 223
Grazer Bucht (St) 20

Großglockner (K, S, T) 28, 182
Günser Bergland (B) 20
Gurktaler Alpen (K, S) 20

Hainburg (N) 18, 202
Hallein (S) 39, 192
Hallstatt (O) 39, 192
Hamburg 105f.
Heiligenblut (K) 182ff.
Heiligenkreuz (B) 224f.
Hochfilzen (T) 195
Hohe Tauern (K, S, T) 28, 196, III, IV, VI
    Nationalpark 126, 156f., 179, 184

Inn 40, 271
Innichen (San Candido) 42
Innsbruck (T) 130, III

Kapfenberg (St) 101ff.
Kaprun (S) 176ff., VI
Kärnten 44, 67, 164f., 171, 272ff., V
Kärntner Zentralraum 97
Karpatenvorland 16f., 231
Katschberg (Pass) (K, S) 29
Klagenfurter Becken (K) 29, 232
Köflach (St) 195
Koper 105f.

Landeck (T) 69ff., 154
Lavanttal (K) 62, 72
Laxenburg (N) 19, 53
Lech am Arlberg (V) 174
Leithagebirge (B, N) 18
Lenzing (O) 211f., 224
Leonding (O) 100ff.
Linz (O) 101ff., 107, 194, 211, VII

Manhartsberg (N) 15f.
Marchfeld (N) 18f., 240
Mariazell (St) 154
Matzen (N) 193
Melk (N) 14, 17
Mittersill (S) 195
Murau (St) 63

Neusiedler Bucht (B) 20
Niedere Tauern (S, St) 28
Niederösterreich 57, 64f., 67, 86, 181, 272ff., I, II
Nördliche Kalkalpen 24ff.
Nördlicher Längstalzug 29, III

Oberdorf an der Laming (St) 195
Oberösterreich 181f., 211f., 272ff., VII
Oberpullendorfer Bucht (B) 20
Obersteiermark 45, 72, 75, 209
Oberwaltersdorf (N) 222
Ödenburg (Sopron) 48
Opatija (Abbazia) 153f.
Oststeirisches Hügelland (St) 20
Ötztaler Alpen (T) 28

Pannonische Tiefebene 20
Petronell (N) 40
Pinzgau (S) 29, 176ff.
Pölfing-Bergla (St) 196
Pustertal (T) 29

Raabs an der Thaya (N) 100ff.
Radenthein (K) 195
Radstätter Tauern (Pass), (S) 29
Ranshofen (O) 211f.
Reichenau (N) 154
Reschenpass (T) 28
Rijeka (Fiume) 105f.
Rosaliengebirge (B, N) 18
Rotterdam 105f.

Saalbach (S) 178
Salzburg
    Bundesland 272ff., III, V
    Erzbistum 44, 48
    Stadt 42, 53, 130, 157, 175
Salzkammergut (O, S, St) 45, 107, 192, 256

Sankt Gotthard (Ungarn) 46, 223ff.
Sankt Pölten (N) I
Schlaining (B) 196
Schloßhof (N) 46
Schoberpass (St) 29
Schönberg (T) 139
Schönbrunn (W) 46, 157
Schwechat (N) 105, 127ff., 193
Seewinkel (B) 179, II
Semmering (N, St) 29, 112, 153f.
Silvretta (T, V) 28
Sölden (T) 174
Steiermark 67, 272ff.
Steinfeld (N) 19
Steirisches Bäderdreieck 20
Steyr (O) 223
Stubaier Alpen (T) Titelbild, 28
Stuhleck (St) 28
Südliche Kalkalpen 24
Südlicher Längstalzug 29

Tamsweg (S) 62
Thayatal (Nationalpark) 179f.
Thermenalpen (N) 18
Tirol Titelbild, 44, 160, 267f., 272ff., IV
Toblach (Dobbiaco) 153
Toblacher Feld 29
Traun (O) 100ff.
Triest 105f., 112
Trockene Ebene (Steinfeld) (N) 19

Untersberg (S) 25

Voitsberg (St) 195
Vorarlberg 44, 209, 272ff.
Vorland im Osten 20

Waldviertel (N) 15, 53, 62, 143
Weinviertel (N) 18f., 62, II
Wien 25ff., 40f., 44, 46ff., 49, 57f.
    64f., 67, 69, 86ff., 98f., 101,
    114, 127ff., 157, 202, 225, 266,
    272ff., I, VI
    Tourismus 164f., **168ff.**
Wiener Becken (B, N, W) 12, **17ff.**, 25, 46, 49, 75, 213

Wiener Neustadt (N) 18, 75
Wiener Neustädter
    Bucht (N) 18
Wienerwald (N, W) 22 ff.
Wolfsberg (K) 62, 72
Wörthersee (K) V

Ybbs-Persenbeug (N) 202

Zell am See (S) 154, **176 ff.**, V
Zillertaler Alpen (T) 28
Zugspitze (T) 25
Zwentendorf (N) 202

Personen- und Sachregister

Bei Schlagworten, die verschiedenen Wirtschaftsbereichen zugeordnet werden können, wurde auf den behandelten Bereich verwiesen:

(El) = Elektrizitätswirtschaft, (Fv) = Fremdenverkehr, Tourismus, (Ind) = Industrie, (Lw) = Land- und Forstwirtschaft, (Vk) = Verkehr

Ackerbau 17, 20, 28, 30, **240 f.**, 248 f., 267
Agenda 2000 246 f.
Agrar-
    -markt Europa, siehe Gemeinsamer Agrarmarkt
    -quote **68 ff.**, 237, 277 f.
Alemannen 42 f.
Alm (Alpen – Viehzucht) 27 f., 34, 228 f., **237 f.**, VIII
Alpen-
    und Donaugaue 49, 120, 188
    -hauptkamm 28
    -vorland, siehe Ortsregister
Alpine Verkehrswege 22, 28 ff., **133 ff.**, 270 f.
Alpines Klima 32 ff.
Alternative Kulturen 242 ff.
Altersstruktur 62
Alterspyramide 60 ff.
Aluminium 211 f.
Anerbenrecht (Lw) 233
Angerdörfer 43
Arbeitslose (Arbeitslosigkeit) 54, 60, 68 ff., **80 ff.**, 216 ff., 277 f.
Arbeitsmarkt 60, 79, 278
Atomenergie 202, 276
Aufenthaltsdauer (Fv) 162 f., 165
Ausländergesetzgebung 82
Ausländischer Besitz (Fv, Ind) 159, 218 ff.
Auslandsabhängigkeit (Energie) 199
Außenhandel 49, 149, 207 f., 254, **261 ff.**
Außenlandegenehmigung 131
Austrian Airlines (AUA) 127 ff.

Ausverkauf Österreichs (Fv, Ind) 159, 220 ff.
Auswanderung 65
Autobahnen 119, **120 ff.**
Autoindustrie 220, 223 f.
Awaren 12, 41

Babenberger 43, 274
Bahngesellschaften 112, 153
Baiern (Stamm) 42
Bandstrom (El) 203 ff.
Banken 212, 221 ff., 226
Bannwald 254, 258
Barock 46 f.
Beherbergungsbetrieb (Fv) 104, **157**, 170 f., 184 f.
Belle Epoque **153 ff.**, 157, 182
Bergbau(-) 15, 17, 20, 25 f., 27 f., 44, **188 ff.**, 256
    -standort 41, **192 ff.**
Bergbauern 156 f., **236 f.**, 253, 267, VIII
bergfreier mineralischer Rohstoff 189
Bernsteinstraße 41, 188
Besatzungszone (alliierte) 49 f., 212 f.
Beschäftigte, siehe Erwerbstätige
Besitz- bzw. Betriebsstruktur (Lw) **232 ff.**, 254 ff.
Bevölkerung (nach Sektoren) **68 ff.**, 278
Bevölkerungs-
    -bilanz **57 ff.**, 278
    -dichte **55 f.**, 272
    -entwicklung **58 f.**, 66 ff., Städte 99 ff.
    -schlüssel (abgestufter) 55 ff.

Bezirk 86f., 92
Binnenschifffahrt **106ff.**, 202
Biobetriebe (Lw) 249ff.
Biosprit 249
Block-(Einöd-)flur 42f., VIII
Bodennutzung (Lw) **228f.**, 272
Braunkohle 15, 17, 20, **194f.**, 206
Brennerautobahn Titelbild, 137ff.
Brennerbahn 112f., 137, 140
Brutto-
    -inlandsprodukt (BIP) 96f., 207, 227f., **259ff.**, 281
    -wertschöpfung (Ind, Lw) 215f., 228, **250ff.**, 283f.
Bundes-
    eigener mineralischer Rohstoff 189
    -forste (Österreichische) 254ff.
    -länder 86ff., 272ff.
    -monopol 26, 193
    -straßen 120ff.

Chemie Linz (ehem. Stickstoffwerke) 211, 224
Chemiefaser Lenzing AG 211f., 224f.
Chemische Industrie 19, 214f., 225
Christaller, Walter 91

Dauersiedlungsraum 55, 272
Deckensystem 21
Deindustrialisierung, siehe post-industrielle Phase
Deutsches Eigentum 50, **212**
Deviseneinnahmen (Fv) 49, **149f.**
Direkt-
    -investition 219
    -vermarktung (Lw) 250ff.
    -zahlungen (Lw) 227
Disparität (externe, interne – Lw) 228
Donau-
    Dampfschifffahrtsgesellschaft (Erste – DDSG) 50, **107ff.**
    See-Verkehr 105f.
    Radweg 16
    -rahmenplan 201f., VI
    -regulierung 19, 202
    -schifffahrt **107ff.**, 202
Drumlins 16

Einbürgerungsverfahren 65
Einkommen (regional) 72f.
Einwanderung 64f.
Eisenproduktion (Ind) 194
Eisenbahn 110ff.
Eisenerz 39, 41, **194**, 211
Eisenstraße **180ff.**, 188
Eisenzeit 39
Eiserner Vorhang 12, **48ff.**, 114, 116, 120f., 125, 151, 184, 216, 261ff., 276
Eiszeit 16f., **22**, 37
Eiszeitliche Überformung 22, 28f.
Elektrifizierung (Eisenbahn) 113f.
Elektrizität 199ff.
Elektroindustrie 214f.
Energie(-) 197ff.
    alternativ 197f., 249
    -bilanz 198
Entwicklungs-
    -gefälle 68ff.
    -korridor **10**, 101ff., 266
    -stufe (Siedlungsstruktur) 10, 101
erbliche Weitergabe (Lw) 233
Erbteilung (Lw) 233, VIII
Erdgas 17, 20, 131f., **193f.**, 198
Erdöl 17, 20, 105, 131f., **193f.**, 197f., 214f.
Erwärmung (globale) 35ff.
Erwerbs-
    -quote 101ff., 277f.
    -tätige **68ff.**, 79, 80ff., 101ff.
Eugen, Prinz von Savoyen 46
Euregio 267
Eurologistik 93
Europa der Regionen 266f.
Europa Sport Region Zell am See – Kaprun 176ff.
Europäische(r)
    Freihandelszone (EFTA) 53, 101, 275
    Union (EU) 53, 66f., 73ff., 80f., 200, 227f., 244ff., 262f., 265ff., 276,
    Wirtschaftsgemeinschaft (EWG) 53, 101, 275
    Wirtschaftsraum (EWR) 53, 276
Europastraßen 119

Feedback-Effekt 10
Felbertauernstraße 28

Personen- und Sachregister

Feldgemüse 240
Ferien auf dem Bauernhof (Fv, Lw) 158, 252f.
Ferienwohnung 157f., 252
Festspiele 157
Finanzausgleich 55ff.
Fischteiche 15
Flächenproduktivität (Lw) 233, **238f.**
Flechtenkartierung 175
Flüchtlinge **12**, 49, 65, 101
Flugverkehr 126ff.
Flurform (-system) (Lw) 42f., **232f.**, VIII
Flussterrasse 17ff.
Flyschzone 22ff.
Föhn 34f.
Föhrenwälder 19
Fontanili-Zone 19
Förderungen
    EU **72ff.**, 224f., 227, 246ff.
    Lw 74ff., 227, 237, **245ff.**
forstliche Fläche 237f., **254ff.**
Forstwirtschaft **254ff.**, 282f.
Fortschreibung (Bevölkerung) 55ff.
Fourastié, Jean **68ff.**, 184, 187, 216, 260
Franken 42
Franz II. (Franz I.) 47, 275
Franz Josef I. 275, I
Freizeitwohnsitz (Zweitwohnsitz) 24, **158f.**
Fremdenverkehr(s-) (Tourismus) 49, 143, **149ff.**, 196, 252f., 262, 285f., V
    -angebot **156ff.**, 169
    -gemeinde 171ff.
    -intensität 159, **166ff.**, 171
    -nachfrage 159ff.
    -politik 157, 165f.
Friedensvertrag
    von Saint Germain **48**, 86, 275
    von Versailles 48
Friedmann, John **9f.**, 51, 71, 93, 99ff.

Gastarbeiter 60, 79f., **82ff.**
Gastgewerbebetrieb 157f.
Gebirgsfaltung 21
Geburtenbilanz 58ff.
Geflügel 242
Gegenreformation **44ff.**, 188

Gemeinde(-) **86ff.**, 97
    -zusammenlegung 87ff.
Gemeinsamer Agrarmarkt (GAP – EU) 227, **242ff.**, 282
Gesamteinkommen (Lw) 231f.
Getreide 240
Gewässer 270
Gewerbe **213ff.**, 283f.
Gips 26
Gletscher(-) 16f., 22, 37, 178
    -tröge **22**, 206
Gliederung
    administrativ **86ff.**, 273
    politisch **86ff.**, 273
Gneishochland, siehe Ortsregister
Gold 28, 39, 189, 196
Graphit 15
Grenz-
    -betrieb (Lw) 237
    -ertragsboden (Lw) 237
Grenze
    ökologisch 174f.
    politisch 39f., 53, 87, 266
Großglockner-Hochalpenstraße **121ff.**, 157, 182f., IV
Groß-
    -grundbesitz 254ff.
    -landschaft **13ff.**, 231f.
grundeigener mineralischer Rohstoff 189
Gründerzeit 48, 256f.

Habsburger 44ff., 112, 274f.
Hackfrucht 240
Handelsbilanz, siehe Außenhandel
Heilstollen 196
Heliskiing 131
Hitler, Adolf 49, 119, 224
Hochplateau (Kalkalpen) 25
Hochquellenleitung (I. und II. – Wien) 25ff.
Hochseeschifffahrt 105f.
Holzproduktion 254ff.
Hufenflur 43
Hunnen 12, 41

Illyrisches Klima 30ff.
Industrialisierung 19, 48, 58, 68, 99, 187, **208f.**, 216ff., 256f.

Industrie(-) **208 ff.**, 267, 283 f.
   Beschäftigte 70, 213 ff., **216 ff.**, 283 f.
   Branchenverteilung 209, **214 f.**
   -betrieb 49, **213 ff.**
   -gebiet (-region) 215
      mit rückläufiger Entwicklung (EU) 73 ff.
Integralmelioration 29
Internationales Institut für Angewandte Systemanalyse (IIASA) 53
Inversion (Temperaturumkehr) **35**, 174 f.

Josef II. 46, 208
Jugoslawien 65, 80, 83, 109

Kalk(-) 25
   -alpen 24 ff.
Kalorisches Kraftwerk 195, **202 ff.**
Kaolin 15
Karawankenbahn 112
Karl V. 44, 46
Karstform (-quelle) 25
Kataster 47, 87
Katholiken 44 f.
Kaufkraftparität 54, 82, 260 f., 267
   Fremdenverkehr 166
Kelten 39
Kernbereich (-raum) 10, **93 ff.**, 266 ff.
Klausen 26
Klima(-) **30 ff.**, 43
   -änderung **35 ff.**, 175
Klippenzone 18
Klostergründungen 42 f.
Kofinanzierung (EU) 73 f.
Kolonisationsperiode **41 ff.**, 232 f.
Kommassierung (Lw) 233
Kongresstourismus 170
Konsum-
   -kraft 72 f.
   -verlagerung (Fv) 161
Kontingentierung (Lw) **242 ff.**, 282
Konzentrationstendenz (Fv) 171 ff.
Kristalline Zone 28 f.
Kupfer 28, 39
Kurtourismus 17 f., 20, 154

La-Tène-Zeit 39
Landflucht **63 f.**, 66, 100, 218
Landschaftspflege 253
Landstädte 100 ff.
Landwirtschaft 15, 17, 19 f., 24, 27 f., 34 f., 44, 49, **227 ff.**, 268, 281 f., VIII
   Beschäftigte 227 f.
   Produktion 239 ff.
Längstalzug (-furche) 21, **29**, 237
Laufkraftwerk (El) 202, VI
Lebenserwartung 60, 66 f., **277**
Leistungsbilanz 149, **262 f.**
Lill, Eduard **121**, 126
Löß 16
Lyocellproduktion 223 ff.

Mackenroth, Gerhard **58 ff.**, 68
Magna-Konzern 222 f.
Magnesit 195
Magyaren (Ungarn) 12, 42, 65
Marc Aurel (römischer Kaiser) 41
Maria Theresia I. 19, 46 f., 208, 274 f.
Marktnische (Lw) 248
Maut 122
Maximilian I. 44
Mesozoikum 21
Mitteleuropäisches Übergangsklima 30 ff.
Molassehügelland 17
Moorlandschaft 15 f.
Mutterkuhhaltung (Lw) 249

Nächtigung, siehe Übernachtung (Fv)
Nahverkehr(s-) (Eisenbahn) 114
   -milliarde 141
Nationalbewusstsein 8, 83 f.
Nationalpark 19, 126, 156 f., **179 f.**, 184, 202
Naturpotential (Fv) 156 f.
Nebenerwerb (Lw) 234 f.
Neutralität 8, **51 ff.**, 128 f., 275
Niederschlag 30 ff.
Nomenclature des unités statistiques (NUTS) 80 ff., 86, **89 f.**, 96 f., 273
Nord-Süd-Routen (Straßenverkehr) 28 f., 120, **133 ff.**
Noricum (röm. Provinz) 39
Nutzfläche (Lw) 234 ff.

Personen- und Sachregister

Oberdeutsches Klima 30
Ödland 55, 228f.
Ökopunkte (Vk) 139f.
Ost-West-Wanderung 66, 100
Ostalpen 21ff.
Österreichisch-ungarische Monarchie (Donaumonarchie) 20, **48f.**, 86, 98f., 107, 111f., 153ff.
Österreichische Industrieholding Aktiengesellschaft (ÖIAG) 220ff.
Österreichische Mineralöl Verwaltung (OMV) 105, 193, 220
Österreichisches Programm einer umweltgerechten, extensiven und den natürlichen Lebensraum schützenden Landwirtschaft (ÖPUL) 249ff.
Osterweiterung 11, 54, 67, 246, **265ff.**
Ostgrenzgebiet **51ff.**, 80ff.
Ostmark 9, **42**, 49

Pannonien (röm. Provinz) 39
Pannonisches Klima 30ff.
Papierindustrie 214f., 220, 254, 283, VII
Park-and-Ride-Plätze 142
Pendler (Pendelwanderung) 72, **77ff.**, 141ff., 224
peripherer Raum (Region) 9, 67, 69ff., **93ff.**, 142f., 179ff., 224f., 268
Persistenz 212, 226, 265
Pferde(-) 242
  -bahn 111
Pforte **12**, 17f., 41
Pipeline 105, **131f.**, 193f.
Piste (Skilauf) 27, 34f., 146ff.
Polen 12, 65, 79f.
Postindustrielle Phase 11, 58, 68ff., 101, **187ff.**, 195, 198, 208, 216, 266
Prager Frühling 12, 65
Privatbahnen 114
Privatisierung 112, 200, **216ff.**, 221
Privatquartier (Fv) 157f.
Produktions-
  -gebiet (Lw) 229ff., 250
  -wert (Ind) 215f., 283f.
Produktlebenszyklustheorie 151, 216
Prognose (Bevölkerung) 66f.
Protestanten 44f., 188

Pumpspeicherbetrieb (-werk) (El) 22, **206**, VI
Pyhrnbahn 112

Radon 196
Raffinerie 105, **193**
Rang-Größe-Regel (Rank-size-rule – Städte) 98f.
Raps 242f., 248f.
Rätien (röm. Provinz) 39
Recyclingrate 189
Reformation 44ff.
Regionale Verteilung (Ind) 215ff.
Regionalflughafen 130f.
Region mit Abwärts-/Aufwärtsentwicklung 10, 96f.
Reichsstraßen 47, 120
Religion 44f.
Renaissance 47
Republik (Erste, Zweite) **49ff.**, 86, 275f.
Revolution (französische) 47f.
Rhein-Main-Donau-Kanal 105, **108f.**, 194, 211
Riedellandschaft 20
Rinder 241f.
Römer 39
Römische Provinz 9, **39ff.**
Römisches Straßennetz **40f.**, 120, 188
Rudolf IV. 44

Sägeindustrie 257
Saison (Fv) 161ff.
Salz 25f., 39, 41, 107, **192f.**, 256
Sanfter Tourismus **179ff.**, 184
Schafe 242
Schaubergwerk 192, **196**
Schengen (Abkommen) 53, 93, 140, 265
Schieferzone 26f.
Schnee-
  -höhen 32, 37f.
  -kanonen 35, **148**
Schnellbahn (Wien) 114
Schnellstraßen 120ff.
Schule 47, 93ff., **279f.**
Schutzwald 254, 258
Schweine 242
Schwellbetrieb (El) 203ff.

Schwerindustrie 49, 75, 187, 209, 213 ff., 220, VII
Seehafen 105 f.
Seen (Alpenvorland) 16, 271
Seilbahn 25, **144 ff.**, 171 ff., 176 ff.
Semperit AG 220
Siedlungsfläche 55
Skiindustrie 220
Skilauf 27, 171 ff.
Slawen 12, 41
Slowaken 12, 65
Smog 35
Sobieski, Jan (König von Polen) 46
Sommerfremdenverkehr **150 f.**, 182, V
Sommerfrische 151, **155 f.**, 179, 181
Sonnenscheindauer 35 f.
Sozio-kulturelles Potential (Fv) 157
Speicherkraftwerk (El) 22, **202 ff.**, VI
Spitzenstrom (El) **203 ff.**, 267, VI
Staatsvertrag (1955) **50 f.**, 212, 259, 275
Städte(-) 43, **97 ff.**
    mit eigenem Statut 87
    Römerzeit 40 f.
    -tourismus 154, 168 ff.
Stadtflucht, siehe Suburbanisierung
Stahlproduktion (Ind) 194
Stausee (-becken) (El) 22, VI
Steinkohle 20, 49, 112 f., **194 f.**, 198
Steinzeit 39
Steuer-
    -kopfquote 97
    -quote 260 f.
Steyr-Daimler-Puch AG 222
Stiftsbauten 46
Stilllegung (Bergbau) 196 f.
Straße 119 ff.
Straßenverkehr 126 f.
Straßendörfer 43
Straßennetz 119 ff.
Strom (El) 200 ff.
    Produktion 200 ff.
    Verbrauch 202 ff.
Suburbanisierung 24, **66 ff.**, 77, 93, 100 ff., 141 f.
Südbahn 112, 114, 116
Symmetrischer Aufbau (Ostalpen) 21 ff.

Tauern-Autobahn 29
Tauernbahn 29, 112, 114, IV
Tausend-Mark-Sperre (Fv) 49, 144 f., **155**, 182
Temperatur(-) **30 ff.**, 175
    -umkehr (Inversion) 35
Tertiär (Mesozoikum) 12, 16, 18, 22
Textilindustrie 19, 49, 209
Thermen (warme Quellen) 17
Torf 16
Tourismus, siehe Fremdenverkehr
Tourist Area Cycle **151 ff.**, 182 ff.
Touristischer Freizeitwohnsitz 152
Tragfähigkeit (ökologisch) (Fv) 175
Transeuropäisches Netz 116 ff.
Transformation
    demographisch 58 ff.
    Industrie 208, **213**, 223, 226
    sozialwirtschaftlich 68 ff.
Transitverkehr 116, 131 ff. **139 ff.**, 267
Transitvertrag (EU) 136 f., **139 f.**
Transportkapazität (Seilbahn) 146 f.
Trapezstrom (El) 203 ff.
Trockenlage (Klima – inneralpin) 33 ff.
Tschechen 12, 65, 79 f.
Tunnel 270 f.
Türken 12, 45 f., 65, 83, 274

Überalterung der Betriebsinhaber (Lw) 235 f.
Übergangsgebiet (EU) 76 f.
Übernachtungen (Fv) **159 ff.**, 253
Überproduktion (Lw) **238 ff.**, 282
Umwegtransit (Vk) 133 ff.
Umweltbewusstsein 21, 146 ff.
Ungarn (Magyaren) 12, 42, 65
Universität 279 f.
UNO-Sitz 53

Verkehrs-
    -aufkommen 131 f.
        Donau 108 ff.
        Eisenbahn 114 ff.
        Luftfahrt 128 ff.
        Pipeline 131 f.
        Seilbahn 144 ff.
        Straße 126 f.
    -verbund 114, **141 f.**

Personen- und Sachregister

Verstaatlichung 50, 112, 188, 199f., **212ff.**, 256f.
Verstädterungsquote 97f.
Verwaltung 47
Viehzucht (-wirtschaft) 17, 24, **241ff.**, 249
Vienna International Airport 128ff.
Virtuelle Länge (Vk) 121
VÖEST-Alpine AG 194, 211, VII
Völkerwanderung 41
Volksdeutsche 12
Volkszählung **55ff.**, 77, 99ff.
Vorderösterreich 44

Wald(-) 254ff.
   -anteil 55, 228f., **254ff.**
   -schadenbeobachtung 258
Walser (Stamm) 43
Wanderbilanz 58ff.
Wanderung 58f., 60f., **62ff.**, 100, 218
Wasser-
   -kraft (El) 198ff., VI
   -tiefe (Donauschifffahrt) 108, 202
   -versorgung (Wien) 25ff.
Wein (-bau) **240f.**, 250, II
Weltbevölkerung (Entwicklung) 58ff.
Weltkrieg **48f.**, 112ff., 153ff., 187f., 192, 209ff., 238, 250, 259, 266, 275
West-Ost-Gefälle 68ff., 97
Westbahn 17, 116
Westautobahn 17
Wiener Klassik 47
Wiener Kongress 47f., 275
Wienerberger Baustoffindustrie AG 220, 225f.
Winterfremdenverkehr 35ff., 145f., **151**, 182ff.
Wintersport 37f., 171ff., V
Wirtschafts-
   -krise (Welt-) 49
   -sektor **68ff.**, 101ff., 184, 261
   -struktur 69, 281ff.
   -wunder (österreichisches) 58, 101, 213, 259
Wocheinerbahn 112
Wolfram 195f.

Zahnradbahn 25
Zellwolle 211, 224
Zement 26
Zentralalpen 28f.
Zentraler
   Ort 69, **90ff.**
   Raum (Region) 9, 67, 69, **93ff.**
Zentrum-Peripherie-
   Gefälle 10f., 72f., **95ff.**, 265ff.
   Raumstruktur 10f., **99ff.**, 265ff.
   System 9, 80ff., 101ff., 187
   Theorie **9ff.**, 179
Ziel-1-Gebiet (EU) **73ff.**, 224
Ziel-2-Gebiet (EU) 69, **73ff.**, 209, 246ff.
Ziel-5-Gebiet (EU) **74ff.**, 246ff.
Zuwanderung (Ausland) 64f., **82ff.**
Zweitwohnsitz, siehe Freizeitwohnsitz

Perthes GeographieKolleg

Diese neue Studienbuchreihe behandelt wichtige geographische Grundlagenthemen. Die Bücher dieser Reihe bestechen durch ihre Aktualität (Erscheinungsdaten ab 1994), ihre Kompetenz (fast ausschließlich von Hochschuldozenten verfasst) und ihre gute Lesbarkeit (zahlreiche Abbildungen, Karten und Tabellen). Sie sind daher für den Studenten und Lehrer aller geo- und ökowissenschaftlichen Disziplinen eine unverzichtbare Informationsquelle für Aus- und Weiterbildung.

Stadtgeographie
Von Klaus Zehner: 1. Auflage 2001, 240 Seiten, 3-623-00855-9

Das Klima der Städte
Von Fritz Fezer: 1. Auflage 1995, 199 Seiten, 3-623-00841-9

Das Wasser der Erde – Eine geographische Meeres- und Gewässerkunde
Von Joachim Marcinek und Erhard Rosenkranz:
2. Auflage 1996, 328 Seiten, 3-623-00836-2

Naturressourcen der Erde und ihre Nutzung
Von Heiner Barsch und Klaus Bürger: 2. Auflage 1996, 296 Seiten, 3-623-00838-9

Geographie der Erholung und des Tourismus
Von Bruno Benthien: 1. Auflage 1997, 192 Seiten, 3-623-00845-1

Wirtschaftsgeographie Deutschlands
Elmar Kulke (Hrsg.): 1. Auflage 1998, 563 Seiten, 3-623-00837-0

Agrargeographie Deutschlands
Von Karl Eckart: 1. Auflage 1998, 440 Seiten, 3-623-00832-X

Allgemeine Agrargeographie
Von Adolf Arnold: 1. Auflage 1997, 248 Seiten, 3-623-00846-X

Lehrbuch der Allgemeinen Physischen Geographie
Manfred Hendl und Herbert Liedtke (Hrsg.): 3. Auflage 1997, 867 Seiten, 3-623-00839-7

Umweltplanung und -bewertung
Von Christian Poschmann, Christoph Riebenstahl und Einhard Schmidt-Kallert:
1. Auflage 1998, 152 Seiten, 3-623-00847-8

Landschaftsentwicklung in Mitteleuropa
Von Hans-Rudolf Bork u.a.: 1. Auflage 1998, 328 Seiten, 3-623-00849-9

Geographisch denken und wissenschaftlich arbeiten
Von Axel Borsdorf: 1. Auflage 1999, 160 Seiten, 3-623-00649-1

Arbeitsmethoden in Physiogeographie und Geoökologie
Heiner Barsch, Konrad Billwitz, Hans-Rudolf Bork (Hrsg.):
1. Auflage 2000, 616 Seiten, 3-623-00848-6

Allgemeine Industriegeographie
Von Jörg Maier und Rainer Beck: 1. Auflage 2000, 295 Seiten, 3-623-00851-6

Perthes Länderprofile
Seit 1993 mit einem Anhang „Fakten, Zahlen, Übersichten"
in Hardcover, ab 1999 mit farbigem Fotoanhang!
Wissenschaftliche Beratung: Gerhard Fuchs

Eine Reihe moderner geographischer Länderkunden, die
- das einzelne Land unter den wesentlichen fachlichen Aspekten erschließen;
- die Bedeutung geoökologischer Gesichtspunkte berücksichtigen;
- aufgrund der zielgerichteten Strukturierung des Stoffes und der Konzentration auf das Wesentliche praktikable Nachschlagewerke sind;
- somit für Lehrer, Dozenten und Studenten aller raumbezogen arbeitenden Fachbereiche sowie jeden an Landeskunde interessierten Leser von hoher Bedeutung sind!

Algerien/Adolf Arnold
1. Aufl. 1995, 224 S., 3-623-00665-3
Argentinien/Jürgen Bünstorf
1. Aufl. 1992, 206 S., 3-12-928905-4
Australien/Heinrich Lamping
2., vollständig überarb. Aufl. 1999, 248 S., 3-623-00687-4
China/Dieter Böhn
1. Aufl. 1987, 320 S., 3-12-928892-9
Deutschland/Karl Eckart (Hrsg.)
1. Aufl. 2001, 456 Seiten, 3-623-00690-4
Finnland/Ekkehard Militz
1. Aufl. 2001, 3-623-00698-X
Die kleinen Golfstaaten/Fred Scholz (Hrsg.)
2., vollständig überarb. Aufl. 1999, 304 S., ISBN 3-623-00695-5
Ghana/Einhard Schmidt-Kallert
1. Aufl. 1994, 232 S., 3-623-00661-0
Großbritannien/Heinz Heineberg
2., vollständig überarb. Aufl. 1997, 416 S., 3-623-00669-6
Indien/Dirk Bronger
1. Aufl. 1996, 526 S., 3-623-00667-X
Kanada/Roland Vogelsang
1. Aufl. 1993, 356 S., 3-623-00680-7
Kenya/Karl Vorlaufer
1. Aufl. 1990, 261 S., 3-12-928898-8

Marokko/Klaus Müller-Hohenstein und Herbert Popp
1. Aufl. 1990, 229 S., 3-12-928803-1
Mexiko/Erdmann Gormsen
1. Aufl. 1995, 368 S., 3-623-00668-8
Norwegen/Rolf Lindemann
1. Aufl. 1986, 193 S., 3-12-928871-6
Peru/Werner Mikus
1. Aufl. 1988, 230 S., 3-12-928802-3
Sambia/Axel Drescher
1. Aufl. 1998, 198 S., 3-623-00686-6
Saudi Arabien/Hans Karl Barth und Konrad Schliephake
1. Aufl. 1998, 248 S., 3-623-00689-0
Senegal (Gambia)/
Bernd Wiese
1. Aufl. 1995, 160 S., 3-623-00664-5
Südafrika (mit Lesotho und Swasiland)/
Bernd Wiese
1. Aufl. 1999, 360 S., 3-623-00694-7
Tansania/Karl Engelhard
1. Aufl. 1994, 295 S., 3-623-00662-9
Türkei/Volker Höhfeld
1. Aufl., 1995, 284 S., 3-623-00663-7
USA/Roland Hahn
1. Aufl. 1990, 287 S., 3-12-928901-1
Westsamoa/Werner Hennings
1. Aufl. 1996, 200 S., 3-623-00688-2

Sibirien/Norbert Wein
1. Aufl. 1999, 248 S., davon 8 S. farbiger Fotoanhang, 3-623-00693-9

Perthes Regionalprofile:

Perthes Länderprofile der Deutschen Bundesländer
Seit 1995 mit einem Anhang „Fakten, Zahlen, Übersichten"
in Hardcover, ab 1999 mit farbigem Fotoanhang!
Wissenschaftliche Beratung: Gerhard Fuchs

Eine Reihe moderner geographischer Länderkunden, die
- das Bundesland unter den wesentlichen fachlichen Aspekten erschließen;
- die Bedeutung geoökologischer Gesichtspunkte berücksichtigen;
- aufgrund der zielgerichteten Strukturierung des Stoffes und der Konzentration auf das Wesentliche praktikable Nachschlagewerke sind;
- somit für Lehrer, Dozenten und Studenten aller raumbezogen arbeitenden Fachbereiche sowie jeden an Landeskunde interessierten Leser von hoher Bedeutung sind!

Bayern/
Jörg Maier (Hrsg.)
1. Aufl. 1998, 296 S., 3-623-00692-0
Berlin und Brandenburg/
Konrad Scherf und Hans Viehrig (Hrsg.)
1. Aufl. 1995, 480 S., 3-623-00671-8
Hamburg/Ilse Möller
2., vollständig überarb. Aufl. 1999,
304 S., 3-623-00697-1
Mecklenburg-Vorpommern/
Wolfgang Weiß (Hrsg.)
1. Aufl. 1996, 240 S., 3-623-00685-5

Nordrhein-Westfalen/
Ewald Gläßer,
Martin W. Schmied
und Claus-Peter Woitschützke
2., vollständig überarb. Aufl. 1997,
424 S., 3-623-00691-2
Sachsen/
Hartmut Kowalke (Hrsg.)
1. Aufl. 2000, 376 S., 3-623-00672-6
Sachsen-Anhalt/
Eckart Oelke (Hrsg.)
1. Aufl. 1997, 424 S., 3-623-00673-4

Spuren suchen – Landschaften entdecken
Eine neue Reihe geographischer und geologischer Exkursionsführer mit

- farbigem Leitsystem
- ausklappbarer Legende
- grafischen Suchhilfen
- Übersichtskarten des Exkursionsgebietes
- Routenkarten mit Exkursionspunkten
- zahlreichen Farbfotos, Grafiken und einem umfangreichen Register

Berlin – Stadtexkursionen
Gregor C. Falk, Dirk Lehmann (Hrsg.)
1. Aufl. 2001, 343 S., 3-623-00638-6

Mittelsachsen – Geologische Exkursionen
Ulrich Sebastian
1. Aufl. 2001, 343 S., 3-623-00638-6

Bildanhang

Foto 1: Wien

In der zweiten Hälfte des 19. Jahrhunderts unter Kaiser FRANZ JOSEF I. wurde Wien zur repräsentativen Reichs- und Residenzstadt ausgebaut. An Stelle der Stadtmauern entstand ein prachtvolles Stadtviertel mit der Ringstraße. Vom Parlament im Hintergrund wurde ehemals die große Monarchie regiert. Heute ist es Sitz des National- und Bundesrates.

Regierungsviertel

Foto 2:
St. Pölten, Niederösterreich

Das Bundesland Niederösterreich hat 1986 St. Pölten zu seiner neuen Landeshauptstadt gewählt. In den Jahren 1993 bis 1998 entstand hier am Rande der barocken Altstadt ein neues Regierungsviertel, durch Jahre die größte Baustelle Österreichs. Landtag, Landesregierung und zuständige Behörden sind anschließend von Wien nach St. Pölten umgesiedelt worden. Von der erhofften zentralörtlichen Aufwertung der neuen Landeshauptstadt ist allerdings nur wenig zu bemerken.

Vielfalt der Landschaft

Ein besonderes Charakteristiku Österreichs ist die Vielfältigkeit sein Naturlandschaften auf engste Raum. Den brackigen Lacken n Salzausblähungen im äußerst Osten, im Seewinkel (unter 200 m N und den fruchtbaren Fluren des Alpe und Karpatenvorlandes, wo an gün

Foto 3: Lacken im Seewinkel, Burgenland

Foto 4: Weinviertel, Niederösterreich

Bildanhang

g exponierten Stellen sogar intensiv
einbau betrieben werden kann, steht
as Ödland des Hochgebirges ge-
enüber (Großvenediger, 3674 m). In
en Alpen konzentrieren sich die wirt-
haftlichen Aktivitäten auf die Längs-
lzüge (hier am Beispiel des Inntales
ei Innsbruck).

Foto 5: Innsbruck mit Längstalzug, Tirol

Foto 6: Großvenediger, Hohe Tauern, Salzburg

Bildanhang

Verkehrswege

Foto 7: Großglockner-Hochalpenstrasse, Salzburg

Eine der am meisten befahrenen Touristenstrassen in den Alpen ist die Großglockner-Hochalpenstraße, die Salzburg mit Kärnten über das Fuschertörl (2 404 m, im Bild) und das Hochtor (2 575 m) verbindet.

Foto 8: Südrampe der Tauernbahn, Kärnten

Österreich ist ein Transitland. Um dieser Aufgabe gerecht zu werden, sind die Bundesbahnen bestrebt, auch im schwierigen alpinen Gelände ihr Streckennetz den Erfordernissen des 21. Jahrhunderts anzupassen. So wurde auf der Südrampe der Tauernbahn ein zweites Gleis verlegt und die Trassenführung durch die Errichtung einiger großer Brücken begradigt. Damit konnte die Geschwindigkeit der Züge wesentlich erhöht werden.

Tourismus

Foto 9: Wörthersee, Kärnten

Im Tourismus nimmt Österreich im internationalen Vergleich eine Spitzenstellung ein. Über 55 % der Jahresnächtigungen werden im Sommer gezählt. dann sind die warmen Kärntner Seen das Gebiet mit der größten Fremdenverkehrsintensität.

Foto 10: Zell am See, Salzburg

Der Winterfremdenverkehr, der wirtschaftlich lukrativer ist, erreicht in einigen Skiregionen eine hohe Konzentration. Die Europa-Sportregion Zell am See – Kaprun mit ihren durch Seilbahnen gut erschlossenen Skihängen der Schmittenhöhe (1 965 m – im Hintergrund) nimmt seit vielen Jahren einen führenden Platz ein.

Wasserkraft

Foto 11: Kraftwerksgruppe Glockner - Kaprun, Salzburg

Rund zwei Drittel der österreichischen Stromerzeugung erfolgen durch Wasserkraft. In den Alpen wird hochwertiger Spitzenstrom gewonnen. Die Anlage zweier Staubecken übereinander ermöglicht zusätzliche Stromlieferungen zu Hochlastzeiten (Pumpspeicherbetrieb).

Foto 12: Donaukraftwerk Freudenau, Wien

Die Donaukraftwerke produzieren rund ein Viertel des österreichischen Strombedarfs. Als letzte Staustufe wurde das Kraftwerk Freudenau bei Wien fertiggestellt. Rechts erkennt man das zweite Gerinne der Donau (Hochwasserschutz) mit der langgestreckten Donauinsel, die inmitten der Stadt fast ausschließlich Erholungszwecken dient.

Industrie

Foto 13: Papierfabrik Steyrermühl, Oberösterreich

Österreichs Industrie ist in starker Transformation begriffen. In der globalen Papierproduktion nimmt Österreich nach wie vor den 10. bis 12. Rang ein, obwohl die traditionellen Standortfaktoren (Holz, Wasser, Energie) heute lang nicht mehr von jener hohen Bedeutung sind, die sie im Zeitalter der Industrialisierung hatten.

Foto 14: VÖEST-Alpine, Linz, Oberösterreich

1938 wurde auf neu aufgeschüttetem Gelände entlang der Donau ein großes Stahlwerk errichtet. Die heute nicht mehr so günstigen Standortvoraussetzungen versucht der inzwischen auf mehrere Tochtergesellschaften aufgespaltene Konzern durch Spezialisierung auf Fertigprodukte auszugleichen.

Landwirtschaft

Foto 15: Bergbauernhof im Lungau, Salzburg

Fast 40 % der landwirtschaftlichen Betriebe Österreichs sind als Bergbauernhöfe eingestuft. Die Höfe liegen oft reinzeln innerhalb ihrer Wirtschaftsfläche, um die Transportwege kurz zu halten. Die von der Natur vorgegebenen Bewirtschaftungserschwernisse bringen diesen Bauern im gemeinsamen Agrarmarkt schwere Wettbewerbsnachteile.

Foto 16: Almwirtschaft im Kaunertal, Tirol

Rund 10 % der österreichischen Staatsfläche sind Almgebiet. Das Vieh verbringt den Sommer auf den hochgelegenen Weiden. Dadurch wird die Futterbasis des Heimathofes im Tal erweitert.

Foto 17: Fluren an der Grenze gegen Ungarn im mittleren Burgenland

Die in Jahrhunderten entstandene kleinbetriebliche Struktur ist für die moderne Agrartechnologie und die geänderten Marktverhältnisse nicht geeignet. Mitten durch das Bild verläuft in fast nord-südlicher Richtung die Grenze gegen Ungarn. Die dort durch die Kollektivierung entstandenen großen Feldflächen können heute viel rentabler bewirtschaftet werden, als die kleinen Äcker in Österreich, die aus Gewannfluren des Hochmittelalters durch Erbteilung entstanden sind.

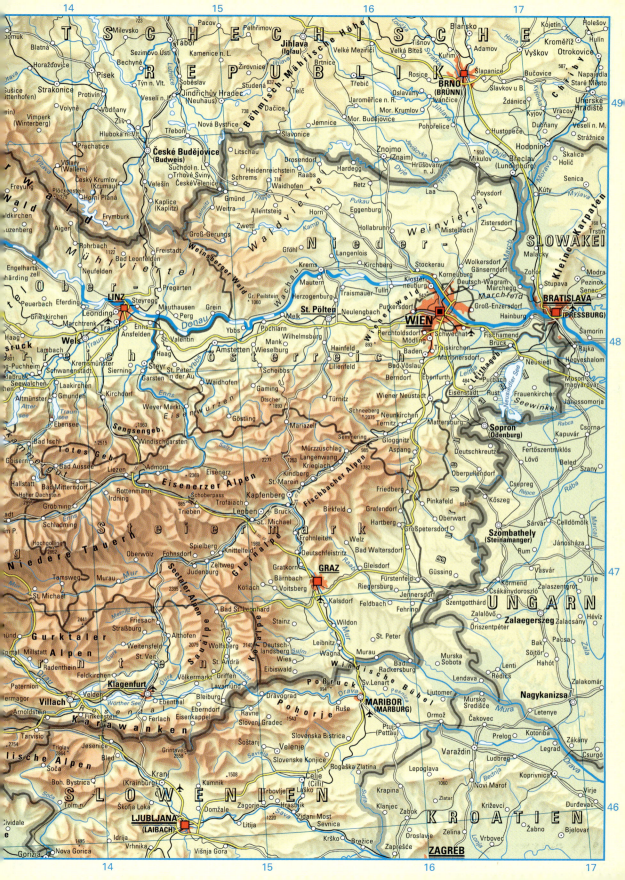